KB161184

잡동산이　現代史
雜同散異　현대사

전우용 지음

잡동산이 현대사
– 전우용의 근현대 한국 박물지

1 일상·생활

전우용 지음

2023년 12월 8일 초판 1쇄 발행
2024년 8월 8일 초판 4쇄 발행

펴낸이 한철희 | **펴낸곳** 돌베개 | **등록** 1979년 8월 25일 제406-2003-000018호
주소 (10881) 경기도 파주시 회동길 77-20 (문발동)
전화 (031) 955-5020 | **팩스** (031) 955-5050
홈페이지 www.dolbegae.co.kr | **전자우편** book@dolbegae.co.kr
블로그 blog.naver.com/imdol79 | **인스타그램** @dolbegae79 | **페이스북** /dolbegae

편집 김진구·오효순
표지디자인 김민해 | **본문디자인** 이은정·이연경
마케팅 심찬식·고운성·김영수·한광재 | **제작·관리** 윤국중·이수민·한누리 | **인쇄·제본** 영신사

ⓒ 전우용, 2023

ISBN 979-11-92836-42-3 (04910)
      979-11-92836-41-6 (세트)

잡동산이 現代史 현대사
雜同散異

1 일상·생활

전우용의 근현대 한국 박물지

돌베개

2장 먹고 맛보다

3장

입고 지니다

4장   # 생활하고 거주하다

1.

30년 전쯤 나는 50개 이상의 전화번호를 늘 기억했다. 누구에게 전화를 걸어야겠다고 생각하면 바로 번호가 떠올랐다. 그러나 지금은 112, 119 등 비상 전화번호를 제외하면 서너 개 정도밖에 기억나지 않는다. 휴대전화기에 전화번호부가 내장되어 있기 때문이다. 저 시절에는 대중가요 노랫말도 수백 개를 외웠다. 하지만 지금은 그 대다수가 기억에서 사라졌다. 요즘엔 노래방 아닌 곳에서 노래 부를 일이 거의 없고, 노래방 기기는 친절하게도 가사를 화면에다 보여준다. 또 저 시절에는 지도책 한 권만 갖고도 처음 가는 목적지까지 자동차를 운전하는 데 아무런 문제가 없었다. 그러나 지금은 내비게이션 없는 초행길 운전에 엄두가 나지 않는다. 내 지적 능력이나 판단력의 저하가 온전히 저 물건들 탓이라고만은 할 수 없겠으나, 저 물건들 때문에 기억하려는 의지나 이해하려는 의지가 감퇴한 것은 부인할 수 없다.

물론 물건 탓으로 떠넘길 일만 일어나지는 않았다. 내 생애 후반기 30년 동안에 이동한 거리는 전반기 30년 동안 이동한 거리의 100배를 훌쩍 뛰어넘는다. 자동차를 일상적으로 운전하고 가끔씩 비행기를 탈 수 있었던 덕이다. 자기 전에 이불 폈다가 일어나서 이불 개는 습관도 침대를 들여놓은 뒤 사라졌다. 전기밥솥, 냉장고, 세탁기,

진공청소기 등이 삶을 얼마나 편리하게 해주었는지에 관해서 일일이 늘어놓는 것은 지면 낭비다. 어렸을 적에는 몇 차례 몸에 고약膏藥을 붙여야 했으나 어른이 된 뒤에는 상처가 덧나 곪은 기억이 없다. 비누, 샴푸, 세면대, 샤워기 등이 늘 몸 가까이에 있는 덕이다. 요즘엔 30년 전이었다면 존재조차 알지 못했을 사람들과도 수시로 소통한다. 인터넷과 연결된 컴퓨터나 스마트폰이 서로 모르는 사람들끼리 어울릴 수 있도록 '사회관계망'을 만들어준 덕이다. 그뿐인가, 이 물건들은 세상의 거의 모든 정보와 소식을 실시간으로 알려준다. 사람을 만드는 건 습관이라고들 하는데, 내가 아침에 눈을 떠서 밤에 잠자리에 들 때까지 매일 반복하는 습관적 행동들은 모두 물건들과 상호작용하는 일이다. 내가 사용하는 물건들 중에 내가 직접 만든 것은 거의 없으나 그 물건들이 지금의 나를 만들었다.

돌이켜보면, 내가 살면서 행복감이라고 해야 할지 그저 '잔잔한 흥분'이라고 해야 할지 모를 감정을 느꼈을 때는 주로 새로운 물건들과 조우하던 때였다. 나는 지금도 기억한다. 집에 라디오가 처음 들어왔을 때 그 작은 나무상자 안에 사람들이 숨어 있다는 말을 믿었던 천진함을. 집에 선풍기가 처음 들어왔을 때 온 얼굴을 간지럽혔던 바람의 청량함을. 집에 TV가 처음 들어왔을 때 이웃집 아주머니의 눈총에서 해방되었다는 생각에 벅차올랐던 마음을. 내 책상에 컴퓨터가 처음 놓였을 때 도스 명령어를 외우느라 밤을 꼬박 지새웠던 열정을. 20세기 중반 이후에 태어난 사람들은 대개 나와 비슷한 시점에 새로운 물건들과 조우하며 인생을 보냈을 터이다. 그래서 물건들은 역사적 시대구분의 지표 구실도 한다. 이미 현대적 물건들이 다 갖춰진 집에서 태어나 자란 지금의 젊은 세대는, 물건들에 의해 인간이 바뀌는 경험에 대한 감수성이 낮을 수밖에 없다.

2.

120년 전과 지금을 비교하면, 한반도의 인구는 세 배 이상, 한국인의 평균 수명은 두 배 가까이 늘었다. 한국인의 평균 키는 10센티미터 이상, 평균 몸무게도 10킬로그램 이상 늘었다. 저 시절 사람들의 반 이상은 나이 40에 할아버지 할머니가 되었으나, 지금 한국에서는 39세까지가 공인된 '청년'이다. 현대 한국의 거리에서는 얼굴 얽은 사람, 이 빠진 채 다니는 사람을 볼 수 없다. 백발白髮을 그대로 둔 채 다니는 사람도 보기 어렵다. 저 시절 사람들과 비교하자면, 현대인은 오래 사는 사람이자 큰 사람이고 더디 늙는 사람이며 나이가 들어도 늙지 않은 것처럼 사는 사람이다. 현대인은 자기 생활공간 주변에서 오염물질과 악취를 몰아내는 데 성공했고, 숱한 의약품과 건강식품으로 질병을 피했으며, 취미로든 의무감으로든 운동으로 몸을 가꾼다. 옛날 사람들은 장수長壽를 '신의 축복'으로 여겼지만, 현대인들은 각자의 노력과 과학의 도움으로 이룰 수 있는 것이라고 믿는다.

저 시절 사람들은 날이 밝으면 밖에 나가 일하고 날이 저물면 집에 돌아와 쉬었으나, 요즘 사람들은 전등 덕에 밤을 낮 삼아 일하거나 논다. 현대인은 늘 '시간 없다'고 불평을 늘어놓지만, 실제로는 저 시절 사람들보다 세 배 이상 많은 시간을 소비한다. 당연히 한 사람이 평생 동안 소비하는 음식물의 양도 세 배 이상 늘었다. 음식물 쓰레기는 그보다 훨씬 더 많이 늘었다. 다 먹지 않고 버리는 음식물이 많기 때문이다. 음식물 쓰레기는 그나마 적은 편이다. 사용가치가 소멸하지 않은 온갖 종류의 물건이 버려진다. 현대인은 쓰레기를 양산量産하는 인간이다. 물론 쓰레기 이전에 물건이 있었다. 근대와 현대는 대량생산의 시대이고, 끊임없는 기술혁신이 그를 뒷받침했다.

지난 한 세기 동안 한반도에서 생산된 나사못은 한반도에 사는 개미 전체의 숫자보다 많을 것이다. 현대인은 저 시절 사람들보다 100배 이상 많은 물건을 소유하고 사용한다. 그 물건들은 소유자와 사용자에게 '자기 다루는 법'을 배우라고 강요한다. 현대인들이 구입하는 물건들에는 대개 '사용설명서'나 '복용법'이 따라붙는다. 현대인은 '새로운 물건 다루는 법'을 평생 배워야 하는 사람이다. 달리 말하자면, 현대는 물건이 인간을 가르치는 시대다. 현대인은 물건과 기계의 작동방식에 적응하면서 스스로 기계와 닮아가는 사람이다. 요즘 '기계의 인간화'를 걱정하는 사람이 늘어나는 것은, 이미 인간이 상당한 정도로 기계화했기 때문이다.

3.

나는 2008년부터 국립민속박물관, 서울역사박물관 등 여러 박물관의 의뢰를 받아 근현대 유물 평가위원으로 활동했다. 현장에서 만난 '오래된 물건'들은 지난 한두 세기 동안 한국에서 전개된 역사의 말 없는 증인들이었다. 그 물건들 하나하나가 한 시대에서 다른 시대로 넘어가는 가교 역할을 했다. '전등이 없는 시대에서 있는 시대로', '자동차가 없는 시대에서 있는 시대로', '냉장고가 없는 시대에서 있는 시대로' 등. 이런 물건들은 사람들의 삶을 바꿨을 뿐 아니라, 그들의 의식과 욕망, 가치관까지 바꿨다. 150년 전 사람 다수에게는 '이밥에 고깃국'이 평생소원이었고, '하늘을 나는 것'은 꿈에서나 실현할 수 있는 망상이었으나, 현대인에게는 옛사람들의 소원 거의 모두가 '이미 실현된' 일이다. 오늘날에는 한국의 어지간한 서민들도 120년 전 황제 고종보다 더 많은 음식, 더 많은 의복, 더 효과적인 의약품을 소비한다. 그들 대다수는 고종을 둘러싸고 있던 물질세계 안에서 사흘도 버티지 못할 것이 분명하다. 현대인이 타임머신을 타고 19세기 초로 돌아가 정약용을 만난다면, 그와 정신세계를 공유할 수는 있겠지만 물질세계는 결코 공유할 수 없을 것이다.

그런데 소원을 성취한 사람들은 결코 만족하지 않았다. 오히려 물질세계가 팽창하는 만큼, 물질에 대한 욕망도 커졌다. 탐욕을 경계하고 청빈淸貧을 강조하는 어떤 계몽도 물질을 향해 끓어오르는 사람들의 욕망을 잠재우지 못했다. 사람의 정신은 타인의 정신보다는 자기를 둘러싼 물질세계에 더 많이 영향받는 법이다. 오늘날의 세상은 더 많은 물건을 만들어 팔아 부자가 되려는 사람들, 더 많은 물건을 소비하는 것으로 자기가 부자라는 사실을 입증하려는 사람들로 가득 차 있다. 인간이 '욕망의 주체'로서 자기 정체성을 분명히 한 시대, 욕망의 한계가 끝없이 커지는 시대가 현대다. 그런 변화 추이를 반영하여 물질에 대한 욕망을 실현하는 공간인 시장도 계속 팽창하고 있다. 150년 전 사람들은 기껏 닷새에 한 번 정도 '시장 생활'을 경험할 수 있었으나, 현대인들은 손바닥 안의 스마트폰에 시장을 담고 산다. '시장주의적 인간형'이 늘어날 수밖에 없다. 이런 변화 속에서 사는 인류가 만들어낼 미래를 가늠해보는 것이 이 책의 목적이다.

4.

2014년 초여름, 『한겨레』에서 원고지 5매 분량의 지면을 내줄 테니 매주 칼럼을 한 꼭지씩 써달라는 요청이 왔다. 5년간 그 지면을 통해 현대인의 삶과 의식을 바꾼 물건 281종에 관한 아주 거친 스케치를 소개했다. 연재를 마친 후 스케치를 완성하는 작업에 매달렸다. 애초에 밑그림을 잘못 그린 꼭지를 발견할 때면 낯이 화끈거렸다. 늘 그랬지만, 책을 세상에 내보내는 지금도 이 작업이 만족스럽지는 않다. 독자 여러분의 질정叱正을 바란다.

책의 상품성을 따지지 않고 기꺼이 출판을 맡아주신 돌베개 한철희 사장님께 감사드린다. 원고 분량이 많아 세 권으로 분책한 상황에서도 편집에 일관성을 지켜준 김진구, 한광재, 하명성 세 분 편집자에게도 고마운 마음을 전한다. 이제 노년을 향해 함께 걸어가야 할 아내 인애에게는 늘 고맙고 미안하다.

2023년 10월 24일
전우용

1장

닦고
가꾸다

일상·생활

유리거울

1. 몸에
    관심을
    기울이다

자기 겉모습을 관찰하려는 욕망을 가진 동물이 인간뿐인지는 알 수 없으나, 그 욕망을 실현할 능력을 가진 동물은 분명 인간뿐이다. 인류는 금속을 다루는 능력을 확보하자마자 거울을 만들었다. 우리나라 국보 다뉴세문경多鈕細紋鏡을 비롯한 청동거울은 청동기시대를 대표하는 물건이다. 거울은 태양이나 사람, 사물 등을 비춰 또 하나의 '보이는 실체'를 창조하는 물건이기에, 신물神物이자 성물聖物로 취급되었다. 동서양을 막론하고 '마법의 거울'에 관한 전설, 설화, 동화 등이 전래되는 것은 이 물건의 신성神性에 대한 오래된 관념의 소산이다.

인류가 청동기시대에 만든 다른 물건들에 비해 거울의 진보 속도는 대단히 더뎌서, 16세기까지도 계속 청동거울이 사용되었다. 청동으로 만들던 모든 물건이 철제로 바뀌었으나, 거울은 철로 만들어지지 않았다. 철보다 물러야 문질러서 반질반질하게 만들 수 있기 때문이다. 게다가 거울은 제정일치 시대 제사장의 권위를 표상하던 물건이었다. 동이 비싼 데다가 거울을 특권의 상징으로 여기는 통념도 있어서, 중세까지도 이 물건은 특권 귀족이나 가까이에 둘 수 있었다.

거울이 귀했던 데다가 선명하지도 않아서, 인류 역사 대부분의 기간 동안 사람들은 자기 겉모습을 관찰하려는 욕망을 충분히 실현할 수 없었다. 달밤에 우물을 굽어보고 어렴풋이 비치는 자기 얼굴을 확인하는 정도가 고작이었다. 조선 말 서울에서 군교 노릇하던 사람이 있었다. 어느 날 기생집에 갔다가 한 기생이 자기 동료에게 "저렇게 생긴 이도 마누라가 있소?"라고 하는 말을 듣고 기생집에 영영발을 끊었을 뿐 아니라 반질반질한 돌 옆에도 가까이 가지 않았다고 한다. 그는 어렸을 때 두창을 앓아 찰곰보(얼굴이 심하게 얽은 사람)가 되었지만, 평소 자기 얼굴이 어떻게 생겼는지는 몰랐다. 기생이 수군거리는 말을 듣고서야, 자기 외모에 대한 '앎'을 얻은 것이다.

판유리 한쪽 면에 주석을 입혀 빛을 반사하게 하는 유리거울은 16세기 초 이탈리아에서 발명되었다. 베네치아의 장인들은 한동안 이 기술을 독점하여 큰돈을 벌었다. 1835년, 독일의 화학자 유스투스 폰 리비히Justus Freiherr von Liebig는 판유리 한쪽 표면에 은을 고르게 입히는 거울 제작 기법을 발명했고, 이후 유리거울의 대량 생산이 개시되었다. 우리나라에도 개항 전에 중국을 통해 유리거울이 소개되었을 것이나, 본격적으로 수입된 것은 개항 이후의 일이었다. 유리거울을 처음 접한 사람들은 선명하게 비치는 자기 모습에 찬탄을 금하지 못했다. 제 모습을 관찰하려는 욕망은 유리거울에 대한 욕망이기도 했다.

당시 조선에서는 판유리가 생산되지 않았다. 유리 장신구는 삼국시대에도 만들어졌으나, 조선시대에는 유리가 생산되지 않았다. 수십 종의 장인匠人에 대해 세세히 기록한 『경국대전』에도 유리 장인 이야기는 나오지 않는다. 수입품에 의존할 수밖에 없었지만, 유리는 운송 과정에서 깨지기 쉬웠다. 1883년, 조선 정부는 묄렌도르프의 추천을 받아 독일계 미국인 로젠봄Joseph Rosenbaum을 초빙하여 한강변에 파리국玻璃局이라는 판유리 제조장을 설립했다. 한강변 모래를 유리 원료로 쓸 심산이었다. 그 무렵에는 유리창, 유리거울, 유리 건판 필름 등 판유리의 수요가 많았다. 하지만 서울의 주택 사정과

경대 19세기 말~20세기 초에 제작된 것으로 추정된다. 100년 전에는 이 정도 크기의 유리거울도 귀중품이었다. 자기 얼굴이 어떻게 생겼는지 잘 모르는 사람과 자기 얼굴만 자세히 볼 수 있는 사람, 그리고 자기 전신을 세세히 살필 수 있는 사람의 자기 몸에 대한 관심은 다를 수밖에 없다. 이 관심의 변화가 중세에서 근대를 거쳐 현대로 이행하는 과정이기도 했다. 출처: 서울역사박물관

사람들의 생활 형편을 본 로젠봄이 마음대로 유리 제조에서 성냥 제조로 업종을 변경하는 바람에 이 계획은 수포로 돌아갔다.

파리국 설립 계획이 무산된 뒤 몇몇 민간인도 유리 공장을 차리기 위해 일본인 기술자를 초빙했고, 판유리 제조기술을 배우기 위해 일본에 유학하는 이들도 생겼다. 하지만 현재로서는 우리나라에서 유리거울 제조가 언제, 누구에 의해 시작되었는지 알 수 없다. 1897년 『독립신문』에 유리거울조차 전량 수입해 쓰는 형편을 한탄하는 기사가 실린 것을 보면, 그때까지도 국내에서 생산되지 않았을 가능성이 크다.

1902년 궁내부 내장원이 러시아인 기사를 초빙해 청파동 뒷산에 유리 제조장을 설치한 이후 판유리의 국내 생산이 시작되었고, 이때부터 유리거울의 가격도 싸졌다. 그렇다고 집집마다 유리거울을 들

여놓을 정도는 아니었다. 작은 거울이 달린 상자인 경대鏡臺는 혼수품이었으며, 유리거울을 안방 벽에 걸 수 있었던 중류층 가정이라 해도 목 위쪽만 겨우 볼 수 있는 크기로 만족해야 했다. 전신 또는 상반신을 비추는 거울은 일반 가정에서 소유하기 어려운 물건이었다. 일제강점기 대형 유리거울은 창덕궁 희정당 접견실 벽면 등에나 부착되는 고급 장식품이었고, 해방 후에도 오랫동안 건물 준공 기념 선물이나 개업식 선물로나 소비되던 귀중품이었다. 오늘날에도 건물 1층 로비나 2층으로 올라가는 계단 입구에서는 '축 발전' 또는 '축 개업' 같은 금박 글자가 새겨진 대형 유리거울을 종종 볼 수 있다.

상반신 전체를 비추는 크기의 거울은 1980년대 중반 이후에야 대다수 가정에 자리 잡았고, 그로부터 10년쯤 지나서는 현관 옆에 전신 거울을 부착하는 것이 당연한 일처럼 되었다. 현대인은 한 세대 전만 해도 대중목욕탕에 가야 볼 수 있었던 전신 거울을 매일 집에서 보는 사람이다. 유리거울이 커지는 속도에 비례하여 자기 몸에 대한 관심도 얼굴에서 전신으로 확대되었다. 더불어 사람들은 마음보다 몸에, 타인보다 자신에게 더 관심을 갖게 되었다. 남의 마음에 생긴 큰 상처보다 자기 얼굴에 생긴 점 하나를 더 중시하는 문화가 만들어진 데에는 유리거울이 책임질 몫도 있을 것이다.

안경

2. 현대적
    풍토병을
    고치다

옛날 장애인은 앉은뱅이, 절름발이, 귀머거리, 곱사등이, 벙어리 등으로 불렸다. 여기서 '이'는 '이 이', '저 이' 할 때의 그 '이'로 '~한 사람'이라는 뜻이니 비장애인과 장애인 사이에 호칭의 차등은 없었다. 그런데 유독 시각장애인은 장님, 봉사, 소경이라고 했다. 장님이란 지팡이 짚은 어르신이란 뜻이고, 봉사奉事는 조선시대 종8품 벼슬, 소경少卿은 고려시대 종4품 벼슬이었다. 혜민서에서 침을 놓던 의관이 봉사였고, 서운관에서 점을 치던 관리가 소경이었다. 시각장애인을 봉사나 소경이라는 벼슬 이름으로 부른 것은, 이들 상당수가 민간에서도 의술이나 점복술에 종사했기 때문이다. 그러니 호칭으로는 시각장애인이 비장애인보다 몇 등급 높았던 셈이다.

옛사람들이 시각장애인을 높여 부른 데에는, 육신의 눈이 감기면 마음의 눈이 열린다고 믿었던 신비주의적 태도와 더불어 시각장애가 주로 노년에 발생했던 사정이 작용한 것으로 보인다. 눈, 코, 귀, 혀 등 감각기관 앞에 '늙을 노老' 자를 붙이는 것은 눈뿐이다. 노안老眼은 있지만 노이老耳, 노비老鼻, 노치老齒, 노설老舌은 없다. '침침한 눈'이나 '잘 보지 못하는 눈'은 노인다움을 구성하는 요소 중 하나였고, 요즘 기준에서는 가벼운 안질 정도의 병으로도 실명하는 사람이 많았다.

시각장애인을 위한 기구로 안경을 처음 '발명'한 사람이 누구인지에 대해서는 이견이 있다. 마르코 폴로는 『동방견문록』에 "늙은 신하들은 거북이 등 껍데기로 만든 볼록렌즈 안경을 썼다"고 기록했다. 그가 원나라에 머물렀던 기간은 1270년대 중반부터 1290년경까지였다. 이에 앞서 1268년 영국의 로저 베이컨은 볼록렌즈의 확대경 기능에 관해 기술했다. 얼마 뒤에는 이탈리아의 유리 장인들이 손잡이가 달린 나무 고리에 볼록렌즈를 끼우는 방법을 찾아냈다. 그로부터 반세기쯤 지나 유럽에서 금속활자를 이용한 인쇄술의 혁신이 일어났다. 읽을거리가 늘자 읽는 사람도 늘었다. 노안에는 돋보기 안경이 필수였다. 근시용 오목렌즈 안경은 16세기 초에 발명되었다.

안경과 그 제조법은 16세기 말 명나라를 거쳐 조선에까지 들어왔다. 조선의 왕 중에서는 숙종이 가장 먼저 안경을 썼던 것으로 추정된다.

> 조태채가 말하기를, 안경은 안 쓰십니까? 왕이 말씀하시기를, 늘 안경에 대해 말하면 웃고 말았다. 젊어서 안경을 써봤는데 오히려 눈이 어두웠다. 그래서 매양 이 물건을 노인들이 왜 쓰는지 괴이하다고 생각했다. 지금 안경을 쓰니 눈이 매우 밝다. 비로소 노인이 안경 끼는 이유를 알았다. 숙배단자肅拜單子 등의 작은 글자를 이 물건이 없으면 어찌 보겠는가?
> ─『승정원일기』 숙종 42년(1716) 1월 29일

50년 넘게 왕 노릇하며 80년 넘게 살았던 영조도 말년에는 안경을 썼을 가능성이 크나, 관련 기록은 찾지 못했다. 정조도 말년에 안경을 썼는데, 안경 쓴 모습을 남에게 보이는 건 무척 꺼렸다. 안경은 노화의 증거이자 노인의 상징이었고, 노인은 공경해야 마땅한 사람

이었기에, 안경 낀 모습을 어른에게 보이는 것은 무례한 일로 간주되었다. 김택영이 쓴 『한사경』에는 헌종의 외척 조병귀趙秉龜가 왕에게 안경 낀 모습을 두 차례나 보인 뒤 괴로워하다가 스스로 목숨을 끊었다는 이야기가 나온다.

조선시대의 안경 렌즈는 수정을 갈아 만들었는데, 경주 남산의 수정으로 만든 것을 최상품으로 쳤다. 안경테는 서각犀角(코뿔소 뿔)이나 소뿔로 만들었다. 19세기 말 고급 안경의 값은 미화 15달러, 엽전 5만 냥 정도로 거의 집 한 채 값에 상당했다. 개항 이후에는 색안경을 끼고 돌아다니는 사람도 적지 않았는데, 이때의 안경은 부富를 과시하는 도구였다.

1893년, 제중원 의사로 초빙된 올리버 에비슨Oliver R. Avison은 안과용 굴절 측정 장치와 여러 종류의 렌즈를 가지고 조선에 들어왔다. 근시용 안경은 이때 처음 도입되었을 것이다. 다만 난시용 렌즈는 일본이나 중국 또는 미국에 주문하는 수밖에 없었다. 1897년 안식년을 얻어 귀국한 에비슨은 미국의 광학회사에서 렌즈 연마기를 구입하고 그 사용법을 배웠다. 이 기계는 1900년 에비슨과 함께 조선에 들어왔다. 이것이 안경 제작과 관련한 우리나라 최초의 근대적 기계다.

하지만 안경을 병원에서 맞추는 사람은 많지 않았다. 금테 안경은 금은방에서 팔았고, 대중적인 안경은 잡화상이나 노점에서 팔았다. 안경 판매 신문 광고는 1897년 5월 27일자 『독립신문』에 처음 실렸다. 사람들은 시력 검사를 받지 않고 이것저것 써보고 제 눈에 맞는 것을 골랐다. 근시인 사람이 돋보기 안경을 사는 일도 드물지 않았다. 재력을 과시하기 위해 도수 없는 금테 안경을 쓰는 젊은이도 생겨났다. 스스로 노인을 무시할 자격이 있다고 믿는 젊은이들은 안경을 쓰고 거리를 활보했다. 그중에는 여학생이나 기생도 있었다.

1903년 서울의 안경 장수 1902년 11월 서울 주재 이탈리아 총영사로 부임한 까를로 로제티와 그의 동료 가리아쪼는 서울 곳곳을 다니며 사진을 찍었다. 안경 장수는 선글라스를 쓰고 뒷벽에 안경들을 걸어놓았다. 안경의 도수는 제각각이어서 사람들은 여러 개를 써보고 제 눈에 맞는 것을 골랐다. '제 눈에 안경'이라는 말이 생긴 연유다. 20세기 벽두까지 노인의 상징이었던 안경은 100년 만에 한국인 반 이상의 필수품이 되었다. 근시안은 현대병이고, 안경은 그 병을 이겨낼 수 있게 해준 물건이다. 출처: 까를로 로제티, 『꼬레아 꼬레아니』

1910년대에 젊은 사람이 쓴 '번쩍번쩍 비치는 십팔금 안경'은 귀족이나 부호의 자제 아니면 탕자와 사기꾼의 표지였고, 강도와 절도범이 노리는 귀중품이었다. 금테 안경을 쓴 여학생은 '일반 여자 사회와 여학생계에 비상한 해독을 끼치는 자'로 취급되었다.

반면 유리 렌즈를 사용한 값싼 안경도 흔해졌다. 1913년 경성 조선인 이발학습회는 정기총회를 열어 이발할 때 머리카락이 튀어 눈에 들어갈 염려를 줄이기 위해 이발할 때는 안경을 쓰기로 결의했다. 1930년대 경성부에서 안경 값은 최고 80원에서 최저 2원까지 다양했다. 2원이면 노동자 하루 일당보다 약간 많은 정도였다. 안경은 의료기구라는 담론도 확산했다. 1926년 본정本町 대학당안경점의 광고 문구는 "도수 정확, 품질 최량最良, 처방 렌즈 신속 제작"이었다.

1930년께 큰 병원에는 '안경 도수 검사실'이 따로 있었다. 1936년 경성부에는 종로와 본정에 각 일곱 곳 등 20여 개의 안경점이 있었다.

경향적으로 보자면 근시는 일종의 도시적 풍토병이다. 도시의 밀집된 물리적 환경과 도시 생활의 기계적 반복성은 지속적으로 시력을 갉아먹는다. 현대의 도시인들은 100미터 전방의 사물을 응시하는 일조차 드물다. 거리에 나가면 불과 10~20미터 앞에 육중한 건물이 막아 서 있고, 길을 걸을라치면 2~3미터 앞의 간판들이 시선을 가린다. 사무실 안에서든 방 안에서든 눈과 벽 사이의 거리는 길어야 3~4미터이지만, 일상의 시선은 대개 50센티미터도 안 떨어진 컴퓨터 모니터나 서류에 고정된다. 가까운 곳에 시선을 고정하고 살수밖에 없는 게 도시인의 숙명이다. 게다가 형광등 같은 인공조명도 시력에 악영향을 미친다. 한국에서 도시화 과정이 급진전한 시기, 형광등이 급속히 보급된 시기와 근시인 사람이 늘어난 시기는 겹친다. 근시가 급증하자, 1987년부터는 안경사 국가자격증 제도가 시행되었다.

내가 초등학교에 다닐 때만 해도 70명 단위 한 반에 안경 낀 학생은 한두 명에 불과했다. 고등학교를 졸업할 때쯤에도 안경 낀 학생은 전체의 10퍼센트를 넘지 않았다. 하지만 오늘날에는 중학생의 반 정도가 안경을 낀다. 성인 중에는 안경 없이 일상생활을 영위할 수 있는 사람이 오히려 드물다. 지난 한 세대 사이, 한국인의 감각기관 중 그 기능이 가장 현저히 약해진 것이 눈이다. 지금 한국인의 반 이상은 100년 전 기준으로는 '반소경'이다. 현대인이 근시라는 '시대병'을 이겨낼 수 있었던 것은 순전히 안경 덕이다.

모발 염색제

3. 늙는
    속도를
    늦추다

2,500여 년 전 생로병사의 사고四苦에서 벗어나는 길을 찾고자 집을 나선 석가족의 왕자 고타마 싯다르타는 오랜 고행 끝에 해탈하여 부처가 되었다. 그 뒤 언제부터인가 그의 뒤를 따르려는 사람들은 머리카락을 전부 깎아버림으로써 사고로부터 해탈하려는 결의를 표현했다. 나고 늙고 병들고 죽는 과정을 즉물적으로 표현하는 신체 부위가 바로 머리카락이기 때문이다. 하얗게 센 머리카락은 노쇠의 상징이었다.

"늙기도 설워라커늘 짐을조차 지실까"라는 옛 시조의 한 구절이 가리키는 바와 같이, 늙는 것은 언제나 서러운 일이었다. 하지만 서러움의 정도는 고금이 달랐다. 옛날에는 늙는 것이 마냥 서럽기만 한 일은 아니었다. 첫째, 대부분의 지식이 경험에 의해 구축되었기 때문에 늙음은 '지혜로움'과 대략 동의어였다. 늙으면 힘이 줄어드는 대신 지혜가 늘어난다는 말은 진리처럼 통용되었다. 어느 사회에서나 노인 중의 노인, 즉 원로元老를 우대한 것은 그들의 경험과 지혜가 공동체에 현실적인 도움이 되었기 때문이다. 둘째, 같은 이유에서 노인이 된다는 것은 잔소리 들을 의무에서 해방되고 잔소리할 권리가 생기는 것을 의미했다. 잔소리와 꾸지람은 노인의 특권이었다. 집에서건 마을에서건, 노인에게 잔소리하거나 야단칠 수 있는 사람은 없었다. 셋째, 남자는 노인으로 인정받는 순간 국가가 부과

하는 '역'役에서 해방되었다. 삼국시대부터 조선시대까지, 16세 이상 60세 이하의 평민 남자는 국가에 노동력을 제공해야 했다. 대표적인 것이 군역軍役이었고, 이 밖에 성 쌓는 축성역築城役, 길 닦는 치도역治道役, 조세곡 운반하는 운부역運夫役, 봉수대 지키는 봉수군역烽燧軍役, 말 기르는 목자역牧者役 등이 마을 단위로 또는 가족 단위로 부과되었다. 나이 60이 되면 이 모든 역에서 면제되었으니, 환갑잔치는 이를 자축하면서 마을 사람들에게 알리는 행사였다. 국가 공인 노인의 삶은 여분의 삶이자 당당한 삶이었다.

반면 현대의 노인은 기대수명이 늘어났다는 점 말고는 옛날 노인의 '좋은 점'을 거의 누리지 못한다. 오늘날의 경로우대증이나 지하철 무료 이용권, 노령연금 등이 옛날의 국역 면제보다 더 큰 혜택이라고 할 수 있을지 의문이다. 노인들이 평생에 걸쳐 쌓아온 지식과 기능은 경륜으로 대접받기보다는 시대착오로 취급받기 일쑤다. '어른의 훈계'였던 말은 '꼰대의 잔소리'로 격하되었다. 우리 사회가 노인의 노동력에 지급하는 임금은 최저임금 이하다. 부모 봉양의 의무를 이행하려는 자식과 부모의 노후자금을 노리는 자식 중 어느 쪽이 더 많은지도 알기 어렵다. 기대수명이 늘어난 것도 축복이라고 단언하기 어렵다. 수많은 노인이 '존엄한 말년'을 보내기보다는 요양원 등에서 '버려진 말년'을 보내고 있다.

황혼기의 삶은 본디 서러운 법이다. 노화를 늦추는 방법, 그게 불가능하다면 늙었어도 늙지 않은 것처럼 보이는 방법을 찾으려 드는 것은 인간의 본능에 속한다. 이런 본능이 불로초에 대한 환상과 불로문不老門이라는 효과 없는 실물을 창조해냈다. 공문서에 '노인'으로 기재되어 혜택을 받는 것과는 별도로, '노인 같지 않다'는 말을 들으며 젊은이들과 어울리는 것은 예나 지금이나 노인들의 꿈이다.

눈가에 주름이 잡히고 피부가 처지는 것을 어느 정도 늦출 수 있

1907년 일본 오카다岡田 상점에서 출시한 모발 염색제 병 '志らが赤毛染 나이스'라는 글자가 양각으로 새겨져 있다. 백발을 붉은 털로 바꿔주는 염색약 나이스라는 뜻이다. 서울 명동의 일제강점기 지층에서 출토된 '유물'로서, 조선에도 이 제품이 다량 수입되었음을 알려준다. 성분은 고대 이집트에서도 모발 염색제로 썼던 초산은이었는데, 이 물질은 오늘날 부식제나 감광제로 쓰인다. 모발뿐 아니라 인체에도 해로운 물질이지만, 젊게 보이려는 욕망은 위험을 무릅쓰게 만들었다. 출처: 서울역사박물관, 『도성발굴의 기록 I: 아동광장 발굴조사 보고서』(2011)

게 된 것은 최근의 일이지만, 흰 머리카락을 검게 바꾸는 것은 아주 오래전에도 가능했다. 부처가 탄생하기 2,000년 전, 이집트 왕실에서는 이미 초산은硝酸銀으로 모발 염색약을 만들어 썼다. 우리나라 사람들이 언제부터 머리카락을 염색했는지는 알 수 없으나 18세기 시조집인 『청구영언』에 실린 사설시조 중에는 "백발에 화냥 놀던 년이 젊은 서방을 맞추어 두고 센 머리에 먹칠하고 태산준령으로 허위 허위 넘어가다가 과그른 소나기에 흰 동정 검어지고 검던 머리 다 희었고나"라는 구절이 있다. 과그른은 '갑작스러운'이라는 뜻이다. 소나기 때문에 머리카락에 칠한 먹물이 흘러내려 옷의 동정이 검어지고 흰머리가 그대로 드러났다는 뜻이다. 먹물 염색은 하기도 번거로웠고, 지속 시간도 짧았으며, 빗물에 속수무책이었다.

1907년 화학성분을 이용하여 모발 염색제를 개발한 프랑스 화학자 외젠 슈엘러Eugene Schueller는 1910년 이 제품에 로레알L'Oreal이라는 이름을 붙였다. 그 직후 서울에 있던 일본인 상점 치요千代는 '누레하'라는 염색약을 수입, 판매한다고 광고했다. 일제강점기에는 '루리하'로 표기가 바뀌었는데, 둘 다 로레알의 일본식 표기다. 그런데 이 제품은 독성이 강해 종종 자살용 약품으로 사용되었다. 자본주의 시대의 모든 상품이 그런 것처럼, 이후 모발 염색제의 효능도 계속 좋아졌고, 독성과 부작용은 줄어들었다.

값싸고 간편한 염색제 덕분에, 오늘날에는 흰 머리카락을 그대로 두는 노인이 오히려 드물다. 옛날에는 '성성한 백발'이 멀리에서도 식별되는 노인의 표지였지만, 오늘날에는 노인의 표지라 부를 만한 것이 거의 없다. 사람이 늙어도 머리카락이 세지 않은 것처럼 만들어주는 모발 염색제는, 늙은 사람이 대접받지 못하는 시대, 사람이 늙어도 저절로 지혜로워지지 못하는 시대에 아주 잘 어울리는 물건이다.

4.   지식이
     만든
     습관

'이빨 빠진 호랑이'는 무섭지 않은 호랑이이자 살날이 얼마 남지 않은 호랑이다. 이빨로 음식물을 씹어 삼키는 동물 개체 각각에게 하늘이 내려준 천수가 있다면, 아마도 이빨의 수명 더하기 약간의 알파일 것이다. 인간도 예외가 아니다. 특별한 유전자를 물려받지 않은 이상, 인간 치아의 자연 수명은 평균 50년 정도다. 다만 인간은 신이 정해준 운명에 도전하는 것을 자기 권리로 여기며 살아온 유일한 동물이기에, 일찍부터 치아 수명을 연장하기 위한 방법도 개발해왔다. 치아를 일상적으로 관리하는 동물은 설치류와 인간밖에 없다.

오복五福이란 본디 『서경』書經 「홍범」洪範 편에 나오는 말로 수壽, 부富, 강녕康寧, 유호덕攸好德, 고종명考終命의 다섯 가지를 말한다. 즉 건강하고 부유하게 오래 살며 남에게 베풀다가 편히 죽는 것이다. 그럼에도 건강한 이가 오복의 하나라는 근거 없는 속설이 널리 유포되었던 것은, 건강과 장수가 이에 달렸다고 보았기 때문이다.

이를 관리하는 도구로는 치약보다 칫솔이 먼저 만들어졌다. 칫솔은 보통 '치아를 쓸어주는 도구로서 치아와 인접 연조직을 손상시키지 않으면서 효과적으로 개인의 구강을 깨끗하게 할 수 있게 배열된 강모군强毛群 및 손잡이로 구성된 청결 도구'로 정의된다. 기원전 6세기경의 인도인들은 식사 후에 작은 나뭇가지를 잘근잘근 씹었다고 하는데, 나뭇가지를 씹을 때 나오는 섬유질이 칫솔과 유사한 기능을 했기 때문이다. 고대 아랍인들은 시왁이라는 나무의 뿌리를 잘라 칫솔로 사용했고, 중국 당나라 사람들은 두꺼운 천에 너구리 털을 빽빽하게 심어 이를 닦았다. 나무 손잡이와 천연 명주실을 이용한 칫솔은 1500년경 명나라에서 개발되었다. 이 칫솔은 16세기 중반에 유럽에 전해졌다. 유럽인들의 칫솔에 대한 반응은 가히 선풍적이었다. 프랑스 궁정에서는 칫솔을 줄로 묶어 목에 걸고 다니는 것이 유행할 정도였다. 금은보석으로 장식한 칫솔도 만들어졌다.

1780년 영국의 윌리엄 애디스William Addis는 동물의 뼈에 구멍을 뚫어 동물의 털을 심고 철사로 묶어 고정시킨 현대적 칫솔을 개발했다. 1857년 미국의 하이럼 니컬스 워즈워스Hiram Nichols Wadsworth는 이런 형태의 칫솔을 공장 생산품으로 만들어 시장에 내놓았다. 칫솔 손잡이가 동물 뼈에서 셀룰로이드로 바뀐 것은 제1차 세계대전 중, 칫솔모가 동물의 털에서 나일론으로 바뀐 것은 제2차 세계대전 중의 일이었다. 자동 전기 칫솔은 1908년에 특허를 받았다.

치약이라고 부를 만한 것도 각 문명권에서 오래전부터 사용되었다. 16세기 초에 간행된 『동의보감』에도 여러 종류의 치통 치료제가 나오는데, 현재의 치약과 유사한 것으로 고치산固齒散이라는 것이 있다. '큰 쥐의 뼈, 볶은 천초, 유향 각 2냥과 볶은 향부자, 볶은 백질려, 청염 각 1냥을 섞어 가루로 만든 것'인데, 이것으로 매일 치아를 문지르면 잇병을 예방할 수 있다고 했다. 민간에서 치아를 오래 보존하기 위해 쓰는 방법으로는 손가락에 소금을 묻혀 문지르거나 위아래 이를 자주 딱딱 부닥치는 것 등이 있었다. 1884년 조선에 들어온 미국 선교의사 알렌은 당시 조선인들의 이 닦는 습관에 대해 다음과 같이 기록했다.

1930년대 라이온 치마분의 신문 광고 이 닦는 조선 여성을 그려 넣었다. "용모와 자태는 아름답더라도 치아가 더러우면 근대 미인이라고 못합니다"라는 글귀가 쓰여 있다. 치약은 아름답고 건강한 이를 만들기 위한 필수품으로 알려졌고, 사람들은 매일 두세 번씩 이 닦는 일을 생활화했다. 출처: 『조선일보』 1934년 5월 30일자 광고

쌀밥 식사는 치아의 성장에 좋은 것 같다. 한국 사람은 거의 누구나 훌륭하고 진주와 같이 흰 이를 갖고 있다. 그들은 아침에 조심스럽게 이를 닦는데 소금을 청정제로 사용하고 칫솔 대신 손가락 위에 소금을 놓고 치아에 비벼댄다.

19세기 초 불소에 충치 예방 효과가 있다는 사실이 밝혀졌고, 1860년경에는 영국에서 불소 성분을 함유한 분말 치약이 개발되었다. 1900년 무렵에는 이 분말이 '이 가는 가루'라는 뜻의 치마분齒磨粉이라는 이름으로 우리나라에 수입되었다. 그 뒤 수십 년간 조선의 치약 시장은 일본 고바야시 상사에서 만든 '라이온 치마분'이 지배했다. 전쟁 중이던 1952년에는 부산 국제시장에서 가짜 '라이온 치마분'을 생산하던 소굴이 적발되기도 했다. 치마분으로 이를 연마하려면 솔이 필요했기 때문에 돼지털로 만든 일본제 칫솔도 함께 들어왔다.

칫솔과 치약은 1920~1930년대 사이에 한국 가정 대다수의 상비품으로 자리 잡았다. 1924년 여름 방학 기간 중 경성치과의학전문

학교의 조선인 학생들은 위생강연대를 조직하여 전국을 순회했다. 1929년 일본 정부는 6월 4일을 충치예방일로 정했는데 이후 매년 이날이면 전국의 치과의사들이 무료 구강검진을 실시했다. 신문 방송들은 이 닦기 캠페인을 전개했다. '하루에 세 번, 식후 3분 이내, 3분 동안 이 닦기'라는 333운동도 이 무렵에 시작되었다. 사람들은 치과 의학 지식이 제시하는 '치아를 오래 보존하는 법'을 전적으로 신뢰했다. 남녀노소를 가리지 않고 거의 모든 사람이 매일 두세 번씩 이 닦는 습관을 들었다.

가짜 라이온 치마분 파동이 일어날 정도로 치약 구하기가 어려웠던 사정은 한국전쟁 휴전 직후에야 나아졌다. 1954년 5월, 락희화학이 서울 연지동에 전용 공장을 세우고 치약 생산을 시작했다. 오늘날에는 수백 종에 달하는 국내외산 치약과 칫솔이 각 가정의 화장실에 비치되어 있다. 하루 두세 번씩 치약과 칫솔을 사용해 이를 닦는 현대인의 일상 행위는 '지식 권력'에 복종하는 의례라 해도 좋을 것이다. 이 집단적이고 반복적인 의례는 개체에게는 축복이나 집단에게는 고통일 수 있는 고령화 시대를 연 일등공신이기도 하다.

5. 상투쟁이를
단발신사로

중이 제 머리 못 깎는다는 속담이 있다. 왜 중이었을까? 중 말고는 머리 깎는 사람이 없었기 때문이다. 나고 자라고 세고 빠지는 머리카락은 생로병사의 사고四苦를 표상하는 신체 부위다. 삭발은 이 네 가지 고통에서 벗어나겠다는 결의의 표시였다. 중 아닌 사람들은 남녀노소 빈부귀천을 가리지 않고 머리카락이 저절로 빠질 때까지 그대로 두었다. 하지만 속인들에게도 머리카락은 상징성이 풍부한 신체 부위였다.

조선시대 어린아이는 남녀 구분 없이 머리카락을 땋아 늘어뜨렸다. 어른이 되면 남자는 머리카락을 정수리 위로 올려 묶어 상투를 틀었고, 여자는 뒤통수 부근에 쪽을 지어 비녀를 꽂았다. 어른이란 '배필로 삼다' 또는 '교합하다'라는 뜻의 '어르다'에서 온 말이다. 그러니 상투와 쪽 진 머리는 상당히 노골적인 성性의 상징이기도 했다. 남자의 상투를 덮는 모자와 여자의 쪽 진 머리에 꽂는 비녀는 신분을 표시하는 구실도 했다. 양반의 갓과 중인의 갓이 달랐으며, 양인 이하는 아예 갓을 쓸 수 없었다. 금은으로 만든 비녀는 왕족이나 고관대작의 부인들만 쓸 수 있었다. 1895년 단발령斷髮令 실시로 상투를 잘린 평민 남성들이 거리에서 대성통곡한 데에는, 신체발부를 훼손당하여 효를 그르친 데 대한 참회의 의미보다는 사회문화적으로 거세당한 데 대한 분노의 의미가 더 컸을 것이다.

고종은 단발령을 내리면서 스스로 머리카락을 '잘리어' 모범을 보였다. 이때 고종의 상투를 자른 이가 정병하였다는 설이 있으나, 그의 머리를 보기 좋게 다듬은 이발사가 누구였는지는 알 수 없다. 당시 서울에는 일본인과 중국인 이발사만 있었다. 고종은 단발한 이후 다시 머리를 기르지 않았기 때문에, 분명 전속 이발사를 두었을 것이다. 세간에는 안종호라는 사람이 군수급으로 특채되어 왕실 전속 이발사가 되었다는 이야기가 정설로 유포되어 있으나, 『대한제국관원이력서』에서는 그의 이름이 검색되지 않는다.

고종이 한국인 최초의 단발 남성은 아니었다. 1881년 조사시찰단의 일원으로 일본에 갔던 서광범은 양복을 사입고 머리카락도 그에 어울리게 서양식으로 잘랐다. 중세 유럽에서는 칼을 다루는 외과의사가 이발사를 겸했다. 오늘날까지도 이발소의 상징으로 쓰이는 청홍백 삼색 원통은 본래 정맥, 동맥, 붕대를 의미하는 외과의원의 표지로서, 1540년 프랑스 파리에서 처음 사용되었다고 한다. 열강에 대한 아시아 각국의 문호 개방은 서양식 복식과 두발을 허용, 수입하는 일이기도 했다. 문호 개방 이후 아시아 국가들에서 이발사는 서양 문물 또는 신문물을 표상하는 최첨단 직업 중 하나였다.

하지만 고종의 단발은 솔선수범이 되지 못했다. '내 머리는 자를지언정 이 머리카락은 자를 수 없다'吾頭可斷 此髮不可斷는 정신으로 무장한 유생들이 전국에서 의병을 일으켰고, 고종을 모범 삼아 단발했던 지방 수령들은 의병의 공적公敵이 되었다. 1896년 러시아공사관으로 옮겨간 고종은 이듬해 8월 12일 단발령을 취소했다. 이후 한동안 관료들의 두발 모양은 상투와 단발이 공존했다. 1897년 대한제국 선포와 동시에 '육군복장규칙'이, 1900년 '문관복장규칙'이 공포되어 관료들의 복장이 양복으로 통일되었으나 법을 지키지 않는 관료가 많았고, 정부도 굳이 강요하지 않았다. 대한제국 선포 이후에도 단발은 관료의 표지가 아니라 신식 학교 학생들의 표지였다. 관료 일부와 군인, 신식 학교 학생 등의 '고객층'이 생긴 데 힘입어 1901 년 유양호가 서울 인사동에 동흥이발소를 차렸다. 이것이 한국인이 경영한 최초의 이발소다.

관료들의 단발은 '황제 어극 40년 망육순 칭경예식'을 앞두고 본 격화했다. 이 행사는 대한제국이 유럽 기준의 문명국가임을 열강에 보여주려는 목적으로 기획되었기 때문에, 한국인 일부에게나마 '유 럽 기준'에 맞는 외양을 갖추도록 할 필요가 있었다. 1902년 9월 정 부는 군부와 경무청 관리 전원, 시원임時原任 육군부장 이하 무관 전 원에게 단발을 지시하고 새 피복을 지급했다. 본 행사에 참석할 고 위 문관들도 모두 단발을 하고 양복을 입도록 했다. 다만 중하급 문 관과 지방관은 예외였다.

1905년 을사늑약 이후 통감부는 한국인 관리들의 단발과 양복 착 용을 적극적으로 권장했고, 일본 덕에 출세한 친일 관리들이 앞장 서서 실행했다. 일진회 회원들은 단체로 머리를 깎음으로써 근대성 에 대한 충성심을 표현했다. 물론 이들은 근대성에 대한 충성과 일 본에 대한 충성을 구분하지 않았다. 프랑스의 바리캉에 마르 사社가 1871년에 발명한 이발기계도 이 무렵 한반도에 들어왔다고 하는데, 1900년 파리 만국박람회에 처음 등장했던 냉장고가 곧바로 국내에 수입된 것을 보면, 그 이전일 가능성도 배제할 수 없다. 이 기계가 일 본에 들어간 해는 1883년인데, 일본인들은 제조회사 이름을 제품명 으로 잘못 알고 바리캉이라 불렀고, 국내에도 이 이름으로 들어왔다.

1907년 8월 15일, 즉위식을 일주일쯤 앞둔 순종은 미리 조칙을 발 표했다. "짐이 장차 시정을 개선하여 세상에 유신維新을 도모할진대, 반드시 짐의 몸으로 시작할지라. 즉위일에 마땅히 단발융장斷髮戎裝 하리니 신민은 이를 다 알고 짐의 뜻을 준수하라." 조혼 금지와 단발

바리캉 프랑스의 바리캉 에 마르 사에서 첫 출시한 이발기계다. 이 기계는 한국 남성들의 독특한 두발 모양을 세계 표준형으로 바꿔주었지만, 현대의 한국 남학생들에게 군국주의를 주입하는 '훈육 도구'로 사용되기도 했다.

이 그의 첫 번째 유신 정책이었다. 통감부와 그 지배하의 한국 정부는 다시금 '황제의 솔선수범'을 강조했다. 내부대신은 모든 관리에게 다음과 같은 지시를 내렸다.

위로는 일반 관헌으로부터 아래로는 유급有給 이원吏員에 이르기까지 즉시 모두 단발하되 만약 구습을 버리지 않는 자가 있으면 법대로 처결할 것이니 받들어 봉행할 것이며, 칙령을 언문으로 번역해 대소 인민을 깨우쳐 새 시대를 열려는 황제의 뜻을 모두 다 알게 하고 거행되는 상황을 즉시 보고하라.

나라가 망해가는 게 누구의 눈에나 보이던 시절이었으니 관직에 연연하지 않고 머리카락이라도 보존하려는 사람도 있었다. 하지만 대세에 순응하는 사람이 훨씬 더 많았다. 일본인들의 경성이발조합은 순종의 조칙을 기념해 처음 이발하는 한국인들에게는 요금을 반액만 받겠다고 선전했다. 이 무렵 단발은 통감정치에 협조하는 사람인가 아닌가를 판별하는 대표적 기준이었다. 한성가쾌조합 등 급조된 친일 단체 회원들은 단발로 자신의 정치적 의사를 표현했다. 의병들은 단발한 한국인 관료나 일진회 회원을 일본인으로 취급했고, 단발한 관리들은 의병이 두려워 지방 출장도 기피할 정도였다. 1910년 한국이 일본의 식민지가 되자, 한국인들 사이에서 두발 모양과 복제服制가 바뀔 것이라는 소문이 돌았다. 중국에 청 황조가 들어선 후 한족에게 변발辮髮과 호복胡服을 강요했던 역사를 떠올렸기 때문일 것이다. 총독부는 사실이 아니라고 부인했으나, 상투가 일본의 식민 통치에 반대한다는 뜻으로 해석될까 걱정한 사람들은 이발소로 달려갔다. 이발기계 수입이 급증했고 이발 기술을 배우려는 사람도 늘었다.

본토에서 이미 비슷한 일을 겪었기에, 조선총독부는 굳이 일반인 남성에게 단발을 강요하지 않았다. 그들은 관공리가 솔선하고 학생들이 뒤따르면, 이윽고 모든 남성이 단발하게 되리라는 것을 알았다. 1913년 총독부 학무국은 보통학교 학생들에게 단발 지시를 내렸다. 그로부터 10여 년 뒤, 도시에 거주하는 한국인 남성들의 머리 모양은 총독부의 예상대로 되었다. 1920년대 초까지 상투 튼 남성이 처음 이발하는 것을 두고 '머리 올린다'고 했는데, 이후 이 말은 농촌의 노인들에게나 쓰는 말이 되었다.

단발하는 사람이 늘어나자 이발소는 도시의 대표적인 접객업소이자 주민들의 사랑방이 되었다. 1916년 8월 당시 경성에만 248명의 이발업자가 있었다. 그중 조선인이 162명, 일본인이 67명, 중국인이 19명이었다. 초기의 조선인 이발사는 대개 20대 초반의 청년들이었는데, '첨단 기술'을 배우려는 의지가 청년의 특성인 점에 비추어보면 당연한 현상이었다. 1913년에는 조선인 이발사들이 청년들에게 이발 기술을 가르칠 목적으로 이발기술학습회를 조직했다. 1931년에 개교한 경성직업학교와 이듬해 문을 연 YMCA 직업학교도 이발과를 두었다.

이발소가 늘어나자 조선총독부는 1911년 5월 '이발영업취체규칙'을 제정하여 이발사의 자격, 복장, 정기 검진, 기기 소독 등을 규정했다. 이에 따라 이발사는 의사처럼 흰 가운을 입고 작업 시 마스크를 써야 했으며, 정기적으로 건강 검진을 받아야 했다. 이발기구를 상시 소독하는 것도 의무사항이 됐다. 물론 사람들이 규칙을 늘 지키는 것은 아니다. 1970년대까지도 소독하지 않은 이발기계로 머리를 깎은 탓에 원형탈모증 비슷한 증상을 겪는 사람이 많았다. 세간에서는 이 증상을 이발충 또는 기계충이라고 했다.

이발기계는 이발소에만 놓이지 않았다. 학교, 형무소, 군대 등에 이발기계를 비치해두는 것이 관행처럼 되었다. 멋을 부리는 것이 금기시되는 집단에서 바리캉은 만능의 이발도구였다. 요금도 머리의 어느 부분까지 바리캉을 대느냐에 따라 달랐다. 목덜미 주위에만 바리캉을 대고 윗부분을 풍성하게 다듬는 '하이칼라' 요금이 가장 비쌌고, 머리 윗부분을 조금 남겨두고 나머지 부분을 바리캉으로 깎는 '상고머리'가 그다음, 머리카락 전체를 바리캉으로 삭발하는 '까까머리' 또는 '빡빡머리' 요금이 가장 쌌다. 1920년대 초반 '하이칼라' 신사가 지불하는 이발 요금은 평균 45전, 상고머리 노동자가 지불하는 요금은 평균 20전이었다. 물론 이발소 구경도 못 하는 하층 노동자도 많았다. 이발소마다 요금 차이도 상당했다. 요금은 조합 단위로 정했지만, 공정 요금과 실제로 받는 요금 사이에는 언제나 차이가 있었다. 다만 일본인 이발소가 가장 비쌌고, 그다음이 조선인 이발소, 중국인 이발소 순이라는 사실은 불변이었다.

일본이 중일전쟁을 도발한 이듬해인 1938년 7월, 일본 육군대신을 지낸 조선 총독 미나미 지로가 새삼 삭발을 했다. 이어 총독부 관리와 각 도 지사, 각 부 부윤들이 삭발 대열에 동참했다. 조선총독부는 "총동원 체제는 머리로부터"라는 구호를 내걸고 모든 남성의 머리 모양을 통일하려는 정책을 추진했다. 다음 달 8월, 총독부 학무국은 각급 학교 남학생의 두발 모양을 반드시 '까까중'으로 하라고 지시했다.

두발 통일 시대는 일본의 패망과 함께 끝났으나, 중고등학생과 군인의 머리 모양은 바뀌지 않았다. 중학생이 되면 어차피 빡빡 깎을 머리를 굳이 기를 이유가 없다며 초등학생 아들이나 손자를 빡빡머리로 만드는 부모, 조부모도 적지 않았다. 여전한 빈곤과 군국주의 문화가 남학생들의 머리카락을 탄압했다. 여학생이라고 사정이 전혀 다르지도 않았다. 일본 군국주의는 여학생들의 머리카락 길이도 제한했다. 1982년 학생 두발에 대한 정부 차원의 규제는 사라졌으나, 학교 차원의 규제는 사라지지 않았다. 서울 소재 중고등학교에서는 2019년에 학생 두발 단속이 중단되었지만, 다른 지역에서는 그 장단점을 둘러싸고 아직 논란이 진행 중이다.

1982년 이전에 중고등학생이었던 남자 중에는 이마에서 정수리까지의 머리카락을 바리캉으로 '깎인' 경험이 있는 사람이 적지 않다. 머리카락이 규정보다 길다는 이유로 받은 '벌' 때문이었는데, 이를 '고속도로'라고 했다. 이 벌은 학생의 신체와 개성에 대한 군국주의적 폭력이었다. 한국 남자들은 바리캉을 통해 '상투 튼 조선 사람'에서 '단발한 평균적 세계인'으로 이행했으나, 그 여정은 일본 군국주의의 폭압 아래에서 진행되었다. 그런 점에서 바리캉은 식민지성과 결합한 한국의 근대성을 온전히 표상하는 물건이다.

6.   선 채로
       세수하기

"단재 신채호는 세수할 때에 고개를 숙이지 않고 빳빳이 든 채로 두 손으로 물을 찍어다가 바르는 버릇이 있었다. 그래서 그는 마룻바닥과 자기 저고리 소매와 바짓가랑이를 온통 물투성이로 만들었다." 춘원 이광수의 증언인데, 나라가 망한 탓에 머리 숙일 곳을 찾지 못한 선비의 지조를 상찬한 말로 이해하는 것이 보통이다. 그러나 평소 실익과 실용을 중시했던 이광수의 가치관에 비추어보면, 별것도 아닌 일에 지조를 내세우며 불편을 자초하는 선비의 고루함을 조롱한 말이라고 해석하는 편이 옳을 것이다. 그런데 신채호의 특이한 세수 버릇에 대한 증언을 남긴 이는 이광수가 유일하다. 신채호가 아무도 안 보는 데에서도 옷과 마룻바닥을 다 적시며 불편하게 세수했을까?

일본에서 2·8독립선언서를 기초하고 중국 상하이로 망명하여 임시정부 기관지 『독립신문』 주필로 활동했던 이광수는 1921년에 조선으로 돌아왔다. 그의 연인 허영숙이 상하이까지 찾아가 설득한 것이 주된 이유였다고 하는데, 당시 임시정부 경무국은 그녀가 밀정이라고 판단했다. 총독부 경찰은 허영숙을 사주하여 이광수의 조선 귀환을 종용했고, 곤궁한 망명 생활에 염증을 느끼던 이광수는 허영숙을 통해 전달받은 귀순증을 가지고 귀환길에 올랐다. 상하이에서 베이징으로 간 그는 신채호의 집에 들렀다. 인사가 목적이었는지 염탐

1960년대의 세면대 수도꼭지 바로 밑에 타일 구조물을 만들고 그 위에 법랑제 대야를 올려놓았다. 현재의 부엌 싱크대와 비슷한 구조다. 저 시절에는 이런 정도의 세면대를 갖춘 집도 많지 않았다.

이 목적이었는지는 알 수 없다. 이광수가 방문한다는 사전 통지를 받은 신채호가 보여준 것이 '세수하는 모습'이었다. 당시 신채호는 결혼한 지 1년밖에 안 된 새신랑이자 갓난아기의 아버지였다. 옷을 일부러 적셔 젖먹이 키우느라 고생하는 아내에게 군일거리를 만들어주었을 리는 없다. 그보다는 지조를 굽히고 일본에 협력하러 가는 이광수를 깨우치려 짐짓 그런 모습을 보여주었을 가능성이 크다. 이광수가 가르침을 받고도 깨닫지 못했을 뿐.

그런데 신채호가 남들처럼 고개를 숙이고 세수를 했더라도, 저고리 소매와 바짓가랑이, 마룻바닥을 적시지 않기란 어려웠다. 저 시절 겨울철에 세수하려면, 먼저 세숫대야를 부엌에 가져가 가마솥에서 뜨거운 물을 한 바가지 퍼 담은 다음, 다시 우물가로 가서 찬물한 바가지를 섞고, 그 앞에 쪼그리고 앉아 씻어야 했다. 마루에 세숫대야를 올려놓고 씻는 일은 집안의 어른만이 누릴 수 있는 호사였다. 1970년대까지도 대다수 가정에는 마당 수도꼭지 옆에 놋쇠나 철로 만든 세숫대야가 있었다. 그보다 100년 전에는 세숫대야조차 갖추지 못한 집이 더 많았다. 이런 형편이었으니, 세숫대야만 올려놓는 단순 기능을 가진 세면대도 20세기 이후에야 출현했고, 그마저도 흔하지 않았다.

부엌과 마당을 오가지 않고 제자리에 서서 허리만 숙인 채 얼굴을 씻을 수 있게 된 것은 벽에 수도꼭지와 세면대가 부착된 뒤의 일이었다. 이런 세면대를 사용한 최초의 한국인이 누구인지는 확실치 않다. 상수도 공급이 처음 시작된 해가 1909년이고 경운궁 석조전이 1910년에, 이준의 운현궁 양관이 1911년에 완공되었으니, 이 무렵부터 조선 왕족과 극소수 부호가 사용했을 것으로 보인다. 물론 조선총독부 청사 등의 식민지 통치기관과 대한의원 등의 병원에도 설치됐을 것이다. 재질은 창덕궁 희정당에 있는 순종의 욕조와 마찬가지로 금속에 유약을 입힌 법랑이었을 가능성이 크다.

지구상에는 아직 세면대를 못 쓰는 사람도 많지만, 현대 한국인의 대다수는 서서 세수하는 인간이다. 인간의 의식뿐 아니라 몸도 물질세계와 접촉하는 과정에서 변화한다. 현대 한국인의 몸에서 일어난 두드러진 변화 중 하나는 쪼그려 앉는 능력의 퇴화일 것이다. 자존심이 강한 사람더러 '뻣뻣하다'고 하는 것은, 그들이 남 앞에서 머리를 숙이거나 허리를 구부리지 않기 때문이다. 무릎을 꿇거나 쪼그려 앉거나 머리를 깊이 숙이는 인간 행위의 빈도는 지난 한 세기 사이에 눈에 띄게 줄어들었다. 현대인이 '자존심 강한 인간'으로 바뀐 데에는 몸을 숙일 필요가 없는 생활습관이 미친 영향도 있을 것이다.

7. 더러움과
    악취에서
    벗어난 몸

한 세대 전까지만 해도 1년에 두어 차례, 명절 때에만 목욕한다고 농담처럼 고백하는 사람이 적지 않았고, 그래서인지 잘 씻지 않는 것이 한국의 전통문화라는 생각은 지금까지도 넓게 퍼져 있다. 하지만 옛사람들도 꽤 자주 씻었다. 집안에 우환이 있을 때나 간절한 염원이 있을 때면 늘 목욕재계를 했고, 관료들이 쉬는 날의 이름도 휴목일休沐日, 즉 쉬면서 목욕하는 날이었다. 1910년대 조선인 집에서 하숙했던 한 외국인은 '조선 남자들은 밖에 나갔다 오면 꼭 몸을 씻는다'고 기록했다. 그렇다고 옛사람들의 신체가 청결했다고 할 수는 없다. 자주 씻는 것과 깨끗이 씻는 것은 다른 문제다.

우리 선조들은 창포나 잿물, 녹두가루, 팥가루, 콩가루 등을 세안제나 목욕세제로 사용했는데, 더러운 것을 날려버린다는 뜻에서 통칭 비루飛陋라 했다. 비누는 이 말이 변한 것이다. 물론 언제나 씻는 것보다는 먹는 것이 우선이었다. 먹을 녹두도 없는 형편에 녹두를 갈아 몸 씻는 데 쓸 리는 없었다. 세탁용 세제로는 명아주 잿물에 밀가루 등을 섞어 만든 석감石鹼을 썼다. 그런데 이런 세제는 만드는 데에 품과 재료가 들고 사용하기도 번거로워 극소수 특수계층 사람들만 일상적으로 사용했을 뿐, 보통사람들은 특별한 날에나 사용했다. 그러니 자주 씻어도 피부병이나 기타 감염성 질환을 예방하기 어려웠다. 게다가 한의학에는 외과 수술이 없었기 때문에 작은 종기

코티 화장비누 신문 광고 "일제 흑사탕 비누보다 배의 미안美顔 효과를 가집니다"라고 쓰여 있다. 삽화 속 인물의 몸은 흰색과 검은색으로 나뉘어 있다. '서양인들은 비누로 씻기 때문에 피부가 하얗다'는 '미신'은 현대에도 완전히 소멸하지 않았다. 출처:『부산일보』 1958년 6월 8일자

가 덧나 목숨을 잃는 사람도 드물지 않았다.

한국인들이 비누로 번역한 영어 'soap'은 고대 로마의 산 이름인 사포sapo에서 유래했다. 고대 로마인들은 사포산에서 신에게 제를 올리면서 구운 양을 희생犧牲으로 삼았는데, 이때 생긴 양기름에 나뭇재 등을 섞어 세척용 물건을 만들었다. 유지油脂에 재를 섞은 물질이 오염물 제거에 효과가 있다는 사실은 그 이전 이집트인들도 알고 있었다. 오늘날 사용되는 화학 비누의 제법은 18세기 말 유럽에서 발견되었다.

비누가 대량 생산되어 싼값에 공급됨으로써, 인간의 실존적 상태도 크게 달라졌다. 중세 유럽에서 귀족과 농노의 신체적 차이는 일차적으로 냄새에 의해 규정되었다. 고강도 노동에 시달리면서 자주

씻지도 못하고 옷도 자주 갈아입지 못했던 농노들의 냄새는 '악취'였다. 반면 귀족들은 신체와 의복에 '향기'를 묻혔다. 향기는 천상의 냄새이자 축복받은 냄새였고, 악취는 저주받은 냄새이자 우범자의 표지였다. 귀족과 농노 사이에 위치하여 새로운 시대를 꿈꾸었던 부르주아지들은 귀족과는 달리 '무취' 전략을 구사했다. 몸에서건 집안에서건 도시 공간에서건, 냄새를 없애는 것이 위생적이라는 담론은 부르주아지의 실용주의적 지향과 정합적이었다. 값싼 비누는 사람의 몸과 옷에서 냄새를 없애는 데 결정적 구실을 했다.

유럽의 'soap'은 개항과 더불어 조선 땅에도 상륙했다. 새 비누는 전통 비누와는 전혀 다른 물건이었으나 이윽고 모든 종류의 고형 세정제를 통칭하는 이름이 되었다. 수입 초기에는 비누 하나 값이 쌀한 말 값을 상회할 정도로 비쌌으나, 탁월한 세정력과 편리함은 가격에 대한 저항을 분쇄했고, 시장이 넓어짐에 따라 점차 가격도 내려갔다. 1905년경부터 일본인들이 한반도에 비누 공장을 만들면서, 1913년에는 서울에만 네 곳이 성업 중일 정도였다. 제조 방법이 비교적 간단한 데다가 판로가 넓었기 때문에, 비누 생산을 시도한 한국인도 적지 않았다.

새 비누의 마력에 경탄한 사람들은 주저 없이 비누 사용을 습관화했다. 1924년 경성부에서 소비된 화장비누는 193만 6,550개, 빨래비누는 88만 개에 달했다. 일본의 식민지 상태였음에도 가장 많이 팔린 것은 독일제였고, 그다음이 영국제, 미국제 순이었다. 일본제는 4위, 조선산은 최하위였다. 1960년대까지도 국산 비누는 조악하여 물에 닿으면 쉽게 뭉그러진다는 악평을 들어야 했다. 그랬거나 말거나, 오늘날 대다수 사람은 눈을 뜨자마자, 그리고 잠들기 전에, 비누를 대면하고 만진다. 비누는 현대인을 더러움과 악취에서 해방시킨 물건이다.

이태리타올

"병사들은 봄 여름 가을에는 비 올 때 목욕과 세탁을 함께 한다. 군복을 입은 채로 개울이나 웅덩이에 들어가 휘젓다 나와서 옷을 벗어 짜면 된다. 겨울에는 목욕과 세탁을 아예 할 수 없다." 한국전쟁 당시 국군의 위생 상태에 관한 국방부 보고서 중 일부다. 빗물로 목욕하는 병사들에게 별도의 목욕용품이 지급되었을 가능성은 거의 없다.

근대 이전 우리나라 사람들에게 목욕은 주로 종교의례를 위한 사전 행사이거나 놀이였다. 전자는 목욕재계라 했고, 후자는 멱감기라 불렀다. 목욕 장소도 냇가나 우물가, 부엌 등이었다. 목욕과 건강 또는 위생을 결합시키는 담론은 근대적 위생 지식이 도입된 이후에 정착, 확산했다. 『독립신문』은 1890년대 후반부터 '아이들을 2~3일에 한 번씩 목욕시키는 것이 부모의 도리'라거나 '병을 피하려면 몸을 깨끗하게 해야 하고, 몸을 깨끗이 하는 데에는 목욕이 제일'이라는 등의 계몽 논설을 자주 실었다. 1896년 6월 27일자에는 전염병을 예방하기 위해 "위생국에서 도성 안 몇 군데에 큰 목욕집을 만들어 가난한 인민이 와서 목욕하게 하라"고도 썼다. 관영 대중목욕탕 설치를 요구한 것이다.

한반도 최초의 대중목욕탕은 1880년경 부산의 일본인 거류지에서 문을 열었을 것으로 추정되는데, 그 얼마 후에는 서울에도 일본

1968년부터 수십 년간 목욕 필수품으로 사용된 이태리타올 한국인들에게 때를 완벽히 제거하려는 욕망이 특히 강한 것은 자주 목욕하기 어려운 형편 때문이었을 가능성이 크다.

식 탕옥湯屋이 생겼다. 1897년 1월, 북청 사람 강학기는 서울 청계천 수표교 부근의 일본인 탕옥에서 목욕하다가 봉변을 당했다. 일본인 주인은 그가 탕 안에서 소변을 보았다며 '탕물 값'으로 3원 40전을 요구했다. 서울 거주 일본인 가정의 한 달 평균 목욕비가 2전이던 때였다. 강학기가 터무니없다며 거부하자 주인은 그를 일본영사관으로 끌고 가려 했다. 탕옥 밖에서 옥신각신하는 모습을 본 조선인 순검이 조선 사람 일은 조선에서 조처하는 법이라며 강학기를 체포했다.

1890년대 말에는 한국인이 경영하는 목욕탕이 생겼다. 기록상 서울 최초의 한국인 경영 대중목욕탕은 이시직이라는 사람이 1898년 여름 광통교 남쪽 청계천변에 개장한 수월루水月樓다. 한식과 양식, 술, 각종 과일 등을 팔았고 '조용한 처소'도 제공했으니 요즘의 찜질방과 비슷했다. 1899년에는 현재의 광화문 KT 건물 동편에서 '목욕탕 요릿집'이, 무교동에서 목욕탕과 술집을 겸하는 취향루翠香樓가 개업했다. 취향루에는 한증막도 있었다. 이후 서린동 혜천탕, 새문 밖 장수정 등 목욕탕, 이발소, 요릿집을 겸하는 상업시설이 속속 출현했다. 일제강점기에는 요릿집 규모를 줄이고 목욕탕 규모를 키운 일본식 탕옥이 늘어났다. 대중목욕탕이 늘어남에 따라 가세가 변변한 집 식구들은 한 달에 한두 번씩 뜨거운 물이 담긴 욕조에 한참 동안 몸을 담그고 나와서 수건으로 때를 미는 행위에 익숙해졌다.

1968년 6월, 목욕용 세척포대와 목욕용 접착장갑이 각각 실용신안 특허를 획득했다. 특허권자는 부산의 김필곤(1932~2001)이었다. 그는 한국인 대다수가 대중목욕탕 요금도 부담스러워하는 현실에 주목했다. 자주 씻지 못하는 사람들에게는 깨끗이 씻을 도구가 필요하리라는 것이 그의 판단이었다. 김필곤은 2년간의 연구 끝에 이탈리아산 비스코스 레이온을 꼬아 마찰력 강한 수건과 장갑을 만드는 데 성공했다. 수건은 '이태리타올'이라는 이름의 제품으로 대량 생산되어 불티나게 팔렸다. 김필곤은 부산 호텔 두 곳을 매입할 정도로 거부가 되었고, 1972년에는 한국목욕업중앙협회 회장도 맡았다. 원 개발자는 부산의 한일직물이고 김필곤은 판매 영업만 맡았다는 이야기도 있다.

제품명에 굳이 '이태리'라는 국호를 쓴 것이 소재의 원산지를 표시하려는 의도 때문이었는지는 알 수 없으나, 이 이름은 유럽산 제품에 대한 당대인들의 욕망에 부합했다. 이후 다른 제품명의 유사품들이 쏟아져 나왔지만, 모두 이태리타올로 불렸다. 이태리에는 없고 한국에만 있는 '이태리타올'이 일반명사가 된 것이다. 이 물건 덕에 살갖이 벗겨질 정도로 때를 박박 미는 한국식 목욕문화가 형성되었고, 세신사洗身士, 속칭 때밀이 직업도 생겼다. 몇 해 전에는 때밀이 문화체험을 위해 한국을 찾는 일본인 관광객들이 화제가 되기도 했다. 일본에서 유래한 한국식 목욕문화는 이태리타올로 인해 일본식에서 벗어났다고 해도 과언이 아니다. 하지만 집집마다 욕실을 갖추고 자주 씻게 되면서, 몸의 때를 완벽히 제거하려는 한국인의 보편적 의지도 시들해지고 있다. 한때 명성을 떨치다 사라진 고약膏藥처럼, 이태리타올도 유물이 될지 모를 일이다.

샴푸

9. 체감형
   대기오염
   측정기

의학적 관점에서 치아는 특별한 신체 부위다. 의과대학은 눈, 코, 귀든 손발이든 내장이든 모든 신체 부위에 대한 진단법과 치료법을 가르치지만, 치아만은 치과대학의 몫이다. 청결의 관점에서는 두피와 머리카락이 예외적인 신체 부위다. 손발이든 얼굴이든 몸통이든 다 '씻는다'고 하지만, 머리만은 '감는다'고 한다.

남녀불문하고 머리카락을 자르지 않았던 데다가 샤워기도 없던 시절에는 머리 감는 일이 무척 번거로웠다. 쭈그려 앉아 허리와 목을 꺾어서 대야에 담긴 물이나 냇물에 머리카락을 흠뻑 적신 뒤 목둘레로 돌려 감아 씻어야 했다. '감다'라는 말이 여기에서 유래했는지는 알 수 없다. 이렇다 보니 머리를 자주 감지 않아 두피에 비듬이 쌓이고 머리카락 사이에 이가 들끓는 게 보통이었다.

머리 감다, 또는 머리 세정제를 뜻하는 영어 'shampoo'는 힌디어 'champo'에서 유래했다. 옛날 우리나라에서 머리 감는 물의 재료로 쓰였던 창포를 연상시키는 이 단어는, 동남아시아가 원산지인 참파카(함소화)에서 변한 것으로 힌디어에서는 '마사지하다', 즉 '부드럽게 주무르다'라는 뜻이었다. 함소화는 열대과일 향이 강한 꽃으로, 그 향기는 머리에서 나는 냄새를 없애는 데 뛰어난 효과가 있었다.

이 땅에서 샴푸라는 단어는 1930년대 초부터 사용되었는데, 제품명이 아니라 세발법洗髮法의 이름이었다.

1963년 쌀론샴푸 광고 제약회사에서 '비듬 전문약'으로 만들었다. 요즘 샴푸 제조사들은 탈모 방지나 발모 효과를 내세우며 제품을 광고한다. 인간에게는 머리카락이 하늘과 닿는 부위다. 머리카락의 상태는, 샴푸보다 대기질에 더 많은 영향을 받을 것이다.

오일샴푸라는 것은 요즘처럼 기름기 없는 서양식 모발 시대에는 모발의 휴양과 영양을 위해 100퍼센트 효과적인 것으로서, 우선 다음과 같이 그 방법을 소개한다. 우선 모발을 잘 가다듬고 순식물성 구라프 향유를 1촌 불에 덥혀 두피에 잘 문질러준다. 그 뒤 타올로 머리를 감싸고 잠시 그대로 두는 것을 2~3회 반복한다. 그렇게 기름을 모근에 침투시키고 보통 방법으로 세발한다. 미온탕에서 카데이 비누와 구라프 비누를 잘 섞어 그 거품으로 닦아준다.

—『부산일보』1932년 4월 18일자

1935년에는 물에 개어 쓰는 분말 형태의 두발 전용 세정제가 하나오花王샴푸라는 이름으로 시판되었다. 당시 제조사에서 광고한 이 샴푸의 효능은 '머리카락의 윤기를 증가하고 성장을 돕는 것'이었으며, 주 1회 사용을 권했다. 현대적인 액상 샴푸는 이보다 한 해 앞선 1934년에 미국의 P&G 사가 개발하여 출시했다. 제품명은 드린 Drene이었다.

정부 수립 직후인 1949년, 신신화학창에서 액상 샴푸를 개발하여 특허를 출원했다. 제품명은 '월계관 세발액 샴푸'였다. 1960년대에는 뷰티샴푸, 쌀론샴푸 등 국산 제품이 속속 출현했고 일부는 '비듬 전문약'이라며 의학적 효능까지 내세웠으나, 이 물건은 1970년대 말에 이르러서야 각 가정의 필수품이 되었다. 그 무렵까지는 두발용 세제로 빨래비누를 쓰는 것이 오히려 일반적이었다.

1960년대까지도 머리는 적어도 주 1회, 또는 닷새에 한 번 감아야 한다는 것이 권장사항이었다. 전문가들은 머리를 너무 자주 감으면 지방까지 없어져서 머리카락이 까칠해지기 쉽다고 조언했다. 하지만 현대 한국인들은 거의 매일 머리를 감는다. 지난 수십 년 사이에 한국인의 머리카락에 일어난 변화는 체질 때문이 아니라 대기 때문일 것이다. 현대 한국인의 샴푸 소비량 증가는 지구의 위기 징후를 드러내는 지표일 수도 있다.

10. 현대인의
     피부를 덮은
     물질

> 임금이 늘 종친과 재상들에게 기생을 멀리하라고 경계하며
> 말하기를, "이 무리는 사람의 부류가 아니다"라 하고 잔치할
> 때면 반드시 기생들로 하여금 얼굴에 분粉을 두껍게 바르도
> 록 하니, 그 모양이 마치 가면을 쓴 것과 같았다.
>
> ―『세조실록』 9년(1463) 윤7월 4일

　화장품의 기원은 태고로 거슬러 올라간다. 오늘날에도 원시적 생활양식을 유지하는 사람들은 사냥 나갈 때나 축제 무렵이면 얼굴과 몸에 각종 색료를 칠한다. 하지만 근대 이전에는 특별한 사람들만 상용했고, 보통사람들은 특별한 날에나 사용했다. 일상의 노동이 피부에 점착된 이물질을 쉬 용납하지 않았기 때문이다. 화장품은 대체로 '땀 흘리지 않는 여성'의 표지였다. 우리나라에서도 옛날부터 여성용 화장품으로 미안수美顔水, 분粉, 연지 등이 사용되었다. 미안수는 박 줄기, 수세미 덩굴, 오이 등에서 추출한 물이었고, 분은 분꽃 씨앗이나 쌀가루로 만들었으며, 연지의 원료는 주사朱砂나 잇꽃이었다. 조선 후기부터는 흰색을 내면서도 피부에 오래 부착되는 성질을 가진 납이 분의 원료로 사용되기 시작했다.

　우리나라에서 화장품이 대중화한 것은 보통사람들에게도 '특별한 사람'이 되려는 욕망이 허용된 뒤의 일이다. 신분제가 해체되고 여성들이 가족과 마을 사람 외의 타인을 만나는 일이 잦아진 것이 이런 욕망을 부추겼다. 이 욕망은 '얼굴에 매일 분칠하는 것은 기생들이나 하는 짓'이라는 관념을 어렵지 않게 분쇄했다. 집 밖에서 활동하는 여성들에게 화장은 하느냐 마느냐의 문제가 아니라 어떻게 하느냐의 문제가 되었다. 짙은 화장은 여전히 '접객업 종사자'의 상징이었지만, 옅은 화장은 직장 여성들에게 일종의 예의가 되었다. 1931년 만주에서 조선인 박해 사건이 일어나자 동아부인상회 여성 점원들은 한 달간 화장품 사용을 중단하고 그 돈을 동포 구제자금으로 보내기로 결의했다.

신문에 외국산 화장품 광고가 처음 실린 해는 1901년이었고, 1907년 경성박람회 때에는 화장품이 당당하게 전시장 한구석을 차지했다. 1908년 한국 최초로 '백화점'을 표방하고 개점한 한양상회는 판매 품목을 소개하면서 화장품을 두 번째 자리에 놓았다. 1914년 남대문 옆에 웅자雄姿를 드러낸 일본인의 백화점 아오키도靑木堂는 프랑스 에그레스 사 화장품을 수입 판매했다. 1930년대 미쓰코시, 화신 등 고층 백화점들은 1층에 화장품 코너를 두었다. 화장품 매장이 백화점 1층에 들어가는 것은 전 세계 공통이다.

1910년대 중반부터 일본의 화장품 회사들은 식민지 인구의 반을 차지하는 여성들에게 화장품을 판매하기 위해 열을 올렸다. 화장품 시장을 확대하려면, 먼저 화장품에 대한 조선 여성들의 인식을 바꿔야 했다. 1915년 조선물산공진회가 열리자 일본의 화장품 회사 중 산태양당中山太陽堂은 자사의 '구락부 화장품'을 경품으로 제공했다. 1918년 5월에는 일본의 화장품 제조사 사장 21명이 조선을 시찰했다. 그들의 관심사는 조선 시장의 확장 가능성이었다. 메이지유신 이후 일본에서는 화장품 생산이 급증했으나, 1920년대 말까지 조선에는 화장품 산업이라 할 만한 것이 거의 없었다. 1928년 기준 조선

박가분 우리나라 최초의 공장 생산 화장품인 박가분의 광고 문안은 "박가분을 항상 바르시면 주근깨와 여드름이 없어지오. 얼굴에 잡티가 없어져서 매우 고와집니다. 살빛이 고와지고 모든 풍증과 땀띠의 잡티가 사라지고 윤택하여집니다"였다. 화장품은 처음부터 '피부용 의약품'으로 취급되었다. 그러나 박가분에 함유된 납 성분의 효능은 의약품과 정반대였다. 오늘날 화장품을 전혀 바르지 않는 한국인은 거의 없다. 현대인은 화장품을 바르는 인간이라고 해도 지나치지 않다. 출처: 우리문화신문

의 공산품 생산액은 총계 3억 2,840만 325원이었는데 그중 화장품 생산액은 56,751원으로 0.017퍼센트에 불과했다.

한국인이 경영하는 공장에서 생산된 최초의 화장품은 '박가분'朴家粉이다. 배우개 시장 상인이었던 두산그룹 창립자 박승직의 성을 딴 상표인데, 분을 상품화하는 것은 그의 부인 정정숙의 아이디어였다고 한다. 행상들이 팔던 정체불명의 조선 분과 달리 일본제 화장품처럼 상표가 붙은 작은 나무상자에 담긴 박가분은 1915년에 처음 출시되었고, 곧 '조선산 화장품'의 대표가 되었다. 이 제품이 성공하자 서가분, 정가분 등의 유사 제품들이 나왔으나 1930년대 중반에 이르러 납 성분이 몸에 해롭다는 사실이 알려지면서 시장에서 사라졌다.

이승만 정권기 한국 최고의 재벌로 꼽힌 태창의 소유주이자 유명

한 비디오 아티스트 백남준의 아버지인 백낙승도 1931년 화장품 산업에 진출했다. 당시 그는 시전 상인 출신 아버지의 뒤를 이어 대창무역주식회사 사장직을 맡고 있었다. 업체명은 삼공제약사三工製藥社였고, '조선 사람의 피부에 적당한 크림 등의 화장품'을 전문으로 생산했다. 하지만 일본산 화장품과 경쟁하기는 무리였던 듯, 업체는 3년 만에 문을 닫았다.

1934년에는 연극인 현철이 일본에서 화장품 제조법을 배워 정미액正美液이라는 로션을 출시했다. 그는 이 화장품 구매자에게 자기가 연출한 연극 무료관람 추첨권을 배부하기도 했다. 1930년대 초에는 이 밖에 삼호화장품, 모던화장품 등의 조선인 경영 화장품 업체가 있었으나, 모두 오래가지 못했다. 화장품은 백화점뿐 아니라 '외교원'外交員으로 불린 미용사 겸 행상인들도 팔았는데, 백화점이든 외교원이든 고객들에게 조선산 화장품을 권하지 않았다.

중일전쟁 이후에는 화장품이 사치품으로 분류되어 원료 수입이 거의 불가능했으나, 이미 화장품에 익숙해진 여성들의 욕망을 꺾을 수는 없었다. 1939년, 한국에 거주하던 프랑스인 안톤 플레상Anton Plaisant은 '세봉'이라는 상표를 붙인 화장품을 만들어 프랑스제로 속여 팔다 적발되었다. 그는 상표법 위반으로 기소되었고, 얼마 후 조선에 있던 재산 전부를 처분하고 프랑스로 돌아갔다. 그가 성북동에 지은 별장은 현재 간송미술관으로 사용되고 있다.

해방 후 일본산 화장품이 시장에서 자취를 감추자, 품질 좋은 국산 화장품을 원하는 사람이 늘어났다. 미제 화장품에 접근할 수 있는 사람은 극소수였다. 1930년대 부산에서 화장품 유통업으로 돈을 번 구인회는 1947년 락희樂喜화학공업사를 설립하고 화장품 제조에 착수했다. 이 회사가 현재 한국의 대표적 재벌 중 하나인 LG그룹의 모태다. 락희화학이 플라스틱 제조업에 뛰어든 것도 화장품 용기 뚜

껍을 만들기 위해서였다.

　1970년대부터는 남성들의 피부에도 화장품이 묻기 시작했다. 오늘날에는 전 세계의 유명 화장품이 한국에서 판매되고 있으며, 한국산 화장품은 이른바 한류韓流의 핵심 아이템 중 하나다. 화장품 회사들의 광고대로라면, 현대인이 옛날 사람들보다 훨씬 늦게 늙는 것은 거의 전적으로 화장품 덕이다. 각 가정의 화장대에는 피부색을 밝게 해주고 기미·잡티와 주름을 없애주며 피부에 수분과 항산화물을 공급해준다는 온갖 종류의 '기능성 화장품'들이 늘어서 있다. 화장품은 늘 엷은 가면을 쓰고 살아야 하는 현대인의 필수품이다.

11. **귀족의 냄새에서
대중의 냄새로**

> 그 동네에 죄를 지은 한 여자가 있어 예수께서 바리새인의
> 집에 앉아 계심을 알고 향유 담은 옥합을 가지고 와서 예수
> 의 뒤로 그 발 곁에 서서 울며 눈물로 그 발을 적시고 자기
> 머리칼로 닦고 그 발에 입 맞추고 향유를 부으니….
> ―「누가복음」7장 36~38절

 음악이 '천상의 소리'라면, 향기는 '신의 냄새'였다. 인류는 먼 옛날부터 신을 부르기 위해, 또는 특정인의 신성성을 입증하기 위해 향기를 이용해왔다. 고대 지중해 주변 지역에서는 향기를 축적했다가 발산하는 물질로 향유를 만들어 썼는데, 재료가 귀하고 제조 과정이 까다로워 보물에 속했다. 예수 시대 '향유 담은 옥합' 하나의 가격은 보통 사람의 1년 치 임금에 맞먹었다고 한다.

 근대 이전의 세계는 온갖 냄새로 가득 차 있었다. 물론 이들 냄새는 현대인이 '냄새난다'고 할 때의 그 냄새, 즉 악취였다. 가축의 사체와 생선 내장 썩는 냄새, 분뇨 냄새, 음식 찌꺼기 썩는 냄새 등이 도시의 골목골목과 농촌의 들판을 채웠다. 노동하는 사람들의 몸에서는 늘 땀 냄새가 났다. 역병이 돌 때면 온 세상이 시체 썩는 냄새와 시체 태우는 냄새로 진동했다. 이런 형편이었으니, 향기는 인간 세상의 냄새와는 확연히 구별되는 냄새, 즉 신성한 냄새였다.

미국의 전설적 영화배우 마릴린 먼로가 '입고 잔다'고 해서 유명해진 향수 샤넬 No.5 이 제품은 한국인들의 향수에 대한 편견을 무너뜨리는 데도 큰 구실을 했다. 늘 악취 속에서 생활했던 중세인들과는 정반대로 현대인은 향기 속에서 생활한다. 출처: 샤넬코리아

    귀족들은 자기들이 '냄새나는 세계'와는 '다른 세계'에 사는 신성한 존재임을 입증하기 위해 제 몸을 향기로 덮었다. 중세까지 향기는 귀족의 냄새였고, 악취는 평민과 노예의 냄새였다. 귀족을 배격하면서도 평민과는 다른 위치에 서려고 했던 중세 말의 유럽 부르주아지들은 귀족의 향기와 평민의 악취 사이에 자신들의 '냄새'를 설정했다. 바로 '무취'였다. 목욕을 자주 하고, 주변을 깨끗하게 청소해서 냄새를 없애는 것은 프로테스탄트가 지켜야 할 미덕으로 간주되었다.

    우리 역사에서도 향香에 관한 기록은 단군신화로까지 거슬러 올라간다. 천상에 있던 환웅이 하늘에서 무리 3,000을 거느리고 내려

온 곳은 태백산 꼭대기 신단수 아래였다. 신단수는 '신성한 박달나무'라는 뜻이며, 박달나무 냄새를 단향檀香이라고 한다. 신이 강림한 곳에는 '신성한 냄새'가 있어야 한다는 생각이 이런 서사를 만들어 낸 것으로 보인다. 향에 불을 붙이는 것으로 제례를 시작하는 것도 신이 강림하는 곳에는 향기가 있어야 한다는 믿음의 표현일 것이다. 향을 피우는 목적은 시체 냄새를 은폐하기 위해서라는 속설이 널리 퍼져 있으나, 그런 목적으로 피우는 것은 한 번이면 족하다.

우리나라에는 삼국시대에 '피우는' 향이 전래되었을 것으로 추정된다. 『삼국유사』에 따르면, 5세기 신라 눌지왕 때에 중국 양나라에서 향을 보내왔는데, 그 이름과 용도를 아는 사람이 없어 수소문한 끝에 고구려에서 몰래 들어온 중 묵호자에게 물어 비로소 알았다고 한다. 당연히 향은 신라보다 고구려에 먼저 들어왔을 것이다. 신라 25대 진지왕은 향을 피운 방에서 도화녀桃花女와 7일간 머물렀으며, 눌지왕은 향으로 공주의 병을 치료했고, 김유신은 무술을 연마할 때면 먼저 향을 피워 하늘에 맹세했다고 한다. 국보인 백제의 금동대향로를 비롯해 삼국시대 향로도 여럿 전해진다. 송나라 사람 서긍이 지은 『고려도경』에도 향에 관한 기록이 있다. 이에 따르면, 고려 궁중에서는 사향麝香, 독누향篤耨香, 용뇌향龍腦香, 전단향栴檀香, 침수향沈水香 등 여러 종류의 향을 사용했고, 귀부인들은 여러 개의 비단 향낭香囊을 찼다. 고려시대의 향은 주요 무역품 중 하나이기도 했다. 조선시대에도 양반들은 사향, 난향蘭香 등을 흔히 사용했다. 다만 뿌리거나 바르는 '향수'는 없었다.

알코올을 사용한 세계 최초의 향수는 1370년께 헝가리의 수도사들이 왕비에게 바친 '헝가리 워터'였다. 16세기에는 알코올을 사용한 여러 종류의 향수가 개발되어 냄새만으로도 보통사람과 구별되는 특별한 인간들을 양산했다. 인공 향료를 사용한 현대적 향수는 19세기부터 제조되었고, 우리나라에는 19세기 말에 전래되었다. 1897년 4월, 진고개(현 충무로)의 일본인 상점 구마모토 회사는 『독립신문』에 다음과 같은 광고를 냈다.

> 인도 사향 한 개 값 닷 냥. 인도 사향수 한 병 값 닷 냥. 이 인도 사향과 인도 사향수는 불란서에서 제조한 것이니 참 상지 상품이라. 여러 군자와 여러 부인께서 많이 사러 오기를 바라옵나이다.

다음 달에는 역시 일본인 상점인 쓰지야辻屋도 '서양 향수와 향유'를 판매한다는 광고를 냈다. 하지만 조선의 양반가 부인들이 쓰던 향낭과는 달리 향수가 풍기는 냄새는 진하고 날카로웠다.

> 어제 오후 6시 30분경에 하이칼라 청년 남자와 전신을 능라주사로 둘둘 만 나이 25~26세가량 되어 보이는 계집 한 명이 서로 손을 마주 잡고 인천 축현역 대합실로 들어가는데, 술이 반취半醉나 된 모양이더라. 그때 그 대합실 안에 앉아 있던 남녀노소 수십여 명은 별안간 대합실 안에 향수 냄새가 코를 찌름을 이상히 여기는 동시에 그 여러 사람의 눈은 그 계집의 얼굴로 모였는바, 모두들 그 계집이 어떤 사람인지를 짐작하고 타매唾罵함(침 뱉고 욕함)을 마지아니하였다.
> ─ 『매일신보』 1913년 8월 2일자

한국인들은 꽤 오랫동안 코를 찌르는 향수 냄새를 기생이나 밀매음녀의 상징으로 인식했다. 그렇다고 '향기는 귀족의 냄새'라는 오래된 관념이 무너지지는 않았다. 이왕가李王家 일족 등 '조선 귀족'이나 부호들도 남녀 가리지 않고 향수를 썼다. 그들에게는 '기생의 향수'와 구별되는 향수를 찾는 것이 새로운 골칫거리였다. 향수 생산자와 판매자는 이런 차별화의 요구에 적절히 응답했다. 향수 가격은 천차만별이었고, 가격에 따라 향수의 '품격'이 정해졌다.

향수에 대한 대중적 편견은 1960년대 이후에 사라졌지만, 그 사용은 1980년대 말 대중소비시대가 열린 뒤에야 일반화했다. 그 뒤로 몸에서 나는 냄새를 가리기 위해 향수를 뿌리는 것은 당연한 예의처럼 되었다. 1980년대 중반에는 '향기요법'이라는 것까지 생겼다. 근래에는 자기 생활 공간을 향기로 채우려는 욕망이 나날이 커지고 있다. 오늘날 이른바 '향기산업'은 소비재 산업의 비중 있는 구성요소가 되었다. 현대인은 자동차 내부, 상점과 사무실, 개인 주택의 거실·침실·화장실에 이르기까지, 대부분의 생활 공간에 향기 나는 물질을 놓아둔다. 귀족의 냄새였던 향기는 이제 '대중의 냄새'가 되었다. 현대인 모두가 귀족이 된 셈인데, 그래서인지 신분제가 해체된 시대인데도 남을 노예 취급하는 태도는 사라지지 않았다.

12. 자연과
     마찰하지 않는
     손

맹수나 맹금의 발톱은 단박에 동물의 피부를 가를 정도로 강력한 무기다. 사냥감이 되는 초식동물도 발톱과 발굽이 있기에 거친 산야를 내달릴 수 있다. 발톱은 살아 있는 동안 계속 자라는 특이한 생체 부위지만, 야생동물의 발은 늘 자연과 마찰하기에 발톱의 길이도 자연히 조절된다. 손톱과 발톱을 주기적으로 깎아줘야 불편하지 않게 살 수 있는 동물은 인간과 일부 가축뿐이다.

인간이 언제부터 손톱과 발톱을 깎기 시작했는지는 알 수 없다. 대다수 인간의 일상이 땅을 헤집거나 돌을 나르는 등 자연과 마찰하는 노동으로 채워지던 시대에는, 인간도 다른 동물들과 마찬가지로 손톱 발톱을 깎을 이유가 없었거나 가끔 깎으면 되었다. 오직 노동에서 해방된 극소수의 사람만이, 자주 손톱 발톱을 깎는 사소한 번거로움을 감수해야 했다. 그래서 간혹 긴 손톱은 특권과 존귀함의 상징이 되기도 했다. 매니큐어의 애초 용도가 긴 손톱 밑에 낀 때를 감추기 위한 것이었음은 잘 알려진 사실이다.

물론 아무리 노동 과정에서 저절로 닳는다 해도 손톱 발톱을 아예 깎지 않고 평생 살기는 어려웠다. "신체발부身體髮膚는 부모에게 받은 것이니 함부로 훼손하지 않는 것이 효도의 첫 번째라"를 금과옥조로 여기던 조선시대에도 손톱 발톱만은 깎았다. 사람이 깎아서 함부로 버린 손톱 발톱을 주워 먹은 쥐가 '그 사람'의 모습으로 변했다는 설화를 모르는 한국인은 거의 없다. 손톱이 길게 자라도록 방치하는 사람이 드물었기에, 긴 손톱은 사람의 특징을 구성하는 요소로도 취급되었다.

> 청주 땅에 사는 김가라 하는 사람이 이름은 후맹이요 별호는 호연재요 손톱은 서너 치나 되게 긴데, 흑립 쓰고 도포 입고 충효장이라는 지팡이 짚고 스스로 의병대장이라 칭하고 그 행장에 가진 문서는 각국을 배척하자는 문서들이요, 그 한다는 말은 모두 외람되고 행색은 극히 수상한고로 중서中署에서 이달 5일에 잡아 경무청으로 보내었다더라.
> ─『독립신문』1897년 6월 10일자

건강을 지키기 위해서는 몸을 청결히 하고 더러운 것을 멀리해야 한다는 근대적 위생 지식이 자리 잡은 이후 손톱은 신체의 청결 정도를 직관적으로 표시하는 부위가 되었다. 1927년 5월 『매일신보』에는 "손톱을 길게 놔두면 균과 병이 생기고, 손톱 밑의 균이 눈코입으로 들어갈 수 있기 때문에 아동의 위생사상은 손톱으로부터 길러주어야 한다"는 기사가 실렸다. 나도 초등학생 때 종종 학교에서 '용의검사'라는 것을 받았다. 명색은 얼굴과 의복을 검사한다는 것이었으나 실제로는 손톱 검사였다. 손톱 사이에 때가 끼어 있으면 여지없이 손등으로 회초리나 나무 자가 날아들곤 했다. 그 시절 아이들 놀이라야 구슬치기, 딱지치기, 땅따먹기, 자치기, 망까기 등 거의 모두가 땅과 마찰하며 노는 것이어서, 손톱 사이에 때가 낄 수밖에 없었다. 그나마 다행스러웠던 것은, 그렇게 놀다 보니 손톱이 쉬 닳아 자주 깎지 않아도 되었다는 점이다.

옛사람들이 손톱 발톱을 깎는 데 사용한 도구는 작은 칼이나 가위

손톱깎이 오늘날 집집마다 몇 세트씩 가지고 있는 손톱깎이가 발명된 것은 그리 오래전의 일이 아니다. 이 간단한 기계 덕분에 손톱 깎는 일이 훨씬 덜 위험해졌다. 손톱 깎는 빈도는 손과 자연의 마찰 빈도에 반비례할 수밖에 없다.

였는데, 손가락 발가락을 베일 우려가 있어 무척 조심해야 했다. 다칠 걱정 없이 손톱 발톱을 깎을 수 있는 손톱깎이 전문 도구는 1896년 미국의 채플 카터가 발명했다. 이 물건은 1905년에 미국 특허를 얻었으나, 1947년 윌리엄 바셋이 트림Trim 사를 창업한 뒤에야 대중화했다. 우리나라에는 한국전쟁 휴전 직후 미군 PX를 통해 유입되었다고 하는데, 오랫동안 쓰메키리爪切り라는 일본어로 불린 것으로 보아 일제강점기에 도입되었을 가능성도 있다. 국산 손톱깎이는 1954년에 처음 출시되었다.

인간은 오랫동안 '손톱 자르는 동물'이었고, 특히 현대인은 '손톱 깎는 동물'이다. 유독 인간만이 손톱 발톱을 수시로 깎아야 한다는 건, 인간이 생체의 진화 속도보다 훨씬 빠르게 자연에서 이탈했다는 증거일 것이다. 손톱깎이는 현대인이 자연과 얼마나 멀어졌는지를 알려주는 물건이다.

13. 한국을 대표하는 건강식품

산에서 약초 캐는 사람을 순우리말로 심마니라고 하는데, '심'은 산삼이라는 뜻이다. 그는 오직 산삼을 발견했을 때만 "심봤다"라고 세 번 외친다. 호랑이가 백수百獸의 왕이듯, 산삼은 백약百藥의 왕이다. 약성藥性이 뛰어난 데다가 생김새까지 사람을 닮은 산삼은 오랫동안 신비의 영약으로 대접받았다.

삼蔘은 동북아시아 전역에 자생하지만, 옛날부터 한반도에서 나는 삼의 효능이 특히 뛰어나다고 알려졌다. 삼국시대 이래 삼은 중요한 수출품이었다. 삼의 가치가 높았던 만큼 이를 재배해보려는 사람도 많았을 터이나, '신비의 영약'을 길들이는 일은 쉽지 않았다. 고려 말에 이르러 인공 재배가 시작되었다고 하는데, 기르기가 까다로워 널리 퍼지지는 못했다. 삼을 안정적으로 대량 재배하는 방법은 1724년에 개성 사람 박유철 등이 개발했다. 이때부터 산에서 채취한 삼을 산삼, 밭에서 재배한 삼을 인삼으로 구별했으며, 개성이 인삼 재배의 중심지로 떠올랐다. 인삼은 한 번 심으면 채취할 때까지 최소 4년을 기다려야 하기 때문에, 보통의 농민이 재배하기는 어려웠다. 인삼 경작자는 삼포蔘圃(삼밭) 주인에게 생계를 의지하는 사람으로, 농민보다는 노동자에 가까웠다. 우리나라 최초의 농업 노동자는 삼포에서 출현한 셈이다.

17세기까지 동아시아 무역에서 국제화폐 구실을 한 것은 은이었다. 조선은 일본에 면포·쌀·자기 등을 수출하고 은을 수입했으며, 그 은으로 중국 물품을 사들였다. 그런데 일본과 중국 사이에 직교역이 확대되자, 일본산 은의 수입이 줄어들었다. 조선 상인들에게 은을 대체할 결제수단의 확보는 사활이 걸린 문제가 되었다. 중국 무역에 종사하던 상인들은 은보다 중량 대비 가치가 높고 장기 보관이 가능한 물건을 찾아야 했다. 이것이 상업 도시 개성에서 새로운 삼 재배법이 창안되고 홍삼 제조가 급증한 배경이다. 조선 인삼이 중국인들에게 고려삼으로 알려진 것도, 개성 상인들이 일부러 그렇게 불렀기 때문일 가능성이 있다. 20세기 초에는 미국산 홍삼도 중국에 대량 수입되었으나, 중국인들은 고려삼을 최고로 쳤다.

1797년, 정조는 홍삼 수출을 통제하기 위해 '삼포절목'蔘包節目을 반포했다. 사행使行이 중국에 가져가는 포삼包蔘은 매회 120근으로, 한 근의 가격은 천은天銀 100냥으로 정하며, 밀무역과 사무역을 금한다는 내용이었다. 이로써 홍삼은 국가가 직접 관장하는 물품이 되었다. 개항 이후 무역 규모가 커지면서 홍삼 수출액도 늘어났다. 1883년에는 독일계 회사 세창양행이 홍삼 무역에 뛰어들었다. 1894년 개화파 정부는 '포삼규칙'包蔘規則을 제정하여 홍삼을 수출할 때에는 판매가의 60퍼센트를, 수삼水蔘을 매매할 때에는 매근每斤에 1냥씩을 탁지아문에 납부하도록 했다. 홍삼 제조 판매의 수익성은 이 정도 세금을 납부하고도 이익을 취할 수 있는 정도였다. 이 때문에 1896년 일본 상인들이 조직한 무장武裝 행상단인 계림장업단鷄林奬業團은 개성 일대에서 홍삼을 약탈하기도 했다. 당시 조선 정부가 할 수 있는 일은 일본공사관에 항의하는 것밖에 없었다.

홍삼 제조와 수출은 대한제국 시기에 급증했다. 1898년 8월, 내장원內藏院은 '삼정규칙'蔘政規則을 발포하고 인삼 재배와 거래를 감독하는 기관으로 삼정공세사蔘政貢稅社를 설립했다. 삼정공세사는 이듬해

주식회사 형태의 삼정사參政社로 개편되었고, 내장원경 이용익이 삼
정감독으로 회사 업무를 총괄했다. 삼정사는 홍삼 제조 수출과 인삼
세 징수 등 인삼과 관련한 거의 모든 권리를 독점했다. 대한제국 시
기 고종이 재산을 끌어모으는 데 열심이었던 데에 대해서는 영국인
재정고문 맥리비 브라운이 감독하는 정부 재정과 별도로 근대화 정
책 추진에 필요한 자금을 모으기 위해서였다는 견해와 그저 돈 욕심
때문이었다는 견해가 대립한다. 물론 둘 다 맞는 견해일 수 있다. 고
종의 본심이 무엇이었든, 삼정사는 러일전쟁 발발 때까지 홍삼 전매
권을 가졌다. 물론 권리를 갖는 것과 행사하는 것은 별개의 문제다.
인삼을 몰래 사들여 홍삼으로 증조蒸造한 뒤 중국인에게 파는 일본
인도 적지 않았다. 한국인이 이런 일을 하다가 적발되면 엄벌을 면
할 수 없었으나, 치외법권을 누리던 일본인들은 대한제국 정부와 황
실을 두려워하지 않았다.

　　홍삼의 주요 판로는 중국 강남江南 지역이었다. 고려삼의 대부분
이 상하이에 집하되었다가 양쯔강 연안의 도시들에서 판매되었다.
고종은 홍삼 수출 대금의 일부를 홍콩에서 망명생활을 하던 민영익
에게 맡겼다. 이 돈의 용도에 대해서도 학자들 간에 의견이 갈린다.
망명에 대비한 비자금이라고 보는 사람이 있는 반면, '근대화 정책'
추진을 위해 모아둔 돈이라고 보는 사람도 있다. 민영익은 대한제국
선포 후 일시 귀국하여 궁내부 특진관, 표훈원 총재 등을 지냈으나,
1900년 다시 중국으로 떠났다. 고종의 밀명을 받았는지 자의로 망
명했는지는 분명치 않다. 다만 1901년 2월 9일 고종은 "전 판서 민
영익이 바다를 건너가 해를 넘기도록 돌아오지 않고 있다. 공적으로
나 사적으로 논할 것은 없지만, 국구國舅의 제사를 생각하지 않을 수
없다. 특진관 민영찬으로 하여금 잠시 대행하도록 하라"라는 조칙을
내렸다. 민영익에게 돈을 맡기고 그의 제사까지 챙긴 것을 보면, 밀

명이 있었을 가능성이 크다.

1902년과 1903년 두 해 동안 삼정사가 민영익에게 보낸 홍삼은 4만 근, 가격으로 치면 180만 원 상당에 달했다. 고종은 이와 별도로 사금 4,000냥과 은 1만 냥도 민영익에게 맡겼다. 민영익은 이 돈을 홍콩상하이은행HSBC(중국명은 후이펑은행匯豐銀行)에 예치했다. 당시 서울 기와집 1,000채 값에 상당하는 돈이었으니, 요즘 가치로 환산하면 조 단위쯤 될 것이다. 고종은 일본에게 황실 재산을 빼앗긴 뒤 이 돈을 상환하라고 요구했다. 후일 조사에 따르면 친필 편지를 네 번 썼고, 시종을 여러 차례 보냈다고 한다. 하지만 민영익은 차일피일 시간을 끌다가 1914년에 사망했다. 그의 재산은 중국인 첩 소생인 민정식이 상속했다. 민정식은 서울로 들어와 아버지의 옛 거처인 죽동궁에서 살았다. 나라를 빼앗긴 처지에 돈 문제로 옛 신하의 서자와 다투는 게 민망한 일이라고 여겼던지, 고종은 그에게 상환을 요구하지 않았다. 1917년 6월, 의친왕 이강의 외종제인 육군 정위 장인근이 자기가 홍콩상하이은행 예금에 대한 권리를 양도받았다며 민정식에게 400만 원을 청구하는 소송을 냈다. 장인근의 권리는 인정되지 않았지만, 민정식도 예금을 찾지 못했다. 홍콩상하이은행이 착복했을 가능성도 있고, 일본이 민영익의 대리인을 압박하여 편법으로 인출했을 가능성도 있다.

홍삼 제조와 수출이 최고조에 달했던 해는 1902년이다. 이해의 제조량은 6만 7,000여 근으로 후일 총독부 당국자조차 '조선 역사상 미증유의 다량'이라고 인정할 정도였다. 이해에 홍삼 제조량이 많았던 것은 '황제 어극 40년 망육순 칭경예식' 자금 조달을 위해서였던 것으로 보인다. 그런데 이때를 정점으로 홍삼 제조량은 급격히 줄어들어 1910년에는 겨우 700근을 제조하는 데 그쳤다. 8년 사이에 95퍼센트가 급감한 셈이다. 병충해 때문이라는 것이 일반적인 견해지만, 그보다는 삼포 주인들이 경작을 기피한 탓일 가능성이 크다. 일본인들은 진즉부터 한국 홍삼에 욕심을 냈고, 개중에는 인삼을 약탈하거나 홍삼을 밀조密造하는 자도 있었다. 일본이 한국을 지배하게 되면 홍삼도 전부 일본인 차지가 될 것이라는 삼포 주민들의 의심에는 타당한 근거가 있었다. 인삼을 심어놓았다가 일본인에게 다 빼앗기는 것보다는 차라리 심지 않는 게 나은 선택이었다.

1907년 7월 고종이 헤이그 만국평화회의에 밀사를 파견하자, 통감부는 대한제국 황실의 재정 기반을 파괴하는 작업에 착수했다. 황실 소유 재산과 국유 재산을 명확히 구분한다는 명목이었다. 이에 따라 역둔토와 광산의 소유권, 회사 인허가권과 영업세 수세권, 홍삼 전매권 등이 통감부 지배하의 정부로 이관되었다. 1908년 7월 16일, '홍삼전매법'이 공포되었다. 홍삼 제조는 정부가 전담하며, 판매와 수출은 정부 또는 정부의 명을 받은 자만 할 수 있고, 인삼 경작자는 정부의 면허를 받아야 하며, 홍삼 제조의 원료가 될 만한 수삼은 전량 정부가 수납한다는 등의 내용이었다. 이와 동시에 탁지부 전매국도 신설되었다. 홍삼 수출은 전량 미쓰이三井물산주식회사에 맡겼다. 한국인 삼포 주인들은 그 이듬해부터 인삼 재배를 재개했다. 물론 통감부의 장려 또는 강요가 있었을 것이다.

일제가 한국을 강점한 뒤, 탁지부 전매국은 총독부 전매국이 되었다. 총독부 전매국은 1912년 3월 행정기구 간소화 과정에서 일시 폐지되었다가 1921년 4월 조선연초전매령 공포와 동시에 부활했으나, 1943년 다시 폐지되었다. 이때 홍삼, 연초, 소금의 전매 업무는 총독부 재무국 전매총무과와 전매사업과에 이관되었다. 홍삼을 관장하는 부서는 몇 차례 바뀌었지만, 총독부는 인삼 재배를 단속하고 홍삼 제조와 수출량을 늘리는 데 늘 관심을 기울였다. 1914년 2월에는 경기도 개성군과 장단군, 황해도 김천군·평산군·서흥군·봉산군·수

안군·황주군, 평안남도 중화군의 9개 군을 인삼 특별 경작 구역으로 지정했다. 재배 지역을 특정해야 인삼 단속이 용이하기 때문이었다. 그뿐 아니라 인삼 채취일을 지정하여 관원의 감시하에서만 캘 수 있도록 했으며, 매년 우량 경작자를 포상했다. 우량 경작자는 거의 매년 개성에서 나왔고, 개성의 삼포 주인 상당수는 전국적으로 유명한 부자였다. 그 덕에 홍삼 제조량은 계속 늘어나 1912년 6,000근, 1913년 1만 6,500근, 1916년 2만 6,000근에 달했다.

전매국 공장에서 제조한 홍삼은 거의 전량 미쓰이물산을 통해 중국으로 수출되었고, 일부는 싱가포르, 말레이시아 등지에서도 팔렸다. 홍삼의 수출 가격은 귀할 때는 1근에 100원 내외, 상대적으로 흔해진 1930년경에도 1근에 50원 내외여서 큰 부자가 아니고서는 먹어볼 엄두를 내기 어려웠다. 총독부는 한약재를 불신하는 일본인들을 위해 홍삼 가공품도 만들었다. 홍삼정紅蔘精으로 불린 홍삼 진액은 1916년부터, 홍삼 분말은 1917년부터 제조 판매되었다. 발매 당시 홍삼정 판매 가격은 10돈(37.5그램) 중량에 2원이었고, 안내문에는 다음과 같은 문구가 인쇄되어 있었다.

근래 삼정蔘精 또는 인삼 엑기스라 칭하는 민간 제조품을 각처에서 판매하나 본부本府(총독부)에서 제조하는 삼정은 홍삼전매법에 의하여 정부에 전속專屬하여 민간에 제조를 엄금하는 홍삼의 제조와 병행하여 생산하는 것인고로 전적으로 그 제조 방법 및 품질과 성분이 다를 뿐 아니라 본부本府의 제조품은 포장과 띠지에 다음과 같은 특색이 있음.
(1)종이 상자: 삼정이라는 금박 글자와 조선총독부라는 글자를 인쇄한 상표를 첨부하고 원형의 상표 안에 붉은색으로 용량과 정가를 기재했으며, (2)용기는 유리제 원통형인데

뚜껑 표면에는 가운데에 삼정이라는 문자를, 병의 측면에는 조선총독부라는 문자를 새긴 특제 병이라. (3)용기에는 동장桐章, 삼정蔘精 및 조선총독부 등의 주요 문자를 인쇄한 띠지로 봉합하였더라.

오늘날 KT&G의 제품명인 정관장正官庄을 두고 식민지 잔재라고 주장하는 사람이 많은데, 아예 근거 없는 말은 아니다. 대한민국 전매청이 1956년 홍콩 신문에 광고를 내면서 처음 쓴 '정관장'이라는 이름은 '제대로 된 관삼官蔘'에 대한 자부심을 표현했다. 사기업이 된 지 이미 오래인데 여전히 '관'官이라는 글자를 쓰는 것도 적절하지는 않다.

수백 년간 조선의 특산이자 보물이었던 홍삼을 총독부가 독점하자 조선인들이 불만을 품는 건 당연했다. 1920년 6월 박영효, 이윤용 등 조선의 귀족들이 고려홍삼주식회사를 설립하겠다며 발기인회를 개최했다. 물론 회사 설립의 전제는 홍삼 전매제 폐지였다. 1924년에는 친일단체 갑자구락부가 민간인도 홍삼을 제조할 수 있게 해달라고 청원했다. 하지만 조선 귀족이든 친일파든 홍삼을 독점하려는 총독부의 욕심을 꺾을 수는 없었다.

이익이 많은 제품은 위조나 밀조의 대상이 되기 마련이다. 총독부의 감시를 피해 인삼을 빼돌려 홍삼을 제조하고 밀수출하는 사람이 적지 않았다. 1924년 여름, 조선의 화상華商 중 가장 큰 부자였던 동순태同順泰 주인 담걸생譚傑生의 두 아들 담정곤譚廷棍, 담정림譚廷琳 형제가 경찰에 검거되었다. 죄목은 아편 밀매와 홍삼 밀수였다. 1930년 겨울에는 밀조한 홍삼 1,000여 근을 일본으로 보내려던 일본인 상인이 적발되었고, 1935년에는 중국인을 포함한 대규모 홍삼 밀매단이 체포되었다. 개성의 삼포 부근은 경찰의 상시 감시 대상이었다.

KT&G에서 생산, 판매하는 정관장 홍삼정
정관장은 전매청이 홍삼 제조를 독점하던 시절에 생긴 브랜드명인데, 지금까지 사용되고 있다. 홍삼은 현대 한국인이 가장 애호하는 '건강식품'이자, 건강식품을 상식常食하는 문화를 만든 일등공신이다. 출처: 정관장

대한민국 정부도 꽤 오랫동안 전매제도를 유지했다. 정부 수립 직후에는 재무부 전매국이, 1951년 이후에는 전매청이 전매 사업을 관장했다. 다만 개성과 황해도가 북한 땅이 되었기 때문에, 강화도와 금산 등지에 인삼 재배지가 마련되었다. 1987년, 정부는 전매청을 폐지하고 공기업으로 한국전매공사를 설립했다가 이듬해 한국담배인삼공사로 개명했다. 한국담배인삼공사는 외환위기 때인 1997년에 주식회사로 변경되었고, 2002년에는 사명도 주식회사KT&G로 바뀌었다. KT&G는 'Korean Tabacco & Ginseng'의 약칭이다. 전매청 폐지와 동시에 홍삼도 전매품이라는 족쇄에서 풀려났다. 이후 인삼 재배지는 급속히 확대되었고 인삼 값도 떨어졌으며, 홍삼을 제조 판매하는 업체도 속출했다. 2020년 대한민국의 인삼 재배 면적은 151.6제곱킬로미터, 생산량은 2만 3,896톤이었다. 이 중 반 정도가 수출되었으며 40퍼센트 정도가 홍삼 및 홍삼 가공품의 원료로 쓰였다.

무엇이든 흔해지면 천해지는 법이다. 거기에 1980년대 말 대중소비시대가 열리면서 온갖 종류의 '기능성 건강식품'들이 각 가정에 침투했다. 그러자 홍삼을 향한 대중적 열망은 오히려 줄어들었다. 오늘날 홍삼은 한국인이 가장 애용하는 건강식품이긴 하나, 신비의 영약이라고는 할 수 없는 물질이다.

수영복

14. 드러내고
   자랑하는
   몸

"양반은 물에 빠져도 개헤엄은 치지 않는다"는 속담이 있다. 뒤집어 생각하면 평민 이하는 개헤엄을 쳤다는 뜻인데, 우리나라에 양반용 헤엄이 따로 있었을까? 옛날에는 평영을 개구리헤엄, 배영을 송장헤엄이라고 했다. 개, 개구리, 송장이 모두 좋은 뜻은 아니다. 양반이 수영을 필수로 배웠다는 기록도 없다. 한국인에게는 개헤엄이 가장 초보적이고 일반적인 영법泳法이었다. 저 속담은 양반 행세하는 사람을 놀리는 말이었을 뿐이다. 네발짐승은 따로 배우지 않아도 물에 빠지면 꽤 오랫동안 헤엄을 친다. 인간은 두 발로 걷는 대신 배우지 않고는 헤엄칠 수 없는 특별한 포유류가 되었다. 물에 빠졌을 때를 기준으로 삼으면 인간은 두 종류로 나뉜다. 헤엄치는 인간과 못 치는 인간.

수영의 우리말인 '헤엄'은 물에 빠졌을 때 헤어나기 위한 동작을 의미한다. 우리 선조들이 물에 들어가는 것을 즐겼다면 이런 단어를 만들지는 않았을 것이다. 한국인들이 가장 두려워하는 귀신도 물귀신이다. 그러나 한여름 무더위는 물귀신보다도 무서웠다. 이럴 때에는 어쩔 수 없이 물에 발을 담갔지만, 깊이 들어가지는 않았다. 당연히 수중 활동을 위한 별도의 옷도 없었다. 해녀의 옛 이름은 잠녀潛女인데, 이들은 아무것도 입지 않고 바닷물 속에 들어가 일을 했다.

1906년 태극학회 회원들이 일본 도쿄 부근 해수욕장에서 '해수욕'을 하고 그 인상기를 남겼다. 그곳에서 일본인 사녀士女는 모두 온천탕에서 입는 옷인 유카타浴衣를 입었다. 수영장이었다면 '수영복'을 입어야 했겠으나, '수욕장'水浴場이었으니 욕의浴衣를 입는 게 당연했다. 1912년 7월 10일 인천 월미도에 국내 최초의 해수욕장이 개장했다. 운영자는 경성일보사와 매일신보사였다.『매일신보』는 이에 대해 "조선 유일의 하계夏季 유락지요 건강적 피서지"라고 선전했다. 이때에 맞추어 경성에서 월미도 해수욕장까지 사람들을 실어 나르기 위한 임시 열차도 운행을 개시했다. 월미도 해수욕장은 1970년대까지도 서울 시민들의 여름철 휴양지로 명성을 떨쳤다.

1915년에는 마산에, 1916년에는 통영과 함흥에, 1918년에는 원산에도 해수욕장이 만들어졌다. 일차적으로는 일본인과 외국인들을 위한 시설이었지만, 점차 조선인의 발길도 잦아졌다. 이 무렵 해수욕장 경영자들은 고객에게 해수욕복을 빌려주었는데, 일본인용은 유카타, 조선인용은 잠방이와 적삼이었다. 물론 남자 욕장과 여자 욕장은 공간적으로 구분되었다.

물속에서 입는 옷, 즉 수영복을 처음 만들어 입은 사람들은 고대 그리스와 로마의 귀족이었다. 로마제국이 멸망한 뒤, 기독교의 엄숙주의에 지배되었던 유럽인들은 신체의 상당 부분을 노출해야 하는 수영복을 입지 않았다. 유럽에서 수영복은 19세기 중엽에야 재등장했는데, 제국주의 시대 유럽인들의 전반적인 생활수준 향상에 덧붙여 수영이 우울증 치료에 유효하다는 '의학 상식'이 작용했기 때문이다. 그로부터 반세기 이상의 세월이 흐른 20세기 초에는 여성 수영복에 '혁신'이 일어났다. 1907년 미국 보스턴의 리비어 해변에서 오스트레일리아의 여성 수영 선수 아네트 켈러먼이 외설 혐의로 체포되었다. 그는 어깨와 무릎 위가 다 드러나는 데다가 몸에 꼭 달라붙는 수영복을 직접 만들어 입고 있었다. 이 사건은 그의 이름과 그

직접 만든 수영복을 입은 아네트 켈러먼 1907년 미국에서는 이 정도 노출로도 '외설죄' 혐의를 받아야 했다. 하지만 1920년경이 되면 우리나라에서도 이보다 노출이 심한 수영복이 상품화했다. 출처: National Film and Sound Archive of Australia

가 만든 여성 수영복을 전 세계에 알리는 데 결정적인 역할을 했다.

아네트가 처음 입었던 여성 수영복이 우리나라에 첫선을 보인 때는 1920년께로 추정된다. 1922년 8월 『매일신보』는 월미도에서 물놀이하는 여성의 사진을 실었는데, 하반부가 무릎까지 내려오는 길이였을 뿐 상반부는 오늘날의 원피스형 수영복과 똑같았다. 하지만 가난한 조선인 대다수에게 수영복은 범접하기 어려운 물건이었다. 1929년 여름, 평양 경찰서는 '15세 이하의 사람으로 수영복을 입은 경우에만' 대동강에서 수영할 수 있다는 훈령을 내렸다. '어른부터 아이까지 전부 나체로 수영'하는 데다가 바로 그 옆이 부녀자들의 빨래터였기에 '풍속상' 방치할 수 없다는 이유에서였다. 수영복을 입지 않으면 물에 들어갈 수 없게 한 행정당국의 조치는 두말할 나위 없는 폭력이었다. 하지만 저항할 명분도, 방도도 마땅치 않았다. 이런 조치의 영향도 있어서, 이후 생활에 여유가 있는 사람들은 여름철 한때 물놀이용으로만 입는 특별한 의복에 관심을 기울이기 시작했다. 그 무렵 수영복 가격은 5원 내외로 설렁탕 서른 그릇 값에 상당했다. 잠녀들도 이 무렵부터 수영복을 입고 물질하기 시작했다.

넓은 바다 수면을 스치고 살살 불어오는 바람은 부두에서 뱃짐을 풀어 상륙하노라고 지쳐 흐르는 땀에 젖은 그들의 가슴을 헤치고 품어든다. 짐을 풀어 첩첩이 쌓아놓은 좁은 틈을 비집고 여자 셋이 나온다. 등에는 채롱을 밀방 걸머지고 채롱 위에는 켜지 않고 말린 통박이 둥글둥글 놓여 있다. 한 손에는 빠케스를 들고 한 손으로는 송판쪽 부스러기를 부둥켜 안았다. 물가로 가까이 나와서 "아이고야 오늘은 더 따쉬데이" 하면서 등짐을 벗어 땅에 부린다. 그 뒤를 잇대어 넷다섯씩 동무하여 똑같은 행장을 가진 여자들이 모여서 잠깐 동안에 이십여 명의 여군 세계가 되었다. 어떠한 양복 입은 청년 한 분이 그 앞으로 지나간다. 십여 보를 지나간 그의 뒤를 바라보던 여자 한 사람이 가는 목소리로 "못 믿으리라 못 믿으리라. 양복쟁이는 못 믿으리라" 하고 노래를 한다. 지나간 양복 청년은 이 노래를 들었는지 잠깐 고개를 돌이켜 그들 있는 곳을 보고 방긋이 미소를 하고 다시 앞길을 걷는다. 여자들은 갑자기 생각난 듯이 손에 들고 오던 송판쪽을 거두어서 네 곳에 나누어 불을 지른다. 그리고 함께 입었던 옷을 훌훌 벗는다. 유부乳部로부터 하체를 가리운 수영복

만을 입고 검푸른 살을 서로 기대어 연기를 에워싸고 옹기
종기 둘러앉아서 다시 한바탕 웃고 지껄인 뒤에 그들은 저
마다 눈에 방풍경防風鏡을 쓰고 손에 망얼기를 들고 통박을
안고 물에 가서 불 땐 아랫목같이 풍덩 엎데인 데다 넓은 바
다에 작은 몸을 담가 해삼과 미역을 따려고 무거운 물결을
힘껏 헤치고 멀리멀리 물속에 숨는다.

—「스케치, 부산해안에서」, 『동아일보』 1929년 4월 2일자

1929년 9월 1일 제1회 전조선 수상水上경기대회가 동아일보사 주
최로 경성제국대학 수영장에서 열렸다. 참가 선수들이 지켜야 할 규
칙 제1조는 '상하 연속된 수영복을 입되 그 색은 흑색이나 감색으로
함'이었다. 여성들에게 수영을 가르치는 강습회는 1935년 7월에 처
음 열렸다. 이때도 수영복 착용은 강습생의 의무 사항이었다. 1930
년께부터는 해수욕복이나 수영복에 관한 기사가 신문 지면에 빠지
지 않았다. 예컨대 『매일신보』는 "금년 여름에 유행할 해수욕복은
작년보다 넓적다리가 더 드러나고 빛이 더 찬란할 것"(1930년 6월 8일
자)이라고, 『부산일보』는 "금년의 수영복은 등선미 시대"(1935년 6월
28일자)라고 각각 보도했다.

1946년 프랑스 파리의 디자이너 루이 레아르Louis Réard는 속옷보
다 더 노출이 심한 투피스 수영복을 구상했다. 그가 이 대담한 여성
수영복을 공개하기 직전, 태평양 마셜제도의 비키니 환초에서 진행
된 핵실험이 전 세계인의 관심을 끌었다. 그는 이 수영복에 비키니
라는 이름을 붙였다. 이 여성 수영복은 핵실험보다 더 큰 주목을 받
았다. 오늘날 비키니라는 단어에서 핵실험을 연상하는 사람은 거의
없다. 하지만 사람들이 이 수영복을 스스럼없이 받아들이기까지에
는 이로부터 다시 30년 이상의 시간이 걸렸다.

수영복은 물놀이용 의복에 머물지 않고 신체 노출의 허용치에 대한 평균적 감각을 바꾸는 구실도 했다. 여름을 노출의 계절이라고 부르게 된 것은 거의 전적으로 수영복 때문이다. 남의 시선에 노출되는 신체 부위가 늘어나면서, 자기 몸을 아름답게 가꾸려는 인간의 욕망도 커졌다.

15.　　더 이상
　　　　겨우 사는 계절이 아닌
　　　　겨울

　　　　　　한자어 '점심'點心은 낮에 끼니로 먹는 음식 일반을 뜻하지만, 같은 단어의 중국어 발음인 '딤섬'은 음식의 한 종류다. '마음에 점을 찍음'이라는 뜻의 이 이름을 한국인들은 먹은 듯 만 듯 적게 먹는 음식 차림에 붙였고, 중국인들은 한입 거리도 안 되도록 작게 만든 음식물에 붙였다.

　　인류 역사 대부분의 기간에 인간의 생활 리듬은 천체의 운행 리듬에 종속되었다. 낮이 긴 계절에는 일하는 시간도 길었고, 밤이 긴 계절에는 잠자는 시간도 길었다. 계절에 따라 노동시간과 강도가 다른데 먹는 분량과 빈도가 똑같을 수는 없었다. 농사일이 한창 바쁠 때에는 하루 다섯 끼니도 먹었으나, 그렇지 않을 때에는 아침과 저녁만 먹고 낮 끼니는 마음에 점을 찍는 정도로 때웠다. 해가 짧은 겨울철에는 그 점심조차 건너뛰는 게 보통이었다. 인간도 다른 동물들과 마찬가지로 적게 먹고 적게 움직이는 것이 겨울을 나는 방법이었다. 겨울은 새끼 꼬기나 가마니 짜기처럼 힘이 덜 드는 노동을 하고, 토끼몰이나 꿩 사냥처럼 놀이 삼아 먹을거리를 구하는 계절이었다. 동지부터 정월 대보름까지는 가급적 안 움직이는 것이 생활의 지혜였다. 인간에게도 겨울은 '겨우 사는' 계절이었다. 겨울철에 아이들이 썰매 타느라 공연히 기운 빼고 와서 배고프다고 하는 건 꾸지람 들어 싼 일이었다. 하지만 문명사적 관점에서 보자면, 겨울이 있는 땅

1920년대 한강 철교 밑에서 열린 아이스하키 경기 20세기 초까지 겨울철의 한강은 얼음 캐는 곳이거나 얼음낚시 하는 곳이었다. 얼음 위를 걸어 다닐 수 있었어도 한강은 일터 였지 놀이터는 아니었다. 1910년대에 보급되기 시작한 스케이트는 겨울철 한강에 놀이 터 기능을 추가했다.

에 사는 건 일종의 축복이었다. 인간이 준비, 대비, 대책, 예측, 계산 등의 능력을 쌓는 데에는 겨울이 기여한 바가 컸을 것이다. 프랑스 의 역사학자 페르낭 브로델이 '문명 벨트'로 이름 붙인 지대地帶는, 곧 겨울이 있는 곳이기도 했다. 오늘날 인류학적 연구 대상이 된 '미 개 지역'은 모두 겨울이 없는 곳에 분포한다.

　인류가 신발 바닥에 동물 뼈 등을 묶고 눈이나 얼음 위를 미끄러 져 다닌 것은 태곳적부터의 일이나, 놀이용이 아니라 이동용이었다. 우리나라에서는 미끄러지기 위한 1인용 도구보다는 미끄러지지 않 기 위한 1인용 도구가 훨씬 더 많이 만들어졌다. 신발 밑에 잘 미끄 러지는 물건을 대고 얼음 위에서 달리거나 춤추는 놀이는 18세기 이후에 생겼다. 1742년 스코틀랜드에서 스케이팅을 즐기는 사람들 이 에딘버러 스케이팅 클럽을 결성했다. 이것이 세계 최초의 스케이 트 클럽이다. 금속제 스케이트 날은 이로부터 30년 뒤에 출현했다.

1850년에는 미국 필라델피아의 에드워드 부시넬Edward Bushnell이 금속제 스케이트를 대량 생산하는 데 성공했다.

굶주린 농민들이 전국에서 봉기했고, 이 땅에서 청나라와 일본이 전쟁을 벌였으며, 정부가 이런저런 개혁 조치들을 쏟아냈던 1894년의 12월, 고종은 서울 거주 외국인들을 경복궁으로 초청해 향원정 연못에서 스케이팅 파티를 열었다. 아마도 한강이나 청계천 등지에서 외국인들이 신발 바닥에 쇠 날을 달고 얼음 위를 미끄러져 다닌다는 이야기를 들었기 때문일 것이다. 1908년 겨울에는 현동순이 미국인 선교사 질레트에게 스케이트를 구입하여 삼청동천에서 탔다. 이 사람이 한국인 최초의 스케이터인 셈이다. 겨울철 스케이팅은 이후 아주 빠르게 보급되어 1912년에는 용산에, 1915년에는 부산에 스케이트장이 생겼고, 1923년부터는 대동강, 압록강, 한강 등 각지에서 빙상대회가 열렸다.

이른바 동계 스포츠는 인간이 겨울의 위협에서 해방된 다음에야 확산했다. 지금도 동계 올림픽은 부자 나라들만의 축제라는 소리를 들으며, 동계 올림픽 국가별 순위는 하계 올림픽보다 더 1인당 GDP 순위에 근접한다. 현대인은 겨울을 '겨우 사는 계절'로 생각하지 않는 사람이며, 스케이트는 현대의 겨울 놀이를 대표하는 물건이다.

16.　힘과
　　　건강에 대한
　　　욕망

　　　실력, 능력, 매력, 경쟁력, 경제력, 학력, 사고력, 창의력, 추진력, 이해력, 통솔력, 면역력…. 오늘날 힘(력力)은 온갖 단어 뒤에 붙으며, 모두가 갖고 싶어 하는 어떤 것이다. 힘이 뒤에 붙는 단어들은 합격, 결혼, 승진, 치유 등 인생 중대사의 성패를 결정하는 다신교 사회의 신이다. 그런데 힘이 본래 좋은 것일까?

　힘이 몸 안에 들어오는 것을 '힘든다'고 하고, 몸 밖으로 나가는 것을 '힘난다'고 한다. 옛사람들에게 힘은 들일 때는 괴롭고 내보낼 때는 즐거운, 염치없는 불청객 같은 존재였다. 저절로 생성되는 것이 아니라서 내보내려면 먼저 들여야 한다는 것은 알았으나, 힘쓰는 일을 숭상하지 않았기에 일부러 힘을 들이려 하지는 않았다. 『논어』에는 공자가 힘에 관해서는 아예 말하지 않았다고 기록되어 있다. 고종이 정동에서 서양인들의 테니스 경기를 관람하며 "귀빈들이 저렇게 힘든 일을 아랫것들 시키지 않고 어찌 직접 하는고?"라 말하면서 혀를 찼다는 일화는 사실 여부를 떠나 '힘'에 대한 저 시대의 일반적인 생각을 알려준다.

　우리나라에서 몸을 튼튼히 하려면 운동을 해야 한다는 주장은 1890년대 말부터 나오기 시작했다. 당시 운동은 '팔다리를 움직임'이라는 뜻으로 노동과 구분되지 않았다. 인구 대부분이 농민으로서 농업 노동과 각종 부역에 시달리던 시대에, 아무런 소득 없이 팔다리를 움직이는 것은 '사서 고생'이라는 핀잔을 들을 만했다. 관료들과 도시의 유한계급에게는 일부러 팔다리를 움직이는 행위가 필요했지만, 운동을 해야 힘이 세진다는 생각이 일반적이었다고 하기는 어렵다. 건강과 힘은 별개였다.

우리나라 사람들이 운동을 '힘'과 연관지워 생각하게 된 데에는 중국인 량치차오梁啓超의 『음빙실문집』飮氷室文集에 영향받은 바 컸다. 이 책에 수록된 '사회진화론'은 약육강식, 우승열패, 적자생존의 원리를 자연과 인간 사회에 두루 통용되는 진리로 취급했다. 이 논리는 곧바로 계몽 지식인들의 의식을 사로잡았다. 부강富强보다는 인의仁義를 추구하는 것이 왕도라는 유교적 정치 담론은 책상물림 시골 선비들의 고루한 생각으로 치부되었다. 살아남기 위해서는 힘을 길러야 하며, 살아남는 데 필요한 힘이 '실력'이라는 주장이 빠르게 확산했다. 1900년께부터 한글 신문들에서 '실력'이라는 단어의 사용 빈도가 급속히 높아졌다. 국가의 실력은 군사력과 경제력이고 개인의 실력은 체력과 지력智力이라는 생각은 을사늑약 이후 전국에서 벌어진 실력양성운동의 기본 사상이었다.

체력을 기르기 위해서는 일부러 팔다리를 재게 움직이고 일부러 무거운 것을 들어야 한다는 생각이 상식으로 자리 잡자, '사서 고생'을 위한 장소와 도구들이 필요해졌다. 1906년부터는 그때까지 장場이나 마당으로 불리던 장소들이 '운동장'으로 불리기 시작했다. 곧이어 학도 운동장은 학교의 필수 시설이 되었다.

> 회덕군 태전太田[현 대전광역시]에 사는 임덕순 씨와 이강호 씨가 그곳에 보통학교를 설립하는데 학교 기지는 전 내부대신 이건하 씨의 논 네 마지기를 얻고 학교 집은 전 참봉 민병희 씨가 담당하며 학도 운동장은 민씨가 논 세 마지기

를 주니 이 여러 인원의 열심으로 학교의 진취가 있으리라
더라.

― 『대한매일신보』1907년 12월 10일자

1909년에는 서울에 운동기구만 전문으로 수입해 파는 상점이 문
을 열었다. 주된 고객은 학교였다. 1895년 고종이 '교육입국조서'에
서 지덕체智德體 교육을 강조함으로써 체육은 학교 교육의 핵심 목표
중 하나가 되었다. 하지만 당장은 그 목표를 실현할 방도가 마땅치
않았다. 가르칠 교사도 없었고, 이용할 도구도 없었다. 1900년대 초
반까지는 대개 목총을 사용하는 군사훈련이 체육이었다. 학교에 운
동기구가 비치되기 시작한 것은 일제의 한국 강점을 전후한 시기부
터였다. 그런데 운동기구는 중독성이 상당히 강했다. 혈기왕성한 학
생들은 '사서 고생'하는 도중에 분비되는 엔도르핀의 느낌을 잊기
어려웠다. 3·1운동 이듬해인 1920년 6월 평양공립보통학교 4학년
생도 100여 명이 학교에 운동기구가 부족하다는 이유로 동맹휴학에
돌입했다. 다른 이유가 더 있었는지는 알 수 없으나, 운동기구에 대
한 학생들의 욕망이 어느 정도였는지 알려주는 사건이다.

1920년 7월 조선체육회가 설립되었다. 기미독립선언서는 "위력의
시대가 가고 도의의 시대가 오도다"라고 선포했으나, 거족적인 만세
운동으로도 독립은 이루지 못했다. 사람들은 '위력의 시대'는 끝나
지 않았고 사회진화론의 '진리성'도 훼손되지 않았다고 믿었다. 조
선체육회 창립 취지서는 "개인이 건강하지 못하면 국가 사회의 쇠퇴
를 초래하며 자손을 멸망의 길로 이끌 것"이라고 주장했다. 『동아일
보』는 한 걸음 더 나아갔다.

　　이 세상은 우승열패優勝劣敗의 세상이라. 자선가, 종교가, 도

덕가들이 천만 마디 말을 할지라도 인생人生이 전연 동물됨을 벗어나지 못하는 한, 크게 보아 우승열패됨을 면할 수 없나니 지력智力으로 그러하고 체력으로 또한 그러하도다. 그러나 지智와 덕德의 발달 향상은 오직 노력으로써 오나니 체력이 약한 자 그 개인과 민족을 물론하고 어찌 그 격렬한 노력을 감당할 수 있으리오. 이에 우리는 말하노라. 민족의 발전은 건장하고 웅강雄剛한 신체로부터 시작되리라고.

— 『동아일보』 1920년 7월 16일자

20세기 벽두에 싹튼 '체력은 국력'이라는 생각은 1920년대에 보편화했다. 1926년에는 서울 동대문 옆에 동양 유수의 종합경기장이 건립되었으며, 1930년 이후에는 숭실, 연희, 보성, 이화 등 전문학교들에 체육관이 만들어졌다. 서울 종로의 YMCA 체육관은 운동을 즐기는 서울 지역 고등보통학교, 전문학교 학생들의 단골 놀이터였다. 1934년에는 『조선중앙일보』 사장 여운형의 상반신 누드 사진이 『현대철봉운동법』이라는 책에 실리기도 했다. 개인의 힘이 곧 민족의 힘이라는 생각은 운동에 정치적·도덕적 정당성을 부여했다. 한자 문화권에서는 캠페인campaign, 스포츠sports, 무브먼트movement를 모두 '운동'으로 번역했다. 철봉운동도 운동이고 문맹퇴치운동도 운동이며 무장독립운동도 운동이다. 이제 운동은 '쓸데없이 힘쓰는' 일이나 '사서 고생'이라는 인습적 관념에서 벗어나 개인의 몸을 튼튼히 하여 민족 독립의 기초를 다지는 일이라는 민족적·국가적 의의를 획득했다.

물론 조선인의 체력이 조선 민족의 발전과 조선의 독립을 위해서만 필요한 것은 아니었다. 1931년 만주사변, 1937년 중일전쟁, 1941년 태평양전쟁을 잇달아 도발한 일본 군국주의도 조선인의 건강한 신체를 필요로 했다. 조선총독부는 학교 운동장에 철봉 등을 설치했고, 국민체조를 만들어 일반인도 따라 하게 했다. 건강한 몸 자체는 중립적이어서, 독립군의 몸이 될 수도, 침략군의 몸이 될 수도 있었다. 독립국가에서든 식민지에서든, 어쨌거나 '체력은 국력'이었다.

'체력은 국력'이라는 구호에는 일본 군국주의와 항일 민족주의가 함께 묻어 있었고, 그런 만큼 해방 이후에도 보편 가치로 남았다. 올림픽이나 세계선수권대회에서 입상하는 선수들은 국민적 영웅이 되었다. 1975년 한국 정부와 대한체육회는 올림픽 금메달에 포상금과 연금을 비롯한 각종 특혜를 내걸고 선수들을 독려했다. 그 이듬해, 몬트리올올림픽 레슬링 종목에서 해방 후 처음으로 한국인 금메달리스트가 나왔다. 1936년 베를린올림픽에서 금메달을 딴 마라톤 선수 손기정의 당시 국적은 일본이었다. 올림픽 메달리스트에 대한 국가 차원의 포상은 올림픽 메달 순위가 곧 국력 순위이며, 올림픽 금메달리스트는 국민의 영웅이라는 통념과 결합하여 정당성을 얻었다. 어떤 통념이 수십 년간 요지부동인 것은 현대 사회에서 아주 드문 현상이다.

학생이나 운동선수가 아닌 사람들이 자발적으로 쉬거나 자는 시간을 줄이면서 운동기구를 사용하는 일은 대략 1970년대 이후에 일반화했다. 빈곤은 위생의 적일 뿐 아니라 '건강하고 좋은 몸'의 적이기도 했다. 가난한 사람들은 운동할 시간도, 운동에 쓸 기운도, 운동기구를 살 돈도 없었다. 우리나라에서 운동기구를 모아놓고 사용료를 받는 상업시설인 헬스클럽은 1973년에 처음 생겼다. 대형 호텔이나 빌딩에 자리 잡은 헬스클럽은 회원제로 운영되었으며, 회원권 가격은 당시 서민용 주택 한 채 가격에 맞먹었다. 뚱뚱하고 허여멀건 몸으로 평민과 구별되기를 바랐던 옛날 귀족들의 욕망은, 균형 잡힌 근육질 몸에 대한 욕망으로 바뀌었다.

그런데 서민들이 부자들의 생활양식을 모방하고, 부자들은 또 다른 생활양식을 창조하는 것은 현대 사회의 일반적 특징이다. 1980년대 중반까지 대형 호텔이나 고급 아파트 단지 안에만 있던 헬스클럽은 1980년대 말부터 대중화하기 시작했다. 1987년 6월 민주화운동 이후 대중소비시대가 열린 덕이었다. 가정용 운동기구의 시장도 넓어졌다. 2000년대에는 공원과 산자락, 하천변 등에도 운동기구가 놓였다.

역기 아령과 더불어 가장 이른 시기에 도입된 운동기구다. 운동은 힘들고 때로는 위험하면서도 직업 운동선수가 아닌 사람들에게는 소득이 없는 일이다. 하지만 근대 이후 운동을 해야 몸이 건강해지고 힘이 세지며, 개인의 힘이 곧 국가와 민족의 힘이라는 신념이 보편적으로 자리 잡았다. 운동기구는 현대인을 '운동하는 동물'로 만드는 데 큰 구실을 했다.

부처는 뭇 중생을 구제하기 위해 고행을 했으나 현대인은 제 한 몸을 위해 운동기구를 들고, 또는 운동기구 위에서 고행을 마다하지 않는다. 옛 성인의 '뭇 중생'과 현대인의 '제 한 몸'은 그 가치가 대략 같다. 오늘날 '역(力)'자는 이해력, 문장력, 설득력 등 '힘'과 무관한 개념어에도 두루 붙지만, 사랑, 동정, 연민, 연대 등 옛 성인들이 높은 가치를 부여했던 개념어에는 붙지 않는다. 힘으로 치환되지 않는 '마음'을 가꾸기 위해 애써 노력하는 사람도 거의 없다. 현대인들은 제 몸 안에 갖가지 힘을 채워넣기 위해 일부러 힘들게 살면서 늘 '힘든다'고 불평을 늘어놓는다. 운동기구는 인간에게 '힘신'이 깃들도록 하는 현대의 샤먼이다.

먹고
맛보다

일상·생활

17.   현대인의
       첫 음식

범 한 마리와 곰 한 마리가 같은 굴속에서 살고 있었는데 그
들은 항상 환웅에게 빌어 사람이 되기를 원했다. 환웅이 신
령스러운 쑥 한 줌과 마늘 스무 개를 주면서 말하기를 "너희
들이 이것을 먹고 백일 동안 햇빛을 보지 않으면 곧 사람이
될 것이다"라고 했다. 이에 곰과 범이 이것을 받아서 먹고
삼칠일(21일) 동안 조심했더니 곰은 여자의 몸으로 변했으
나 범은 조심을 잘못해서 사람의 몸으로 변하지 못했다.

— 『삼국유사』, 「기이」奇異

　환웅이 제시한 기한은 백일이었으나, 곰은 삼칠일 만에 사람의 몸
으로 변했다. 새로 태어난 아기를 대하는 한국인의 오랜 풍습이 신
화의 서사에 반영되었을 가능성이 크다. 옛사람들은 아기가 태어난
지 삼칠일 동안은 대문에 금줄을 쳐서 외부인의 출입을 막았으며,
백일이 되어야 아기를 집 밖으로 데리고 나가 출생을 공표할 수 있
었다. 한국의 아기들은 탄생, 삼칠일, 백일의 세 차례에 걸쳐 출생 의
례를 치렀던 셈이다. 현대 의학에서도 생후 21일간은 파상풍 위험이
높은 기간으로 취급한다. 신생아 파상풍은 지금도 전 세계 영아 사
망 원인 2위를 차지한다. 옛날에는 세균 감염, 분만 시의 사고, 선천
적 질환 등으로 인해 영아 사망률이 무척 높았기에, 출생 후 백일이

지나지 않은 아기는 존재와 부존재 사이에 걸쳐 있었다.

출산 과정에서 산모가 사망하거나 출산 후에 산모의 젖이 잘 나오지 않는 일이 흔했던 것도 영아 사망률을 높인 이유 중 하나였다. 평민이나 천민 가정의 경우 산모 자신이 영양실조인 경우가 많아 젖 부족은 흔한 현상이었다. 산모에게서 젖이 나오지 않으면 인근의 다른 산모에게 젖동냥을 하는 수밖에 없었다. 『심청전』에서 심봉사가 태어나자마자 어미를 잃은 심청을 살려낸 방법도 젖동냥이었다. 그러나 남의 인정에 기대는 것도, 인정의 변덕을 견디는 것도 쉬운 일이 아니었다. 아기는 배고파 우는데 당장 젖이 나오지 않으면 미음이나 암죽을 쑤어 먹여야 했다. 물론 이런 음식으로는 아기에게 충분한 영양소를 공급할 수 없었다. 이로 인해 많은 아기가 영양실조로 목숨을 잃었다.

엄마 젖을 먹을 수 없는 아기들의 생존율을 높이는 데에 크게 기여한 것이 분유다. 마르코 폴로는 『동방견문록』에 몽골 병사들이 우유를 말려 빻은 뒤 휴대식품으로 사용한다고 썼는데, 이것이 분유에 관한 인류 최초의 기록이다. 몽골 병사들이 언제 분유 제조법을 발견했는지는 정확히 알 수 없다. 1855년에는 영국의 그림웨이드Grimwade가 분유를 대량 생산하는 기술을 개발하는 데 성공했다. 식민지 조선에서 발행된 신문에 분유에 관한 기사가 처음 실린 해는 1925년이다. 하지만 당시에는 분유의 위험성을 경고하는 기사가 훨씬 많았다. 분유의 제조 과정에서나 보관 과정에서 세균에 오염되는 경우가 많았던 데다가, 아기가 소의 젖을 먹고 자라는 것에 대한 본능적 거부감이 컸기 때문이다. 조선에서 발행된 신문에 실린 최초의 분유 관련 기사도 "매년 증가하는 유아 사망률도 분유 탓이 크다"라는 일본 전국여자약제사회의 결의안을 소개한 것이었다. 그래도 1920년대 말부터는 일본 화광당和光堂에서 생산한 '기노미루'라는 이름의

분유를 먹는 아기 입술 닿는 소리(순음脣音)를 내는 동물은 사람뿐이다. 한글에서는 ㅁ, ㅂ, ㅍ 계열이다. 그래서 아기가 'ㅁ' 계열 소리를 낼 때 비로소 '말'로 인정한다. 어느 나라 아기든지 첫 번째 말은 "ㅁㅁ"이다. 엄마로 들을 수도 있고 맘마나 마마로 들을 수도 있다. 이 단어는 엄마라는 뜻이자 '아기의 먹을 것'이라는 뜻이다. 하지만 오늘날의 많은 아기에게 엄마와 맘마는 다르며, 맘마를 주는 사람도 엄마가 아닌 경우가 많다.

분유가 일부 조선인 가정에 침투하기 시작했다.

　한국에 분유가 흔해진 것은 해방 이후 미국이 구호물자를 지원하면서부터였다. 미군정은 본국 정부와 민간 구호단체들이 보낸 분유를 '젖 먹지 못하는' 아이들은 물론 허약아들에게도 무료로 배급했다. 이 덕에 분유로 '우유 맛'을 들인 초등학생도 많았다. 한국전쟁 중에는 유니세프 등의 국제 구호기관들이 다량의 분유를 지원했다. 전후 극도의 빈곤 상황에서 수많은 어린이가 외국산 분유로 목숨을 부지했다. 반면 복통, 설사 등의 부작용도 잦았다.

　국내에서는 1964년부터 분유 가공이 시작되었다. 제3공화국 출범 직후였던 이때, 분유 제조업에 진출하려는 국내 업체들 중 한 곳에 정부가 외자外資 알선 특혜를 베풀었다는 의혹과 논란이 일었다. 이후 국산 분유 시장은 급팽창했고, 1971년부터는 분유회사에서 전국 우량아 선발대회를 개최하기 시작했다. 우량아 선발대회는 본디

1925년 미국 선교단체가 시작한 것인데, 50년 만에 분유회사의 광고 활동으로 바뀐 셈이다. 분유회사가 주최한 선발대회의 '입상자' 부모들이 "모 회사 분유를 먹여 키웠어요"라는 수상 소감을 밝히는 것이 관행이 되었으며, 때로는 이런 발언이 경찰의 수사 대상이 되기도 했다. 우량아 선발대회는 몸에 대한 인식이 근본적으로 바뀐 1980년대 초에 사라졌다. '아동 비만은 분유 탓'이라는 담론이 널리 퍼지기 시작한 시점이었다.

오늘날에는 "분유는 젖 대용식일 뿐이며, 아기에게 최선은 모유"라는 담론이 '진실'로 통용되고 있다. 그래도 분유 소비는 별로 줄지 않았다. 대형 산부인과 병원들이 보편적 출산 장소가 된 1980년대 중반부터, 분유회사들이 이들 병원에 로비하여 '자회사 분유'를 아기의 첫 음식으로 공급한다는 소문이 시중에 널리 퍼졌다. 이런 소문은 일부 사실로 밝혀지기도 했다. 그래도 절대다수 신생아의 입에 처음 들어가는 음식은 분유다. 퇴원한 후에도 많은 엄마가 젖이 잘 안 나와서, 직장에 아기를 데려갈 수 없어서, 먹는 약이 있어서, 체형이 망가질까 봐 등 이런저런 이유로 아기에게 젖병을 물린다. 아기에게 젖병을 물리는 아빠도 많아졌다. 그 결과 인간 자체가 달라졌다. 지금 젊은 한국인 대다수는, 사람의 젖 대신 소젖이 원료인 분유를 먹고 자란 사람이다.

18. '뚝배기 근성'을
'냄비 근성'으로

> 서울 명물 설렁탕이 어떤 것인가 하고 들여다보니 콩멍석만
> 한 김 서리는 가마 속에 소 대가리가 푹 솟아 있다. 그 옆에
> 는 죽어서도 악착한 희생을 당하였다는 듯이 소 해골바가지
> 서너 개가 가지런히 놓여 있다. 그리고 또 한편에는 신사 양
> 반들이 모지라진 숟가락으로 뚝배기 바닥을 달그락달그락
> 긁으면서 국물을 훌훌 마시며 하는 말씀. '어, 이제 속이 풀
> 리는군!' 소 대가리 삶은 물 먹어 저렇게도 좋을까?
>
> ─ 『별건곤』 1932년 4월

    1932년 전문학교 입시를 치르기 위해 상경한 시골 학생의 서울
인상기 중 한 대목이다. 그런데 소 대가리는 가마솥 안에서 얼마나
긴 시간을 보내고서야 해골바가지가 됐을까?

    세계 각국의 음식에 대해 조예가 깊다고 자부하는 한 지인은 한국
음식의 맛이 장과 육수에 좌우된다며 세계에서 가장 긴 조리 시간을
필요로 하는 게 한국 음식이라고 단언했다. 메주를 띄워 장을 담그
면 반년 정도를 기다려야 하고, 육수를 만드는 데에는 보통 2~3일이
소요된다. 뭉근한 불로 천천히 끓이는 조리법은 우리의 전통적인 조
리 도구인 가마솥과 뚝배기에 잘 어울린다.

    오늘날 가마솥과 뚝배기를 대신해 한국인의 주방을 차지한 주된

양은 냄비 양은은 본래 니켈과 아연을 첨가한 구리합금을 지칭하는 말이었는데, 오늘날에는 산화알루미늄 피막을 입힌 알루미늄도 양은이라고 한다. 양은은 열전도율이 높아 빨리 뜨거워지고 빨리 식는다. 양은냄비에 익숙해지면, 진득하게 기다리는 법을 잊기 쉽다.

조리 도구는 냄비다. 냄비라는 단어도 가방, 구두, 담배처럼 일본어에서 기원했다. 한자로는 '과'鍋인데, 우리나라에서는 놋쇠나 구리로 만든 솥을 노구솥이라고 했다. 노구솥은 무쇠솥보다 열전도율이 훨씬 높다. 일본어에서는 이를 '나베'라고 하는데, 나베와 노구솥은 본래 다른 물건이었다. 19세기 초 정약용은 『목민심서』에서 일본의 나베를 '왜요'倭銚로 표기했다. 요銚는 우리말로 '쟁개비'인데, 군인이나 과객이 이동 중에 음식을 만들어 먹을 수 있도록 휴대하기 쉽고 속이 얕게 만든 솥을 말한다. 솥뚜껑 모양과 비슷했다고 보면 될 것이다. 우리나라에 일본식 나베가 언제 들어왔는지는 정확히 알 수 없다. '왜쟁개비'에 대한 정약용 이전의 기록이 발견되지 않는 한, 18세기 말에서 19세기 초 사이로 보는 것이 합리적이다.

왜쟁개비라는 말이 원어인 '나베'로 바뀐 때는 개항 이후 서울과 주요 항구도시에 일본인 거류지가 생긴 뒤로 추정된다. 타바코가 담바고를 거쳐 담배가 된 것처럼, 나베도 남배, 남비를 거쳐 냄비가 되었다. 한글 신문에 '남비'라는 단어는 1914년에 처음 등장했고, 1987년에는 남비 대신 냄비가 표준어 자리를 차지했다. 그런데 냄비는 아궁이에 밥 짓는 큰 솥과 국 끓이는 큰 솥 2개를 나란히 걸어두고 취사와 난방을 함께 하는 한국식 조리 문화에 어울리지 않았다. 한국인이 냄비를 사용하려면 먼저 석탄을 사용하는 화덕이나 화로가 필요했다. 이 때문에 냄비는 농촌에 쉽게 침투하지 못했고, 도시 가정에 먼저 보급되었다. 종류도 철, 양은洋銀, 구리, 법랑(철에 사기를 입힌 것) 등 여러 가지였다. 1931년『동아일보』는 냄비의 재질별 특징에 대해 다음과 같이 정리했다.

> 철 냄비: 불기운이 좀 더디 오르기 때문에 화력이 비경제적이지만 열이 냄비 전체에 미치므로 다른 냄비보다 제일 맛나게 익는다.
> 양은 냄비: 불기는 가장 속히 오르지만, 오래도록 익히게 될 때에는 물을 자주 조금씩 부어주어야 한다. 그러므로 맛이 점점 변해갈 뿐 아니라 불기운도 따라서 많이 소비된다. 물을 끓이던지 만들어놓았던 음식을 녹이거나 따뜻하게 하는 데 적당한 냄비다.
> 법랑 냄비: 무엇을 끓이든지 좀체로 냄비의 질이 변하거나 음식 맛이 달라지거나 타지 않는 것이 특징이다. 그러나 다만 한 가지 몹시 끓여서 음식이 타서 눌어붙거나 하여 사기가 튀어 올라 속의 것이 나와 음식에 섞일 염려가 있다.
> 구리 냄비: 때때로 녹청綠靑을 내뿜는 일이 있으므로 자주 닦아 써야 한다. 결코 산성酸性인 것, 즉 신 것을 담아서는 안 된다. 그러나 불기가 매우 속히 돌기에 국물을 내는 것이든지 계란을 지져 내는 냄비로는 적당하다.

냄비는 연탄 화덕이 일반화한 1950년대 중반 이후 주방의 필수품이 되었다. 근래 TV에서 방송되는 요리 관련 프로그램을 보면 요리사들이 15분 만에 '한식'을 완성하는 놀라운 경지를 보여준다. 15분 만에 완성하는 음식은 본래 '평시'의 음식이 아니라 '전시'戰時 음식이었다. 현대인의 일상이 전쟁 같아졌기 때문에, 전시 조리 도구였던 쟁개비의 용도가 늘어났을 수도 있다. 현대의 한국인들은 15분 만에 완성되는 한식에 익숙하다. 1960년대에 조윤제는 "은근은 한국의 미요, 끈기는 한국의 힘"이라고 했다. 간단히 말하면 뚝배기 근성이라고 해도 무방할 테다. 그러나 1980년대부터는 한국인의 '냄비 근성'을 지적하는 담론이 늘어났다. 가마솥과 뚝배기를 주로 쓰던 사람들이 은근히 끓고 천천히 식는 성정을 지녔다면, 냄비를 주로 쓰는 사람들이 빨리 끓고 빨리 식는 성정을 지니는 것도 어쩔 수 없는 현상일 테다.

컵

19. 현대인이
     가장 자주
     입에 대는 물건

세상에서 가장 좋은 컵은 아마 축구 월드컵일 것이다. 이 컵을 4년 동안이나마 제 나라에 보관하는 것은 축구선수뿐 아니라 현대인 대다수의 소망이다. 다른 스포츠 종목에서도 우승자나 우승팀에게는 종종 컵을 상으로 주는데, 한자로는 '배'盃라 한다. 중국인은 월드컵을 세계배世界盃라고 쓰며, 1970년대 우리나라에서 주최했던 박대통령배 쟁탈 아시아 축구대회의 약칭은 '박스컵'이었다. 그런데 월드컵은 술을 담을 수 있게 생기지 않았는데도 왜 컵일까?

송년회 등의 회식 때면 모든 참석자가 자리에 앉자마자 사회자가 각자 앞에 있는 잔에 술을 따르라고 시킨다. 이어 연장자나 상급자가 덕담 형식의 '건배사'를 하고 억지스레 조합한 단어를 선창하면 모두들 복창하거나 '위하여'라고 외치며 건배한다. 건배란 '배'杯가 마르도록 한 방울도 남기지 않고 다 마신다는 뜻이다. 왜 술은 '잔'에 따라놓고 '배'를 말리는 것일까?

본디 '배'杯 또는 '배'盃는 받침대나 다리가 있는 것, '잔'盞은 받침대가 없는 것을 의미한다. 흙을 구워 만든 것을 '배', 돌을 깎아 만든 것을 '잔'이라고 했다는 설도 있다. 앞의 설을 취한다면, 배가 잔보다 격이 높다. 요즘 물건으로 치면 배는 와인 글라스, 잔은 소주잔에 해당한다. 옛날에는 술은 배에, 물과 차는 잔에 따랐다. 물은 그릇에 따르기도 했다. 술 말고 다른 것을 담아 '축배'를 들지는 않는다. 시선

1899년 대한제국 황태자(후일 순종)가 영국 총영사 부인에게 하사한 은제 컵홀더 대한
제국 황실의 상징인 이화문李花文과 길상문자인 복福 자와 수壽 자가 새겨져 있다. 서
양인에게 선물하기 위해 특별하게 제작한 물건으로 추정된다. 오늘날 컵 손잡이는 한국
인이 가장 자주 손에 쥐는 물건이다. 출처: 서울역사박물관

詩仙이자 주선酒仙이라는 칭호를 얻은 이태백은 "일배일배부일배一杯
一杯復一杯라고 읊었다. 하지만 현대 한국인들은 이를 '한 잔 한 잔 또
한 잔'으로 번역한다.

　인류는 술을 발견하자마자 그것에 '신성한 음료'의 지위를 부여했
다. 술을 마시면 전지전능한 신이 제 몸에 들어오는 듯한 느낌을 받
았기 때문이다. 대다수 사람은 술에 만취하면 평소와는 다른 존재로
변한다. 남들이 '술 취한 개'라고 손가락질하더라도, 당사자는 스스
로 신이 되었다고 여긴다. 신성한 음료를 아무 그릇에나 담을 수는
없었다. 세계 어느 문화권에서나 가장 아름답고 정교하게 만든 용기
는 술병과 술잔이다. 우리나라에 현재 남아 있는 국보급 도자기들도
대개가 술병 아니면 술잔이다. 오늘날 세계에서 가장 비싼 술로 알
려진 이사벨라스 이슬레이 위스키의 가격은 한화로 약 70억 원인데,
술병에 약 8,500개의 다이아몬드가 박혀 있다. 옛사람들은 술을 담

는 병뿐 아니라 마실 때 쓰는 도구도 특별하게 만들었고 마시는 동작도 특별하게 구성했다. 술 마실 때 쓰는 그릇은 바닥에서 띄워 하늘에 가까이 가도록 했다. 배杯를 만든 이유다. 술을 마실 때는 먼저 배를 자기 입보다 높은 곳까지 올렸다. 하늘의 신에게 감사하는 동작이다. 여럿이 함께 이 동작을 하면 배끼리 서로 부딪치는 모양새가 된다. 이것이 오늘날의 건배乾杯이며, 신에게 기원하는 말이 건배사다. 스포츠 경기 우승팀에게 배를 주는 것도 신의 대리자인 황제나 왕이 개선한 장군에게 술 따른 배杯를 준 데에서 유래했다.

배와 잔을 구분하지 않고 '컵'으로 통칭하는 서양식 물그릇은 19세기 말경 이 땅에 들어왔는데, 1920년대 이후 '고뿌'라는 이름으로 대중화했다. 1970년대에도 떠돌이 약장수들은 "인천 앞바다에 사이다가 떠도 고뿌가 없으면 마시지를 못하고"로 시작하는 구전 가요로 손님들의 주의를 끌었다. 사실 영어권에서도 차나 물을 마실 때 쓰는 손잡이 달린 용기를 컵, 술 마실 때 쓰는 받침대 있는 용기를 글라스로 구분했지만, 한국에서는 다용도로 쓸 수 있는 컵이 음료용 용기를 대표하는 이름이 되었다. 이 땅에서 처음 '우승컵'을 받은 사람은 1924년 9월에 열린 전선全鮮선수권 정구庭球 대회 우승자였다.

현대인은 술, 물, 차, 우유, 주스, 탄산음료 등 온갖 것을 컵에 담아 마신다. 오늘날 잔과 배를 굳이 구분하는 사람은 없다. 배는 건배라는 말에 잔영으로만 남았을 뿐이고 잔과 컵은 많은 경우 혼용된다. 맥주잔이라고 해도 좋고 맥주컵이라고 해도 그만이다. 컵은 현대인이 가장 자주 입에 대는 물건이자, 음료들 사이의 차별을 없앤 물건이기도 하다.

20.　　　차가운 음식,
　　　　　냉정한 마음

　　　성체成體가 되어 매일 먹이를 스스로 구하지 않고도 살아갈 수 있는 포유류는 아주 드물다. 그런 동물들은 몸에 영양분을 저장해두거나 소굴에 먹이를 저장해두는 습성을 타고난 것들이다. 인간이 문명을 창조할 수 있는 유일한 동물로 재탄생한 것은 이런 저장 습성을 가진 동물들에게 배운 덕이다. 인류가 처음 만든 도구는 도끼이고, 그다음이 그릇이다. 돌도끼를 쓸 때는 사람들 사이에 계급이 없었지만, 그릇을 만들면서 계급이 생겼다. 사람의 크기를 그릇에 비유하는 문화는 이 때문에 생겼을 터이다. 그런 점에서 저장 도구인 그릇은 문명 탄생의 표상이자 금단의 열매였다.

　　　그런데 자연 상태에서 오래 저장할 수 있는 음식이 많지 않은 게 문제였다. 인류는 쉬 부패하지 않는 곡물을 주식으로 삼음으로써 이 문제를 해결했다. 곡물은 별맛이 없다는 점도, 인간이 먹이를 두고 조류와 다퉈야 하는 처지가 됐다는 점도, 저장의 장점에 비하면 아무것도 아니었다. 그래도 인류는 구석기시대에 사냥과 채집을 통해 얻은 입맛을 잊지 못했다. 쉬 부패하는 음식물을 장기 저장하기 위한 방법들이 필요했고, 필요는 발명을 낳았다.

　　　건조, 훈증, 염장, 발효 등 장기 저장을 위한 여러 방법이 발명되었으나, 이런 방식으로 저장하면 본래의 맛과는 달라졌다. 음식의 맛과 신선도를 그럭저럭 유지하면서 저장하는 방법으로는 냉장이 가

장 좋았지만, 겨울이 아닌 계절에
이 방법을 쓰려면 비용이 너무 많
이 들었다. 냉기가 온기보다 무
거운 점을 이용한 목제 냉장고는
1900년 파리 만국박람회에서 처
음 공개되었다. 나무 상자 안을 상
하 두 칸으로 나누고 외부 공기가
쉽게 들어가지 않도록 상자 본체
에 밀착하는 문을 단 간단한 구조
였다. 위 칸에 얼음을 넣어두면 그
냉기로 아래 칸의 음식물을 차갑
게 유지할 수 있었다.

1900년대에 사용된 목제 냉장고 1900년
파리 만국박람회에서 처음 공개된 냉장고
와 같은 구조다. 신석기시대의 인간이 저장
을 위해 '곡식'을 선택했다면, 현대의 인간
은 저장을 위해 '찬 음식'을 선택했다. 출처:
KBS TV 쇼《진품명품》소개

　파리 만국박람회는 대한제국관
이 설치된 유일한 박람회였다. 조선 정부는 크리스토퍼 콜럼버스의
아메리카 대륙 발견 400주년을 기념하기 위해 1893년에 열린 미국
시카고 만국박람회에도 대표와 특산물을 보냈지만, 독립된 조선관
은 만들지 못했다. 이 박람회 직후 고종은 조선 주재 프랑스 공사 이
폴리트 프랑댕을 불러 7년 후에 열릴 파리 만국박람회 참가 준비는
자신이 직접 지휘할 것이며, 대표로 왕족을 보내겠다고 밝혔다. 당
시 대다수 개화 지식인은 '만국공법'이 인정하는 '문명국의 자격'을
갖추는 것이 독립을 지키기 위한 첫걸음이라고 생각했고, 고종도 그
에 동의했다.

　고종은 만국박람회를 열강으로부터 한국이 문명국임을 인정받는
기회로 삼고자 했다. 재정이 어려운 형편에서도 보물급 특산물을 만
들고 파견 대표단을 구성했다. 독립된 전시관도 세울 생각이었으나
문제는 돈이었다. 대표단 여비, 전시관 건축비, 부지 임대료 등으로

20만 프랑 정도가 필요했다. 마침 고종을 곤경에서 구해줄 후원자가 나타났다. 들로르 드 글레옹-Delort de Gleon 남작이었다. 그는 파리 만국박람회의 대한제국관 건립과 한국 관련 전시 설계를 총괄했으며, 필요한 비용 대부분도 부담하기로 했다. 그가 한국을 후원하기로 결심한 이유는 정확히 알 수 없다. 1896년 조선 정부가 경의철도 부설권을 프랑스 기업 피브릴Fives Lile 회사에 허가한 사실과 관련이 있을 가능성을 배제할 수 없다. 글레옹은 애초 대한제국관을 '고종 황제의 여름 궁전'(그 무렵 구미인들은 경복궁을 'summer palace'라고 불렀다)과 '제물포 거리' 두 부분으로 구성하려 했으나 박람회 개막 직전인 1900년 1월에 갑작스럽게 사망했다. 그 바람에 파리 만국박람회 대한제국관 개관도 불투명해졌다.

프랑스 정부의 주선으로 새 후원자가 나타났다. 미므렐August Mimerel 백작은 한국 정부가 나중에 철도·광산 등의 이권을 제공하기로 약속하면, 대한제국관 건립 자금을 대겠다고 제안했다. 파리 만국박람회 한국 대표였던 민영찬(민영환의 동생, 후에 프랑스 주재 한국 공사)은 이 조건이 지나치다고 반대했지만, 고종은 승인했다. 미므렐 백작은 글레옹 남작이 계획했던 대한제국관의 규모를 반으로 줄였지만, 결국 개관에는 성공했다. 근정전 모양의 대한제국관 건축에는 한국에서 파견된 목수 두 사람도 참여했다. 이 박람회에 한국은 세계 최초의 금속활자 인쇄물인 『직지심체요절』을 비롯해 『팔만대장경』, 『삼국사기』 등의 전적典籍, 활과 갑옷 등의 무기, 도자기, 병풍, 악기, 자수 공예품, 나전칠기 등을 출품했다. 이 물건들은 현재 프랑스 국립공예박물관, 국립음악원 음악박물관, 국립예술직업전문학교, 국립기메아시아박물관 등에 소장되어 있다.

그런데 파리 만국박람회에 파견된 한국 대표 민영찬은 다른 임무도 부여받았던 것으로 보인다. 박람회 2년 뒤인 1902년은 고종의

'황제 어극 40년 망육순 칭경예식'이 예정된 해였다. 고종은 자신의 '쌍대雙大 경절慶節'을 만국박람회처럼 외국 특사들이 참가하는 국제 행사로 치르려고 했다. 만국박람회 참여가 대한제국의 존재를 세계에 알리려는 것이었다면, 칭경예식은 대한제국의 실상을 세계에 보여주려는 것이었다. 고종은 외국 귀빈들이 만족을 넘어 경탄할 만한 준비가 필요하다고 생각했다. 외국 귀빈들의 방문에 대비해 황궁을 정비하고 수도首都를 개조하며 필요한 시설들을 만드는 사업이 숨가쁘게 진행되었다.

경운궁(덕수궁) 경내에는 수옥헌, 중명전, 정관헌 등 서양식 건물을 지었고, 인접한 경희궁에는 열병식 장소를 만들었다. 수도의 중심대로인 종로에는 전차가 다니게 하고 가로변에 전기 가로등을 설치했으며, 그 중심부(현재 YMCA 건물 서쪽)에 시계탑이 달린 한성전기 회사 사옥도 건설했다. 귀빈들에게 볼거리를 제공하기 위해 야주개 봉상사奉常司 자리에 근대적 극장 소춘대笑春臺도 지었다. 외빈들에게 보여줄 궁궐과 도시의 외양은 자력으로 꾸밀 수 있었으나, 음식 대접이 문제였다. 국내에서는 유럽식 식탁도, 식기 세트도, 와인과 와인 글라스도, 포크와 나이프도 구할 수 없었다. 이런 것들을 구하는 일도 민영찬의 책임이었을 것이다.

파리 만국박람회 직후, 프랑스풍의 식사 공간을 꾸밀 수 있는 집기와 기물들이 한국에 도착했다. 만국박람회에서 첫선을 보인 냉장고도 이 물품들에 끼어 있었던 것으로 추정된다. 고종은 냉장고 덕에 여름에도 냉면을 먹으면서 무척 기꺼워했다고 한다. 당시 우리나라의 얼음 생산 및 저장량은 세계 제일이었다. 대한제국 시기에 냉장고를 사용한 사람이 고종 말고 더 있었는지는 알 수 없다. 1910년 전후에는 조선총독부 의원 등이 의료용으로 냉장고를 비치했고, 1920년대에 들어서면서 냉면을 파는 음식점 주방에도 냉장고가 놓이기 시작했다.

전기를 이용하는 가정용 냉장고는 1926년 미국에서 처음 발명되었고, 1930년경부터는 식민지 조선의 최상층 가정에도 보급되기 시작했다. 이 물건은 1970년대 말 이후 가정의 필수품으로 자리 잡았다. 냉장고는 여름에도 얼음과 냉면을 먹을 수 있게 해주었을 뿐 아니라, 음식과 식재료를 장기 보관할 수 있게 해주었고, 냉장고에 넣었다가 꺼내서 바로 조리해 먹는 즉석식품 시장을 만들어냈다. 인간이 먹을 것을 구하기 위해 집 밖으로 나가는 빈도는 냉장고 덕에 혁명적으로 줄어들었다. 대신 인간은 차가운 음식을 그대로, 또는 조리해 먹는 데에 익숙해져야 했다. 18세기 프랑스인 브리야 사바랭은 "당신이 평소 무엇을 먹는지 말해주면, 당신이 누구인지 알려주겠다"라고 말했다. 현대인의 심성이 냉정한 것도, 늘 냉장한 음식을 먹는 탓인지 모를 일이다.

프라이팬

21. 기름이
     흔한 시대의
     조리 도구

> 송아지 몰고 오며 바라보던 진달래도
> 저녁노을처럼 산을 둘러 퍼질 것을.
> 어마씨 그리운 솜씨에 향그러운 꽃지짐.
> ― 김상옥의 시조 「사향」思鄕 중에서

쌀은 떨어지고 보리 수확까지는 아직 기다려야 하는 봄이면, 아이들은 들로 산으로 돌아다니며 꽃잎과 들풀까지 따서 주린 배를 달래곤 했다. 하지만 찹쌀가루 반죽에 과실과 꽃잎 등을 얹은 뒤 기름 두른 무쇠 가마솥 뚜껑에서 지진 '꽃지짐'을 별미로 먹는 사람들도 있었다. 그런데 이런 집들에서도 기름을 함부로 쓰지는 못했다. 기름은 먼저 솜이나 천에 묻힌 뒤 솥뚜껑에 기름기가 살짝 비칠 정도로 아주 조금, 조심스레 발라야 하는 귀한 식재료였다. 여유가 있는 집에서는 솥뚜껑보다 작고 얇아 열전도율이 높은 철판을 사용했는데, 이를 번철燔鐵 또는 전철煎鐵이라고 했다. 굽는 철판 또는 지지는 철판이라는 뜻이다. 조선 후기 풍속화 중에는 번철에 고기 굽는 모습을 그린 것도 있다.

인류가 동식물에서 채취한 기름으로 다른 식재료를 익혀 먹기 시작한 것은 기원전 2500년경부터로 추정된다. 식물성 기름의 원료로는 올리브와 깨가 널리 사용되었는데, 채취 과정이 번거로운 데다

111

가 곡식을 낭비하는 일이기도 해서 아무나 쉽게 쓸 수 있는 재료는 아니었다. 기름 바른 음식은 귀할 수밖에 없었으니, 우리나라에서도 제상祭床에는 반드시 기름에 지진 '전'을 올려야 했다.

한국인들이 지지고 볶는 정도를 넘어 '튀길' 만큼 기름을 많이 사용하는 음식에 익숙해진 것은 식민지화 이후의 일이다. 증기기관이나 내연기관을 이용한 착유기搾油機의 보급, 기름 소요량이 많은 음식물의 증가 등이 초래한 현상이었다. 특히 일본인들이 유럽의 음식을 변형하여 만든 덴푸라天浮羅는 '튀기는' 조리법 확산의 주역 노릇을 했다. 덴푸라의 어원은 금요일에 생선을 튀겨 먹는 스페인의 가톨릭 축제 템포라Tempora라는 설이 유력하지만, '조리'라는 뜻의 포르투갈어 템페로Tempero라는 견해도 있다. 그런데 우리나라 사람들은 꽤 오랫동안 일본어 오뎅과 덴푸라를 혼동했다. 이른바 국어순화운동, 즉 일본어 안 쓰기 운동의 결과 오뎅은 '어묵', 덴푸라는 '튀김'이라는 한국식 이름을 얻었지만, 1970년대까지도 지금의 어묵을 덴푸라라고 부르는 사람이 많았다. 1960~1970년대 학생들의 도시락 반찬에는 으레 어묵볶음이 있었는데, 이것을 덴푸라라고 부른 이유는 지지고 볶는 것과 튀기는 것이 별로 다르지 않다고 생각했기 때문일 것이다.

한국인이 식재료를 지지고 볶는 데 쓰는 조리 도구로 언제부터 번철 대신 프라이팬을 쓰기 시작했는지는 정확히 알 수 없다. 기록상 프라이팬 또는 '후라이팬'이라는 단어는 1930년대 이후에야 등장한다. 1932년 9월 『동아일보』는 「서양 요리법」을 연재했는데, 이 연재물에서 프라이팬은 서양 요리를 위한 기본 도구로 소개되었다. 이 도구에 두르는 기름도 참기름이나 들기름이 아니라 버터였다. 1930년대까지는 프라이팬을 번철로 부른 사례가 있었으나 이윽고 번철이라는 단어는 일상 생활언어에서 사라졌다.

프라이팬 후라이팬이라고도 한다. 전래의 조리 도구인 번철과 용도는 비슷하나 현대에는 철 주물제보다는 스테인리스나 알루미늄제가 훨씬 많이 사용된다. 현대인은 예전 사람들에 비해 기름에 지지거나 볶거나 튀긴 음식을 훨씬 많이 먹으며, 프라이팬은 그런 현대인을 만드는 데 결정적 역할을 했다.

프라이팬으로 만드는 음식 중 가장 흔한 것이 '달걀 프라이'였다. 조리법으로 보면 '달걀 부침'이라고 해도 좋은 음식이지만, 한국인들은 영어 프라이fry의 뜻이 '부치다'보다는 '튀기다'에 가깝다고 생각했던 듯하다. 1960~1970년대 TV 연예 프로그램 사회자로 이름을 날렸던 곽규석의 예명은 '후라이보이'였다. 당시 프라이는 '뻥'과 함께 거짓말, 실없는 소리, 농담을 의미하는 속어로 사용되었다. '뻥'은 쌀, 옥수수 등을 튀기는 기계 소리에서 유래한 말로 지금도 이렇게 만든 음식을 뻥튀기라고 한다. 뻥과 프라이 모두 '튀기다'와 관련된 속어였던 셈이다. 오늘날 프라이팬은 가정의 필수 조리 도구로 자리 잡았다. 부엌에 프라이팬을 구비하지 않은 집은 없으며, 요리할 때 가장 흔히 쓰는 도구도 프라이팬이다. 현대 한국인이 기름에 볶거나 튀긴 음식에 익숙해진 데에는 프라이팬의 역할이 컸다. 습관적으로 사안을 '튀겨서' 이야기하는 사람이 많아진 데에도, 프라이팬이 책임질 몫이 있을지 모른다.

전기밥솥

22. 짓는 밥에서
    만드는 밥으로

밥, 집, 옷, 이름, 표정, 웃음, 한숨, 눈물, 글, 시의 공통점은? 정답은 '짓는 것'이다. 어떤 것은 손과 도구를 사용하고 어떤 것은 얼굴 근육만 쓰지만, 그래도 마음과 정신을 표현하는 것들에 대해 우리 조상들은 '만든다'는 말 대신 '짓는다'는 말을 썼다. 농사도 '짓는다'고 한다. '짓다'는 '마음으로 만들다'라는 뜻인 셈이다.

한반도에서 벼농사는 삼한시대에 시작되었으나, 초기의 조리법은 쌀에 물을 붓고 죽처럼 끓이는 것이었다. 쌀이 다 익을 때까지 끓인 뒤 불을 빼고 잔열로 뜸을 들이는 조리법은 삼국시대 중반에 개발된 것으로 추정된다. 이로써 죽과 밥은 '다른 음식'이 되었다. 이후 1,000년 넘게 이 방법은 입에서 입으로, 손에서 손으로 면면부절 이어졌다. 하지만 밥 짓는 법을 아는 것과 제대로 짓는 것은 다른 문제다. 밥 짓는 도중 잠시만 딴 데 정신을 팔아도 망치기 일쑤였다. 같은 사람이 같은 쌀로 짓는 밥도 때에 따라 진밥, 된밥, 선밥, 삼층밥이 되곤 했다. 그래서 밥맛은 밥 지은 사람의 마음 상태를 비추는 거울이기도 했다.

전기밥솥은 애초 일본군의 군용 기계로 탄생했다. "빵은 가장 무서운 적이다. 굶주린 병사들은 단 한 걸음도 전진하지 못한다"라는 러시아 속담이 있다. 예나 지금이나 전쟁 중에는 무기 공급만큼이나 중요한 게 식량 공급이다. 누가 처음 한 말인지는 모르지만 군대에서는 오래전부터 "작전에 실패한 지휘관은 용서할 수 있어도 경계에 실패한 지휘관은 용서할 수 없다"라는 말이 전하는데, 한국군 병사들은 이 말을 살짝 비틀어 "경계에 실패한 지휘관은 용서할 수 있어도 배식에 실패한 지휘관은 용서할 수 없다"라는 말을 만들었다. 전쟁터에서 배고픈 군인과 부상병은 별로 다르지 않다. 그런데 밥은 전투 식량으로는 부적합했다. 빵은 본래 식혀 먹는 음식이지만, 밥은 따뜻하게 먹어야 했다. 우리나라에서 '찬밥'은 외톨이나 천덕꾸러기를 의미했다. '밥을 먹어야 힘이 나는' 병사들에게 밥을 주어야 했지만, 언제 비상 상황이 발생할지 모르는 전쟁터에서 '밥 짓는 일'에 시간을 많이 쓸 수도 없었다. 일본군은 고심 끝에 전열電熱 코일을 이용해 쌀을 끓이는 나무통을 발명했다. 일본 패망 이후 미쓰비시사는 이를 개량한 전기밥솥을 출시했으나, 전열을 이용한다는 것 말고는 큰 장점이 없어 사람들의 주목을 끌지 못했다.

뜸 들이기 기능을 갖춘 자동 전기밥솥은 1955년 일본의 미나미 요시타다三竝義忠가 발명했다. 뚜껑을 삼중으로 만들어 증기 배출을 조절한 이 제품은 출시되자마자 선풍적인 인기를 끌었다. 철제 밥솥에 그어진 눈금에 맞춰 씻은 쌀과 물만 넣으면 알아서 밥으로 만들어주는 이 기계는 밥을 '짓는 것'에서 '만드는 것'으로 바꿔놓았다. 1960년대 초에도 이 물건은 적지 않게 밀수되었으나, 1965년 한일협정 체결 이후에는 부잣집들에 당당하게 자리 잡았다. 전기밥솥을 선망하는 사람이 늘자 1965년 금성사에서 최초의 국산 전기밥솥을 개발하여 이듬해 1월부터 판매했다. 하지만 회사의 기대와는 달리 물건은 팔리지 않았고, 결국 몇 달 만에 생산을 중지했다. 당시 대당 가격은 6,800원. 공무원 초임이 1만 원 미만, 쌀 한 가마니에 4,300원 정도 하던 시절이었으니, 엄청나게 비싼 값이었다. 하지만 이 물건의 판로 확장을 가로막은 건 가격보다 '밥맛'이었다.

전기밥솥이 포함된 금성사의 신문 광고 냉장고, 라디오, 전기곤로, 시계와 함께 전기밥솥 그림을 넣었다. 이것이 최초의 국산 전기밥솥이지만, '밥맛'이 좋지 않아 출시 몇 달 만에 생산이 중단되었다. 국산 전기밥솥은 1970년대 말 다시 시장에 나왔으나, 1980년대 초까지도 일제 코끼리 밥솥에 눌려 고전을 면치 못했다. 전기밥솥은 그 이후 진화를 거듭하여, 한국인의 입맛을 사실상 통일하는 데까지 이르렀다. 출처: 『동아일보』 1966년 1월 4일자

1970년대 후반이 되어서야, 국산 전기밥솥은 사람이 지은 '밥맛'과 그럭저럭 비슷한 맛을 낼 수 있게 되었다. 그 시절 국산 전기밥솥을 대표하는 브랜드는 '마마'였는데, '엄마'의 이미지로 기계의 '무신경'을 상쇄하려는 의도에서 이런 이름을 지었을 것이다. 1980년대 초에는 일제 코끼리 밥솥이 좋다는 소문이 돌아 일본을 왕래하는 보따리장수들이 몇 개씩 가지고 들어오기도 했다. 요즘엔 국산 전기밥솥이 중국, 베트남, 미국 등지로 수출되고 있다. 이른바 인공지능 기능을 처음 장착한 것도 전기밥솥이었다. 1993년에는 '가마솥에서 지은 것과 같은 밥맛'을 낸다는 광고와 함께 인공지능 전기밥솥이 시판되었다.

간혹 옛날 가마솥 밥맛에 대한 향수를 토로하는 사람이 더러 있지만, 지금은 가마솥 밥맛을 기억하지 못하거나 아예 먹어본 적 없는 사람이 훨씬 더 많다. 현대 한국인 중에 직접 불 상태를 보아가며 뜸들인 밥을 먹는 사람은 거의 없다. 집 밥이든 식당 밥이든, 거의 모든 밥을 전기밥솥이 한다. 돌솥밥 전문점이라는 곳 중에도 전기밥솥

이 한 밥을 돌솥에 옮겨 담는 집이 적지 않다고 한다. 밥맛은 손맛이니 어쩌니 해도, 전기밥솥의 솜씨가 어지간한 사람 솜씨보다 낫다. 요즘의 밥맛은 주로 쌀값과 전기밥솥의 '가격'에 좌우된다.

인간보다 똑똑해진 기계가 결국 인간을 지배하지 않을까 걱정하는 사람이 많다. 지금도 인간보다 솜씨 좋고 똑똑한 기계는 많다. 알파고에 훨씬 못 미치는 초보적인 바둑 프로그램의 실력도, 바둑 초보자보다 훨씬 낫다. 하지만 마음이 담기지 않은 밥을 먹는 데 익숙한 현대인이기에, 설사 마음 없는 기계가 인간의 일 대부분을 대신하는 세상이 오더라도 그리 걱정할 필요는 없을 듯하다. 인류가 여러 차례 겪었듯이, 끔찍한 재앙을 부르는 악마는 마음 없는 기계가 아니라 탐욕으로 얼룩진 마음을 가진 인간이다.

설탕

23. 단맛이
     흔해지다

"고생 끝에 낙이 온다"라는 속담을 사자성어로 하면 고진감래苦盡甘來다. 여기에서 고苦라는 글자에는 '괴로움'이라는 뜻과 '쓴맛'이라는 뜻이 아울러 들어 있다. 마찬가지로 감甘은 단맛이면서 쾌락이자 행복이다. 단맛은 맛 중의 으뜸이며, 행복한 삶이란 식사 때마다 단맛을 느낄 수 있는 삶이다.

인간이 먹을 수 있는 물질 중에 단맛을 내는 것은 그리 많지 않다. 과일조차도 근래 개량 품종이 쏟아져 나오기 전에는 떫은맛과 신맛 사이에 단맛을 조금 숨겨두는 정도였다. 사실 몇몇 곤충을 제외하면 인간만큼 단맛을 밝히는 동물은 없다. 좋아하면서도 얻지 못하는 것만큼 사람을 괴롭히는 일도 드물다. 행복을 누리는 인간이 극히 드물었던 것과 마찬가지로, 원할 때마다 단맛을 느낄 수 있는 인간도 극히 드물었다. 고대와 중세에 단맛의 표상이자 정수精髓 자리를 지켰던 것이 꿀이다. 인간이 벌집에서 훔쳐낸 꿀은 수천 년, 어쩌면 수만 년 동안 지배자의 권위를 장식하는 음식으로 영예를 누렸다. 물론 세계 어느 곳에든 꿀 대용품은 있었다. 우리나라에서는 조청과 엿이 단맛에 대한 서민들의 욕구를 어느 정도 해소해주었다. 하지만 서민에게는 이 역시 특별한 날에만 먹을 수 있는 특별한 음식이었다.

설탕은 꿀맛보다 더 순수한 단맛을, 꿀보다 더 쉽게 얻으려는 인간의 욕망과 의지가 낳은 발명품이다. 기원전 327년 인도를 침략한 알렉산드로스 군대의 사령관 네아르코스는 그곳에서 꿀을 머금은 갈대를 발견했다. 사탕수수였다. 이 식물 덕에 인간은 벌집을 터는 수고와 벌에 쏘이는 고통을 겪지 않고도 단맛 나는 물질을 얻을 수 있었다. 사탕수수는 이후 수백 년에 걸쳐 유럽, 서아시아, 중국 등지로 퍼져나갔고, 콜럼버스의 대서양 횡단 이후 아메리카 대륙에까지 뿌리를 내렸다. 이로부터 얼마 지나지 않아 흑인 노예들의 쓰디쓴 고통이 유럽인 식탁 위의 단맛으로 전환되는 극단의 시대가 열렸다. 미국에서 노예제가 폐지된 뒤, 사탕수수 농장주들은 아시아 이민자들을 고용하여 노예와 다름없는 조건으로 일을 시켰다. 1902년 최초의 한국인 이민자들이 도착한 곳도 하와이의 사탕수수 농장이었다. 한국인들은 역시 사탕수수 생산지인 멕시코와 쿠바로도 이주했다.

우리나라에는 16세기 조선 중종 때에 설탕이 들어온 것으로 추정된다. 중종 25년(1530) 사관史官은 정이월正二月 두 달 동안 왕실에서 '기름 7석石, 밀가루 10석, 청밀淸蜜 10석, 솜 250근, 색실 150근, 당분唐粉과 침향沈香 각 100근, 황밀黃蜜 200근, 단목丹木 400근, 여러 가지 과실 24석 등 다 적기 어려울 정도로 많은 물건들'을 사용했다고 기록했다. 왕실의 사치를 고발한 글인데, 여기에서 청밀은 정제한 꿀, 황밀은 벌통에서 떠낸 그대로의 꿀을 의미하며, '중국산 가루'라는 뜻의 당분은 중국에서 수입한 설탕으로 추정된다. 눈처럼 흰 사탕이라는 뜻의 '설당'雪糖이라는 말은 광해군 대에 처음 사용되었다. 『조선왕조실록』 광해군 2년(1610) 8월 30일 기사에는 "이번에 표류해 온 중국 사람들이 가지고 온 설탕과 흑당黑糖은 모두 쓸모없는 물품이어서 시장에서 사가는 사람이 없습니다"라는 내용이 나온다. 왕실에서는 중국산 설탕을 사용했으나, 시중에서는 '쓸모없는 물건'으로 취급되었음을 알 수 있다. 설탕은 '설당'의 음이 변한 것이다. 숙종 39년(1713) 일본으로 가다가 조선에 표류한 중국 상인들의 소지품에도 설탕이 있었다. 1866년 부산 앞바다에 나타나 통상을 요구했던 미국 선박에도 양창洋鎗, 양포洋砲, 모전毛氈(카펫)과 설탕이 실려 있었다. 16세기 이후 왕실과 극소수 양반가에서는 설탕을 입수할 수 있었으나, 개항 이후에도 서민 대다수는 이 물질의 이름조차 알지 못했다.

1894년 청일전쟁에서 승리한 일본은 전쟁 배상조로 타이완을 할양받았다. 타이완은 아시아의 대표적인 사탕수수 생산지였다. 타이완에서 상대적으로 값싼 설탕을 얻는 데 성공한 일본인들은 이 상품을 한국인들에게도 팔려고 했다. 무엇이든 흔해지면 값이 내려가는 것은 정해진 이치다. 설탕 맛을 아는 한국인이 늘어났고, 1900년께에는 서울에 '설탕옥'이라는 상점도 생겼다. 단맛은 쾌락의 맛이기에, 중독성도 강하다. 한국인의 설탕 소비량이 계속 늘자, 1910년에는 조선에 설탕 공장을 세우려는 움직임이 시작되었다. 18명의 일본인이 조선총독부에 조선제당주식회사를 설립하겠다고 신청했고, 총독부는 조선인을 포함시키라고 요구했다. 경성상업회의소 부회두 조진태와 상의원 한상룡이 포함된 발기인 총회는 1916년 12월에 열렸고, 이듬해 조선 총독은 회사 설립을 인가했다. 이에 앞서 조선총독부는 1910년경부터 평안도 지역에 사탕무 재배를 장려했다. 그 시절의 '장려'는 강제와 동의어였다. 아열대 기후에서 잘 자라는 사탕수수와 달리 사탕무는 온대·냉대 지역에 적합하지만, 이 작물을 원료로 설탕을 만드는 공장은 1801년 프로이센에 처음 건립되었다. 조선총독부가 평안도 농민들에게 사탕무 재배를 '장려'한 것은 조선제당주식회사에 값싼 원료를 공급하기 위해서였다. 사탕무에서 추출한 설탕은 따로 '첨채당'甛菜糖이라고도 했다.

1917년부터 한반도에서 설탕이 생산되었지만, 값은 별로 내려가지 않았다. 조선총독부는 설탕을 사치품으로 규정하여 '사탕소비세'

를 부과했다. 기실 식민지 조선에
서 설탕은 사치품이었다. 집에서
음식을 조리할 때 설탕을 넣는 사
람은 거의 없었다. 설탕은 청량음
료, 카스텔라, 빙수 등 '사 먹는 음
식'에나 들어갔다. 도시에 사는 부
유층은 설탕의 단맛을 수시로 느
낄 수 있었으나, 도시 노동자와 농
민들에게 그 맛은 갈망의 대상일
뿐이었다. 설탕은 꿀과 마찬가지로
빈부 격차를 극명하게 드러내는
식재료였다.

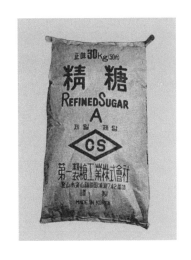

1950년대 제일제당이 생산한 설탕 유럽에
서는 17세기까지, 조선에서는 20세기 벽
두까지, 설탕이 약藥으로 취급되었다. 혈당
을 급속히 올리는 '효능'이 있으니 그럴 만
했다. 오늘날에는 온갖 식품에 설탕이 들어
간다. 설탕이 흔해진 탓인지, '행복과 쾌락
의 맛'이었던 단맛은 오늘날 '비만과 질병의
맛'으로 바뀌었다. 출처:『전자신문』2011년
11월 1일자

　사탕무는 알코올의 원료이기
도 했다. 일본이 만주사변, 중일전
쟁, 태평양전쟁으로 확전 일로를
걷자, 미국·영국·프랑스 등은 일
본에 대한 경제 제재를 강화했다. 군수물자인 석유는 일차적인 수
출 규제 품목이었다. 석유를 구하기 어려워지자, 일본은 석유를 대
체할 수 있는 알코올의 생산에 열을 올렸다. 설탕 생산과 소비가 극
도로 위축될 수밖에 없었다. 하지만 일단 단맛에 익숙해진 사람들
의 혀를 예전으로 돌릴 수는 없었다. 이때 설탕의 빈자리를 채운 것
이 사카린이라는 화학 감미료였다. 일본어 단어 같지만, 러시아 태
생 독일인으로 미국에서 공부한 화학자 콘스탄틴 팔베르크Constantin
Fahlberg가 설탕을 의미하는 라틴어 사카룸Saccharum을 변형해 만든
이름이다.

　해방 후 설탕에 대한 금제禁制는 풀렸으나, 38선이 그어지면서 남

한은 사탕무 생산지와 단절되었다. 휴전 직후인 1953년 제일제당공업주식회사와 삼양물산주식회사가 설립되어 원조 물자를 기반으로 설탕 생산을 시작했다. 제당製糖은 제면製綿, 제분製粉과 더불어 1950년대를 대표하는 '삼백산업'三白産業을 구성했으며, 제일제당을 모태로 한 CJ는 오늘날 대한민국 유수의 재벌 그룹으로 성장했다. 현대 한국인은 거의 매끼 설탕이 들어간 음식을 먹는다. 설탕이 들어가지 않은 간식거리는 찾아보기 어려울 정도다. 당뇨 등 건강상의 이유가 아니라면 설탕을 기피하는 사람은 아주 드물다. 현대인은 단맛으로 일상을 채우는 인간이며, 설탕은 그런 인간을 만든 일등공신이다. 입이 달다고 인생의 고통(쓴맛 나는 아픔)이 줄어들지는 않는다는 사실을 일깨워준 물질이기도 하다.

24.   한국인의
        체질을
        바꾸다

        1845년 북극해 탐험에 나선 영국 탐험대 129명 전원이 사
망했다. 주된 사인은 비타민 C 결핍으로 인한 괴혈병이었다. 하지만
원주민인 이누이트족은 채소를 먹지 않아도 이 병에 걸리지 않았다.
최근 미국, 영국, 덴마크 학자들로 구성된 공동 연구진은 이누이트
족에게서 지방대사와 관련된 유전자 돌연변이를 발견했다. 진화란
더 완전하거나 더 균형 잡힌 어떤 상태로 변화하는 것이 아니라, 자
신이 처한 환경에 적응하도록 변화하는 것임을 다시 한번 확인한 셈
이다.

    목축을 핵심 생업으로 삼는 사람들은 오랜 세월 우유와 버터, 치
즈, 요거트 등 우유 가공 식품들을 만들어 먹었으나 한반도에는 그
런 식문화가 없었다. 왕위 계승자들이 원나라에서 인질 생활을 하고
원나라 공주들이 왕비가 되었던 고려 말에야 왕실과 권문세가에 우
유가 침투했다. 우유는 끓여서 죽처럼 만들어 먹었는데, 이를 타락
죽, 낙죽, 우락牛酪이라고 했다. 이 무렵 정부 기관으로 젖소를 기르
는 유우소乳牛所가 설치되었고, 왕조가 바뀐 뒤에는 서울 낙산 아래
로 옮겼다. 『고려사』에는 우왕이 유우소의 소들이 말라빠진 것을 보
고는 불쌍히 여겨 우락을 올리지 말라고 명했다는 기사가 있다.

    타락죽은 왕실의 약이나 보양식으로 취급되어 내의원內醫院에서
담당했지만, 왕들도 그리 즐기지는 않았고 전국에서 산출되는 우유

의 양도 매우 적었던 듯하다. 유우소는 세종 3년(1421)에 철폐되었으며, 젖소들은 동궁東宮과 예빈시禮賓寺 등의 관할로 바뀌었다. 인조 10년(1632), 왕은 자기 건강을 염려해 낙죽酪粥을 먹으라는 신하에게 마지못해 "경卿의 정성이 이러하니 마땅히 먹겠다"라고 대답했다. 선조가 즉위하던 해(1567) 중국에서 허국許國이라는 사람이 칙사로 왔는데, 그는 낙죽을 매우 즐겨 연도에서 쉴 때마다 먹었다. 그런데 한번은 먹다 말고 그릇을 물리기에 담당 관리가 조사해보니, 쌀죽 위에 우유를 살짝 덮은 것이었다. 우유를 구하기 어려워서 쓴 편법이었다.

영조 25년(1749), 암소 뒤를 따르는 송아지를 본 왕은 '마음에 매우 측연惻然이 여기며' 앞으로는 타락죽을 올리지 말리고 지시했다. 400여 년 전 고려 우왕의 일화가 재연된 것인데, 송아지를 불쌍히 여기는 마음에서였는지, 입맛에 맞지 않은 탓도 있었는지는 알 수 없다. 영조는 중전, 세자, 세손에게 올리는 낙죽도 줄이라고 지시했다. 그는 "다섯 주발의 타락죽을 위하여 열여덟 마리의 송아지가 젖을 굶게 하는 것은 인정仁政이 아니다"라고까지 했다. 왕의 인정이 소에게까지 미쳤던 셈이다. 당시 나라에서 관장하던 젖소는 열여덟 마리였는데, 이들에게서 짠 우유로 고작 다섯 주발의 타락죽을 얻을 수 있었던 모양이다. 내의원(대한제국기에는 태의원)에서 젖소와 타락죽을 담당하는 관행은 대한제국 말기까지 유지되었다.

개항 이후 한국에 온 서양인들의 입맛은 선조 때 칙사로 왔던 허국과 비슷했다. 그들의 향수를 자극한 대표적인 식품이 우유였다. 버터나 치즈는 장거리 이동이 가능했지만, 우유는 그렇지 못했다. 조선 거주 서양인을 고객으로 하는 상점들은 미국과 유럽에서 깡통에 밀봉한 연유煉乳를 수입해 팔았다. 1897년에는 일본인 히라야마 마사요시平山政吉가 젖소 스무 마리를 들여와 남산 아래 현재의 필동

1930년대 서울 돈암동에 있던 히라야마平山 목장 1897년에 만들어진 이 목장이 한반도 최초의 '상업용 우유 생산 목장'으로 추정된다. 목장은 설립자 히라야마 마사요시의 아들 히라야마 마사주가 승계해 일본 패망 때까지 운영했다. 다만 인천, 부산 인근에 먼저 목장이 만들어졌을 가능성도 배제할 수 없다. 지난 한 세기 동안 한국인은 '우유를 거의 먹지 않는 인간'에서 '쌀보다 우유를 더 많이 먹는 인간'으로 바뀌었다. 출처: 역사문화 라이브러리

부근에 목장을 만들고 우유 생산과 판매를 시작했다. 최초 고객은 서양인과 일본인이었을 것이다. 마사요시가 사망한 뒤 사업을 물려받은 그의 아들 히라야마 마사주平山政＋는 1913년 돈암리로 목장을 옮기고 일본 홋카이도에서 홀스타인 젖소 100여 마리를 들여왔다. 이 목장은 한 달에 40여 석의 우유를 생산하여 일부는 이왕직李王職과 조선총독부 의원에 납품했다. 돈암리 목장은 일제강점기 서울 근교 명소 중 하나였다. 1902년에는 대한제국 농상공부 기사로 고빙된 프랑스인 쇼르트Shorte가 홀스타인 품종의 암소 스무 마리를 들여와

지금의 서울 신촌에서 사육했다. 하지만 얼마 뒤 전염병이 돌아 이 소들은 모두 죽었다.

서양인의 '우유 사랑'은 배재학당과 정동교회 등을 통해 조선인 일부에게도 '전염'되었다. 서양 문물 도입에 열심이던 『독립신문』은 아기들에게 이유식으로 쇠고기와 우유를 먹이라고 권고했다. 얼마 뒤에는 우유와 빵, 달걀로 아침 밥상을 차리는 조선인들도 생겼다. 우유 광고가 국내 신문에 처음 실린 날은 1901년 6월 19일, 광고주는 서울 이현泥峴(현 충무로)에 있던 가메야상전龜屋商廛이었다. 미국에서 수입한 것이었으니 깡통 연유였을 텐데, 가격은 한 통에 일본 돈 40전이었다. 러일전쟁 이후에는 중국인 상점 행화춘杏花春, 독일 무역상 세창양행世昌洋行, 프랑스계 한불흥업사韓佛興業社, 한미 합작 한미흥업주식회사韓美興業株式會社 등이 닭표鷄標, 곰표熊標 등의 깡통 연유를 수입해 팔았다. 취급 업자가 늘자 가격도 내려 1904년 닭표 우유 한 통의 가격은 25전이었다.

1907년 9월에는 일본인이 한국축산주식회사를 설립하고 서울 남대문 밖 도동桃洞(현 회현동) 세브란스병원 옆에 목장을 만들었다. 이 목장은 '서양의 우수한 젖소' 20여 마리를 사육했으며, 증기 기계와 여과기를 갖추었다. 산출된 우유의 일부는 대한제국 황실(궁내부宮內府)에 납품했고 일부는 일반인에게 판매했는데, 1홉(190밀리리터) 이상 주문자에게는 '신속 배달'했다. 참고로 현재 시중에서 판매되는 우유의 최소 포장 단위는 이와 거의 비슷한 180밀리리터다. 이로 미루어보면 당시 우유병 하나의 크기는 1홉이었을 것이다. 우유배달원이라는 직업도 이때 처음 생겼다.

러일전쟁 이후 한국인보다 먼저 우유에 익숙해진 일본인 인구가 늘어나면서, 우유 생산 및 소비도 빠르게 증가했다. 신뢰도가 낮기는 하지만 조선총독부 통계에 따르면 1910년도 한반도 내 연간 우유 소비량은 1인당 1되 6홉, 즉 2.88리터에 달했다. 우유뿐 아니라 빵과 양과자, 우유차 등 우유가 들어간 식품의 소비도 계속 늘었다. 1911년 5월 15일 조선총독부는 우유 및 유제품의 생산과 유통 전반을 감독하기 위해 경무총감부령 제7호로 '우유영업취체규칙'을 제정했다. 이해 전국의 젖소는 452마리, 우유 생산량은 2,082석이었다. 이 수치는 다음 해 508마리, 2,826석으로 늘었다.

도시에 거주하는 부유층은 일본인과 구미인의 생활양식을 동경의 대상이자 모범으로 삼았다. 우유가 어린이와 환자들에게 필수 식품이라는 '계몽적 지식'이 확산하면서, 1920년대부터 우유 생산과 소비는 계속 늘었다. 반면 유통 과정에서 우유가 변질되는 일이 잦아, 이로 인한 질병도 흔했다. 총독부로서도 우유의 가격과 위생 상태를 계속 감시할 수밖에 없었다. 1920년대 중반부터 우유 값은 '물가 동향'을 표시하는 척도 중 하나가 되었다. 1917년 1홉에 7전 5리이던 우유 값은 1921년 14전으로까지 올랐다가, 1930년에 7전으로 다시 내렸다. 1923년에 설렁탕 한 그릇 값은 15전이었다. 190밀리리터짜리 우유 한 병 값이 설렁탕 한 그릇 값과 맞먹었던 셈이다. 값이 비싸면 공급자도 늘기 마련이다. 1930년 열세 곳이던 서울 부근의 목장은 1938년 스물세 곳으로 늘었다. 이들 목장에만 315마리의 젖소가 있었고, 연간 144만 2,820리터를 생산했다. 1937년 11월, 경성 부근 시흥, 고양, 양주 등지의 우유업자 21명이 경성우유동업조합을 창립했다. 이것이 현재 국내 최대의 우유 제조업체인 서울우유협동조합의 전신이다.

해방 후 한반도 도시 인구의 3분의 1 정도를 점했던 일본인들이 물러가자, 우유 소비량도 급감했다. 한국전쟁 중 젖소도 크게 줄었다. 전쟁 직후의 우유 생산량은 해방 직전 생산량의 10분의 1에도 미치지 못했다. 한국에서 우유 생산은 1960년대에 들어 외국 젖소를 도입한 이후 다시 늘었다. 초등학교에서 학생들에게 빵과 우유를 급식한 것도 우유 소비를 늘리는 데 기여했다. 하지만 1970년대까지도 '우유 먹으면 설사한다'는 사람이 많았다. 내가 초등학생이던 1970년대 초중반에는 급식으로 나온 우유를 친구에게 대신 먹어달라고 부탁하는 아이가 적지 않았다.

2020년 현재 국내 젖소 수는 40만 8,000마리, 우유와 유제품 국내 소비량은 434만 5,185톤, 1인당 연간 소비량은 83.9킬로그램에 달한다. 2020년 현재 한국인 1인당 연간 쌀 소비량은 57.7킬로그램이었다. 현대의 한국인은 쌀보다 우유를 더 많이 먹는다. 이는 우유 먹으면 설사하던 한국인의 생체에 중대한 변화가 일어났음을 의미한다. 우유는 한국인의 체질을 바꿈으로써 음식문화의 경계를 허무는 데 결정적 구실을 한 물질이다.

청량음료

25.   탄산을
        마시는
        인간

"10년 묵은 체증이 내려가는 듯하다." 평소 미웠던 사람이 봉변당하는 걸 보거나 뜻대로 안 되던 일이 갑자기 풀릴 때 쓰는 말이다. 체증은 속앓이의 일종으로 몸의 병이자 마음의 병이었다. 밥을 먹으면 졸리는 것은 뇌로 가야 할 혈액이 위장으로 쏠리기 때문이라고 하니, 옛사람들이 체증을 마음의 병으로 생각한 것도 아예 근거가 없다고 하기는 어렵다. 하지만 고민거리가 사라진다고 모든 체증이 풀리지는 않았다. 우리나라에서는 심리적 요인과 무관한 체증에 효능이 있는 특별한 물을 약수藥水라고 했다. 상수도가 보급되기 전에는 거의 모든 사람이 우물에서 식수를 구했는데, 장소에 따라서는 광물질이 다량 함유된 물이 나오기도 했다. 근대 이후 광천수鑛泉水라는 별칭이 붙은 이 약수 중에서도 탄산이 많은 물이 체증의 특효약으로 취급되었다.

인류는 우물을 처음 파면서부터 탄산수를 접했을 것이나, 여기에 다른 향료를 첨가해 마시기 시작한 것은 17세기 이후부터다. 17세기 중엽 파리 시민들은 천연 탄산수에 꿀이나 레몬즙을 넣어 마셨으며, 1767년에는 영국인 조지프 프리슬리가 인공 탄산수를 개발했다. 1832년에는 미국인 존 매슈스가 탄산수를 대량으로 만들 수 있는 소다파운틴soda fountain이라는 기계를 발명했다. 현재 전 세계에서 가장 대중적인 탄산음료로 소비되는 코카콜라는 이 기계를 발판으로 1883년에 탄생했다.

단맛 나는 탄산수는 1910년 무렵 한반도에 들어온 것으로 추정된다. 1911년 11월 조선총독부는 '청량음료수 및 빙설氷雪 영업취체규칙'을 제정, 공포했는데, 이때 청량음료로 통칭된 것은 라무네(설탕과 포도당을 녹인 물에 라임이나 레몬 향을 첨가한 일본식 탄산음료), 레모네이드, 과실수果實水(과일주스), 박하수, 계피수, 소다수, 기타 탄산 함유 음료였다. 영어 사이다cider는 본래 사과주라는 뜻인데, 일본인들은 단맛 나는 탄산음료에 이 이름을 붙였다. 사이다라는 이름의 음료는 1915년께 고베산 '시트론 사이다'가 들어오면서 조선인들에게 널리 알려졌다. 일제강점기 조선에서 사이다라는 이름으로 유통된 탄산음료로는 일본산 미쓰야 사이다, 기린 사이다, 미요시 사이다 등이 있었다. 조선총독부가 청량음료로 규정한 음료의 종류는 계속 늘어나, 밀감수·아이스커피·쿨피스·미쓰마메(젤리 음료) 등도 포함되었다.

일본산 청량음료가 인기를 끌자 식민지 안에서도 생산이 시작되었다. 1912년에 이미 경성과 인천에 청량음료 제조업체가 생겼다. 1921년에는 경성호텔 주인 나카하라 데쓰노부中原鐵信가 유명한 초정리 광천수를 이용해 천연 사이다 생산을 개시했다. 1930년대에는 경성에만 경성음료사, 중앙음료사, 미생상회, 목장상회 네 회사가 있었고, 이 밖에도 헤아리기 어려울 정도로 많은 가내공업 업체가 있었다. 미국산 코카콜라는 1930년대 중반경에 수입된 것으로 보인다. 1938년 4월, 『조선일보』에는 특이한 광고가 실렸다.

완쾌사례完快謝禮. 본인이 수년 전부터 불치의 폐병으로 주야晝夜 비관하는 중 백약이 무효로 폐병 제3기에까지 도달하여 병사病死될 것을 통분痛忿히 각오하고 있던 중 경성부 종로 3정목 7번지 미국 생학生學 의학사 한기도韓箕道 내과의원에

서 미국서 제조한 세계 최고 폐장肺臟 강장제 코카콜라를 복
용한 뒤 사병死病이 전쾌全快하여 재생再生의 효과를 얻었삽
기 감사하는 마음을 금할 수 없어 한기도 선생에게 만강의
사례를 표하는 동시에 만천하 제씨諸氏에게 재생지은再生之恩
을 널리 소개하나이다. 경성부 신당정 304-37. 이규희 백白

코카콜라가 애초 '만병통치약'으로 팔리기는 했으나 약효에 대한
환상은 곧 사라졌다. 하지만 식민지 조선에서는 1930년대 후반까지
도 코카콜라가 '세계 최고 폐장 강장제'라는 미신이 통했다. 조선총
독부도 코카콜라를 청량음료가 아니라 약으로 취급했던 듯하다.

청량음료가 여름 한철에 많이 팔리는 '계절상품'이었기 때문에,
여름에만 생산하고 마는 영세업체가 많을 수밖에 없었다. 여름철이
면 청량음료 행상들이 공원, 야시장, 극장 등 사람 많이 모이는 곳이
면 어디나 돌아다녔다. 1910년대 후반부터는 각 단체의 행사장에서
청량음료를 무료로 나눠주는 것이 관행처럼 되었다. 어두운 극장 안
에서는 '불량 청량음료'를 파는 일도 많았다. 시중에서 유통되는 청
량음료의 상당수가 변변한 위생 설비를 갖추지 않은 가내공업 생산
품이었기 때문에, 이를 마시고 병에 걸리는 사람도 많았다. 총독부
경찰은 여름철마다 청량음료 단속에 나섰고 신문사들은 청량음료의
위험성에 대해 거듭 경고했지만, 달고 시원한 음료 한 잔으로 무더
위를 견디려는 사람들의 욕망을 꺾을 수는 없었다.

해방 이후 일본인들이 물러나자 청량음료 시장은 콜라와 사이다
를 중심으로 재편되었다. 유명한 칠성사이다는 1950년에 처음 출시
되었다. 한국전쟁 중인 1952년 6월에는 대한민사원조처(CAC)가 유
엔군용으로 펩시콜라 180만 병을 도입했다. 하지만 군 판매기관은
한국에 이미 '코카콜라 회사'가 있다며 인수를 거부했다. 펩시콜라

코카콜라 병의 변천사 '맑고 시원한 음료'라는 뜻의 청량음료라는 말은 20세기 벽두부터 사용되었다. 코카콜라는 청량음료의 정의에 맞지 않으나 해방 직후부터 청량음료의 왕좌를 차지하고 있다. 탄산음료가 주는 '속 시원한 감각'에 익숙해진 현대인은 답답함을 잘 견디지 못한다. 출처: 한국코카콜라

는 결국 민간인에게 불하되었다. 군 판매기관이 언급한 코카콜라 회사가 무엇인지는 알 수 없으나 코카콜라 사가 미군에 직접 납품했던 것으로 보인다. 1962년에는 칠성사이다를 생산하던 동방청량음료(주)가 국산 '스페시 콜라'를 생산하기 시작했다. 이 회사는 1969년부터 펩시콜라를 판매했다. 이에 앞서 1968년 5월 한양식품(주)는 미국 코카콜라 사로부터 한국 내 독점적 생산 판매권을 얻었다.

한국인이 청량음료를 마시기 시작한 지도 이제 100년 남짓 되었다. 오늘날 편의점과 마트에는 수십 종에 달하는 탄산 함유 청량음료들이 쌓여 있다. 계절을 가리지 않고 거의 매일 청량음료를 마시는 사람도 많다. 현대인은 탄산에 익숙한 사람이다. 일시적으로 체증이 내려가는 듯한 느낌에 익숙해져서인지, '속 시원한' 언행에 대한 갈증도 심해진 듯하다. 현대인이 '답답함'을 잘 견디지 못하게 된 데에는 청량음료 탓도 있을 것이다.

26. 현대적 입맛,
      감칠맛

쓴맛, 단맛, 신맛, 짠맛을 네 가지 기본 맛이라고 한다. 우리 선조들은 여기에 떫은맛을 추가하여 오미五味라고 했다. 오미자라는 나무 열매 이름은 다섯 가지 맛을 다 갖췄다고 해서 붙은 것이다. 떫은맛 대신 매운맛을 오미에 포함시키는 경우도 있다. 우리 선조들은 무슨 이유에서인지 맛과 통증을 함께 묶었다. 속 쓰리다, 애달프다, 손발이 시리다, 배가 쥐어짜는 듯이 아프다, 눈이 따갑다 등 오통五痛과 오미五味는 서로 통한다. 실제로 단것을 많이 먹으면 속이 닳는 느낌이 들며, 신 것을 먹었을 때의 느낌은 이가 시린 느낌과 비슷하다. 옛사람들은 오랜 세월 굶주림의 고통 속에서 살았기 때문에, 먹는 것과 통증을 연결시켰을 가능성이 있다. '매우'('맵다'의 부사형)는 통증의 정도를 표현하는 말이기에, 매운맛은 오미에 포함되지 않는다는 견해가 맞는 듯하다.

그런데 통증의 정도가 제각각인 것처럼 음식을 씹을 때 느끼는 맛도 오미에 국한되지 않는다. 쌉쌀한 맛, 달착지근한 맛, 시큼털털한 맛, 짭조름한 맛, 떨떠름한 맛 등 '오미'에서 파생된 맛뿐 아니라, 매콤한 맛, 칼칼한 맛, 상큼한 맛, 개운한 맛, 고소한 맛, 느끼한 맛 등 '기본'을 정하기 어려운 맛도 많다. 그런데 어떤 이는 고소하다고 하는 것을 다른 이는 느끼하다고 한다. 맛은 물리적이거나 화학적인 구성물이라기보다는 문화적 구성물이다. 우리말에서 식구食口란 같

133

1920년대 서울 남대문로를 보여주는 사진엽서 오른쪽 상단에 아지노모토味の素라 쓰인 광고탑이 보인다. 국어사전에 '맛있는 맛'으로 정의된 '감칠맛'은 20세기 이후에야 한국 인에게 익숙해진 맛이다.

은 조리 도구에서 만들어진 음식, 즉 '한솥밥'을 먹는 사람들로서, 최소 규모의 혈연공동체와는 다른 최소 규모의 문화공동체였다. 한솥 밥 먹는 노비는 식구였으나, 분가한 자식은 식구가 아니었다.

식구가 핵가족만으로 구성된 현대에는 다른 공동체들과 마찬가지로 '맛 공동체'도 사실상 해체되었다. 이런 상황에서도 20세기 이후 대다수 한국인이 좋아하는 맛으로 자리 잡은 게 감칠맛이다. 맛에 대한 기호나 취향은 사람마다 다르지만, 그 맛을 내기 위한 조미료 는 소금, 간장, 설탕, 꿀, 식초, 고수, 깨, 후추, 버터, 계피 등 모두가 천연물질이었다. 그런데 감칠맛을 내는 기본 조미료는 애초에 화학 적 합성물이었다. 1908년 일본의 화학자 이케다 기쿠나에池田菊苗가 일본인들이 선호하는 제5의 맛이 있다고 주장하며 거기에 우마미旨 味라는 이름을 붙였다. 이어 그 맛을 내는 물질 연구에 착수, 이듬해 글루탐산모노나트륨monosodium glutamate(MSG)을 합성하는 데에 성 공하여 이 물질을 주성분으로 한 아지노모토味の素를 제조 판매했다.

일제강점기에 아지노모토는 한국인의 입맛도 바꾸었다. 전골집, 국숫집, 찌개집, 설렁탕집, 냉면집 등의 외식업소들은 의무이기나 한 듯이 음식에 아지노모토를 집어넣었고, 일본 문화를 받아들이는 데 열심이던 '중류층' 이상 가정에서도 부엌 찬장에 아지노모토를 비치하는 일이 일반화했다. 1930년대 서울 남대문로에는 대형 아지노모토 광고탑이 서 있었다. 한국인들이 우마미에 익숙해지면서 그를 번역한 한국어 단어도 생겼다. '감칠맛'이라는 단어는 1910년대 중반부터 사용되었는데, 현재의 국어사전에는 '맛있는 맛'으로 정의되어 있다. 동어반복이라는 지적을 피하기 어려운 정의다.

해방과 동시에 일본과 국교가 단절됐지만, 맛 문화는 분리되지 않았다. 아지노모토 사가 철수하자, 한국인들은 '감칠맛'에 갈증을 느꼈다. 아지노모토는 일본에서 오는 밀수선들의 필수 적재품이 되었다. 해방 직후 국내에서 MSG를 생산하려는 시도가 몇 차례 있었으나, 모두 실패했다. 1955년이 되어서야 한국인들은 일본산 아지노모토와 결별하고 국산 MSG를 사용할 수 있게 되었다. 그런데 그 국산 MSG의 제품명은 일본어 발음으로 아지모토인 미원味元이었다.

일본산보다 싼값에 공급된 국산 MSG는 거의 모든 음식에 들어갔다. MSG를 넣은 음식보다 넣지 않은 음식이 오히려 드물 정도였다. 식당 테이블에는 손님들이 기호에 따라 넣을 수 있도록 '미원'이나 '미풍'을 담은 작은 접시가 놓이기도 했다. 20세기 내내 MSG는 한국인 절대다수의 몸에 지속적·반복적으로 들어갔다.

인공人工에 대한 심리적 거부감이 본격적으로 표출되기 시작한 21세기에 들어 MSG를 둘러싸고도 유해성 논란이 벌어졌다. '인공 물질이 몸에 해롭지 않을 리 없다'라는 주장과 '한 세기 넘게 사용하면서 안전성이 입증된 물질이다'라는 주장이 팽팽히 대립했다. '과학적' 연구의 결과는 '유해성이 입증되지 않는다'는 것이었지만, 그래도 많은 식품이 겉봉에 'MSG 무첨가'라는 글씨를 큼지막하게 써 붙여야 했다. 번거로움을 무릅쓰고 버섯이나 해조류 등 천연재료로 MSG 맛을 내려는 사람도 늘어났다. 지난 한 세기 동안 한국인의 입맛을 가장 크게 변화시킨 맛은 '감칠맛'이었다. 유해하든 무해하든, MSG는 현대 한국인에게 맛의 신세계를 열어준 물질이다.

화학비료

27.   음식물에
        흡수된
        화학성분

　　인류의 정착 생활은 농경과 함께 시작되었다. 하지만 인간의 정착이 곧 농경지의 고정화는 아니었다. 작물이 지력地力을 소모시키기 때문에, 한 차례 수확한 땅에서는 몇 년간 다시 농사를 지을 수 없었다. 농경을 시작한 이래 수천 년간 사람들은 주변의 땅을 경작지와 휴경지로 나누어 관리하는 수밖에 없었다. 휴경지를 다시 경작할 때면 무성하게 자란 잡초를 태워버렸는데, 이때 생긴 재가 천연비료 구실을 하기는 했으나 이것으로는 부족했다. 땅을 놀리지 않고 계속 경작하는 것, 즉 연작상경連作常耕은 농경민의 숙원이었으나 그 방법을 알아내는 데에는 아주 오랜 시간이 걸렸다. 한반도에서는 고려시대에 일부 지역에서 연작상경이 시작되었고, 조선 초기에야 일반화했다. 그를 가능케 한 것이 비료, 즉 땅을 비옥하게 만드는 물질이었다. 비료의 원료로는 건초, 재, 기름을 짜고 난 곡물의 찌꺼기 등이 사용되었는데, 가장 효능이 뛰어난 것은 사람의 분뇨였다.

　　연암 박지원이 서울에서 분뇨를 수거해 인근 농촌에 파는 노인을 소재로 「예덕선생전」穢德先生傳을 쓴 것이 18세기 말의 일이니, 늦어도 이 무렵에는 분뇨가 비료의 원료로 상품화했음을 알 수 있다. '밥은 나가서 먹더라도 똥은 집에서 싸라'는 옛말도 분뇨의 상품가치 때문에 생겼다. 조선 후기에는 비료를 조합해서 만드는 방법이 다양해졌고, 시비施肥 방식도 파종 전후에만 하는 기비법基肥法에서 생장 중에도 추가하는 추비법追肥法으로 발전했다. 당연히 비료 소비가 늘었고, 이는 농업 생산성 향상으로 이어졌다.

인분을 비료로 사용한 것은 유럽에서도 마찬가지였는데, 비위생적이고 악취가 심한 인분의 문제를 개선하기 위해 화학적으로 비료를 만들려는 시도는 19세기 중반에야 시작되었다. 1840년 독일의 화학자 유스투스 폰 리비히는 질소, 인산, 칼륨 성분이 많은 흙에서 작물이 잘 자란다는 사실을 발견했다. 1843년에는 영국의 존 베닛 로스John Bennet Lawes와 헨리 길버트Henry Gilbert가 최초의 화학비료인 과인산석회를 발명했다. 1909년 독일의 프리츠 하버Fritz Haber는 공기 중의 질소로 암모니아를 합성하는 데 성공했으며, 1913년에는 질소비료 공장이 문을 열었다. 화학적 방법으로 생산된 비료 덕에 논밭에 인분을 뿌리는 일은 점점 줄어들었고, '인분은 비료'라는 생각도 희미해졌다.

우리나라에서 '비료회사'라는 이름의 기업은 1896년에 처음 생겼으나, 당시는 물론 그 후로도 오랫동안 비료는 인분과 동의어였다. 비료회사의 역할은 도시의 분뇨와 농촌의 경작지 사이에 생태적 순환고리를 만드는 것이었다. 도시에서 분뇨를 수거하여 퇴비로 만든 후 농촌에 판매하는 비료회사는 그나마 나은 수준이었다. 상당수 비료회사가 수거한 분뇨를 그대로 농민들에게 판매했다. 물론 수거료는 별도였다. 경성부는 부민들에게 '위생비'를 징수하고 그 대부분을 비료회사들에 지급했다. 연간 여러 차례 수확하는 채소 재배 중심의 근교 농업은 도시의 분뇨 덕에 안정적으로 유지되었다. 하지만 도시에서 멀리 떨어진 지역의 땅은 '분뇨의 혜택'을 충분히 입을 수 없었다.

식민지 통치자들은 조선의 농업 생산성이 일본보다 떨어지는 것은 비료를 많이 쓰지 않기 때문이라고 판단했다. 그들은 조선 농업의 생산성을 높여야 농민의 생활수준이 향상되며, 농업 생산성을 높이기 위해서는 비료의 양을 늘리고 시비법을 개선해야 한다고 주장했다. 조선 쌀의 품종을 일본인의 입맛에 맞는 것으로 바꾸기 위해 1910년대 '미작개량사업'을 벌일 때에도, 조선 쌀의 일본 반출을 극대화하기 위해 1920년대 '산미증식계획'을 추진할 때에도, 조선총독부는 농민들에게 비료 사용을 권장 또는 강요했다. 지주들도 비료 값을 소작인에게 떠넘길 수 있었기에 시비량을 늘리는 데 적극적이었다. 총독부와 지주들의 요구에 맞추려면 농가의 '자급自給 비료'로는 부족했다. 돈 주고 사는 비료, 즉 금비金肥를 쓸 수밖에 없었다.

일제강점기 금비로는 화학비료 외에 생선 기름을 짜고 난 찌꺼기인 어유비魚油肥, 콩기름을 짜고 난 찌꺼기인 대두박大豆粕, 쌀겨, 골분骨粉 등이 팔렸다. 1930년대에는 특히 강원도와 함경도 일대에 조선인 어유비 제조업자가 많았는데, 당시에는 동해가 세계 최대의 정어리 어장이었기 때문이다. 하지만 금비의 대표는 화학비료였다.

최초의 화학비료인 과인산석회는 1910년대 초부터 일본에서 수입되었다. 1913년에는 경성부에서 분뇨 독점권을 가졌던 남산상회南山商會가 광희문 밖에서 유안硫安암모니아 생산을 개시했다. 분뇨를 원료로 한 유안암모니아는 일본에 수출되기까지 했다. 하지만 일제강점기 대부분의 기간에 농민들은 부족한 비료와 비싼 비료 값에 허덕였다. 농가 현금 지출의 대부분은 비료 값에 충당되었고, 지주의 비료 값 전가는 소작쟁의의 주요 쟁점이었다. 특히 1929년 세계대공황의 여파로 농업공황이 불어닥쳤을 때는 식민지의 소작인 절대다수가 쌀을 수확해봐야 소작료와 비료 값을 내고 나면 당장 먹을 쌀조차 없는 형편이 되었다.

독일에 세계 최초의 질소비료 공장이 생긴 지 4년 뒤인 1917년, 조선총독부는 한강변 적당한 곳에 수력발전소와 질소비료 공장을

1940년경 흥남질소비료공장 1930년 1월에 조업을 개시한 이 공장은 이 땅에 본격적인 화학비료 시대를 열었다. 이후 80여 년간 한반도의 농지에는 반복적으로 화학비료가 투입되었다. '자연'의 반대말이 '인공' 또는 '인위'다. 화학비료는 작물의 생육을 촉진했지만, 결국에는 땅의 성질 자체를 변화시켰다.

건설한다는 계획을 발표했다. 질소비료 생산에는 많은 전기가 필요하기 때문에 이론적으로는 타당한 계획이었으나, 당시 총독부 재정 형편으로는 망상이라고 해야 마땅했다. 수력발전소와 질소비료 공장을 결합한다는 구상을 실현한 사람은 일본의 신흥 재벌 노구치 시타가우野口遵였다. 도쿄제국대학 전기공학과를 졸업한 노구치는 1923년 일본에 암모니아 합성 공장을 설립했다가 사업 기반을 조선으로 옮겼다. 1927년 조선질소비료주식회사를 설립하고 흥남에 공장을 지은 뒤, 이를 모기업으로 삼아 조선을 대륙 침략을 위한 병참기지로 삼으려는 일본 군부와 결탁하여 군수산업 전반으로 사업 영역을 확장했다. 장진강발전소, 부전강발전소, 수풍발전소와 조선화학(주), 조선마그네슘금속(주), 조선석탄공업(주), 조선금속제련(주) 등을 거느린 '일본질소콘체른'은 미쓰비시三菱, 미쓰이三井, 스미토모住友, 닛산日産 등과 더불어 일본 굴지의 재벌로 성장했다.

조선질소비료주식회사는 한반도에 본격적인 화학비료 시대를 열었다. 조선총독부는 생산력 확충이라는 명목으로 농민들에게 화학비료 사용을 적극 권장했다. 경성제국대학 교수를 지낸 스즈키 다케오鈴木武雄는 후일 '조선 산업혁명'은 조선질소비료 흥남 공장이 조업을 개시한 1930년 1월에 시작되었다고까지 주장했다. 하지만 정작 한반도의 곡창 지대에는 이 회사의 질소비료가 오래 뿌려지지 않았다.

해방이 되자마자 한반도는 북위 38도선을 경계로 분단되었다. 해방 직후 한동안은 흥남에서 생산된 비료가 남한으로 들어왔지만, 한국전쟁은 소규모의 밀무역 경로마저 차단했다. 전쟁 중에도 농사는 지어야 했다. 홍콩 등지에서 비료를 수입해 판 사람들은 큰 부자가 되었다. 휴전 이후 미국과 유엔은 한국의 전후 복구를 위해서는 비료 공장 건설이 선결 과제라고 판단했다. 원조 기관들은 한국에 현물 비료와 비료 공장 건설 자금을 원조했다. 1956년 호남비료, 1961년 충주비료, 1964년 한국비료 공장이 각각 조업을 개시했다. 그 덕에 1960년대 중반부터는 비료를 자급할 수 있게 되었다.

그런데 수십 년간 경작지에 화학비료를 뿌린 결과 토양이 산성화하는 문제가 생겼다. 화학비료에는 식물이 뿌리로 흡수하는 물질과 땅에 잔류하는 물질이 섞여 있기 때문이다. 뿌리로 흡수되는 물질은 작물의 생육을 돕지만, 산성 토양은 생육을 방해한다. 게다가 작물이 흡수한 화학비료 성분이 인간의 건강에 나쁜 영향을 미칠지도 모른다는 의구심이 깊어졌다. 최근에는 화학비료를 사용하지 않는 친환경 유기농법에 대한 관심이 생산자와 소비자 양측에서 높아지고 있다. 하지만 이 지구상에 화학비료 없이 안정적으로 농작물을 생산할 수 있는 농지는 거의 남지 않았다. 화학비료 성분이 인체에 유해하든 아니든, 그 성분이 축적되어 있다는 점에서도 현대인의 몸은 이전 시대 사람들의 몸과 다르다.

28.   한국인의
        매운맛

김치는 채소를 물에 담근다는 뜻의 침채沈菜가, 김장은 침채를 저장한다는 뜻의 침장沈藏이 변한 말이다. 김치의 역사는 삼국시대로까지 거슬러 올라가고, 김장 역시 늦어도 고려 후기부터는 시작된 것으로 보인다. 고려 말 이규보가 쓴 『동국이상국집』에는 "순무를 장에 넣으면 삼하(여름 3개월)에 더 좋고, 청염(깨끗한 소금)에 절여 구동지(겨울 3개월)에 대비한다"라는 문구가 있다. 그러나 요즘처럼 배추를 주재료로, 고춧가루를 보조 재료로 만드는 김치의 역사는 200년 남짓밖에 안 된다.

배추는 백채白菜가 변한 말로, 20세기 전반까지도 신문·잡지 등에서는 '배채'로 표기했다. 우리 선조들이 배추를 김치의 주재료로 삼기 시작한 것은 18세기 말 속이 꽉 찬 결구배추 종자가 중국 산둥성에서 전래된 이후의 일이다. 속이 차지 않은 토종의 비결구非結球 배추는 국이나 나물로 먹었다. 비결구 배추로 김치를 담갔다는 기록은 17세기 후반 김수증이 쓴 『곡운집』에 처음 나온다.

고추도 임진왜란 이후에 전래되었다. 15세기에 발간된 『간이구급방』에 고초椒라는 단어가 나오는 것을 근거로 오랜 옛날부터 한반도에 고추가 자생했다고 보는 설이 있는데, 이 고초가 요즘 고추와 같다고 단정할 수는 없다. 그보다는 이수광의 『지봉유설』(1614)에 왜개자倭芥子로 기록된 것을 고추의 직계조상으로 보는 편이 맞을 듯

1900년경 초겨울 종로 네거리에 선 김장시장 무와 배추가 군데군데 무더기로 쌓여 있다. 고추는 잘 보이지 않는다. 김장은 유네스코 인류 무형문화유산으로 등재된 우리 민족의 대표적인 전통문화지만, 에릭 홉스봄이 지적한 대로, 그 전통이라는 것도 지금으로부터 고작 200여 년 전에 만들어졌다. 출처: 서울학연구소

하다. 아메리카 대륙에 자생하던 아히aji가 유럽과 일본을 거쳐 조선에 전래되었고, 이것이 다른 작물에게서 고초라는 이름을 빼앗았을 가능성이 크다. 19세기 서울 근교의 고추 재배지로는 지금의 연희동 일대가 유명했다. 고추는 말린 뒤 가루로 빻으면 오래 보관할 수 있어 상품화 속도가 무척 빨랐다.

고춧가루로 버무린 양념을 소금에 절인 배춧잎 사이사이에 넣은 뒤 땅에 묻은 장독에 담아 보관하는 김장은 18세기 말 이후 왕궁에서부터 서민 가정에 이르기까지 집집마다 치르는 초겨울 연례행사였다. 신분 고하를 따지지 않는 보편적 연례행사로서 김장에 필적할 만한 것은 찾기 어렵다. 김장은 그야말로 '거족적'이었고, 그런 점에서 '민족문화의 정수'라고 할 만하다. '김장 문화'는 2013년 12월 유네스코 인류 무형문화유산에 등재되었다.

조선시대 말 각 가정에서 김장에 쓴 배추와 고추의 양을 추산하

기는 어렵다. 순종이 서거하여 궁중 상주 인구가 대폭 줄어든 뒤인 1927년 초겨울 창덕궁에 김장용으로 들어간 배추가 대략 1만 포기 였으니, 19세기에는 궁중에서만 수만 포기를 썼을 것이다. 여기에 일반 민가의 수요까지 합치면 수십만 포기에 이르렀을 터인데, 그 전부가 서울 근교에서 재배되었다. 왕궁에서는 지금의 창신동 일대 에서 재배된 방아다리 배추를, 양반가에서는 동대문 밖에서 재배된 훈련원 배추를, 서민 가정에서는 왕십리 배추를 사용했다. 김포, 광 주, 고양 등지에서 산출된 배추는 트럭 운송이 가능해진 1920년대 이후에야 서울에 들어왔다.

1933년 6월, 의사 정구충은 "가정에서 조석으로 한 끼도 빼지 않 고 고춧가루를 쓰는 나라는 우리 조선뿐일 것입니다. 하루 세 끼의 반찬이 모두 고추로 양념되어 음식 본맛까지도 모두 고추맛으로 변 해집니다"(『조선중앙일보』 1933년 6월 24일자)라고 썼다. 한국인이 '음식 본맛을 바꿔버릴 정도로' 고춧가루를 많이 먹기 시작한 건 근대적 방앗간이 생긴 뒤의 일이었다. 일본에 먼저 전래되었지만 한국인이 더 많이 먹은 것은 식민지 원주민으로 사는 일이 '매우' 힘겨웠기 때 문인지도 모른다.

'한국인의 매운맛'이라는 광고 카피처럼, 오늘날 매운맛은 한국인 의 입맛을 대표하는 맛이다. '맵다'의 부사형이 '매우'다. 옛날 지방 관들이 "저 놈을 매우 쳐라"라고 했다는 데에서 알 수 있듯, '맵다'는 '지독하다' 또는 '지나치다'와 비슷한 뜻이다. "매운맛을 봐야 정신 차리지"라는 말도 종종 쓰는데, 그 '매운맛'이 결코 '좋은 맛'은 아니 다. 현대 한국인에게 '매우 심한 언행'이 다반사인 것도, 고춧가루의 '매운맛'에 중독되었기 때문인지 모를 일이다.

29. 현대 한국인의
식생활 변화를
이끈 채소

"좋은 반찬은 두부·오이·생강·나물이며, 좋은 모임은 부부와 자녀 손주들이라."大烹豆腐瓜薑菜 高會夫妻兒女孫 추사 김정희가 말년에 쓴 글귀다. 현대 한국인이 타임머신을 타고 과거로 돌아가 추사를 만나게 된다면, 그와 대화하기는 어렵지 않겠지만 식사를 함께 하기는 아주 어려울 것이다. 그가 늙었기 때문만이 아니라 현대 한국인의 입맛이 달라졌기 때문이다.

현대 한국 요리에 거의 빠지지 않고 들어가는 향신료 겸 채소가 양파다. 양파는 삶고 지지고 볶고 튀기는 등 모든 조리법에 어울릴 뿐 아니라, 날것으로 먹거나 장아찌로 만들어 먹거나 생즙을 내어 마시기도 한다. 그런데 사실 한국인이 양파를 즐겨 먹기 시작한 지는 그리 오래되지 않았다.

작물 이름 앞에 '호'胡 자나 '왜'倭 자를 붙여 그 전래처를 표시하는 관행은 조선 중기 이후에 형성된 것으로 보이는데, 서양에서 유래된 것들의 이름 앞에 '양'洋 자를 붙이는 관행은 개항 이후에야 생겼다. 그렇다고 양파가 양배추나 양상추와 비슷한 시기에 전래되었다고 보기는 어렵다. 17세기 초에 간행된『동의보감』에는 자총紫葱(자주색 파)에 관한 간략한 설명이 나오는데, '맛이 맵지 않다'고 한 것으로 보아 양파로 추정된다. 18세기 말 홍만선도『산림경제』山林經濟에 자총 항목을 두었다. "10월에 이랑을 치고 심는다. 그 위에 말똥을 약

농산물 시장에 쌓여 있는 양파 양파는 현대 한국인이 배추 다음으로 많이 먹는 채소지만, 소비량은 1960년대 이후에 급증했다. 양파 소비 증가는 기름 소비 증가와 동일한 과정이었다. 현대의 한국인은 양파를 많이 먹는 사람이다.

간 깔았다가 이듬해 5월이 되면 캐서 말려 종자를 삼는다. 관서 및 호남 사람들은 7월 보름날에 심는데, 해마다 밭을 바꾸어가며 심는다." 이로 미루어보면 18세기 말에는 자총을 재배하는 농가가 드물지 않았을 것이다.

양파의 원산지는 서남아시아와 지중해 연안이다. 기원전 1000년경의 고대 이집트 벽화에는 양파를 수확하는 장면이 있다. 콜럼버스가 대서양 횡단 항로를 발견한 뒤 양파는 먼저 아메리카 대륙으로, 이어 아시아로 전파되었다. 일본에서는 17세기에 양파 재배가 시작되었는데, 임진왜란 후 조선에 전래되었을 가능성이 크다. 중국 남부 지방에서는 이보다 늦은 18세기부터 마카오에 인접한 광둥 지역 농민들이 재배하기 시작했다고 한다. 타이완에는 1912년 일본인이 처음 양파를 가지고 들어갔으며, 1918년부터 시험 재배가 시작되었다.

양파를 일본인들은 옥총玉葱(다마네기), 중국인들은 양총洋葱으로 번역했다. 일제강점기 우리 땅에서 자총이라는 이름은 사라졌고, 그 대신 다마네기라는 이름이 널리 쓰였다. 간간이 양총도 혼용되었다. 양파 소비는 일본에서 먼저 급증했으며, 우리나라에서는 일본인 이주민이 늘어남에 따라 그 재배 면적도 조금씩 늘었다. 일제강점기에 양파는 '서양 요리'에 어울리는 채소로 취급되어 육류와 함께 구워 먹거나 '덴푸라'로 만들어 먹는 게 일반적이었다. 조선총독부는 1932년 농촌진흥운동을 벌이면서 양파 재배를 농가 부업으로 권장했으나, 실적은 좋지 않았다. 식민지 권력은 '다마네기'가 몸에 좋으니 많이 심고 많이 먹으라고 홍보했으나, 기름을 많이 쓰지 않거나 못 쓰는 조선인의 식단에 양파는 어울리지 않았다. 쌀을 제외한 거의 모든 작물을 수입해야 하는 상황에서도 양파는 중국으로 수출되었다.

우리나라에서 양파 재배와 소비는 1960년대 이후 식생활의 서구화가 진행되면서부터 급증했다. 이름이 다마네기에서 양파로 바뀐 것도, 짜장면에 양파가 대량으로 들어가기 시작한 것도 이 뒤의 일이다. 오늘날 양파는 배추에 이어 한국인이 두 번째로 많이 먹는 채소다. 세계 평균 1인당 연간 양파 소비량은 6킬로그램 정도인데, 한국인은 그 다섯 배에 가까운 양을 먹어 치운다. 양파는 현대 한국인의 식생활 변화를 추동한 작물이다.

30. 서민에게
       허용된
       수라상

　　중국 청말淸末의 실권자 서태후西太后는 권력을 지키려 자기 자식마저 해친 잔인한 성품으로 인해 중국 역사상 3대 악녀 중 한 명으로 꼽힐 뿐 아니라 세계 역사상 유례를 찾기 어려운 사치로도 유명하다. 청일전쟁 중에 군비를 빼돌려 자기 처소 이화원을 조성했고, 상자 3,000개 분량의 옷을 장만해 하루에도 몇 번씩 갈아입었으며, 매끼에 120여 가지 요리를 먹었다. 그의 한 끼 식비는 보통사람의 1년 치 식비에 해당했다. 청조가 망한 뒤 서태후의 식탁에 올랐던 음식 레시피에는 '황거皇居 요리' 또는 '궁중요리'라는 이름이 붙었다.

　　궁중요리는 우리나라에도 있다. 1967년 3월 독일의 하인리히 뤼브케 대통령이 방한했을 때 한·독 양국 대통령 부부를 위한 오찬 상차림은 '조선시대 궁중요리'였는데, 신선로·전어·전복조림·도미튀김·물김치·나물·불고기·구절판·보김치·대화찜·다시마튀각·족편·만둣국·떡화채의 14종이었다. 요즘엔 누구나 마음만 먹으면 언제든지 먹을 수 있는 음식들이고 특별히 비싼 축에 속하지도 않는다. 그런데 일본에는 궁중요리를 파는 음식점이 없다. 궁중宮中이 실제로 소멸했거나 적어도 그 권위가 무시해도 좋을 정도로 실추된 사회에서나, 보통사람들이 거리낌 없이 왕이나 황제가 먹던 음식을 맛볼 수 있다. 그 음식들이 실제로 왕이 먹었던 것인지는 문제되지 않는다. 중요한 것은 보통사람들이 '왕이나 황제가 먹었던 음식'이라고 믿으면서도, 그런 음식을 먹는 데에 아무런 정서적 거부감을 느끼지 않는다는 사실이다. 그들은 그런 음식을 먹으며 잠시나마 왕이 된 것 같은 기분을 느낀다. 궁중요리는 왕조의 전통이 소멸함으로써 생겨난 것이다. 그럼에도 오늘날 그것은 역설적으로 전통음식의 정수로 취급된다.

해방 이후 오랫동안 시정市井에 흘러나온 조선 궁중요리의 원조는 요릿집 명월관明月館으로 알려졌다. 대한제국 황실 주방을 책임졌던 궁내부 전선사典膳司 장선掌膳 안순환이 퇴직 후 명월관을 차렸다는 잘못된 정보가 널리 유포되었기 때문이다. 이 이야기는 청나라가 망한 뒤 황실 요리사들이 시정에 나와 황거 요리를 만들어 팔기 시작했다는 중국의 역사적 사실과도 부합했다. 하지만 널리 유포된 견해가 꼭 사실인 것은 아니다. 궁내부 전선사 장선이 명월관을 차린 것이 아니라, 거꾸로 명월관 주인이 궁내부 전선사 장선으로 임명되었던 것이다.

일진회 평의원 안순환이 김인식을 대신하여 명월관 주인으로 신문지상에 거명된 것은 1908년 1월 이후부터였다. 같은 해 12월 안순환은 궁중요리 업무를 주관하는 궁내부 전선사 장선에 임명되었다. 당시 전선사 장선의 인사는 통감부의 동의와 내부 법제과장, 궁내부 서무과장의 결재를 거쳐야 했다. 당시 내부대신은 일진회 회장 출신 송병준이었다. 안순환은 명월관 주인을 거쳐 궁내부 전선사 장선이 되었지만, 세간에는 '궁중 대령숙수 출신 안순환이 명월관을 설립하고 궁중음식을 팔았다'는 소문이 널리 유포되었다.

명월관과 궁중요리를 연결 짓는 생각의 배후에는 다른 사정도 있었다. 1907년 헤이그 밀사 사건 이후 일제는 잡인雜人들이 황제에게 접근하는 것을 차단해야 한다며 대대적인 궁인宮人 숙청 작업을 벌

한국문화재보호재단이 '창조'한 궁중요리 이명박 정권 때 대통령 부인 김윤옥이 주도적으로 추진한 '한식 세계화 사업'의 일환으로 한국문화재보호재단이 2009년에 출시한 1인당 25만 원짜리 정통 궁중요리 '명품 한정식 대장금'. 구절판, 오자죽, 물김치, 대하잣즙채, 전유화, 보김치, 민어구이, 약선연저육, 섭산삼, 생야채, 신선로, 전복초, 송이떡갈비, 골동반, 전통한과, 오미자차의 16종으로 구성되었다. 조선시대 왕이 실제로 이런 밥상을 받았는지는 중요하지 않았다. 왕이 먹던 음식이라는 이미지가 중요했을 뿐. 출처: 한국문화재보호재단

였다. 내관, 상궁, 나인 등 궁내부 직원들이 집단 해고되었고, 명월관에서 이들 중 일부를 고용했다. 개중에는 궁중에서 음식 만들던 사람도 있었을 터이니, 궁중요리의 맥이 명월관으로 계승되었다고 해서 아주 틀린 말은 아니다. 또 하나는 궁중 연회에서 가무를 하던 기생들이 명월관에 출입하며 손님들의 시중을 들었다는 점이다. 이 때문에 명월관 연회는 궁중 연회와 혼동되었다. 사람이 궁중에 출입하던 기생인데, 음식이 궁중에서 먹던 요리가 아니라고 생각할 이유는 없었다.

명월관은 자타공인 '조선 요리옥의 원조이자 패자覇者'였지만, 사실 '조선 요리'만 팔지는 않았다. 1907년 명월관에서 제공한 음식과 기호품은 '각색 요리음식, 각색 서양주, 각종 경편輕便 양요리, 각종 일본 간스메, 각종 여송연, 각국 권연, 진찬합, 건찬합, 밥교자, 특별 신개량 교자음식'이었다. 요리사도 '한국 요리와 일본 요리와 서양

요리에 능숙한 사람'을 뽑았다. 명월관이 표방한 '신개량 조선 요리옥'이란 조선 요리를 파는 집이 아니라 '동서양의 각종 요리를 모두 취급하는 조선의 신식 요리옥'을 의미했다.

명월관 스스로도 궁중요리를 판다거나 조선 고유음식만을 제공한다고 광고한 적이 없다. 조선 요리점에 대한 세간의 평가도 명월관은 고유한 조선 요리에다가 서양 요리를 가미하여 팔고, 조선 고유의 음식과 정조를 제대로 느끼려면 식도원食道園에 가야 한다는 것이었다. 식도원은 안순환이 명월관 상호를 이종구에게 넘긴 뒤 새로 차린 요릿집이다. 당시 명월관 음식에 관한 평판도 '조선 고유의 맛'이 아니라 다른 '조선 음식점'들과 확연히 구별되는 청결과 위생에 집중되었다. 후대에 만들어진 이미지와는 달리, 그리고 명월관의 증손자뻘이라고 할 수 있는 현재의 한정식 식당들에 대한 통념과는 달리, 명월관 요리가 표상한 것은 '조선의 고유성'이 아니라 '개량된 조선'이었다.

명월관은 '신문물'이었고, 명월관에서 제공하는 연회와 공연은 '신문화'였다. 명월관에서 내놓은 음식도 서양 요리와 일본 요리를 포함한 '신요리'였다. 당대 한국인에게 명월관이 파천황破天荒이었던 것은, 돈만 있으면 신분 고하에 관계없이 궁중에서 공연하던 기생들의 시중을 받으며 고급 요리를 먹을 수 있다는 사실이었다.

궁중요리라는 이름은 일제강점기 말에야 사용되기 시작했다. 일제강점기에도 이왕직과 덕수궁 이태왕 전하, 창덕궁 이왕 전하가 있었으니, 실제로 궁중요리를 만들어 팔았더라도 궁중요리라는 이름을 내걸 수는 없었다. 공공연히 궁중요리를 판다고 광고한 최초의 업체는 1962년에 개관한 워커힐호텔 한식당이다.

반복하지만 서민들이 궁중요리를 먹을 수 있게 된 건 왕조가 망했기 때문이다. 민주공화국에서는 주권자 한 사람 한 사람이 곧 임금이니, 어떤 음식이든 제한 없이 먹을 수 있다. 오늘날의 서민은 옛날 임금보다 더 다양하고 더 맛있는 음식을 먹는다. 하지만 캐비어, 송로버섯 등 궁중요리보다 훨씬 접근하기 어려운 새로운 요리들이 출현했다. 예나 지금이나 특별한 음식을 먹을 수 있는 사람이 특권층이다.

31. 현대인의
     대화를 매개하는
     음료

1898년 9월 황제와 태자가 동시에 건강을 상했다. 궁내부 대신 이재순은 수라水剌를 신중히 살피지 않은 탓이니 관련자들을 철저히 조사하라고 청했고, 고종은 경무청에 수사를 지시했다. 수사 결과 유배형을 받은 것에 앙심을 품은 러시아어 통역 김홍륙이 공홍식에게 아편을 주면서 황제의 음식에 넣으라고 사주한 사실이 밝혀졌다. 공홍식은 이 아편을 궁중에서 서양 요리를 담당하다가 해고된 김종화에게 주었고, 김종화는 몰래 궁중 주방에 들어가 커피 주전자에 아편을 넣었다. 이른바 김홍륙 독차사건의 전말이다.

널리 알려진 대로, 고종은 러시아공사관으로 이어移御한 뒤 커피에 맛을 들였다. 러시아공사관에서는 주한 러시아 공사 베베르의 처형인 독일인 존타크Sontag가 상궁 노릇을 했는데, 그는 고종에게 수시로 커피를 올렸다. 존타크는 고종이 경운궁으로 환어還御한 후에도 구미歐美 외교관들을 위한 각종 연회 준비에 참여했으며, 1902년에는 이화학당 옆의 땅을 하사받아 손탁호텔을 지었다. 고관 및 명사와 각국 외교관의 회합 장소로 이용된 손탁호텔에서는 커피도 팔았다. 물론 각국 외교관과 선교사들이 커피를 가지고 조선에 들어온 것은 이보다 훨씬 전의 일이었고, 고종보다 먼저 커피에 맛들인 조선인도 있었을 것이다.

1900년 파리 만국박람회에 대한제국관이 개설된 그 이듬해, 새로 알게 된 나라에서 새 인생을 개척하고 싶었던지 프랑스인 안톤 플레상이 서울에 들어왔다. 그 무렵 한국에서 기회를 잡으려 한 구미인들은 대개 한국 특산품을 자국으로 반출하는 데에 관심이 있었다. 하지만 플레상은 처음부터 한국 물건을 한국인에게 팔아 돈을 벌겠다는 기상천외한 계획을 세웠다. 그 시절 서울에서 가장 많이 거래된 물건은 땔감이었다. 그는 먼저 종침교(현재 서울 내자동에 있던 다리) 남쪽 시탄시장의 사용권을 얻었는데, 그 경위는 불분명하나 프랑스 공사가 주선했을 가능성이 있다. 파리 만국박람회장에 대한제국관을 설치할 때 주한 프랑스 공사 빅토르 콜랭 드 플랑시Victor Collin de Plancy의 도움을 받았던 대한제국 정부로서는 그의 말을 무시하기 어려웠을 것이다. 사업 아이템을 정하고 장소를 확보한 플레상은 자신의 한국식 이름을 부래상富來祥으로 지었다. 부가 찾아오니 상서롭다는 뜻이다.

부래상은 화살통만 한 보온병에 커피를 가득 담아서는 새벽부터 종침교 남쪽 언저리에 서서 서대문으로 들어오는 나무장수들을 기다렸다. 나무장수가 나타나면 보온병에 든 커피를 잔에 따라 건네며 "고양高陽 부씨입니다"라고 인사한 뒤 흥정을 붙였다. 나무장수들은 색깔과 맛이 한약과 비슷한 커피를 '양탕국'이라고 불렀으며, '좋은 약은 입에 쓰다'는 속설을 믿고 계속 받아 마시다가 결국 인이 박이고 말았다. 부래상은 한국식 본관을 가진 최초의 외국인이자, 궁중에서나 마시던 가배차를 대중화한 일등공신이었던 셈이다. 그 무렵 서울 시탄시장을 지배하던 최순영은 도깨비 같은 경쟁자가 나타나 급속히 상권을 확장하는 데에 당황하여 탁배기 한 사발 서비스를 개시했다. 하지만 그 시절에도 막걸리로 커피를 누를 수는 없었다.

서양식 호텔 외에 커피를 파는 다방茶房 또는 끽다점喫茶店이 언제 처음 생겼는지는 알 수 없다. 1936년 1월 18일자 『매일신보』에는

"30여 년 전에 현재의 죽첨정 공설시장 부근에 목욕탕과 아울러 커피와 차를 파는 다방이 있었다"라는 내용의 기사가 실렸다. 30여 년 전이면 1905년 무렵이고 죽첨정 공설시장 부근은 지금의 서대문 안이다. 부래상이 커피 담은 보온병을 들고 서 있던 곳이니, 이 목욕탕 겸 끽다점의 주 고객도 나무장수였을 가능성이 크다. 1909년에는 남대문 정거장에도 끽다점이 생겼다.

커피 파는 다방은 1920년대 중반 이후 '현대인의 향락적 사교 장소'로 자리 잡았다. 1923년 명동에서 문을 연 후타미二見는 식당을 겸하지 않은 이 땅 최초의 전문 다방으로 알려졌다. 이후 다방과 카페는 급속히 늘어났다. 1928년에는 경성에만 70여 개의 다방과 카페에서 커피, 우유차 등을 팔았다. 1933년에는 건축가이자 소설가인 이상이 명동에 다방 '제비'를 개업했다. 1930년대 중반 원두커피로 가장 유명했던 곳은 미쓰코시 백화점(현 신세계백화점 본점) 식당이었다. 1940년경에는 장곡천정(현 소공동)의 '나전구'羅甸區와 '미모사', 본정(지금의 충무로)의 '후타미'와 '윈', 명치정(지금의 명동)의 '노아노아', '휘가로', '오아시스', '허리우드', '보나미' 등이 유명했다. 이들 다방 중에는 프랑스식, 독일식 등 커피 맛의 특색을 내세운 곳도 있었다. 다방 안에는 으레 축음기에서 음악이 흘러나왔기 때문에 커피와 음악, 담배 연기가 다방의 상징으로 취급되었다. 1930년대 말에는 거리의 행상들도 커피를 팔았다. 1940년 여름, 행상이 파는 아이스커피 한 잔의 가격은 15전에서 20전 사이였다.

한국전쟁 이후 커피는 지식인이나 신사 숙녀뿐 아니라 보통사람들의 일상에까지 깊이 파고들었다. 숱한 건물이 파괴되고 생활이 피폐해져 당장 손님맞이가 어려워진 사람들에게 대화의 장소를 제공한 것이 다방이었고, 미국에서 들어온 커피는 그 다방들이 값싸게 제공할 수 있는 최적의 음료였다. 사람들이 차츰 커피 맛에 익숙해

1970년대 '다방 커피' 조제에 사용된 세 가지 재료 냉동 건조 커피, 커피 크림, 설탕. 한 국전쟁 중 도시의 수많은 주택이 파괴된 뒤 다방은 공용 사랑방 또는 응접실 구실을 했 다. 커피는 사람들 사이의 만남과 대화를 매개하는 물질이었고, 그 역할은 지금껏 변함 없이 유지되고 있다.

지면서 "커피 한잔 합시다"가 "이야기 좀 합시다"를 대체하는 말이 되었다. 그 와중에 담배꽁초 우린 물로 커피 맛을 내는 기술이 개발 되기도 했고, 커피에 달걀노른자를 띄운 모닝커피가 나오기도 했다. 1970년에는 국내산 냉동 건조 커피, 즉 인스턴트커피가 나왔다. 그 직후 국산 인스턴트커피와 커피 크림, 설탕을 섞는 '다방 커피'가 선 풍적인 인기를 끌었고, 1976년에는 이 '다방 커피'를 미리 조제하여 상품화한 세계 최초의 커피 믹스가 한국에서 발명되었다.

지금은 도시 공간 곳곳에 커피 전문점이 있고, 건물 안 곳곳에 커 피 자판기가 있으며, 집집마다 커피 내리는 기구나 '커피 믹스' 통이 있다. 최근 10년 사이에 가장 많이 늘어난 업체가 커피 전문점이다. 2018년 한국의 커피 전문점 시장 규모는 약 43억 달러, 미국과 중국 에 이은 세계 3위였다. 인구 비례로는 압도적인 세계 1위다. 물론 한 국인이 커피를 많이 마시는 이유가 맛 때문만은 아니다. 현대 한국 인에게 커피는 사람 사이의 대화와 교감을 매개하는 대표 물질이다.

32. 개화인의
　　　술

　　　　　　양조釀造의 역사는 농경의 역사와 함께 시작되었다. 술 빚
는 원료로는 과일보다 곡식이 더 많이 사용되었는데, 곡식일 경우
대체로 주곡主穀은 피했다. 밥 지을 쌀이나 빵 구울 밀도 부족한 형
편에 술을 빚어 마시는 건 비경제적일뿐더러 위험하기도 했다. 주곡
으로 술을 빚으면 흉작 시 기근을 겪을 우려가 있었다. 한국과 일본
처럼 일용할 양식과 신성한 음료를 같은 곡식으로 만드는 문화는 오
히려 예외적이었다.

　보리가 주원료인 맥주는 고대 지중해 주변에서 기원했다. 이 지역
은 석회암이 많아서 농경에 적합하지 않았다. 올리브, 포도, 보리 등
이 그나마 경작 가능한 작물이었다. 미케네, 페니키아 등 지중해 연
안에서 성립된 고대 국가들은 부족한 식량을 구하기 위해 이런 작물
들로 상품을 만들어야 했고, 그 상품을 팔기 위해 바다를 정복해야
했다. 지중해 주변에서 고대 문명이 찬란하게 꽃핀 것도 상업 활동
이 활발했기 때문이다. 맥주는 알렉산드로스 군대와 로마 군대를 따
라 메소포타미아와 이집트, 유럽 전역으로 확산하여 포도주와 함께
유럽에서 가장 대중적인 술이 되었다. 보리로 만든 술을 양조하는
과정에서 홉hop을 첨가하는 제법은 13세기 바바리아인 수도사들이
창안했다고 하는데, 이로써 맥주 특유의 향기와 쌉싸름한 맛이 생겨
났다.

1871년 조선과 미국이 군사적으로 충돌하기 직전, 강화도 앞바다에 정박한 미군 함선에 올랐다가 맥주를 한아름 선물받은 조선의 문정관 맥주는 미국인이 조선인에게 준 최초의 '공식 선물'이었던 셈이다. 개항 이후 맥주는 오랫동안 '개화인의 음료'이자 '신사의 술'로 대접받았다. 한국인들은 맥주에 익숙해지는 만큼 서양 문화에 익숙해졌다. 한국에서 맥주가 대중화한 시점과 한국이 OECD에 가입한 시점은 거의 같다. 출처: 미국 폴게 티박물관

우리나라에는 1871년 신미양요 때 처음 맥주가 들어왔다. 미군 함선 5척이 강화도 앞바다에 정박하자 조선 정부는 그들의 의중을 탐문하기 위해 문정관問情官을 파견했다. 이 문정관은 미군과 아무런 대화도 나누지 못하고 맥주만 잔뜩 대접받았다. 그가 맥주병을 한아름 안고 찍은 사진이 남아 있다. 한국에서 언제부터 맥주가 상품으로 팔리기 시작했는지는 정확히 알 수 없다. 1898년 대한천일은행 창립 축하연 자리에 맥주가 나왔고, 1900년에는 『황성신문』이 세계의 맥주 소비량에 대한 기사를 냈다. 1901년에는 일본인이 경영하던 가메야상전에서 일본산 에비스 맥주를 수입해 팔았다. 당시 맥주 광

고문은 "맥주를 마시지 않는 자는 개화한 사람이 아니다"不飮麥酒者 非開化之人였다. 이어 1903년에는 일본 기린맥주가 조선에서 판매되기 시작했다. 1907년 10월 서울에서 열린 부인박람회에 맥주를 출품한 일본 맥주회사는 입장하는 부인들에게 맥주를 무료로 제공했다.

1910년 일제의 한국 강점 무렵에는 아사히, 기린, 삿포로, 사쿠라, 뮌헨 등 다섯 종의 일본산 맥주가 조선 시장에서 각축을 벌였다. 일단 '개화인의 술' 또는 '있는 사람들이 마시는 술'로 알려지면, 그 시장은 계속 커지기 마련이다. 조선 거주 일본인과 개화인의 생활을 본받으려는 사람이 늘어남에 따라 맥주 소비도 해마다 증가했다. 조선총독부는 1910년대 '농사개량사업'의 일환으로 한반도 남부 지역 농민들에게 맥주의 원료인 대맥大麥 재배를 장려했다. 농사개량사업이란 조선산 농산물의 품종을 일본 소비자들의 입맛에 맞게 '개량'하는 사업으로, 이를 통해 조선의 고유한 벼 품종은 사라지고 일본 품종이 한반도 전역의 논을 덮었다. 대맥 재배 장려는 일본 맥주회사들에 값싼 원료를 공급하는 데에 목적이 있었으며, 일본 맥주회사들도 조선 내 판매를 촉진하기 위해 다양한 선전 활동을 벌였다.

맥주 소비가 늘어나자 1915년 5월 경남 진해에 기록상 국내 최초의 맥주 전용 술집 '비어홀'이 생겼다. 하지만 넓은 홀에서 누구인지도 모르는 사람들 옆에 앉아 술잔을 기울이는 문화에 익숙하지 않았던 조선인들에게는 이색적인 공간일 뿐이었던 것 같다. 기생을 옆에 두고 마시건 주당끼리 마시건, 술 마실 때에는 패거리마다 방을 하나씩 차지하는 것이 조선의 불문율이었다. 일제강점기에 '비밀 댄스홀'은 여럿 만들어졌으나, 비어홀이나 맥주홀로 불린 술집은 거의 없었다. 물론 맥주 시장이 커졌다고 해서 오늘날의 소비량과 비교할 수는 없다. 1922년 조사에 따르면 서울의 연간 맥주 소비량은 4홉들이 96만 7,500병으로 1인당 3.35병에 불과했다.

한반도 최초의 맥주 공장은 1933년에 생겼다. 이해 8월 조선맥주
(주)가, 12월에 소화기린맥주(주)가 모두 영등포에 공장을 세우고
생산을 개시했다. 두 회사는 해방 후 적산敵産 불하를 통해 한국인
소유가 되었는데, 조선맥주는 일제강점기의 이름을 그대로 쓰다가
1998년에 하이트맥주로 상호를 바꿨고, 소화기린맥주는 1952년에
동양맥주로 개칭했다. 조선맥주의 '크라운 맥주'와 동양맥주의 'OB
맥주'(OB는 Oriental Beer, 즉 동양맥주의 영문 이니셜이다)는 아주 오랫
동안 한국의 맥주 시장을 양분했다.

맥주는 개화인의 상징이었던 만큼 값도 비쌌다. 1920년대 맥주
한 병 값은 막일꾼의 반일 치 임금에 해당했다. 부자가 아니고서는
'개화인' 흉내조차 낼 수 없었다. 맥주는 1990년대 말까지도 사치
품으로 분류되어 소비자들은 맥주를 마실 때마다 특별소비세나 고
율의 주세酒稅를 내야 했다. 1980년대까지도 '서민의 애환을 달래는
술'은 소주였고, 맥주는 특별한 날에나 마시고 특별한 사람에게나
대접하는 술이었다. 맥주에 부과되는 주세는 1999년에야 소주와 비
슷해졌고, 그 이후 맥주는 한국인이 가장 자주, 가장 많이 마시는 술
이 되었다. 오늘날에는 전 세계에서 생산된 거의 모든 맥주가 한국
시장에서 팔린다. 맥주가 '개화인의 술'로 도입된 시점으로부터 계
산하면, 한국인 모두가 '개화인'이 되는 데 100년가량 걸린 셈이다.

희석식 소주

33. 현대
한국 서민의
벗

"의무사관에게 부탁하여 의료용 알코올과 포도당 주사액을 얻었다. 큰 병에 이들 각각 500밀리터씩과 잘게 빻은 비타민제를 넣고 흔들어 섞으니 훌륭한 소주가 됐다. 장인 되실 분이 술을 좋아한다니 첫인사 선물로는 안성맞춤이다."

한국전쟁 중 결혼 승낙을 받으러 애인 집을 방문했던 의무병이 남긴 회고다. 아는 내과의사에게 저런 술을 마시면 어떻게 되느냐고 물었더니, "당장 큰 해는 없겠지만, 자주 마시면 간이 못 견딜 것"이라는 답이 돌아왔다.

인류가 언제부터 술을 마셨는지에 대해 정설은 없으나, 술의 비조鼻祖는 땅에 떨어져 자연 발효된 과일즙이라는 것이 지배적인 견해다. 인류는 자연의 일부를 '관리'할 수 있게 된 신석기시대부터 술을 빚었다. 중국 전한시대 유향劉向이 지은 『전국책』戰國策에는 의적儀狄이라는 사람이 처음 술을 만들어 우禹임금에게 바쳤으며, 우임금이 이를 달게 마시고 나서 "후세에 반드시 술로 인해 나라를 망칠 자가 있을 것이다"라고 했다는 기록이 있다. 우임금의 예언이 맞았는지 틀렸는지는 굳이 따질 이유가 없다. 술로 인해 자신과 가정, 나아가 나라까지 망친 사람은 이루 헤아릴 수 없이 많다.

하지만 정작 술 마시는 사람은 술이 자신과 가정과 나라를 망칠 물질이라고는 생각하지 않았다. 술은 인간과 신을 매개하는 신성한 음료였다. 선사시대 인간은 이 음료에 모든 면에서 인간을 능가하는 초월적 힘이 들어 있다고 믿었다. 실제로 술에 취한 사람은 스스로 초인超人이나 비인非人이 되었다고 느낀다. 그들은 수치심을 잊으며 용기와 힘을 얻는다. 인간의 자아를 바꿀 수 있는 존재는 신뿐이다. 동서고금을 막론하고 제례에 술을 사용하는 것도, 술병과 술잔을 아름답고 화려하게 만드는 것도, 술 마실 때 먼저 하늘에 바치는 동작을 취하는 것도, 다 술이 '신성한 음료'이기 때문이다.

술의 원료는 지역과 문화에 따라 다르지만, 만드는 방법은 기본적으로 같다. 모든 술은 발효, 숙성 또는 증류, 혼합의 과정을 거쳐 만들어진다. 인류는 술을 발견한 이래 수천 년간, 상대적으로 묽은 발효주만 마셨다. 이런 술로도 '신들림의 체험'을 할 수는 있었으나, 사람에 따라서는 아주 많이 마셔야 하는 문제가 있었다. 술을 통해 신에 접근하는 속도를 비약적으로 높여준 것이 8세기경 이슬람 연금술사들이 발명한 증류주였다. 아랍인들은 이 신新물질에 알라, 알자지라처럼 아랍어 관사 '알'al을 붙여 알코올이라는 이름을 지었다. 13세기 아라비아를 정복했던 몽골군이 알코올 제법을 입수했고, 이는 고려에까지 전래되었다. 조선시대까지 이 술은 '아라비아 술'이라는 뜻의 아락주 또는 아락기로 불렸고, 한자로는 '불타는 술'이라는 뜻의 화주火酒 또는 소주燒酒로 썼다.

한 되의 소주를 만드는 데에는 대략 같은 분량의 쌀이 들어간다. 여기에 누룩과 물, 시간과 손길이 추가되어야 하니 증류주 한 되의 가치는 쌀 한 되의 가치를 훌쩍 뛰어넘는다. 귀한 음료인 만큼 귀한 대접을 받아야 마땅했다. 귀하다와 드물다는 서로 통하는 법이니, 소주는 서민이 일생에 몇 번 마실 수 없는 음료였다. 조상을 모시는 제사 때, 설날과 한가위 같은 축일이 아니고서는 소주를 입에 대기 쉽지 않았다. 서민들은 상대적으로 묽은 발효주를 마시거나 아니면 술 담그고 남은 찌꺼기에 물을 타서 마시는 것으로 만족해야 했다. 소주는 본래 특권적 술이었다.

주정酒精에 물을 타서 만드는 희석식 소주가 나온 뒤에야, 서민들은 큰 부담을 느끼지 않고 소주를 마실 수 있게 되었다. 설탕을 추출하고 남은 사탕무 찌꺼기인 당밀 등으로 만든 순도 높은 주정(알코올)을 생산하는 연속 증류기는 19세기 유럽에서 발명되어 곧 일본에 전래되었다. 우리나라에서는 1902년경부터 '주정'이라는 말이, 1909년부터 '주정 함유 음료'라는 말이 사용되었다. 1909년 2월 8일에 제정된 주세법은 '양성주釀成酒(발효주) 또는 증류주蒸溜酒가 아닌 주정 함유 음료'를 제3종 주류로 규정했다. 하지만 그때 '주정 함유 음료'가 실재했다고 확언하기는 어렵다. 일제강점기에 '주정 함유 음료'라는 말은 '주정소주'로 바뀌었고, 1913년부터는 '주정에 흰 설탕 등을 첨가하고 마시기에 적당한 정도의 맑은 물을 타서 여름철 음료주飲料酒로 판매하는' 조선인들이 나타났다. 이 주정소주를 신식 소주라고도 했다. 이듬해인 1914년부터 조선총독부는 주정을 원료로 제조하는 혼성주混成酒를 단속하기 시작했다. 불량 주정이 들어간 소주를 마시고 사망하는 사고가 종종 일어났기 때문이다. 하지만 주정을 비위생적으로 혼합하여 함부로 판매하는 '부정不正한 주상酒商'은 줄어들지 않았다.

값싼 신식 소주의 판매량이 늘어나자, 증류소주를 판매하던 업자들은 1930년 4월 서울에 모여 당밀소주 폐지운동을 벌였다. 이 운동은 전국 각지로 확산했다. 업자들은 곡류로 만든 소주는 당밀소주와 가격 경쟁이 불가능하며, 일본 내지에서는 폐물廢物에 불과한 당밀을 소주 원료로 인정하지 않으면서 조선에서만 당밀소주 제조를 허용하는 것은 불합리하다고 주장했다. 물론 조선인들은 조선총독부가 조선에서만 당밀소주 제조를 허용한 이유를 짐작하고 있었다. 값

경월소주 일제강점기에는 소주도 도쿠리라는 이름의 도자기에 담아 판매했다. 소주가 유리병에 담기기 시작한 것은 1957년 영등포에 자동시설을 갖춘 유리병 공장이 준공된 이후부터다. 박정희 정부는 1970년 저질 주류 생산 방지와 유통 질서 회복을 명분으로 주류회사들을 통합했고, 1977년에는 각 도별로 한 개씩 10개의 희석식 소주 제조업체 만 남겼다. 경월소주는 강원도 소주 시장을 독점했다. 소주병의 크기는 소주잔의 크기를 규정했다. 한 병에 7잔이 나오도록 만들어 몇 명이 마시든 한 병으로는 부족하게 했다. 소주를 '서민의 애환이 담긴 술'이라고들 하지만, '서민의 질환을 유발한 술'이라고 해도 지나치지 않을 것이다. 출처: 서울역사박물관

싸고 독한 술로 조선인들의 정신을 마비시키는 것이 총독부의 속셈이라는 것은 공공연한 비밀이었다.

　당밀 주정에 대한 주류업자들의 불만이 고조되자, 조선총독부는 이듬해 6월 미쓰이물산주식회사가 조선에 당밀 주정을 독점 공급하고, 평양의 태평양조와 칠성양조, 인천의 조일양조, 마산의 소화주류, 부산의 증수양조와 대선양조 6개사가 이 주정으로 신식 소주를 생산하여 판매하도록 했다. 특정 주류회사가 특정 지역에서 소주 판매를 독점하는 구조는 이렇게 만들어졌다. 독점체제인 만큼 가격은 증류소주에 필적할 정도로 비싸졌다. 당밀소주의 가격 인상은 증류소주 제조업자들의 요구이기도 했다. 생산비가 싼데도 가격을 비싸

게 매기면, 당연히 이익이 늘어난다. 그 이익을 업자들이 독점하는 것은 또 다른 불만을 야기할 수 있는 특혜였다. 총독부는 신식 소주에 높은 세금을 부과함으로써 이 문제를 해결했다. 증류주 제조업자는 가격 경쟁력을 만회했고, 신식 소주 제조업자는 손해 볼 것 없었으며, 총독부가 걷는 세금은 늘어났다. 손해 본 사람은 신식 소주에 입맛을 들인 조선인 주당酒黨들뿐이었다.

중일전쟁을 목전에 둔 1936년, 조선총독부의 '연료국책' 방침에 따라 조선에도 무수주정無水酒精 공장이 생겼다. 이듬해 4월 7일 총독부는 향후 무수주정 제조 시설을 갖추지 않은 소주 공장의 신설은 인가하지 않겠다고 밝혔다. 소규모 소주 공장을 대공장에 통폐합하는 조치도 병행했다. 군량미를 확보하고 연료 생산을 늘리기 위해서였다. 이후 '값싼 알코올'이 대량 생산되어 연료와 음료에 공용되었다. 1939년에는 신식 소주 원료의 배급 통제를 목적으로 하는 조선합동주정소주원료회사가 창립되었다. 이 무렵에 증류소주 또는 구식 소주는 구하기 어려운 술이 되었다.

해방 후 일본인 소유 기업들은 적산 불하 절차를 거쳐 한국인들에게 양도되었다. 합법적 절차를 거치기 전에 이러저러한 연고를 내세워 일본인 양조장을 점거한 한국인도 많았다. 미군정의 식량 배급제 폐지와 미곡시장 자유화 덕에 증류소주 제조는 다시 활기를 되찾았다. 하지만 부활한 증류소주는 20년을 버티지 못했다. 1965년 1월, 정부는 양곡관리법을 제정하여 쌀을 원료로 하는 술의 제조를 금지했다. 그 뒤로 증류소주는 사라지고 희석식 소주만 남았다. 그리고 언젠가부터 이 술에는 '서민의 벗'이라는 별명이 붙었다. 쌀 부족 현상이 해소된 뒤 증류소주가 다시 출현했지만, 이 술은 '고급 술'이지 '서민의 벗'이 아니다.

희석식 소주는 현대 한국인의 알코올 소비량을 세계 최고 수준으로 올려놓은 일등공신이다. 하지만 오늘날 '서민의 벗'을 자처하는 것들이 대개 그렇듯, 진정 서민에게 도움이 되는 물질이라고 할 수는 없다.

아이스케키

현대인의
여름 간식

"영수가 아무리 졸라도 아이스케키는 절대로 사주지 마시오. 여름철에 가장 위험한 음식이 아이스케키외다. 부모님께도 사주지 마시라고 신신 부탁드리시오." 1954년 외국에 유학 중이던 한국인 의사가 아내에게 보낸 편지의 한 구절이다. 영수 어머니가 아들에게 아이스케키를 안 사주고 배길 수 있었는지는 알 수 없다. 전쟁으로 폐허가 된 나라에서 아이스케키는 거의 유일한 여름철 군것질거리였다. 더구나 아이스케키를 손에 쥐는 것은 살 만한 집 자제라는 표지이기도 했다. 정작 아이스케키 통을 메고 하루 종일 땀에 젖어 거리를 헤매면서도 제 입에는 하나도 넣지 못하는 아이가 더 많았다.

한겨울에 채취한 얼음을 한여름까지 보관하는 빙고氷庫는 신라시대부터 있었고, 조선 후기에는 민간업자가 경영하는 사설 빙고도 여럿 생겼다. 19세기 조선의 얼음 생산량은 인구 대비 세계 최고 수준이었으며, 서민들도 마음만 먹으면 여름철에 얼음을 먹을 수 있었다. 1900년 7월 2일자 『황성신문』에 '빙수점'氷水店에 관한 글이 실린 것으로 보아 '얼음물'을 전문으로 파는 빙수점은 그 이전에 출현한 것으로 추정된다. 1903년에는 종로에 국영당菊影堂이라는 빙수점이 개업했는데, 광고문에 '유행병 예방약을 가미加味'했다는 점을 특별히 강조했다. 설탕과 색소가 첨가된 빙수는 식민지화 이후에 나온 듯하다.

1914년 조선총독부는 '계절영업세'를 신설했다. 여름 한철이나 겨울 한철에만 장사하는 사람들에게 걷는 세금이었는데, 주된 징수 대상은 빙수 장수였다. 빙수 행상은 연간 2원, 야시장 영업은 연간 3원, 2명 이상을 고용하는 업주는 연간 5원, 3명 이상을 고용하는 업주는 연간 10원의 세금을 내야 했다. 한철 장사인 점을 고려하면 세금이 많은 편이었으나, 빙수 팔겠다고 나서는 사람은 무척 많았다. 1922년 여름 서울의 빙수점은 570곳에 달했다. 당시 서울 인구가 26만 1,698명이었으니 오늘날의 서울 인구 기준으로 보면 2만 개소에 상당하는 수치다. 참고로 2020년 6월 기준 서울의 카페는 총 1만 8,535개였다. 물론 빙수점 모두가 국영당처럼 '편안한 좌석'을 갖추지는 않았다. 대다수 빙수점은 '길가 빈터나 골목 모퉁이에 양목이나 삿자리로 지은' 임시 가게였다. 여름 한철 장사를 위해 번듯한 가게를 얻을 이유는 없었다. 빙수 장수들은 삼복더위 보름 동안의 장사만으로도 두서너 식구가 1년 살 돈을 벌 수 있었다.

국내에 '아이스크림'이라는 서양식 얼음과자가 첫선을 보인 때는 1916년으로 추정된다. 이해 조선총독부의 한 관료가 신문에 자기 '출장기'를 기고하면서 경부선 열차 안에서 아이스크림을 먹었다고 밝혔다. 조선총독부가 조선 철도 경영을 남만주철도주식회사에 위탁한 1917년, 사장은 이를 자축하기 위해 조선의 명사 300여 명을 조선호텔로 초청하여 연회를 베풀었다. 이 연회석상에서 단연 인기를 끈 음식은 아이스크림이었다. 이를 계기로 1920년부터는 조선호텔 양식당 메뉴에 아이스크림이 추가되었다. 부호들의 전유물이던 아이스크림도 이윽고 빙수점에서 함께 취급하는 품목이 되었다. 1923년 시점에서 조선의 얼음 소비량은 15만 톤에 달했다. 1926년 전기 냉동기를 이용한 인조빙人造氷 생산 업체가 출현하면서 그 양은 더 늘었다.

1933년 여름, '아이스케키'라는 이름의 얼음과자가 경성부민들에게 첫선을 보였다. 설탕과 색소를 섞은 물을 '유선형' 용기에 담고 막대기를 꽂은 뒤 얼린 이 간식거리는 나오자마자 빙수와 아이스크림을 '녹아웃'시켰다. 빙수나 아이스크림보다 값이 싼 데다가 더디 녹아서 골목골목 다니며 행상할 수 있다는 것이 아이스케키의 장점이었다. 빙수 한 그릇 가격은 20~30전 정도였으나 아이스케키는 하나에 1전이었다. 빙수와 아이스크림은 아이들이 감히 넘볼 수 없는 영역에 있었으나, 아이스케키는 아이들도 손에 넣을 수 있었다. 게다가 아이스케키 장수들은 돈 대신 유리병, 이 빠진 칼, 헌 고무신 등도 받았다. 아이들이 아직 쓸 만한 가재도구를 들고 나가 아이스케키와 맞바꾸는 일이 잦아졌다. 아이스케키 출현 이듬해인 1934년 여름, 경성부의 아이스케키 행상은 1,500여 명에 달했다. 당시 경성 인구는 40만 명, 266명당 1명이 아이스케키 장수였던 셈이다. 제조업자도 계속 늘었다. 1936년 현재 서대문경찰서 관내의 아이스케키 제조업체만 73곳이었으니, 서울 전역에는 200곳 이상의 제조업자가 있었을 것이다.

아이스케키의 선풍적인 인기는 전염병 환자 증가로 이어졌다. 적리赤痢, 장티푸스 등에 걸리는 어린이가 늘어났다. 1935년 7월 한 달간 하루 평균 12명의 전염병 환자가 발생했는데, 조선총독부는 발병 원인 1위가 아이스케키라고 발표했다. 이때부터 매년 여름이면 경찰은 아이스케키 제조장을 순찰하고 행상을 붙잡아 상자를 뒤지는 데 시간을 써야 했다. 1936년 7월, 경성 각 경찰서는 사카린을 유해 물질로 규정하고, 사카린을 넣어 아이스케키를 만든 업자들을 체포했다. 1938년 7월에는 경기도청이 '빙과자영업취체규칙'을 공포했다. 제조업자와 도매상은 도장관의 허가를 받을 것, 기존 제조업자와 도매상도 면허를 재발급받을 것, 제조업자당 행상인은 5명 이내로 제

1962년에 출시된 삼강하드 광고 '순설탕+풍부한 영양소+철저한 위생조치'를 강조했다. 사카린+유해 색소+비위생적 제조와 제품 관리로 인해 '위험천만한 식품'의 대명사가 됐던 아이스케키에 대한 인식을 바꾸려는 광고 문구였다. 아이스케키와 같은 모습이면서 '하드 아이스크림'이라는 제품명을 쓴 것도 인식의 전환을 위해서였다. 이 시도는 엄청난 성공을 거두어 아이스케키라는 이름을 사실상 소멸시켰다.

한할 것, 행상은 경찰의 감찰을 받을 것 등이 주요 내용이었다. 경기도청은 이에 덧붙여 제조업자와 가족의 건강 진단서를 확인한 후에 허가 여부를 결정하겠다는 방침도 밝혔다. 당시 경성부는 경기도청의 하부 기관이었다.

해방 후 모든 물자가 부족한 상황에서도 아이스케키의 인기는 시들지 않았다. 1950년 여름, 피난지 부산에도 아이스케키 통을 들고 다니는 행상은 많았다. 빈손으로 피난길에 나선 사람들이 찾을 수 있는 일거리는 미제 장수, 구두닦이, 아이스케키 행상 정도였다. 게다가 피난지 경찰의 단속은 예전 총독부 경찰의 단속보다 엄하지 않았다. 아이스케키까지 단속하기에는 경찰의 할 일이 너무 많았다. 당연히 아이스케키가 전염병을 퍼뜨리는 문제는 해결되지 않았다. 1970년대 초반까지도 위생 상태가 의심스러운 아이스케키 통을 메고 다니는 소년 행상을 흔히 볼 수 있었다.

의심스럽지 않거나 덜 의심스러운 아이스케키를 먹으려면 '전문점'에 찾아가야 했다. 1950년대 말에는 서울 명동의 한미당과 노량진의 진미당 등이 아이스케키 판매점으로 유명해서 여름철에는 매일 문전성시를 이뤘다. 1962년 여름, '국내 최초의 아이스크림 위생적 자동 대량 생산'을 표방한 삼강하드가 출시되었다. 30년 전 아이스케키가 아이스크림과 빙수를 '녹아웃'시켰던 것과 마찬가지로, '하드'도 아이스케키 행상들을 골목골목에서 몰아내기 시작했다. 그보다 아이스케키라는 이름을 아예 '하드'로 바꿔버렸다. 이후 국내 유수의 제과업체들이 잇따라 얼음과자 시장에 뛰어들었다. 얼마 후에는 얼음과자를 대표하는 이름도 '하드'에서 '아이스바'로 바뀌었다.

오늘날 주택가의 작은 상점 입구에는 거의 어김없이 아이스케키, 하드, 아이스바, 아이스크림 등 얼음과자류가 든 냉동고가 놓여 있다. 얼음과자류를 먹지 않고 여름을 나는 사람은 거의 없다. 특히 어린이와 청소년들은 매년 여름 수십 개씩의 얼음과자를 먹는다. 현대인은 차갑고 달콤한 얼음과자를 먹으며 여름을 견디는 사람이라고 해도 과언이 아니다. 사람의 성정으로 보면, 달콤함은 따뜻함과 어울리고 쌀쌀함은 씁쓸함과 어울린다. 가슴에 냉기를 품고도 얼굴엔 달콤한 미소를 짓는 훈련을 거듭하는 현대인에게, 얼음과자는 참 잘 어울리는 식품이다.

밀가루

35.　　또 하나의
　　　　　주곡

　　　　　포유류는 초식동물과 육식동물로 나뉘며, 둘을 겸하는 잡식동물은 그리 많지 않다. 인류는 잡식동물 중에서도 특별한 존재다. 초본류의 씨앗(곡식)을 주식으로 삼는 포유류는 인간밖에 없다. 초식동물은 주로 초본류의 잎을 먹기 때문에, 먹을 것을 두고 인간과 다투는 동물은 새나 쥐 정도다. 인류는 새나 쥐와 경쟁하는 '수모'를 감수하면서 '곡식 먹는 동물'이 됨으로써 비로소 문명을 창조, 저장, 전승할 수 있었다. 인류는 농사를 지음으로써 '자연을 개조하는 동물'이 되었다. '인공'人工은 자연에 대립하는 개념이 되었고, 인류 문명의 발전사는 곧 '자연 훼손사'였다. 농경은 또 인간에게 잉여 생산물과 잉여노동력을 선사했다. 모든 동물이 활동 시간의 대부분을 먹이 활동으로 보내지만, '농사짓는 인간'은 연중 60일 정도만 노동하면 종족의 유지와 번식이 가능했다. 그들은 남는 노동시간을 관개시설, 성곽, 도로, 왕궁, 신전과 종교적 기념물 등을 만드는 데에 투입했다. 농경은 또 인간으로 하여금 기상과 기후 등 자연현상에 관심을 갖도록 유도했다. 인간의 예측과 계산 능력은 작물의 생육과정을 관찰하면서 비약적으로 커졌다.

　　　　곡식은 '동물종의 하나'였던 인류를 '동물과 다른 존재'로 바꾼 물질이지만, 인류가 주곡으로 삼은 것은 지역에 따라 달랐다. 곡식 중에서도 오늘날 인간이 가장 많이 심고 먹는 것은 밀, 쌀, 옥수수다.

경지 면적에서는 밀이 32퍼센트, 쌀이 20퍼센트, 옥수수가 18퍼센트이고, 생산고로는 밀이 29퍼센트, 쌀이 26퍼센트, 옥수수가 25퍼센트다. 지구상의 농경지(목초지 제외)는 3분의 1 정도가 밀밭이다. 그런데 인구 부양 능력은 쌀이 가장 커서, 전 세계 인구의 35퍼센트 정도가 쌀만을 주식으로 삼는다. 옥수수나 감자 등으로 쌀 부족을 보충하는 사람들까지 포함하면, 쌀을 먹는 인구는 전체의 38퍼센트에 달한다. 쌀 소비가 많은 나라는 대부분 인구 밀도가 매우 높으며, 당연히 인구도 많다. 한국, 중국, 인도, 인도네시아, 파키스탄, 방글라데시, 일본, 필리핀, 베트남, 태국의 인구만 합쳐도 40억이 넘는다. 반면 밀만을 주식으로 먹는 인구는 전체의 10.5퍼센트, 밀 외에 옥수수나 감자 등을 주식으로 먹는 인구는 전체의 3퍼센트에 불과하다.

쌀 문화권에서는 인구가 많은 대신 대체로 육류 소비가 적다. 곡식을 생산하는 땅을 늘리기 위해 목초지를 줄였기 때문이다. 페르낭 브로델 등의 연구에 따르면, 농경지는 목초지보다 여섯 배 정도 많은 인구를 부양한다. 쌀 생산 지대와 밀 생산 지대의 목초지 비율이 다른 이유는, 쌀을 재배하는 논의 생산성이 특히 높기 때문일 것이다.

어떤 사람은 유사 이래 한민족이 저지른 최대 실수가 쌀 문화권에 편입된 것이라고 한다. 쌀은 고온다습한 아열대 기후에 적합한 작물이다. 한반도는 벼농사의 북방 한계선에 위치하여, 기후 및 기상이 그에 적합하지 않다. 한반도에서 벼에 선행한 작물은 조, 기장, 수수이며 벼농사는 삼한시대에 시작되었다. 『삼국사기』에는 백제의 다루왕이 즉위 6년(서기 33)에 백성들에게 벼농사를 짓도록 했다는 기록이 있다. 고구려에서 남하한 유이민 집단으로 이루어진 백제가 마한의 패자로 부상한 것은 쌀의 높은 인구 부양력 덕분이었다는 견해도 있다. 하지만 한반도에서 쌀은 재배하기에 만만치 않은 작물이었다. 파종기에는 으레 가물고 추수기에는 수시로 태풍이 몰려온다. 한반도에서 쌀은 풍흉豐凶의 격차가 큰 작물이었다. 그래서 쌀은 수시로 부족했다. 이런 상태에서 쌀 부족을 보완한 것이 보리, 조, 기장, 콩 등이었다. 조선 후기에는 감자, 고구마, 옥수수가 구황작물로 추가되었다. 드물게 밀도 심었으나, 고운 가루로 만들기 어려웠던 데다가 글루텐 성분도 적은 품종이어서 반죽이 쉽지 않았다. 이 때문에 개항 이전 한국인들은 밀가루 음식을 거의 만들지 않았다. 밀의 주된 용도는 누룩을 만드는 것이었다. 밀가루 국수는 근대 이후에 창조된 '전통음식'이다.

개항 이후 일본인과 서양인들이 빵, 크래커, 쿠키 등을 들여온 뒤에야 한국에도 밀가루 음식이 흔해졌다. 몇 해 전, 한 TV 프로그램이 한국 회사에 취업한 아프리카 여성의 일상을 소개했다. 그 여성은 늘 혼자 점심을 먹었는데, 직장 내 '왕따'라서가 아니라 쌀밥을 먹으면 소화가 안 되고 배가 아프기 때문이라고 했다. 밀가루 음식은 소화가 안 된다는 어떤 노인에게 이 방송 내용을 전했더니, 그는 "말도 안 되는 소리"라고 펄쩍 뛰었다. 사람 몸이 다 같은데 쌀밥을 소화시키지 못하는 사람이 있을 리 없다는 게 그의 소신이었다. 하지만 사람의 몸에도 문화가 새겨지는 법이다. 개항 직후 조선에 온 서양인들에게 쌀밥은 불편한 음식이었다. 그들은 비싼 돈을 들여 중국과 일본에서 밀가루를 수입했고, 빵과 과자를 만들 줄 아는 중국인 요리사를 고용했다. 1890년대 후반에는 서양인 거류지였던 서울 정동에 밀가루를 파는 상점도 생겼다. 서양인 선교사들은 빵과 과자를 '선교용품'으로도 활용했다. 그들에게 빵과 과자를 얻어먹고 '크리스마스 신자'가 된 사람도 적지 않았다.

그런데 밀가루 수입이 늘어난 것은 서양인보다도 일본인 때문이었다. 우동, 빵, 카스텔라, 덴푸라 등 밀가루 음식에 익숙해진 일본인의 입맛은 한국으로 이주한 뒤에도 달라지지 않았다. 일본 제분회사들은 미국산과 시베리아산 밀을 제분하여 한국으로 수출했다. 짜장면, 짬뽕, 만두 등을 파는 중국음식점이 늘어난 것도 밀가루 소비 증가를 촉진했다. 밀가루 소비가 늘어나자 한국에 제분 공장을 세우려는 일본인들도 생겨났다. 1912년부터 시작된 제분 공장 건설 움직임은 1918년 초에 결실을 맺어 진남포에 조선제분주식회사 공장이 생겼다. 1921년에는 서울 용산에도 풍국제분주식회사 공장이 건립되었다. 진남포 공장에서는 시베리아와 만주산 밀을, 용산 공장에서는 미국과 오스트레일리아산 밀을 주로 제분했다. 이후 주로 한반도 북부 지역에 제분 공장들이 속속 건립되었으나, 일제강점기 말까지 '조선산' 밀가루는 전체 수요량의 30퍼센트를 넘지 못했다.

밥에 익숙한 한국 사람들에게는 밀가루가 불편한 식재료였다. 밀가루로 음식 만드는 법을 아는 사람이 거의 없었고, 빵이나 카스텔라를 자주 사 먹을 수 있는 사람은 더더욱 없었다. 일제강점기 조선인에게 밀가루의 유일한 장점은 가격이었다. 1920년대 중반 밀가루의 가격은 쌀값의 5분의 1 수준이었다. 가난한 조선인들이 밀가루 음식을 먹는 건 오직 이 때문이었다. 이스트, 달걀, 버터 등을 구할 수 없었으니, 물에 반죽한 뒤 뜯어서는 수제비로 만들어 먹는 수밖에 없었다. 밀가루로 칼국수를 만들 수도 있었으나, 가난한 사람들에게는 일할 손도 늘 부족했다. 1924년 기준 서울의 밀가루 소비량은 10만 석 정도로 1인당 다섯 말 정도를 먹은 셈이 된다. 이 중 30퍼센트 정도는 술, 엿, 고추장 등의 원료로 사용되었다. 1937년 중일전쟁을 일으킨 일본이 계속 침략전쟁을 확대함에 따라 조선 내 밀가루 소비는 더 늘었다. 쌀은 군량미로 반출되었고, 그 대신 중국산 밀과 잡곡이 반입되었기 때문이다.

해방 후 쌀 반출은 중단되었으나, 밀가루 소비가 줄지는 않았다. 미군정의 섣부른 '미곡시장 자유화'로 쌀값이 폭등했기 때문에 가난

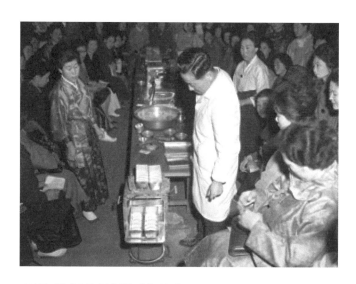

1963년 서울에서 열린 '식생활 개선 강습회' 서울시 주최의 이 강습회는 주로 1961년 지역 확장으로 서울시에 편입된 변두리 지역에서 열렸다. 강습회에서는 동네 부인들을 모아놓고 밀가루로 쉽게 만들 수 있는 음식 제조법 등을 가르쳤으나, 집에서 식빵을 만드는 사람은 거의 없었다. 대신 빵집이 크게 늘어났다. 20여 년에 걸친 '밀가루 먹기 운동'의 영향도 있어서, 오늘날 한국인은 쌀과 밀을 함께 먹는 민족이 되었다. 출처: 서울역사박물관, 『서울, 폐허를 딛고 재건으로 Ⅰ: 1957-1963』(2011)

한 사람들은 밀가루를 선택할 수밖에 없었다. 특히 한국전쟁 이후 미국이 원조물자로 보내준 밀가루 포대가 지천에 널림에 따라, 밀가루 음식은 가난한 사람들의 주식이 되다시피 했다. 자기 몸에 '가난의 표상'을 일부러 부착하려는 사람은 없다. 오랫동안 수제비는 구호식량에 의지할 수밖에 없는 사람들, 실업자, 고아, 수재민의 음식으로 취급되었다.

5·16군사정변 이후 박정희 정부는 쌀 소비를 줄이기 위해 혼식과 밀가루 음식을 적극 권장했다. 박정희 정권 때 초·중·고등학교 시절을 보낸 나는 당시의 기억들이 아직도 생생하다. 점심 시간 전에는 늘 도시락 검사를 받았고, 쌀밥이 들어 있으면 점심을 먹을 수 없었다. 학교에서는 부모들이 도시락 싸는 불편을 덜어준다며 유상 급식

을 실시하기도 했는데, 메뉴는 빵과 우유였다. 소풍 날 김밥도 보리밥으로 싸야 했다. 어머니는 보리밥으로는 김밥을 쌀 수 없다며 눈속임으로 깨를 넣곤 했다. 나는 그러면 소풍 가서 점심도 못 먹는다고 항변했으나, 교사들도 김밥마저 보리밥으로 싸라는 지침이 터무니없다는 건 알았다. 식당에서도 쌀밥은 팔지 않았다. 그러는 사이에 밀가루 음식의 수요는 계속 늘어났다.

당대의 과학도 "쌀만 먹으면 해롭다"는 담론을 유포했다. '서구인들은 밀가루 음식을 많이 먹기 때문에 체격이 좋고 튼튼하다' 따위의 주장을 펴는 '전문가'들이 신문 지면과 방송 화면을 장악했다. 그로부터 불과 20여 년 만에 쌀이 남아돌기 시작하자, 과학은 다시 쌀의 '무해성'을 주장했다. 심지어 '한국인은 한국 땅에서 나는 쌀을 먹어야 건강하다'는 신토불이身土不二 학설까지 등장했다. 쌀막걸리가 해금되었고, 쌀과자, 쌀음료 등도 출시되었다. 하지만 밀가루에도 익숙해진 한국인의 몸은 과거로 되돌아가지 않았다. 2020년 기준 한국인 1인당 쌀 소비량은 58킬로그램 정도, 밀가루 소비량은 48킬로그램 정도로 거의 비슷하다. 오늘날의 한국인에게 쌀은 '관념상의 주곡'일 뿐이다. 이렇게 된 데에는 권력의 입맛대로 학설을 창조했던 과학이 기여한 바도 적지 않다. 지금 우리 사회에 정말 필요한 일은, 국가권력이라는 '귀신'을 숭배하는 샤머니즘이 더 이상 '과학'을 참칭할 수 없도록 하는 일일지도 모른다.

36. 밥을
대신하는
음식

    프랑스 혁명 전야, 굶주린 민중이 호화찬란한 베르사유 궁전 앞에 몰려가 "빵을 달라"고 외치자 왕비 마리 앙투아네트는 "빵이 없으면 케이크를 먹으면 되지. 왜 저 난리들인가?"라고 했다고 한다. 다 알다시피 근거 없는 이야기다. 1946년 남한에서는 미군정의 섣부른 미곡시장 자유화 정책에 편승한 모리배들의 매점매석으로 쌀값이 천정부지로 치솟았고 거리 곳곳에는 "쌀을 달라. 쌀을 주는 우리 정부를 속히 세우자"라는 문구가 적힌 포스터들이 나붙었다. 그러자 이승만의 부인 프란체스카는 "한국 사람들은 참 이상하다. 쌀이 없으면 빵을 먹으면 되지"라고 했다고 한다. 역시 근거가 확실치 않은 이야기다.

    빵은 포르투갈어 '팡데로'를 일본인들이 축약하여 만든 단어다. 담배, 가방, 구두, 돈가스, 메리야스, 카스텔라 등 일본인들이 일본식 발음으로 바꾼 '일본의 외래어' 중 하나다. 일본은 1540년대부터 포르투갈인들과 무역을 개시했으니, 그 무렵에 생긴 단어로 추정된다. 18세기에는 중국에 사신으로 갔던 조선인 몇 사람이 이 음식을 맛보았다. 1720년 연행사가 된 아버지 이이명李頤命을 따라 베이징에 갔다가 가톨릭 성당을 방문했던 이기지李器之는 연행록『일암연기』一庵燕記에 다음과 같이 기록했다.

서양인들이 (…) 식사를 대접하기에 이미 먹었다고 사양하니, 서양떡 서른 개를 내왔다. 그 모양이 우리나라의 박계薄桂(계피떡)와 비슷했는데, 부드럽고 달았으며 입에 들어가자마자 녹았으니 참으로 기이한 맛이었다. 만드는 방법을 묻자 사탕과 달걀, 밀가루로 만든다고 했다. 선왕(숙종)께서 말년에 음식에 물려 색다른 맛을 찾자, 어의御醫 이시필이 말하길 "연경에 갔을 때 심양장군瀋陽將軍 송주松珠의 병을 치료해주고 계란떡雞卵餠을 받아 먹었는데, 그 맛이 매우 부드럽고 뛰어났습니다. 저들 또한 매우 진귀한 음식으로 여겼습니다"라고 했다. 이시필이 그 제조법에 따라 만들기를 청하여 내국內局에서 만들었지만 끝내 좋은 맛을 낼 수가 없었는데, 바로 이 음식이었던 것이다. 내가 한 조각을 먹자 그들이 곧 차를 내왔는데, 대개 이것을 먹은 후에 차를 마시면 소화가 잘되어 체하지 않기 때문이다. 뱃속이 매우 편안했으며, 배가 부르지 않았지만 시장기를 잊을 수 있었다.

이기지의 기록을 통해 그전에도 심양에서 빵을 먹어본 조선인이 있었고, 숙종의 어의 이시필이 빵을 만들어보려 애썼음을 알 수 있다. 이시필이 만들려 했고 이기지가 먹어본 것은 아마도 카스텔라였을 것이다.

빵은 1880년대 중반 두 경로를 통해 한반도에 들어왔다. 하나는 개항장의 일본인들이 만든 '판매용' 빵이었고, 다른 하나는 서울 정동의 서양인 집 중국인 요리사들이 만든 '가정용' 빵이었다. 18세기부터 일본인들은 포르투갈의 카스텔라를 모방하여 일본식 카스텔라를 만들기 시작했고, 메이지유신 무렵에는 빵 공장이 도처에서 성업 중이었다. 빵이라는 말은 일본인의 서울 거주가 합법화한 1885년 이

1970년대 초의 초등학교 급식 초등학교 급식은 휴전 직후인 1953년부터 시작되어 1977년 9월 급식 빵 중독사건 때까지 계속되었다. 이 기간에 초등학생이었던 사람들이 빵을 끼니로 먹는 데 익숙해진 한국인 첫 세대다. 출처: 『사진으로 보는 한국백년』

후 조선에 전래되었다. 1890년대에는 개항장의 일본인 거류지에 '화양和洋 과자상'(빵집)이 여러 곳 생겼다. 주한 일본공사관의 조사에 따르면 이 시기 조선 내 일본 상인의 주력 업종은 무역상, 잡화상, 과자상(빵집), 매약상賣藥商이었다. 1899년 평양에만 아홉 곳의 일본인 빵집이 있었으며, 점포당 하루 평균 10원 내외의 매상을 올렸다.

18세기 말 조선에 들어온 프랑스인 신부들도 빵을 휴대했을 터이나, 이들은 조선에서 빵 만들 재료를 구할 수 없었다. 하지만 구미인들이 합법적으로 입국한 1880년대 초중반에는 사정이 달라졌다. 그들 주변에는 고운 밀가루를 수입, 판매하는 일본 상인과 빵과 과자를 구울 줄 아는 중국인 요리사가 있었다. 정동교회, 새문안교회 등 개신교 교회들이 본격적으로 종교활동을 시작한 1890년대 후반에는 교회가 한국인들에게 빵과 과자 맛을 알리는 기지 구실을 했다. 그 맛에 반해 일요일을 손꼽아 기다리는 사람이 늘어났다.

1894년 동학농민혁명 때에는 조선 정부도 빵을 군량으로 공급했

다. 이해 6월, 일본군 첩보장교는 조선 정부가 호남 지역으로 출동하기 위해 대기 중인 강화 총제영總制營 병사들에게 빵 3,000근을 만들어 나눠주었다고 기록했다. 그 빵이 지금의 식빵과 건빵 중 어느 것에 가까웠는지는 알 수 없다. 1920년대부터는 한국인들도 빵과 과자를 만들어 판매하기 시작했는데, 종사자 수는 빠른 속도로 늘었다. 빵의 종류도 다양해져서 팥소(일본어로 앙코)를 넣은 안팡あんパン(단팥빵), 달걀 모양의 다마고빵(계란빵), 밀가루 대신 현미를 쓴 겐마이팡げんまいパン 등이 인기를 끌었고, 극장이나 운동장, 주택가 골목에서 빵 행상을 하는 사람도 많았다.

조선제빵업조합연합회가 창립된 1942년 당시 제빵·제과업체 수는 478개소, 그중 조선인 경영이 323개소였다. 조선인 빵 제조업체 증가는 일본의 대륙 침략과도 무관하지 않았다. 당대에는 쌀밥이 각기병을 유발한다는 것이 일종의 상식이었다. 더구나 전투 중인 병사들에게 때맞춰 쌀밥을 공급하기는 매우 어려웠다. 휴대가 간편하고 상대적으로 장기 보관이 가능하며 식어도 문제없는 빵은 군용 식량으로 최적이었다. 오늘날 군용 간식 또는 비상식량으로 알려진 건빵도 일본군이 러일전쟁 중에 개발한 것이다. 당시 일본군은 이 빵에 간멘포乾麵麭라는 이름을 붙였는데, 그 별명이 '간팡'乾パン이었다. 일본군이 만주, 중국 본토, 태평양 일대로 전선을 확대함에 따라 군납용 빵의 수요는 계속 늘었고, 조선인 업자들은 상대적으로 싼값을 앞세워 일본군에 빵을 납품할 수 있었다.

해방 후 원조 밀가루와 설탕, 버터 등이 흔해지면서 빵 생산과 소비는 빠르게 늘었다. 특히 군인과 학생들이 빵의 주요 소비층이었다. 1959년에는 대규모 제빵·제과회사도 생겼다. 1960~1970년대 크림빵과 단팥빵은 학생들의 간식이자 가난한 사람들의 대용식이었고, 빵집은 고등학생과 대학생들의 미팅 장소였다. 박정희 정권의 혼분식 장려 정책도 빵의 소비를 늘렸다. 1980년대 말부터는 골목골목에 프랜차이즈 빵집들이 들어서기 시작했다. 오늘날의 한국인에게 빵은 더 이상 간식이나 '먹어도 먹은 것 같지 않은' 별미가 아니다. "밥이 없으면 빵을 먹으면 되지"는 이제 누구나 일상적으로 하는 말이다.

수제비

　　　　서민적인 중국음식점 한쪽 벽면에는 대개 아주 큰 메뉴판
이 붙어 있다. 위쪽이 '요리부', 아래쪽이 '식사부'다. 요리와 식사가
서로 대립하는 개념은 아니지만, 이 분류는 음식에 대한 대중의 직
관적 구분법을 충실히 따른 것이다. 요리는 즐기는 음식이고, 식사
는 때우는 음식이다.

　신분과 계급이 출현한 이래 상층에 속한 사람들은 그 구분선을 명
료히 긋기 위해 여러 수단과 도구를 발전시켜왔으니, 음식에서도 예
외는 아니었다. 호의호식好衣好食은 그 자체로 귀족과 부자의 상징이
었다. 재료, 조리법, 가짓수, 식기와 식탁에 이르기까지 '먹는 행위'
는 그 자체로 함께 먹는 사람들의 신분을 확인하고 드러내는 일이었
다. 중세 유럽에서는 사냥한 짐승의 고기와 가축 고기, 흰빵과 검은
빵이 구분선 구실을 했다. 흰빵은 부드럽고, 검은빵은 거칠었다. 반
면 사냥한 고기는 가축 고기보다 누린내가 심하고 질겼다. 하지만
귀족들은 '사냥할 수 있는 인간'이라는 표지를 포기하지 않았다. 이
때문에 고기를 부드럽게 만드는 기술과 누린내를 줄이기 위한 향신
료 사용법이 발달했다. 콜럼버스가 대서양 횡단 항해를 결심한 것도
새로운 후추 무역로를 개척하기 위해서였으니, '누린내 나는 고기'
는 세계사에 심대한 영향을 미친 셈이다.

　우리나라에서는 쌀밥과 잡곡밥, 고깃국과 된장국이 차별적 음식

세계를 충실히 대표한 상징물이었다. "이밥에 고깃국 한번 배불리 먹어봤으면"은 아주 오랫동안 서민들의 염원이었다. '이밥'은 멥쌀로 지은 밥을 말한다. 일제강점기 일본이 조선 쌀을 수탈하기 전에는 가난한 농민들도 이밥을 주로 먹었다는 연구가 있기는 하나, 20세기 초의 전국 논밭 분포 상황만 보아도 그랬을 가능성은 낮다. 다만 일제강점기, 특히 산미증식계획 이후에 조선인의 식량 사정이 경향적으로 나빠진 것은 분명하다.

1918년 7월, 일본의 도시 노동자와 빈민들이 쌀값 폭등에 항의하여 시위를 벌였다. 일부는 미곡상점을 습격하기도 했다. 우리나라 사람들은 이런 일에 '시위', '항쟁', '폭동' 등의 이름을 붙이지만, 일본인들은 '쌀 소동騷動'이라는 이름을 붙였다. 이런 작명법은 '민중운동'에 대한 관점의 차이를 표현한다. 이 소동 이후 쌀값을 안정시키는 게 일본 정부의 중요 과제가 되었다. 1920년부터 조선총독부는 산미증식계획을 최우선 국책 사업으로 삼아 강력히 추진했다. 총독부가 제시한 쌀 증산 방식은 두 가지였다. 하나는 수리시설을 확충해 밭을 논으로 개조하는 토지개량사업이었고, 다른 하나는 조선 농민들에게 일본식 '선진농법'을 가르쳐 면적당 생산량을 늘리는 농사개량사업이었다. 조선 재래의 농법이 총독부 관리들이 생각했던 것처럼 '미개'하지 않았기 때문에, 농사개량사업은 별 성과가 없었다. 그러나 지주들로부터 돈을 끌어모아 저수지를 만들고, 저수지 아래쪽의 밭을 논으로 개조하는 사업은 상당한 성과를 냈다. 그 결과 조선의 쌀 생산량은 꽤 늘었다. 사업 시작 연도인 1920년에 1,270만 석(약 190만 톤) 정도였던 것이 1920년대 내내 평년 1,400~1,500만 석 사이를 오르내렸다.

하지만 산미증식계획 기간 중 조선인의 쌀 소비량은 오히려 줄었을 뿐 아니라 다른 곡물 소비량도 줄었다. 생산 증가분보다 더 많은 양이 일본으로 반출되었고, 쌀 대신 먹던 다른 잡곡의 생산량도 줄었다. 일본이 한국을 강점한 1910년경에는 일본인과 한국인의 1인당 쌀 소비량이 거의 차이가 없었으나, 산미증식계획이 진행되면서 격차는 두 배 가까이로 늘어났다. 1928년 일본인 1인당 쌀 소비량은 1.13석이었으나, 조선인은 0.54석에 불과했다. 이런 형편이었으니, 잡곡밥에 된장국이라도 배고프지 않을 정도로 먹을 수 있으면 다행이었다. 밥이 아닌 다른 것으로 배를 채워야 하는 때도 많았다. 이른

수제비 "요새 밀가루가 흔해졌습니다. 그래서 식량이 부족한 탓으로 집집마다 밀가루 음식을 해먹게 되는데 대개는 그 만드는 방법이 일률적이고 또 특별한 방법이 없이 어느 집이나 한결같이 수제비가 아니면 개떡같이 해먹거나 밀국수를 해먹는 것을 큰 별식으로 알고 있습니다."(『경향신문』, 1946년 11월 3일자) 20세기 한국인에게 쌀은 늘 '부족한 주곡'이었다. 밀가루 수제비는 꽁보리밥과 함께 그 부족함을 메워준 음식이다.
출처: 해외문화홍보원

바 보릿고개를 풀뿌리와 나무껍질로 넘었다는 이야기가 '전설'의 영역으로 넘어간 것은 그리 오래지 않은 과거의 일이다.

밥과 초근목피의 중간에는 피, 기장, 감자 등의 구황작물이 있었다. 이들을 주재료로 삼은 음식에 관한 한, '인간은 먹기 위해 산다'가 아니라 '살기 위해 먹는다'가 진실이다. 일제강점기부터 미국, 오스트레일리아, 시베리아산 밀가루가 쌀보다 싼 잡곡 대열에 합류했다. 1920년대 산미증식계획 기간에는 밥 대신 밀가루 수제비로 끼니를 때우는 도시 가정이 늘어났다. 서울 서소문 등 저임금 중국인 노동자가 많이 사는 동네에는 수제비를 파는 음식점도 생겼다. 수제비는 본래 밀가루가 귀했던 조선시대에 양반들의 별미로 탄생한 음식이었다. '손으로 접는다'는 뜻의 수접手摺이 변한 말인데, 밀가루가 천해지자 수제비도 천해졌다.

해방과 분단, 전쟁을 거치면서 미국의 원조 덕에 밀가루는 더 흔해졌다. 수제비는 밀가루, 소금, 물, 된장만 있으면 다른 재료나 도구 없이 간편하게 만들 수 있는 음식이었기에, 빈민과 이재민에게는 주식主食과 같았다. 1970년대까지도 수재민 임시 수용소 등에는 밀가루 포대가 구호식량으로 지급되었고, 수재민과 봉사자들은 그것으로 수제비를 만들어 먹었다. 재난을 면한 이웃 사람들이 수재민에게 밥과 반찬을 가져다주면, 수재민은 밀가루로 보답하기도 했다. 밀가루를 받은 사람들은 그걸로 또 수제비를 만들어 먹었다. 그래서 수제비는 이재민과 이웃 사람들이 고통을 공유하고 어려움을 함께 극복하는 상징적 음식이기도 했다. 이제 수제비에서 피란민 수용소나 수재민 수용소를 떠올리는 사람은 많지 않다. 수제비가 값싼 음식의 대명사도 아니다. 하지만 많은 한국인이 이 음식 덕에 빈곤의 강을 건널 수 있었다.

부대찌개

38. 음식의
    전통과 원조를
    따지는 문화

한국전쟁 중 후방의 훈련병들은 위험한 줄 알면서도 하루 속히 전방 부대에 배속되기를 원했다. 그들의 마음을 전선으로 이끈 것은 애국심이나 멸공정신이 아니라 배고픔이었다. 훈련병이 매 끼니로 배급받은 음식은 소금을 조금 뿌려 뭉친 주먹밥 한 덩이와 도레미탕이 전부였다. 도레미탕은 '콩나물 대가리 서너 개만 둥둥 떠다니는' 멀건 국을 말한다. 전방의 전투병은 이보다 훨씬 나은 음식을 먹었기 때문에, '배고픔을 면하기 위해 죽음도 불사하겠다'는 훈련병이 많을 수밖에 없었다.

1951년 여름, 모 신문사 기자가 지방 도시 인근의 피란민촌을 찾아갔다. 멀끔하게 차려입은 기자를 본 아이들이 주변에 몰려와 애걸했다. "기자 선생님, 밥 좀 많이 주라고 신문에 내주세요." 전쟁 중, 그리고 휴전 후에도 꽤 오랫동안 배고픔은 한국인에게 최대의 적이었다. 이 막강한 적을 상대하기 위해서는 체면도 양심도 다 버리고 뛰어야 했다.

피란민촌이나 미군부대 인근의 한국인 군속 집단 거주지에는 가끔 구호식량이 전달되곤 했다. 구호요원들이 큰 드럼통에 '먹을 수 있는 것들'을 죄다 쏟아붓고 끓이기 시작하면, 인근에 있던 사람들이 몰려와 음식이 익기를 기다렸다. 음식이 다 익어갈 때쯤, 요원들은 "개판開板 5분 전"이라고 외쳤다. 드럼통 뚜껑으로 쓰는 나무판자가 5분 후에 열린다는 뜻이다. '서로 앞자리를 차지하려고 무질서하게 다투는 모습'이라는 뜻의 '오자성어'는 여기에서 유래한다.

미군부대에 배속된 한국 군인인 카투사KATUSA(Korean Augmentation to the United States Army)나 직급이 높은 군속들은 미군부대 PX에서 제대로 된 식료품을 빼낼 수 있었으나, 청소나 담당하는 하급 군속들은 그럴 수 없었다. 그들이 마음대로 처리할 수 있는 것은 아무도 거들떠보지 않는 물건들, 대체로 쓰레기들이었다. 그들은 미군이 먹고 버린 잔반을 모은 드럼통조차 내다팔았다. '잔반통'을 구입한 '업자'들은, 담배꽁초, 이쑤시개, 휴지 등 잔반통에 흔히 섞여드는 오물들을 대충 걸러낸 뒤 큰 드럼통이나 가마솥에 쏟아붓고 다시 끓여 팔았다. 이런 음식을 '꿀꿀이죽' 또는 '유엔탕'이라고 했다. 다음은 꿀꿀이죽의 소비 실태에 대한 당대의 신문기사들이다.

> 한강 모래사장 위에 게딱지처럼 다닥다닥 붙어서 830여 세대에 4,242명이 살고 있는 이촌동 사람들은 멀리 전라남북도, 경상남북도, 이 밖에 38 이북 피란민 등이 지난 4287년(서기 1954)부터 한 세대 두 세대 이주를 시작하여 일종의 이민 부락을 형성하고 있다. 대부분의 주민이 한강 모래 속에 파묻혀 있는 자갈을 채석하여 생계를 유지하고, 이 밖에는 지게 품팔이를 하고 있다. 서부 이촌동 부근에 있는 미군부대에서 담배꽁초까지 들어 있는 더러운 꿀꿀이죽을 깡통으로 사다가 생활하고 있는데, 주민들은 이것을 UN탕이라고 일컫고 있다.
>
> ─『경향신문』1957년 7월 27일자

보통 돈벌이가 안 되는 날은 꿀꿀이죽이다. 꿀꿀이죽이란 다름이 아니라 미군부대 취사반에서 미군들이 먹다 버린 찌꺼기들을 주워 모아 한국 종업원이 내다판 것을 마구 끓여 댄 잡탕 죽이다. 단돈 10환이면 철철 넘게 한 그릇을 준다. 운수가 좋으면 큼직한 고깃덩어리도 얻어걸리는 수가 있지만 때로는 담배꽁초들이 마구 기어나오는 수도 있다. 대개 꿀꿀이죽은 아침이 한창. 한가마 끓여도 삽시간에 낼름 팔리고 만다. 양키들이 먹다 남긴 찌꺼기지만 영양가치는 제일 많다는 것. 꿀꿀이죽처럼 이 사회에서 버림받은 채 찌꺼기로 살아가는 군상들. 그러나 꿀꿀이죽을 파는 할머니는 이들이 유일한 고객인 것이다. 남대문시장에서.

─『동아일보』1960년 12월 22일자

2장 ─ 먹고 맛보다

꿀꿀이죽은 1960년대 초중반경이 되어서야 유통계에서 사라졌다. 그로부터 30년쯤 지난 1980년대 중반, 식자재의 공급원이 같고 조리법도 대체로 비슷한 새로운 외식 상품이 출현했다. 이름은 부대고기 또는 부대찌개였다. 처음에는 미8군에서 불법 유출된 T본 스테이크 고기를 파는 집들이 '부대고기 전문 음식점'을 표방했다. 이런 음식점들은 한국 경찰과 미국 헌병의 합동 단속 대상이었다. 단속반의 조사 결과 '부대고기 전문 음식점'들에서 사용하는 고기의 90퍼센트가 한우로 밝혀지기도 했다. 1980년대 말에는 미국산 쇠고기 대신 소시지, 햄 등의 미국산 가공육을 미군부대에서 빼돌려 김치 등과 함께 끓여 만드는 '부대찌개'가 본격 등장했다. 미군부대에서 흘러나온 식재료를 한국식 찌개로 만들었다는 점에서, 유엔탕을 먹어본 세대에게는 익숙한 느낌을 주는 음식이었다. 하지만 이 음식은 유엔탕처럼 싸구려가 아니었다. 1990년 6월 14일자 『경향신문』은 부대고기나 부대찌개라는 간판을 내건 음식점의 창업이 늘어나는 현

189

의정부 부대찌개 거리 입구 이 거리에서 가장 먼저 부대찌개를 만들어 팔았다는 사람의 '증언'에 따르면, 부대찌개는 1960년에 탄생했다. 서울에 '부대고기 전문 음식점'이 등장한 것은 1985년의 일이며, 그런 곳들에서 판 부대고기는 미국산 T본 스테이크로서 소시지나 햄 등이 아니었다. 소시지와 햄, 베이컨 등을 김치 등의 국내산 식재료와 함께 우려낸 '부대찌개'는 1990년대에 접어들 무렵에 '정형화'했다.

상에 대해 "미국을 내지나 본토로 우러러보는 변방의식의 소산"이라고 질타했다. 이 음식에는 '빈곤한 자들의 절박함'이 아니라 '미군부대에서 나오는 고기에 대한 은근한 자부심과 우월감'이 담겨 있었다.

부대찌개의 '원조'에 대해서는 널리 알려진 다른 견해도 있다. 1960년 의정부 미군부대 인근에서 손수레 포장마차 영업을 하던 한 여성에게 미군들이 햄, 소시지, 베이컨 등을 가져다줬고, 그는 이것들을 볶음으로 만들어 팔다가 단골 고객들의 요구에 따라 찌개로 바꾸었다는 것이다. 이 이야기가 맞는다면 부대찌개가 서울로 진입하는 데에 25년 정도의 시간이 걸린 셈이다. 오늘날 그 포장마차가 있던 골목에는 '부대찌개 거리'라는 이름이 붙었고, 부대찌개는 의정부시를 대표하는 음식이 되었다.

부대찌개의 탄생 경위가 어떻든, 원조가 어느 음식점이든, 그 이름에 있는 부대가 '미군부대'라는 것은 사실이자 상식이다. 많은 사

람이 이 음식에서 꿀꿀이죽을 연상하는 것도, 미군부대에서 흘러나
온 식재료에 대한 기억 때문이다. 그렇다고 오늘날 부대찌개를 '극
빈자의 음식'이라고 생각하는 사람은 없다. 이 음식에서 '미제를 숭
배하는 변방의식'을 감지하는 사람도 없다. 이 음식은 한국인이 개
발한 '퓨전 음식'의 선구로 외국인들에게까지 알려졌다. 현대 한국
인의 입맛은 전통 입맛이 아니다. 다른 나라 사람들의 입맛도 마찬
가지다. 세계화는 음식, 의복, 주거 등 생활의 거의 모든 부문에서 각
국의 '전통'을 소거했다. 그런데도 음식에서 전통과 원조를 따지려
는 의지는 오히려 강해졌다. 부대찌개는 그런 의지가 온당한가를 묻
는 음식이다.

39.   인스턴트 시대를
       열다

인간은 음식을 익혀 먹는 유일한 동물이다. 요리라는 행위는 인류가 불 사용법을 찾아낸 170만 년 전부터 시작됐다. 익힌 음식은 맛있고 소화가 잘되고 안전했다. 음식을 익히는 과정은 기생충, 세균, 바이러스 등을 소멸시키는 과정이기도 하다. 음식을 익혀 먹은 덕분에 인간의 수명은 훨씬 더 길어졌다. 요리의 유일한 단점은 식재료를 구한 뒤 입에 넣을 때까지 꽤 많은 시간이 걸린다는 점이다.

인류는 요리 과정을 생략하고 익힌 음식을 먹기 위해 여러 가지 방법을 개발했다. 특히 군인, 상인, 여행자 등 이동하는 사람들에게는 요리하지 않고 먹을 수 있는 음식이 필수적이었다. 고대와 중세에는 육포나 훈제한 고기, 말린 과일, 곡식 등이 군인과 상인들의 비상식량이었고 19세기부터는 여기에 통조림이 추가됐지만, 이런 음식은 대체로 맛이 없었고 무엇보다 따뜻함에 익숙해진 사람의 위장과 어울리지 않았다. 찬 음식은 마지못해 먹는 음식이었다. 우리말에서 '찬밥'은 아무도 거들떠보지 않는 존재와 같은 뜻이다.

데우거나 끓이기만 하면 바로 먹을 수 있는 음식은 군용으로 먼저 개발되었으나, 민간인을 대상으로 큰 성공을 거둔 것은 라면이다. 1870년께 요코하마 등 일본 개항장에 들어온 중국인들이 노점에서 라미엔拉麵이라는 음식을 팔기 시작했다. 랍拉은 '꺾다', '부러뜨리다'

라는 뜻이니 말린 면을 부러뜨려 물에 넣은 뒤 양념과 함께 끓인 것이었다. 일본인들은 이를 '지나支那 소바' 또는 '남경南京 소바'라고 불렀다. 1958년, 일본인 사업가 안도 모모후쿠安藤百福는 기름에 튀겨 말린 밀가루 국수에 '닛신日淸 치킨 라멘'이라는 이름을 붙여 출시했다. 그는 제품의 이름에 일본과 중국의 퓨전 음식이라는 사실을 밝혔으나, 그 사실을 인지하는 사람은 많지 않았다.

일본과 국교를 수립하기 전인 1963년, 삼양식품이 일본 묘조식품明星食品 사로부터 기술을 배워 삼양라면을 출시했다. 우리말에는

최초의 국산 라면인 삼양라면 닭고기 육수를 사용했다는 의미로 닭 그림을 넣었다. 당시 가격은 10원. 가난한 사람도 부담 없이 먹을 수 있도록 싼값에 출시했다고 한다. 그러나 라면 한 봉지로는 성인의 허기를 달래기에 부족했다. 공업용 유지油脂 파동 등 라면의 안전성을 둘러싼 논란도 끊이지 않았지만, 라면은 출시된 지 60년 만에 한국인의 식탁에 자주 오르는 음식 중 하나가 되었다. 출처: 삼양식품

두음법칙이 있어 첫 글자 '라'는 '나'로 표기하는 것이 원칙이나, 이 제품명은 그 원칙을 무시했다. 리李를 '이'로, 류柳를 '유'로, 라羅를 '나'로 쓰던 한국인의 성씨 표기 방식도 이 무렵부터 바뀌기 시작했다. 이름이야 어떻든 미국산 원조 밀가루는 비교적 풍부했기 때문에 상대적으로 싼값에 공급할 수 있었지만, 초기의 매출은 기대 이하였다. 비록 오랜 기간 일본의 식민 지배를 받기는 했으나 일본식과 중국식을 섞은 퓨전 음식은 한국인의 입맛에 맞지 않았다. 라면 매출액은 스프에 고춧가루가 들어간 1960년대 중반 이후에야 급성장했다. 박정희 정권의 혼식 장려 캠페인도 라면의 매출 신장을 도왔다. 의사나 식재료 전문가들은 방송 프로그램과 신문 지면을 통해 '흰쌀

밥'을 즐기는 식습관 때문에 한국인의 건강이 좋지 않다는 주장을 태연히 늘어놓았다. 지금이야 라면을 자주 먹으면 건강에 좋지 않다는 것이 상식처럼 되었으나, 당시에는 라면도 건강식품으로 대접받았다.

라면이 대중화한 이후, 한국인이 가장 먼저 배우는 조리법은 '라면 끓이기'가 되었다. "남자가 부엌에 얼씬거리면 안 된다"는 말을 평생의 좌우명으로 삼은 남자들도 라면은 끓일 줄 안다. 2020년 현재 한국인의 1인당 라면 소비량은 연평균 69개로, 압도적인 세계 1위다. 이른바 한류열풍을 타고 라면 수출도 급증세를 보이고 있다. 오늘날 라면은 남녀노소를 가리지 않는 '기호식품'이지만, 동시에 가난했던 시절을 연상케 하는 '추억의 식품'이기도 하다. 가난해서, 또는 밥 먹을 시간조차 확보하기 어려워서 라면을 먹는 것은 과거와 현재가 공유하는 현실이다. 몇 해 전 지하철역에서 일하던 한 젊은이가 컵라면이 든 가방 하나만을 남기고 참변을 당한 이후 라면은 '삼포세대'(연애, 결혼, 출산을 포기한 세대)의 상징이 되기도 했다.

라면은 '간편함'과 '빠름'을 미덕으로 삼는 '인스턴트 식품'의 시대를 열었다. 한국인이 '당장'이나 '빨리'라는 단어를 많이 쓰는 것도 라면을 자주 먹기 때문인지 모를 일이다. 하지만 간편하고 빠르다고 해서 좋은 것만은 아니다. 조급증도 일종의 현대병이다.

짜장면

"살기 위해 먹는가, 먹기 위해 사는가?"는 "닭이 먼저냐 달걀이 먼저냐?"만큼이나 답하기 어려운 질문이다. 일상의 대화에서는 흔히 '먹다'와 '살다'가 서로 붙어 '먹고살다'로 쓰인다. 먹는 행위는 삶의 중심에 있으며, 하루의 삶은 식사 시간을 기준으로 분할된다. 오늘날 '식구'란 가족과 같은 뜻으로 쓰이지만, 본래는 가족보다 조금 넓은 범위의 공동체를 의미했다. '한솥밥 먹는 사람들' 중에서 혈연으로 직접 연결되지 않은 사람들, 즉 노비나 머슴이 떨어져 나감으로써 식구와 가족이 같은 의미로 변한 것이다. '객식구'客食口는 일시적으로 식구에 편입된 사람이라는 뜻이다.

부모와 자식으로 이루어지는 일차적 혈연 공동체 다음으로 끈끈한 관계를 맺는 인간 집단이 '식사 공동체'다. 함께 식사하는 것은 음식의 맛을 공유하는 행위일 뿐 아니라, 관심사, 가치관, 정서, 기분 등을 공유하는 행위이기도 하다. 정상회담의 만찬에서 회사원들의 회식에 이르기까지, '한자리에서 한솥밥 먹는 것'은 일시적으로나마 식구가 되는 행위다. 친구 사이에 '밥 한 끼 같이 먹자'는 말은 '우애를 다지자'와 같은 뜻이며, '찬밥 신세'란 식사 공동체 안에서 천대받는 존재라는 뜻이다.

근대 이전에 식사는 하루 두 번이든 세 번이든 기본적으로 식구끼리 하는 행사였다. 식구들과 헤어져 따로 밥 먹는 것은 예외적인 일

이었고, 그 예외를 일상화한 사람은 무뢰배나 장사꾼 정도가 있었을
뿐이다. 집 밖에서 밥 먹는 사람이 적었으니, 당연히 그들에게 밥을
제공하는 업소도 적었다. 우리나라에도 곳곳에 주막이나 객줏집이
있었고 서울 등 도시에는 냉면집이나 장탕반醬湯飯집 등 전문 음식점
이라 할 만한 것도 있었으나, 외식은 집을 떠나 생활하는 사람이 늘
어난 시대, 특히 농민들이 대거 농촌을 떠나 도시 노동자로 전업하
는 시대에 들어선 이후에야 흔해졌다. 가족 공동체의 균열과 '한솥
밥'의 위상 저하는 동일한 역사 과정의 산물이다.

1899년 일본 나가사키에서 사해루四海樓라는 음식점을 경영하던
중국인 진헤이준陳平順은 본국에서 온 노동자와 유학생들을 위해 고
향의 맛을 느낄 수 있으면서도 양이 푸짐하고 값싼 음식을 개발했
다. 재료는 일본산이지만 솜씨는 중국산인 이 음식에는 짬뽕이라는
이름이 붙었다. 밥 먹는다는 뜻의 중국어 '치판'吃飯을 일본인들이 잘
못 알아들어 붙은 이름이라는 설과 지배인을 뜻하는 장궈이掌櫃의
'장'과 닛폰의 '폰'을 합쳐 만든 말이라는 설이 있다. 짬뽕에는 '서로
다른 것들을 뒤섞다'라는 뜻도 붙었는데, 일본 것과 중국 것이 섞였
지만 중국에서는 먹기 어려운 중국음식이다.

한국에서 짬뽕에 상응하는 중국음식이 짜장면이다. 근래 한국인
들이 중국인을 비하할 때 쓰는 짱깨라는 말도 '장궈이'가 변한 것이
지만, 국어사전에는 '짜장면을 속되게 이르는 말'로 나온다. 현대 한
국에서 짜장면은 중국을 대표하는 음식이다. 한자로는 작장면炸醬麵,
즉 튀긴 장을 얹은 면이라는 뜻인데 산둥성 향토 음식에서 유래했다
고는 하나 이 역시 정작 중국에서는 먹기 어렵다. 외국에서 짜장면
을 먹으려면 차이니즈 레스토랑 옆에 '코리안 스타일'이 병기된 간
판을 찾아야 한다.

1882년 6월 임오군란이 일어나자 청나라는 조선 정부의 요청

에 응하는 형식으로 군대를 파견했다. 광동수사제독 오장경吳長慶이 4,000여 명의 군인을 인솔하고 서울에 들어왔는데, 군수품 조달상 40여 명도 따라왔다. 이들이 오늘날 한국 거주 화교의 원조다. 외국 군대가 아무 대가 없이 주둔하지는 않는 법. 이 직후 조선과 중국 사이에 무역장정이 체결되어 서울과 인천 등이 중국 상인들에게 개방되었다. 외국에서 자국 군대의 비호를 받으며 장사하는 것보다 더 쉽게 돈 버는 일도 드물다. 조선에 들어온 청 상인들은 청군의 군사적 지원하에 급속히 세력을 키웠다. 서울, 인천, 원산 등 개시장과 개항장에서 청나라 상인들의 점포가 빠르게 늘어났다. 1883년 말 서울과 각 개항장에서 개업한 청나라 상인은 210명 정도였고, 이듬해에는 서울에 353명, 인천에 235명으로 급증했다. 돈 벌러 만리타향에 온 이들에게 가장 절실한 것은 '고향의 맛'이었다. 1880년대 중반에는 중국인 손님을 위한 중국음식점이 서울, 인천, 원산 등지에서 문을 열었다.

　1894년 7월 24일 밤, 청일전쟁이 일어나자 외국인들에게 총독 viceroy으로 불리던 위안스카이袁世凱가 변장을 하고 병사들과 함께 서울을 탈출했다. 청나라 상인 대다수도 그들과 동행했다. 전쟁이 끝난 뒤 일부 상인은 남겨두었던 재산이 아까워 다시 돌아왔지만 그들의 세력이 예전 같을 수는 없었다. 그리고 이 무렵부터는 돈 많은 상인보다 쿨리苦力라는 이름의 가난한 노동자들이 더 많이 들어왔다. 쿨리는 '집단 채무 노예, 또는 사실상의 노예로서 아무 일에나 투입되는 중국인 또는 인도인 노동자'를 지칭하는데, 이 말은 인도어 'Kuli'('날품팔이'라는 뜻)에서 유래했다. 이를 영국인이 'Coolie'로 바꿔 중국인 노동자에게도 적용했고, 이것이 다시 '고통스러운 노력'이라는 뜻의 한자 '고력'苦力으로 음역됐다. 이들은 '지휘자' 또는 '통솔자'에게 집단으로 예속됐기에 아무리 열악한 노동 조건과 저임금이

197

라도 거부할 수 없었다. 중국인들마저 같은 동족인 이들을 멸시했다.

청일전쟁 이전 조선에 들어온 중국 상인들은 광둥성, 저장성, 산둥성 등 여러 성 출신으로 구성되어 있었다. 하지만 쿨리는 거의 전원이 산둥성 출신이었다. 공자孔子의 고향인 산둥성은 중국에서도 흉황凶荒이 잦고 유민流民을 많이 배출하기로 유명한 고장이었다. 굶주림에 시달리는 가족을 위해 선금을 받고 노예 계약을 맺는 사람이 많았고, 그들 중 상당수가 산둥성 웨이하이에서 배편으로 인천에 들어왔다.

쿨리들은 대개 토목 건축 사업에 투입되었다. 서울을 제국의 수도다운 모습으로 개조하기 위한 건설 사업들이 이들에게 일자리를 제공했다. 독립문, 원구단, 석고단, 돈덕전, 석조전, 황궁우 등 이 시기에 건립된 서양식 또는 중국식 건조물들은 대개 쿨리들의 힘을 빌려 준공되었다. 이들의 뒤를 이어 요리사, 이발사, 도박사, 매음부, 곡예사 등도 한국 땅에 발을 디뎠다. 1904년 러일전쟁이 발발한 뒤 쿨리 수요는 더 늘어났다. 전쟁 중 한반도 유사 이래 최대의 토목공사인 경부, 경의철도 속성 공사가 진행되었고, 전후에는 항만과 도로를 수축하고 철도역과 신작로 주변에 일제 통치기관과 기업체 사옥, 민간인 주택 등을 짓는 공사가 활발히 벌어졌다.

통감부는 1906년부터 재한 중국인 인구 통계를 작성했는데, 그해 3,534명이던 중국인 수는 1907년 7,739명으로 두 배 이상 늘어났다. 이후 매년 꾸준히 늘어나다가 1911년 신해혁명을 계기로 다시 한 번 급증했다. 조선 내에 일자리가 늘어난 것만이 원인은 아니었다. 청나라 마지막 황제 선통제宣統帝가 즉위한 1908년께부터 중국 전역은 무정부 상태에 빠져들었다. 특히 신해혁명 이후 중국 북부 지역은 군벌들과 마적이라 불린 강도단이 장악했다. 이들의 수탈과 약탈을 피해 많은 중국인이 외국행을 택했는데, 산둥성 사람들에게는 조

1920년경의 중화요릿집 현대식 중화요리라 쓴 천 조각을 내걸었다. 전통 중화요리가 아니라 한국적으로 바뀐 중화요리라는 뜻이다. 한중 간 국경이 열려 있을 때에는 한반도에 100만 명 가까운 중국인이 살았고, 그들 중 상당수가 음식점을 경영했다. 그들의 장점은 싼값과 이국적인 맛이었다. 오늘날 짜장면은 지극히 한국적인 맛이며 중국에서는 그 맛을 볼 수 없지만, 그래도 한국에서는 여전히 '중국음식'이다. 출처: 『생활실태조사』

선이 가장 가까운 외국이었다.

한국 거주 중국인이 늘어나면서 그들의 직업 구성도 다양해졌다. 외국으로 이주한 중국인들의 직업과 관련해 '삼파도'三把刀라는 말이 있다. 채도菜刀(식칼), 전도剪刀(가위), 체도剃刀(면도칼)의 3종으로 각각 요리, 재봉, 이발 기술을 의미한다. 노동자로 왔다가 돈을 모은 사람들은 이들 업종에서 좀 더 안정적인 일자리를 찾았고, 무역상을 하다가 망한 사람들도 이 업종들을 재기의 발판으로 삼았다. 채도를 사용하기로 작심한 중국인들은 처음엔 소규모 호떡집을 차렸고, 조금 돈이 모이면 요릿집으로 키웠다. 1920년대 중반 서울에만 200여 곳, 전국적으로 400여 곳의 호떡집이 있었으며, 청요릿집은 서울에 100여 곳, 인천에 20여 곳 등 전국에 200여 곳이 있었다. 그런데 화교들의 최대 무기는 저가低價였다. 주된 고객이 가난했으니 그럴 수밖에 없었다. 중국인들은 싼값에 적당한 품질의 제품을 제공하기 위해 노력했고, 그 과정에서 새로운 제품을 개발하기도 했다. 짜장면도 그런 창작물 중 하나였다.

중국인 쿨리들이 대거 들어오던 1905년, 인천에 있던 중국음식점 공화춘共和春의 메뉴에 짜장면이 처음 올랐다. 가난한 사람들도 부담 없이 먹을 수 있는 음식이었다. 어떤 상품이든 시장이 커지면 모조품이 생기게 마련이다. 다른 중국음식점들도 짜장면을 만들어 팔기 시작했다. 게다가 가난은 민족을 따지지 않는다. 짜장면은 한국인이 집에서 해먹기 어려운 음식이면서도 값은 쌌다. 한 달에 한 번이든 1년에 한 번이든 가난한 가장이 식구들에게 선심 쓰기에는 최적의 음식이었다. 주머니가 가벼운 직장인들에게도 짜장면은 큰 부담 없이 먹을 수 있는 끼니거리였다. 이래저래 한국인도 짜장면에 입맛을 들였고, 중국인들은 시골 구석까지 파고들어가 음식점을 차렸다. 시골의 중국인들은 거의가 음식점을 경영했기에, 중국집은 '중국음식점' 또는 '청요릿집'과 동의어가 되었다. 한국인에게 일본집은 '일본인이 사는 집'이거나 '일본식 주택'이지만, 중국집은 중국음식점이다.

1920년대부터 중국음식점은 장탕반과 설렁탕집을 제치고 가장 대중적인 외식업소가 되었다. 짜장면은 배달음식 순위에서도 앞자리를 빼앗기지 않았다. 1935년 소설가 안회남은 궁지벽촌에서 짜장면 먹은 일을 기록했다. 1936년 근화여학교(덕성여자대학교의 전신) 설립자 김미리사는 교사들을 '우동, 짜장면, 식은 벤또 먹는 사람들'로 묘사했다.

지난 한 세기 동안 한국인에게 중국음식점은 가장 만만한 '외식문화 공간'이었다. 하지만 그 '만만함'에조차 쉽게 접근할 수는 없었다. 1960~1970년대만 해도 보통의 어린이들에게 짜장면을 먹는다는 것은, 다음 날 학교에 가서 친구들에게 자랑할 거리를 하나 만드는 일이었다. 1980년대 이후 햄버거, 돈가스, 피자 등 외식용 음식들이 속속 출현하여 그 위상이 흔들리기는 했으나, 짜장면은 지금도 서민용 외식 메뉴의 대표 자리를 지키고 있다. 현대인은 외식하는 인간이며, 현대 한국인을 대중음식점으로 이끈 대표적인 음식이 짜장면이다.

41. 향토음식의 대표

평양냉면, 함흥냉면, 전주비빔밥, 춘천닭갈비, 충무김밥, 부산밀면, 언양불고기, 담양떡갈비, 진주육전냉면…. 오늘날 한국 음식의 다양성을 구성하는 향토음식들이다. 하지만 한국 음식문화의 유구한 역사에 비추어보자면, 각 음식의 역사는 '일천日淺하다'는 말을 쓰기조차 어려울 정도로 짧다. 현존하는 대다수 향토음식은 한국전쟁 중이거나 직후, 심지어는 1980년대 말에야 개발되었다. 천도교에서 발행하던 잡지 『별건곤』 1929년 12월호는 조선 팔도에 이름난 지역 음식들을 소개했는데, 여기에서 거명된 것은 경성설렁탕, 평양냉면, 개성편수, 대구탕반, 진주비빔밥, 전주탁백이국(콩나물국), 연백인절미, 진천메밀묵 등이었다. 지난 90여 년간 지역명과 함께 명맥을 유지한 향토음식은 평양냉면과 전주콩나물국(밥)뿐인 셈이다.

서울에 냉면집과 비빔밥집이 언제 처음 생겼는지는 알 수 없으나, 1900년경 서울에는 전골집, 냉면집, 장국밥집, 설렁탕집, 비빔밥집, 강정집, 국숫집 등의 '전문 음식점'들이 있었다. 우리나라 사람들은 고려시대부터 국수를 먹기 시작한 것으로 추정되는데, 냉면에 관한 기록은 조선 후기에야 처음 나온다. 17세기 사람 장유는 '자장냉면' 紫漿冷麪, 즉 '자주색 육수에 만 냉면'이라는 시를 남겼다. "자주색 장국 노을빛으로 비치니/ 옥가루 같은 눈꽃이 흩어지누나/ 입안에 젓가락을 넣으니 이에 향기가 도네/ 찬기운 몸에 돌아 옷을 껴입었네."

紫漿霞色映 玉紛雪花勻 入箸香生齒 添衣冷徹身

　황윤석은『이재난고』1768년 7월조에 "과거 시험을 본 다음 날 점심에 일행과 함께 냉면을 시켜 먹었다"고 썼으며, 이유원의『임하필기』에도 순조가 냉면을 즐겼다는 기록이 있다. 1849년에 간행된『동국세시기』에는 "겨울철에 무, 배추, 동치미 국물에 메밀국수를 말고 돼지고기를 얹은 것을 냉면이라 한다. 냉면은 겨울 계절음식으로 평안도가 으뜸"이라고 기록되어 있다. 이상의 사실로 미루어보건대, 냉면은 본디 향토음식이 아니었고, 냉면을 파는 음식점도 서울에 먼저 생겼던 듯하다.

　냉면에 '향토색'이 배어든 것은 평안도가 메밀 농사가 잘되고 겨울이 긴 지방이었기 때문이고, 겨울 음식이던 냉면이 여름 음식으로 탈바꿈한 것은 냉장고 덕이다. 1900년 파리 만국박람회에서 첫선을 보인 냉장고는 곧 대한제국 궁중에 들어왔고, 그 덕에 고종은 여름에도 냉면을 먹을 수 있었다. 하지만 고종이 평양냉면을 먹었다고 볼 근거는 없다. 평양냉면이 짜장면이나 호떡처럼 특정 음식을 지칭하는 고유명사로 자리 잡은 것은 1910년 이후의 일이었다. 1916년 서울 관철동에 평양루라는 냉면집이 개업했는데, 주인은 평양 사람이 아니었다. 이후 서울에는 '평양냉면'을 판다고 광고하는 냉면집이 우후죽순 격으로 생겼다. 그래도 서울에서 파는 평양냉면은 '국수가 좋고 고기가 많고 양념을 잘하는' 본고장 냉면을 따를 수 없다는 것이 중평이었다.

　평양냉면이 여름철 음식으로 유명해지자, 조미료 회사인 아지노모토 사는 냉면집 주인들을 상대로 대대적인 판촉 활동을 벌였다. 서울 냉면집들이 MSG를 사용한 육수로 냉면을 만들어 팔기 시작했고, 그 탓에 서울 사람들의 입맛도 변했다. 그런데 일제강점기에 냉면은 청량음료나 빙수와 함께 '위험한 음식'으로 취급되었다. 냉면

203

2018년 4월 27일 판문점 남북 정상회담 만찬에서 평양 옥류관 냉면을 먹는 문재인 대통령과 김정은 국무위원장 평양냉면 파는 집은 서울에도 많지만, 평양의 평양냉면과는 여러모로 다르다. 다른 맛이 남북 이질화의 표현이라면, 같은 이름은 남북 동질성의 상징이다. 출처: 청와대

에 오염된 얼음을 사용하는 음식점이 많았기 때문이다. 평양냉면 한 그릇 값은 15전에서 20전 사이였는데, 비빔밥이나 장국밥 가격과 비슷했다.

서울에 평양냉면 파는 집이 급증한 것은 한국전쟁 후 월남민들에 의해서다. 현재의 서울 중구 일대는 일제강점기 일본인이 가장 많이 살았던 지역이다. 해방 후 일본인들이 귀환하자, 주로 월남민들이 이 동네를 차지했다. 월남민 중에서도 평안도 출신들이 일본인 부자 동네였던 중구의 서쪽 일대를 점거했고, 함경도 출신들이 그보다 못한 동쪽 동네를 차지했다. 백병원과 영락교회, 고당 조만식 선생 기념관 등이 평안도 출신들의 거점 구실을 했다. 영락교회 목사는 평안도 정주의 오산학교를 나온 한경직이었고, 백병원 창립자 백인제 역시 그와 동문이었으며, 조만식은 오산학교 교장이었다. 반면 함경도 기독교인들의 거점 구실을 한 장충동 경동교회는 함경도 경흥 출신 김재준 목사와 함경도 이원 출신 강원룡 목사가 이끌었다. 중구

의 냉면집도 서쪽은 평양냉면, 동쪽은 함흥냉면을 주로 팔았다. 메밀면을 사용하는 것이 평양냉면, 감자 전분면을 사용하는 것이 함흥냉면이다. 서울 사람들은 평양냉면과 함흥냉면을 차별하지 않았지만, 평양 출신의 어떤 저명인사는 함흥냉면이라는 말을 들으면 불같이 화를 냈다고 한다. "냉면 하면 평양냉면이지 함흥냉면이 어디 있나?"라며.

1978년, 대한민국 정부는 평양냉면과 전주비빔밥을 무형문화재로 지정하겠다는 방침을 발표했다. 하지만 이 방침은 '정통 전승자'를 특정하지 못해 유야무야되었다. 북한 내각 문화성이 평양냉면을 '비물질 민족문화유산'으로 지정한 것은 2014년의 일이다. 남북 정상회담 등의 기회에 평양을 방문한 사람들은 으레 옥류관에서 평양냉면을 먹는다. 평양의 옥류관이 유명해지자, 남한에도 같은 상호를 쓰는 냉면집이 숱하게 생겨났다. 오늘날 남한의 평양냉면과 북한의 평양냉면은 사뭇 '다른' 음식이다. 남북 간의 문화가 이질화한 만큼 입맛도 이질화했기 때문이다. 그렇지만 평양냉면은 평양도 이 나라의 향토鄕土라는 사실을 감각적으로 알려주는 기호記號다.

42. 버릴 수 없어
    이름을 바꾼
    맛

1945년 8월 15일 정치체제로서 일본의 식민지 지배체제는 무너졌으나, 물리적·문화적 지배체제는 바로 무너지지 않았다. 이런 것들을 무너뜨리는 데에는 의식적 실천과 더불어 돈도 필요했기 때문이다. 일본인들이 마음대로 붙여놓은 도시명과 가로명은 해방되고도 1년이 더 지나서야 바뀌었다. 하지만 나카무라 양복점, 와타나베 과자점, 요시모토 이발관 등의 상호가 적힌 간판들이 대로변에서 사라지는 데에는 그 뒤로도 몇 년의 시간이 더 필요했다. '하루속히 왜색 간판을 바꾸라'는 질책이 신문 지면을 자주 장식했지만, 업주들은 간판 교체를 급한 일로 여기지 않았다. 서울을 비롯한 주요 도시 길가의 '왜색' 간판들은 한국전쟁 이후에야 일소되었다.

일제강점기에 일상생활에 깊이 침투한 물건들의 이름을 바꾸는 데에는 그보다 훨씬 더 오랜 시간이 걸렸다. 한국 이름 '냄비'로 바뀐 나베 정도를 제외하면, 대다수가 일본 이름 그대로 불렸다. 가방, 구두, 카스텔라, 돈가스처럼 일본어인지도 모른 채 계속 쓴 것도 있지만, 사라, 와리바시, 덴푸라, 오뎅, 벤또, 다꽝, 간스메, 미루쿠, 사시미, 스시, 난닝구, 다라이, 가다마이처럼 일본어인 줄 알면서도 쓴 것이 훨씬 많았다. 대체할 말이 아예 없지는 않았으나, 이런 말을 쓰지 않고서는 일상생활이 불가능할 정도였다. 일제강점기에 본격 형성된 산업현장에서는 더했다. 노가다, 시다, 시아게, 공구리, 함바, 오사마리, 아시바, 빠루, 헤베, 단도리, 구리스, 다이루, 츄레라 같은 '전문용어'들은 언론의 질책조차 받지 않았다. 도로 관련 일본식 전문용어를 한국말로 표준화하는 사업은 2021년에도 '진행 중'이다.

1955년 8월, 내무부 치안국은 일차로 음식점들을 단속하기 위해 '왜식 명칭 통일안'을 작성하여 각 경찰서에 하달했다. 화식和食은 왜정식, 덴푸라는 튀김, 스키야키는 왜전골, 돈부리는 덮밥, 스시는 초밥, 모리소바는 모밀국수, 사시미는 생선회, 벤또는 도시락, 곤냐쿠는 왜우무, 다꽝은 단무지로 정했다. 대다수가 고민 끝에 만들어낸 신조어였다. 한일 국교 정상화 이전이었고, 정치 현실과는 별도로 많은 사람이 일본에 적개심을 품었기 때문에, 일부 단어에는 '왜'倭라는 접두어가 붙었다. 그런데 앞에 '왜' 자를 붙이는 작명의 성과는 신통치 않았다. 일반인이 만든 '왜간장'이라는 단어는 살아남았지만, 왜정식이나 왜전골, 왜우무는 생활언어로 정착하지 못했다. 반면 튀김, 덮밥, 초밥, 모밀국수, 생선회, 도시락 등은 상당한 시간이 걸리기는 했으나 결국 일본어를 대체하는 데 성공했다. 물론 야키소바, 돈부리, 규동 등 부활했거나 새로 도입된 일본어가 사용되는 것은 별도의 문제다.

단무지 일본의 고유 음식인 다꽝澤庵은 본래 일본 막부시대 초기에 활동했던 승려의 법명이다. 밥과 무로만 연명하는 빈자들을 애처롭게 여긴 승려 다꽝이 무라도 맛있게 먹을 수 있도록 '개발'한 것인데, 도쿠가와 막부의 3대 쇼군 도쿠가와 이에미쓰가 '개발자'의 이름을 그대로 붙였다고 한다. 개발자의 이름으로 고유명사가 된 음식은 전 세계적으로 매우 드문데, 그 이름을 굳이 바꾸는 건 더 드문 일이다. 다꽝이라는 고유명사를 없애고 단무지라는 신조어를 만들어낸 것은 한국 민족주의다.

신조어가 정착하는 과정에서 해프닝도 적지 않았다. 1975년 10월, 새마을연수원을 수료한 기업인들로 구성된 '새마을 동기회' 회의 안건에 '농촌 마을 단무지 공장 지원안'이 포함되었다. 그런데 단무지가 뭔지 아는 사람이 거의 없었다. 한 회원이 축사하기 위해 온 경제부총리에게 단무지가 뭐냐고 물었다. 그의 대답은 '모르겠다'였다. 옆에 있던 동기회장이 "단무지가 다꽝입니다"라고 알려준 다음에야 회의를 진행할 수 있었다. 단무지라는 이름은 1955년 정부에서 지었지만, 그로부터 20년이 지나도록 정부 관리들조차 모르는 단어였다. 하지만 요즘의 젊은이들 중에는 다꽝이 뭔지 모르는 사람이 훨씬 많다. 짠지를 모르는 사람은 있어도 단무지를 모르는 사람은 없다.

이제 단무지는 일본 이름을 완벽히 대체하는 데 성공한 물건의 대표 격이다. 동시에 일제의 식민 지배가 남긴 물질적·문화적 잔재를 청산하는 일이 그리 녹록지 않다는 사실을 입증하는 물건이기도 하다. 식민지 문화는 물건의 이름만 지배한 게 아니었다. "엽전은 맞아야 한다", "조선놈은 믿을 수 없다", "조선놈은 질서의식이 없다", "조선놈은 비위생적이다" 등의 담론이 오랫동안 진실인 것처럼 유포됐다. 일본을 본받아야 할 대상으로 보는 의식이 이런 담론의 생명을 계속 연장시켰다. 2019년 한국의 구매력 기준 1인당 GDP가 일본을 앞질렀다. 2021년 UNCTAD(국제연합 무역개발협의회)는 한국을 '선진국 그룹'으로 분류했다. 질기게 생명을 유지했던 다꽝이라는 말이 어느 순간 사라졌던 것처럼, 일본을 숭배하는 의식도 사라질지 지켜볼 일이다.

바나나

43.   이국의
       맛

"원숭이 엉덩이는 빨개, 빨가면 사과, 사과는 맛있어, 맛있
으면 바나나, 바나나는 길어…." 언제 누가 만들었는지는 모르나 오
랫동안 애창되었던 아이들 노래 가사 일부다. 바나나는 맛있는 과일
을 넘어 맛있는 음식의 대표 격이었다. 내가 어릴 적에는 바나나를
손에 쥔 친구가 있으면 그 주변에 동네 아이들이 다 모여들곤 했다.
그 무렵의 초등학생들은 바나나 하나만 가져도 우월감을 느낄 수 있
었다. 어린이가 할 수 있는 온갖 아첨을 다 한 끝에 손톱만 한 조각
을 얻어먹는 것도 일기에 쓸 만큼 큰일이었다. 내 기억으로는 초등
학생 시절 딱 한 차례 바나나를 먹어보았다. 그것도 한 개가 아니라
'한입'이었다. 달고 부드러운 이 열대 과일 한 조각을 입안에 넣었을
때 사르르 녹는 듯했던 느낌은 오랫동안 잊히지 않았다. 조선시대에
는 제주 목사가 귤을 진상하면 왕이 성균관 유생들에게 나눠주곤 했
는데, 유생 한 사람당 한 개씩도 받을 수 없었다. 1960~1970년대의
바나나는 조선시대의 귤보다 더 귀했다.

바나나의 원산지는 말레이시아, 인도네시아의 열대 우림 지대다.
원숭이가 바나나를 좋아한다는 이야기는 오랑우탄을 비롯한 이 일
대의 원숭잇과 동물들이 바나나를 즐겨 먹는 데에서 유래했다. 언제
인지는 알 수 없으나 바나나는 아프리카까지 전파되었고, 유럽인들
은 대서양 항로를 발견한 이후 이 식물을 아메리카에 이식했다. 일

1985년 필리핀에서 수입한 바나나의 첫 번째 공개 입찰 동남아시아가 원산인 바나나는 열대와 아열대 지역에서 잘 자란다. 1980년대까지는 동남아시아, 아프리카, 중앙아메리카 등 적도에 가까운 지역에 대규모 바나나 농장이 많았으나, 최근에는 많은 바나나 농장이 커피 농장으로 바뀌었다. 바나나는 생산량이 많은 데다가 장기 보관이 가능해 값이 싼 편이다. 우리나라에서 바나나가 맛있는 과일의 대표 지위를 잃은 것은 값이 싸졌기 때문이다. 출처:『보도사진연감 '85』

본 남부의 규슈 지역에도 바나나가 전파되었는데, 그 시점 역시 확실히 알 수 없다.

바나나는 유전적 다양성이 부족해 환경 변화에 적응하기 어려웠지만, 19세기 중반 유럽인들은 온두라스, 코스타리카 등 중앙아메리카 지역에 거대한 플랜테이션을 만들어 그로미셀Gros Michel이라는 단일 품종의 바나나를 재배했고 유럽과 북아메리카로 수출했다. 미국의 식품자본은 이 품종을 동남아시아와 아프리카의 바나나 농장들에까지 퍼뜨렸다. 세계인의 입맛을 사로잡았던 그로미셀 바나나는 1950년부터 갑작스럽게 멸종의 길을 걷기 시작했다. 이해에 바나나의 흑사병으로 불린 '파나마시들음병'이 유행하기 시작해 1960년대 초반까지 전 세계에서 그로미셸 품종을 사실상 소멸시켰다. 절망에 빠진 바나나 농장주와 농민들을 구한 것은 캐번디시Cavendish라는 품종이었다. 맛은 그로미셸만 못하지만 병에 대한 저항력은 강했다. 그러나 오늘날의 식물학자 다수는 바나나의 유전적 취약성 때문에 머지않아 이 품종도 멸종되리라고 예측한다.

우리나라에는 1920년대 중반께 바나나가 처음 들어온 것으로 추정된다. 일본에서 이입된(조선은 일본의 식민지였기 때문에 양측의 거래는 수입·수출이라고 하지 않고 이입移入·이출移出이라고 했다) 바나나에 관한 통계는 1927년에 처음 보도되었다. 이해 바나나 이입량은 138만 킬로그램, 36만 8,000관이었으며, 1관(3.75킬로그램)의 가격은 80전이었으니 총 29만 4,400원어치였다. 그 무렵 막일꾼의 하루 노임이 1원을 조금 넘었고 초등학교 교사 월급이 50원 정도였다. 바나나는 일본인 부자들이나 먹는 특권적 과일이었다. 먹어보지 못하고 얼마나 황홀한 맛인지에 대해 듣는 것만큼 괴로운 일도 없다.

해방 후 일본과 공식 무역 관계가 단절됨으로써 바나나는 더 귀해졌다. 한국인들은 미군 PX에서나 바나나를 구할 수 있었다. 한국전쟁 휴전 이후에는 필리핀산 바나나가 들어왔지만, 운송 거리에 비해 선박 속도가 느려 가격은 계속 비싼 상태였다. 귀하디귀하던 바나나는 1980년대 중반부터 갑자기 흔해졌다. 당시 세간에는 대통령의 친인척이 바나나 교역을 독점했다는 소문이 돌았다. 얼마 전부터는 기후 변화로 인해 국내산 바나나도 생산된다. 무엇이든 흔해지면 천해지는 법, 이제 바나나에서 '황홀한 맛'을 느낀다고 말하는 사람은 거의 없다. 그렇지만 바나나는 현대 한국인들에게 '이국의 맛'을 처음 느끼게 해준 특별한 과일이다.

44.　전통과
　　　야만 사이

　　그는 사냥꾼이다. 동료와 함께 사냥감을 찾아 숲속을 헤매
다가 날이 저물었다. 모닥불을 피워놓고 야영하는데 불이 꺼졌다.
맹수가 다가오지만 둘 다 깊이 잠들어 기척을 느끼지 못한다. 그때
옆에 엎드려 있던 사냥개가 벌떡 일어나 짖기 시작한다. 깜짝 놀라
잠에서 깬 두 사람은 활과 화살을 집어들고는 서로를 쳐다본다. 둘
의 뇌리에 같은 생각이 스친다. "개가 너보다 낫다."

　　그는 양치기다. 혼자서 100여 마리의 양을 모는데 새끼 양 몇 마
리가 달아난다. 곁에 있던 양치기 개는 그가 지시하기도 전에 달려
가 새끼 양들을 대열 안으로 몰아넣는다. 그에게는 개가 가장 유능
하고 믿을 만한 동료다. 그는 어떤 사람도 자기 개의 일을 대신할 수
없다는 사실을 잘 안다.

　　그는 농부다. 간밤에 닭 한 마리가 없어졌지만, 집에서 키우는 개
는 짖지 않았다. 개가 평소에 자주 본 마을 사람 소행임은 분명한데,
누구인지는 알 수 없다. 마을에 낯선 사람이라고는 닷새나 열흘에
한 번 찾아오는 방물장수나 소금장수뿐이다. 영리한 개는 그들도 알
아보고 짖지 않는다. 낯선 이가 찾아왔다고 알리는 건 오히려 동구
밖 나무 위의 까치들이다. 밭을 갈거나 짐을 옮기는 일에도 개는 도
움이 되지 않는다. 그에게 개는 별 쓸모없는 짐승이다.

　　만물에 대한 인간의 태도는 삶의 방식이 규정한다. 그가 사는 법

이 곧 그의 세계관이자 철학이다. 수렵과 유목을 주로, 또는 자주 하는 사람들에게 개는 다른 어떤 동물보다 중요한 특권적 동물이다. 그들에게 개는 인간 바로 다음에 위치한다. 그러나 농사꾼에게 개는 특권을 부여할 이유가 없는 가축의 하나다. 꽤 오래전 프랑스 배우이자 동물보호 운동가인 브리지트 바르도가 한국인들에게 공개 서한을 보낸 적이 있다. 그는 이 서한에 "당신네 한국인들은 개의 눈을 가만히 들여다본 적이 있나요? 그 한없이 순수하고 충성스러운 눈을 보고도 어떻게 잡아먹을 수 있나요?"라고 썼다. 방송을 통해 이 편지 내용이 알려지자 한국의 민속학자 한 사람이 공개 답신을 발표했다. "당신네 프랑스인들은 소의 눈을 가만히 들여다본 적이 있나요?" 유럽인들에게는 개가 특권적 동물이었지만 한국인들에게는 소가 특권적 동물이었다.

수렵과 유목이 생산 활동에서 큰 비중을 차지했던 유럽인들과 그들의 문화를 계승한 미국인들은 개와 고양이를 하나로 묶어 'cats&dogs'라고 한다. 그러나 한국인은 말과 소, 개와 돼지를 각각 하나로 묶었다. 운반 수단으로서 말과 소의 기능이 유사하다고 보았기에 '마소에 갓 고깔 씌워 밥 먹이나 다르랴'라는 시조 구절이 나왔던 것처럼, 개와 돼지의 기능도 유사하다고 보아 일상적으로 '개돼지 같은 놈'이라는 말을 썼다. 권력자가 힘없고 가난한 사람을 '개돼지' 취급하는 것도 한·중·일 공통이다. 개와 돼지의 공통점은 '똥 먹는 짐승'이라는 것이 하나요, 먹기 위해 기르는 동물이라는 점이 다른 하나였다.

개는 인간이 사육한 최초의 동물이며, 인간이 개를 먹은 역사는 신석기시대부터 시작한다. 근래에는 인간이 개를 잡아 사육한 것이 아니라 개 스스로 인간에게 사육되기를 선택했다는 학설도 나왔다. 약하거나 다쳐서 무리에서 떨어져 나온 늑대 종류의 동물이 먹을 것

위생적인 식당에서 판매하는 현대의 보신탕 농경사회에서 개는 '인간의 노동을 보조하는 역할'을 부여받지 못했다. 농경민이 개를 대하는 태도는 수렵민이나 유목민과 다를 수밖에 없다. 개는 돼지와 함께 '천한 것'의 대명사였다. 그러나 유럽인의 생활습관과 가치관이 전 인류의 모범이자 표준으로 자리 잡으면서, 개 먹는 행위도 '죄'의 일종으로 재규정되었다.

을 얻기 위해 인간 집단 주위를 배회하다가 '인간 집단의 일원'으로 수용되었다는 것이다. 이런 학설을 수용한 영화가 여럿 만들어졌으며, 그중 유명한 것이 《늑대와 춤을》이다.

한국인이 개고기를 먹은 역사도 아주 긴데, 일제강점기까지는 이를 개장 또는 개장국이라고 불렀다. 조선시대에도 개를 기르지 않는 집은 거의 없었다. 농가 마당에 개와 닭이 함께 있는 것은 당연한 일상 풍경이었다. 도시에서도 마찬가지였다. 19세기 말 육영공원 교사로 서울에 온 길모어는 도성 안에 개를 안 기르는 집이 없고, 집집마다 개구멍이 나 있으며, 새벽녘에는 온 동네 개가 한꺼번에 짖어대어 잠에서 깰 수밖에 없다고 기록했다. 왕실과 궁가에서는 매와 함께 사냥용으로 기르기도 했으나, 민가에서 기르는 개는 엽견獵犬도 경비견도 아니었다. 사람들이 개를 기르는 이유는 단순하고도 분명했다. 개를 천하게 여긴 양반들은 개고기 대신 값비싼 쇠고기를 넣고 '개장'을 만들어 먹었으니, 이것이 육개장이다.

개장은 한국전쟁 중에 '보신탕'이라는 새 이름을 얻었다. 보신탕은 본래 몸에 이로운 탕 전체를 의미하는 보통명사였는데, 이때부터 개장국만을 지칭하는 고유명사가 되었다. 전쟁통에는 대다수 인간이 '인간 이하의' 생존 조건에 직면하기 마련이다. 특히 옷가지 몇 개, 돈이 될 만한 물건 조금, 며칠 치 식량만을 보따리에 싸서 집을 나선 피란민들은 먹을 수 있는 것이라면 무엇이든 먹어야 했다. 그들의 눈에 띈 개가 살아남을 가능성은 거의 없었다. 곳곳에서 '개 잡아먹는 장면' 또는 '개 잡아먹은 흔적'을 발견한 미군 병사들의 반응이 어땠을지는 짐작하기 어렵지 않다. 그들의 혐오감 앞에서 '보신'補身은 나름대로 설득력 있는 핑곗거리가 될 수 있었다. 개라도 잡아먹지 않았다면, 굶어 죽거나 영양실조에 걸린 피란민은 훨씬 더 많았을 것이다.

휴전으로 '비상 상황'이 끝난 뒤에도 개 잡아먹는 일이 줄지 않는데 대한 미국인들의 비난 때문이었는지, 1954년 서울시 경찰국장은 개장국, 일명 보신탕 판매를 금지하라고 지시했다. 이것이 우리나라 최초의 '보신탕 판매 금지령'이다. 하지만 실제로 유효한 단속이 이루어지지는 않았다. 시장에서 개고기를 축출하기 위한 지시였다기보다는 미국인들에게 보여주기 위한 지시였을 가능성이 크다. 개고기 판매는 이후 30년 가까이 묵시적으로 용인되었다. '묵시적'이라고 한 이유는 개고기가 '식품'으로 공인되지 않은 상태에서 '식품 위생'의 사각지대에 놓인 채 도축, 가공, 조리, 유통되었기 때문이다.

88 서울올림픽 개최가 확정된 후, 유럽 각국에서 올림픽 보이콧 운동이 벌어졌다. 이유는 두 가지였다. 하나는 군사독재 정권의 인권 유린에 대한 항의였고, 다른 하나는 한국인 일반의 견권犬權 유린에 대한 항의였다. 그런데 인권 유린에 항의하는 시위에는 고작 몇

사람씩만 참가했는데, 견권 옹호 시위에는 수백 명씩 참가했다. 전두환 정권은 유럽인들의 공분을 가라앉히기 위해 보신탕 단속에 적극적으로 나섰다. 1983년 7월 8일, 정부는 보신탕집, 뱀탕집 등 외국인에게 혐오감을 주는 음식점은 서울 도심에서 영업할 수 없도록 했다. 이듬해 9월 8일에는 보신탕 판매를 전면 금지했다. 이 때문에 보신탕집은 큰길가를 피해 골목으로 숨어들었고, 이름도 사철탕, 영양탕 등으로 바꿔야 했다.

올림픽이 끝난 후, 명시적인 보신탕 판매 금지 해제 조치는 없었으나, 보신탕집은 다시 큰길가로 나왔다. 간판에 '보신탕'이라는 글자를 당당하게 써붙인 업소들도 다시 생겼다. 하지만 개고기를 '합법적인 식품'으로 인정할 것이냐를 두고 논란이 끊이지 않았다. 양성화론자들은 '위생적으로 개고기를 먹을 권리'를 강조했고, 반대론자들은 '개의 특별한 권리'를 주장했다. 논란은 아직 지속되고 있으나, 최근 10~20년 사이에 한국인의 '개관觀'이 근본적으로 변하고 있다. 지금의 개는 '천한 짐승'이기는커녕 '백수의 귀족'이다. '애완견'이나 '식용견'이라는 말 자체가 금기의 영역으로 유폐되었고, 개를 반려동물이라고 부르는 게 상식이 되었다. '반려伴侶란 '인생의 짝'이라는 뜻이니 본디 부부에게만 쓰는 호칭이었다. 개를 '가축'이 아니라 '가족'으로 대하는 사람이 늘고 있으며, 그들은 '개의 즐거움과 건강'을 위해 기꺼이 자기 일상을 재조정한다. 심지어 일부 개 주인은 개의 '엄마 아빠'라고 자칭한다. 이 모두가 현대 한국인의 정체성이 농경민족에서 벗어나고 있다는 방증일 것이다.

45. 공장에서 생산되는 축산물

1876년 강화도조약 직후 한국에 들어온 일본인들은 한국인들이 자기들보다 키가 크고 힘이 센 데에 자괴감과 위협감을 느꼈다. 부산 제생의원 원장으로 있던 일본 군의軍醫 고이케 마사나오小池正直는 『계림의사』鷄林醫事라는 책을 쓰면서 조선에 있던 다른 일본인 의사들의 견해를 다음과 같이 소개했다.

경성의 가이세海瀬: 한인韓人 중 10세 이하의 소아에서는 체격이 양전良全한 자가 많지만 나이가 들어감에 따라 선병腺病, 골달骨疸, 위약胃弱 등으로 건강을 상한 자 많다. 이는 하나는 부모로부터의 유전에도 말미암은 것이겠지만 다른 하나는 후천적으로 스스로 만든 것으로서, 음식의 조악, 거주의 불결 및 목욕을 하지 않아 온몸이 때투성이인 것 등의 여러 조건이 함께 작용하여 체질의 불량不良을 양성한 것이다.

원산의 기타지마北島: 한인은 체격이 강장하여 아시아 인종 중 제1이다. 소아의 영리함은 실로 놀라울 정도인데 결혼 후에는 그 성질이 일변하여 대개는 노둔하게 된다. 이는 동국인同國人이 일찍 며느리를 들이는 것을 무상의 명예로 알아 빠르면 12세, 늦어도 17세 정도에 결혼하는 데 따른 것이다. 또 그 체격이 강장한 것은 육식을 많이 하면서도 미개하여 정신을 쓰는 일이 적고 유유자적하게 기거하는 데 말미암은 것이다.

원산의 고마쓰小松: 한인은 체격이 대개 장구長軀하고 또 비만하며 강장하다. 당 함경도 지방은 다른 지방에 비하여 특히 그러하다. 왜 그럴까를 생각해보다가 지금 그 원인을 찾아냈다. 동국민同國民은 위생법을 알지 못하기 때문에 약한 자는 어려서 모두 죽어버리고 건강한 자만 살아남기 때문이다. 또 일설에는 빈민이라 하더라도 육식하는 자가 많기 때문이라고 하는데 아직 어느 쪽이 옳은지 알 수 없다.

인천의 다나카田中: 한인 장년 이상의 평균 신장은 양국인洋國人보다는 작고 일본인보다는 크다. 대개 구미인과 백중하다고 해야 할 것이다. 우리 병원에 온 자를 측정해보니 대저 5척 1촌에서 5척 6~7촌 사이에 있다. 인문의 개발에 맞추어 신장을 단축한다는 증례가 있다면 조선인도 역시 그렇게 될 것이다.

일본인 의사들의 해석은 오리엔탈리즘의 편견이 무엇인지를 여실히 드러내는 데 불과했으나, 한인들의 강장强壯함이 육식에 기인한다고 본 점은 대략 공통이었다. 고이케는 책의 결론부에 이렇게 썼다. "혹자는 말하기를 한인의 신장은 지나치게 커서 체력이 그에 비례할 정도로 강하지 못할 것이라고 한다. 이는 실로 그러하다. 그렇지만 만약 그들이 전력을 기울여 우리에게 대비한다면 지금보다 체력이 더 뛰어나게 될 것이다. 우리 일본의 위생 개량을 도모하는 자의 급무는 식정食政이라 할 것이다." 일본이 한국인의 저항을 진압하기 위해서는 먼저 '먹는 것'에 관한 정책을 바꿔야 한다는 주장이다.

그는 또 "조선국은 고래古來로 육식을 귀하게 여겨 상하가 모두 고기 없으면 밥을 먹지 않았다. 고기 값도 무척 싸서 그 백성이 거의 가난하지만 고기로 배를 불릴 수 있어서 체격과 영양이 모두 좋고 뛰어나다"라고 썼다. 여기에서 무척 싼 고기는 닭고기였다. 한국인들이 언제부터 닭고기를 먹었는지 따지는 것은 닭이 먼저냐 달걀이 먼저냐를 따지는 것만큼이나 무의미하다. 백숙, 삼계탕, 용봉탕 등 닭고기 조리법도 다양했는데, 죽은 닭의 털을 뽑고 내장을 뺀 뒤 통째로 솥에 넣는 경우도 많았으나, 통닭이라는 말은 쓰지 않았다. 통오리, 통잉어라는 말을 쓰지 않는 것처럼.

'통닭'이라는 말은 일제강점기에 처음 생겼는데, 가끔씩 시골 마을에 순찰 오는 순사를 접대하기 위해서 다섯 집 단위로 순번을 정해 닭 한 마리씩 잡는 관행을 지칭했다. 조선시대 오가작통五家作統의 예에 따라 '다섯 집 단위로 잡는 닭'이라는 뜻으로 쓴 것이다.

> 산골에 살자면 제일 무서운 것이 산신山神이라고 하니 그것을 잘못 대접하면 맹수나 독사의 재해를 입는다는 미신이 있는 까닭이다. 푸른 관헌의 얼굴은 기실 산신보다도 몇 배나 무섭게 보이는 동시에 산신을 대접하는 것보다도 일층 잘하기 위하여 그들이 오면 삶아 먹이고자 다섯 집에 한 마리씩 돌려가며 부담하는 통닭이라는 제도를 실시하고 간혹 소와 도야지도 잡아 먹였다고 한다.
> ─『동아일보』 1929년 8월 11일자

손질한 닭의 날개와 다리를 접어 한 덩어리로 만들고 뱃속에 각종

219

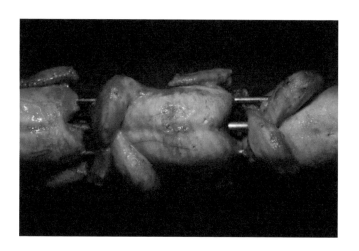

통닭 '전기구이 통닭'은 전기 오븐이 도입되기 시작한 1960년대 말부터 각 가정의 간식이나 특식이 되었다. 인류는 먼 옛날에도 닭을 가장 많이 먹었지만, 오늘날에는 '닭 먹는 동물'이 되었다고 해도 과언이 아니다.

소스를 넣은 뒤, 껍질에 버터를 발라 오븐에서 굽는 조리법은 해방 이후 미군을 통해 전래됐다. 1950년대 말에는 이것에 통닭구이라는 이름이 붙었다. 1960년대 말에는 닭을 통째로 꼬치에 꿰어 전기 오븐에 굽는 '전기구이 통닭' 가게도 출현했는데, 이 통닭은 주로 크리스마스 특식이나 선물용으로 팔렸다. 삼계탕에 통째로 들어가는 닭은 통닭이라고 하지 않는다. 통닭은 양식 조리법에 어울리는 이름이다.

닭은 먼 옛날부터 인류가 가장 자주, 가장 많이 먹은 동물이다. 2016년 통계에 따르면 전 세계에서 가장 많이 도축되는 동물이 닭이고, 그다음이 오리, 돼지, 토끼 순이다. 도축되는 닭은 연간 520억 마리로 26억 마리인 2위 오리의 20배에 달한다. 한 사람당 1년에 닭 9마리 정도를 먹는 셈이다. 한국의 연간 닭 도축 수는 9억 4,000만 마리로 1인당 인류 평균의 두 배, 연평균 20마리 정도를 먹는다. 한국의 통닭집 수는 전 세계 맥도날드 매장보다 많다. 은퇴한 직장인 상당수가 통닭에 의지해서 생계를 잇는다.

오늘날 한국에서 도축되는 닭은 마리당 1.5킬로그램으로 사실상 통일되어 있다. 이것이 가장 합리적인 '1인분'이라는 주장과 소비자의 선택권을 제약한다는 주장이 대립하고 있으나, 연간 10억 마리 가까운 닭을 잡아먹는 한국인들이 오래 키운 큰 닭을 원하는 것도 일종의 사치일 것이다. 현대의 닭은 집에서 키우는 동물보다는 공장 생산품에 가깝다. 먹는 닭은 엄청나게 늘어났지만 마당에서 종종거리는 병아리는 보기 어려운 시대가 현대다.

46. 위험한 물이
　　살아 있는 물로

　　"양생養生이라는 것은 혈액을 보양하여 유통에 막힘이 없도
록 함으로써 신체를 건강하게 하는 것이다. 그러므로 거처를 깨끗이
하고 더러움을 피하며 절식하고 운동하는 것이 양생의 근본이다. 따
라서 의식주로 요체를 삼는다. 의복은 기온에 맞춰 입어 추위와 더
위를 피하고, 음식은 양을 조절하여 마르거나 뚱뚱해지는 것을 피하
고, 주거는 운동에 편리하게 하여 막히는 것을 피해야 한다."(박영효,
1888) 옛사람들은 생명의 근원이 피에 있다고 믿었다. 죽어가는 부
모에게 자기 피를 먹여 회생시켰다는 효자 효녀 이야기는 헤아릴 수
없을 정도로 많았다. 생명이 깃든 피를 잘 보호하고 관리하는 것을
양생이라고 했는데, 이는 온전히 개인의 책임이었다.

　　개항 이후 유럽에서 형성된 보편과학이 전래되면서, 사람의 생명
을 보호하고 건강하게 유지하는 것도 국가의 책임이라는 인식이 점
차 확산했다. 1871년 일본 이와쿠라 사절단의 일원으로 유럽을 견
학한 나가요 센사이長與專齋는 유럽 국가들에 전염병 예방, 빈민 구
제, 토지 청결, 상하수도 관리, 가옥 건축 규제, 약품 및 음식물 단속
등 '세상의 위해를 제거하고 국가의 복지를 완전히 하는 정부 기구'
가 있는 것을 보고 충격을 받았다. 그는 이 포괄적인 일을 『장자』莊子
「경상초」庚桑楚 편에 나오는 단어인 '위생'衛生으로 명명했다.

　　위생이라는 단어는 1884년 『한성순보』를 통해 수입되어 빠르게

확산했다. 초기의 위생은 청결과 대략 같은 뜻이었으며, 불결은 곧 비위생으로서 자신뿐 아니라 타인까지 해치는 악덕으로 규정되었다. 위생을 위해 가장 중시된 것이 '깨끗한 물'이었다. 화강암 지반이 많은 한반도에는 맑고 깨끗한 물이 흔했다. 석회암 지대에 사는 사람들은 먼 옛날부터 지표 위에 수로를 설치하고 물을 흘려 보냄으로써 석회 성분을 침전시키는 상수도를 개발해야 했지만, 화강암 지대에 사는 사람들은 땅만 파면 깨끗한 식수를 구할 수 있었다. 석회암 지대에 사는 사람들은 수돗물을 마셔도 결석에 잘 걸렸지만, 화강암 지대에 사는 사람들에게는 그럴 염려가 거의 없었다. 이것이 한반도에 사는 사람들이 상수도를 만들지 않은 이유다.

그런데 18세기 중엽부터 한반도 최대 도시인 서울에서 물에 이상이 생겼다. 문제는 도성 한복판의 개천에서부터 발생했다. 병자호란 이후 개천 하류부 주변에 있던 목장들 대부분이 폐쇄되었다. 병마兵馬를 기르지 않기로 청나라와 약속했기 때문이다. 목장은 당연히 농경지로 개간되었고, 개간 과정에서 나온 토석土石이 개천가에 쌓였다가 물길로 떨어졌다. 물길이 좁아질 수밖에 없었다. 17세기에는 전 지구적으로 기온도 조금 내려갔다. 서울의 땔감 소비가 늘었고, 서울의 내사산內四山(백악, 인왕, 목멱, 낙산)에서 나무를 베는 일이 잦아졌다. 정부의 금지령도 세도가에는 미치지 않았다. 그 결과 산지의 토사土砂가 개천으로 밀려들었다. 땔감 소비의 증가는 재(회灰)의 산출을 늘렸다. 개천에 버려진 재는 분뇨와 섞여 단단하게 굳었다. 이런 현상들이 중층적으로 작용한 결과, 개천의 하상河床은 급속하게 높아졌다. 숙종 말년만 해도 개천 다리 밑으로 말 탄 사람이 지나갈 수 있었으나, 영조 30년경에는 하상이 교량 밑바닥에 달라붙었다. 비만 오면 개천이 범람했다. 민가와 사람이 떠내려가는 것만이 문제가 아니었다. 더러운 개천물이 저지대 우물들로 흘러들었다. 오염된 우물이 계속 늘어났다.

주택가 우물이 오염되자, 깨끗한 우물물을 길어다 각 가정에 공급하는 남자 물장수들이 생겨났다. 그때까지 물 긷는 일은 기본적으로 여자의 일이었다. 나무 베고 장작 패는 것은 남자의 일, 물 긷고 빨래하는 것은 여자의 일이라는 통념은 전래의 음양사상과 무관하지 않을 것이다. 조선시대까지 남자가 '물일'하는 것은 일종의 수치였다. 그런데도 남자 물장수가 생겨난 것은 운반해야 할 물의 양과 이동 거리가 늘어났기 때문이다. 19세기 초반부터 콜레라가 발생한 것도 물장수를 증가시킨 요인이었다. 당시 사람들도 이 치명적인 역병이 물과 관련된다는 사실을 어렴풋이나마 알았다.

20세기 초 서울에서 '물 공급업' 종사자의 수는 5,000명이 넘었다. 서울 인구가 20만 명 정도였으니, 서울 전체 인구의 2.5퍼센트에 해당하는 수치다. 1908년 서울에 수돗물 공급이 시작된 뒤 물장수는 크게 줄었으나 완전히 사라지지는 않았다. 초기의 상수도 급수관은 요즘처럼 모든 집으로 연결되어 있지 않았다. 물장수 일부는 그 뒤에도 수십 년간 우물물 대신 수돗물을 받아 각 가정에 공급하는 것으로 자기 직업을 유지했다. 1920년대 초반까지도 경성부의 물장수는 1,000여 명에 달했다.

수돗물 공급이 시작되었을 때, 서울 사람들이 그 물을 아무 의심 없이 받아들였다고 보기는 어렵다. 서울에는 깨끗한 우물이 아직 많이 남아 있었다. 밥 짓는 물, 마시는 물, 붓글씨 쓰는 물, 씻는 물을 각각 다른 수원지에서 공급받는 부자들도 있었다. 특정한 샘에 특별한 성분이 있다는 믿음은 보편적이었다. 그것이 영천동靈泉洞, 냉천동冷泉洞 같은 지명이 생긴 이유다. 이런 형편에서 굳이 '강물'을 사서 마시려는 사람은 많지 않았다.

1911년 대한수도회사로부터 상수도를 인수한 조선총독부는 수돗물 판로를 확대하기 위한 캠페인을 시작했다. 우물물은 불결하기에 깨끗하고 위생적인 수돗물을 마셔야 한다는 것이 요지였다. 그 캠페인의 영향도 있어서 서울의 수돗물 사용 가구는 계속 늘었고, 수돗물 공급량은 언제나 수요를 따르지 못했다. 하지만 모든 우물이 불결하지는 않았고, 수돗물이 언제나 깨끗하지도 않았다. 해방 이후 서울에 진주한 미군은 즉시 식수 사정을 조사했다. 그들은 서울에 있던 5만 5,000여 개의 우물 중 3분의 2 이상이 음용에 부적합하다고 판정했다. 그렇다고 수돗물을 먹을 수 있는 상태도 아니었다. 전쟁 중 조선총독부가 함석으로 바꿔놓은 수도관은 심각하게 부식되어 있었다. 부식된 수도관은 세균과 오염물질을 수도꼭지까지 실어 날랐다. 미군은 처음에 유조선으로 식수를 실어 나르는 방안을 검토했으나, 석유 냄새를 없애는 데 실패했다. 결국 병사들에게 음료수 소독용 염소를 나누어주는 것으로 문제를 미봉하는 수밖에 없었다.

부식된 수도관을 통해 오염물질이 흘러드는 문제는 조금씩 개선되었고, 결국 수돗물은 '위생'을 무기로 삼아 우물물에 압승을 거뒀다. 서울에서 우물의 용도와 실체는 1970년대 말쯤 거의 완전히 사라졌다. 그런데 우물이 사라지자마자, 거꾸로 수돗물에 '비위생적'이라는 딱지가 붙기 시작했다. 이번에는 소독약의 안전성 여부가 문제였다. 사람들은 다시 자연적인 침전 여과 과정을 거친 지하수를 찾기 시작했다. 지하에서 퍼올린 물이 약처럼 취급되었고, 전국의 소문난 약수터들은 '물 퍼올리는' 공사로 몸살을 앓았다. 옛날의 우물물과 하등 다를 바 없는 물이지만, 이런 물에는 약수, 광천수, 생수 등의 이름이 새로 붙었고 가격도 수돗물보다 훨씬 비쌌다. 더불어 사라진 지 오래된 물장수도 다시 나타났다. 플라스틱통이 나무통이나 양철통을 대체했지만, 가정집과 사무실 등으로 물을 배달하는 사람들의 모습은 예전과 그리 다르지 않다.

편의점 냉장고 안에 진열된 생수들 오늘날 생수는 수돗물보다 훨씬 비싼 값에 판매된다. 생수라는 말에서 '끓이지 않아 비위생적이고 위험한 물'이라는 의미가 소거된 것도 영향을 미쳤을 것이다. 같은 상수上水라도 마시는 물과 씻는 물을 나누어 사용한 사람들은 조선시대에도 있었으나, 현대인은 둘을 구별하지 않는 것을 오히려 이상하게 여긴다. 하지만 생수에 대한 신뢰의 기반이 언제까지 유지될지는 알 수 없다.

　생수라는 말은 본디 '끓이지 않은 물'이라는 뜻이었다. 사람이 마시는 물에는 바이러스든 세균이든 뱀이나 기생충의 알이든 '살아 있는 것'이 들어가서는 안 된다. 그런 것들이 존재할 가능성이 많았기 때문에 생수는 '위험한 물'과 같은 뜻이었다. 하지만 오늘날에는 '살아 있는 물'이라는 뜻으로 통용된다. 인공의 침전 여과 과정을 거친 수돗물을 '죽은 물'로 취급하는 관념 때문일 것이다.

　우리나라에서 생수라는 이름의 상품은 코리아약수건강회라는 곳에서 생수 배달업을 개시한 1972년에 출현했다. 1980년께에는 지하수를 식수로 판매하는 업체가 4~5곳으로 늘었다. 오늘날에는 생수병을 들고 다니는 사람을 흔히 볼 수 있다. 생수 시판 초기에는 '사 마시는 물'에 대한 거부감이 적지 않았고, 중동 지역에는 석유가 흔한 대신 물이 귀하다는 사실을 '위안거리'로 삼는 사람도 많았으나, 이제 값비싼 물은 거부의 대상이 아니라 동경의 대상이다.

　독일 세인트 레온하르트의 광천수를 금과 크리스털제 병에 담은 아우룸79는 500밀리리터 한 병에 10억 원, 저명한 워터 소믈리에가 프랑스와 남태평양 피지섬의 광천수를 조합해 만든 생수 아쿠아 디 크리스탈로 트리부토 모딜리아니는 750밀리리터 한 병에 7억 원, 이탈리아의 광천수를 순금으로 거른 엑소시아 골드는 1리터 한 병에 2억 8,000만 원을 호가한다. 나름대로 대중적이라는 평을 받는 유명 생수들은 리터당 1만 원 이상에 팔린다. 오늘날 맥주나 석유보다 비싼 물은 아주 흔하다.

우리나라에서 자연의 침전 여과 과정을 거친 우물물보다 인공의 침전 여과 과정을 거친 수돗물이 더 안전하고 위생적이라는 믿음이 지배적이었던 기간은 100년이 채 되지 않는다. 현대의 한국인은 생수를 위험하고 비위생적인 물이 아니라 '살아 있는 물'로 취급한다. 하지만 이 믿음이 얼마나 지속될지는 알 수 없다. 자연이 인공보다 낫다는 생각이 확산한 것은 지극히 현대적인 현상이지만, 인공이 자연을 훼손하고 파괴하는 속도가 엄청나게 빨라진 것도 현대적인 현상이기 때문이다.

47.   현대인의
       입맛을
       통합한 책

"입맛에 맞으셨으면 좋겠는데…." 손님에게 음식을 대접할 때 한국 가정에서 흔히 사용하는 '영리한' 인사말이다. 노골적으로 표현한다면 "음식 맛에는 자신 있는데, 당신 입맛에 맞을지는 자신할 수 없다"는 의미쯤 될 것이다.

음식 만드는 것을 요리料理라고 하는데, 한자 뜻 그대로 풀면 '헤아려 다스리다'라는 의미다. 본래 일본에서 생긴 단어지만, 뜻은 제대로 살렸다고 본다. 재료의 종류와 각각의 분량, 재료 배합 순서, 손질 방법과 횟수, 불의 세기와 가열 시간, 조리 도구의 종류, 숙성 시간 등 온갖 요소가 어우러져 음식 맛을 결정한다. 이 모든 요소를 나름의 방식으로 조합하는 창조적인 일이 요리다. 당연히 같은 이름의 음식이라도 똑같은 맛을 낼 수는 없다. 게다가 음식 고유의 맛과 그걸 느끼는 입맛은 별개다. 한 냄비에서 나온 음식을 두고도 사람에 따라 반응은 각색이다. 입맛도 여러 요인에 영향을 받으며 변하지만, 가장 강력한 요인은 맨 처음 익숙해진 맛, 즉 '어머니의 손맛'이다.

인류는 문화권에 따라 서로 다른 음식 종류를 개발하고 전승해왔는데, 아주 오랫동안 요리법은 입에서 입으로, 손에서 손으로 전승되었다. 문자로 요리법을 기록해 전승하는 일은 거의 없었다. 요리법은 어머니가 딸에게, 시어머니가 며느리에게, 주방장이 주방 보조에게 직접 가르치는 것이었지, 문자로 전달하는 것은 아니었다. 요

리에 관해서는 '백견이불여일행'百
見而不如一行이라고 해야 옳다.

물론 요리책이 없지는 않았다.
현존하는 우리나라에서 가장 오래
된 요리책은 1459년경 전의감 의
관醫官을 지낸 전순의全循義가 지은
『산가요록』山家要錄이다. 2001년 청
계천 고서점에서 앞쪽과 뒤쪽이
낙장落張인 채로 발견된 이 책에
는 각종 술 빚는 법, 누룩 만드는
법, 메주 띄우는 법, 장 담그는 법,
초 만드는 법, 채소절임·김치·죽·
밥·국수 만드는 법, 떡·과자 만드
는 법, 식혜 만드는 법, 순두부 만
들어 끓이는 법 등 230여 가지 요

청소년 잡지 『소녀생활』 1979년 2월호 별책
부록 『내가 만드는 요리』 1980년대에도 요
리책을 돈 주고 사려는 사람은 많지 않았다.
그래서 대개는 여성잡지의 별책부록으로 배
포되었다. 그러나 오늘날 대형 서점에는 요
리책 코너가 따로 있다.

리법이 기록되어 있다. 『산가요록』이 발견되기 전에는 1540년경에
발간된 『수운잡방』需雲雜方이 가장 오래된 요리책으로 알려져 있었
다. 안동 유생 김유金綏가 지은 이 책에도 121종의 요리법이 기록되
어 있다. 그런데 조선시대에 이 책들이 널리 읽혔다는 증거는 없다.
조선시대는 물론 반세기 전까지만 해도, '한국 음식' 만들기 전에 요
리책 뒤적이는 것을 수치로 아는 사람이 많았다.

요리법을 문자로 기록해 전달하는 일은 서로 다른 음식문화권 사
이의 교류가 확대되고 조리 설비와 도구가 변화하여 새로운 요리가
속속 등장한 뒤에야 본격화했다. 1896년 7월 관립영어학교 학도들
이 배재학당 학도들을 남산 밑으로 초청하여 서양 요리를 대접했다.
같은 해 12월에는 서울 진고개에 주둔한 일본군이 조선군 장교들과

경성에 사는 외국인들을 초청하여 서양 요리와 일본 요리를 대접했다. 1897년 3월에는 독일 영사가 각국 공사·영사와 조선 고관, 기타 외국인들을 초청하여 자국 요리를 대접했다. 1898년 12월에는 훗날 안중근의 동지가 된 유진률이 '양요리할 집'을 구하는 신문광고를 냈다. 1899년 9월에는 홍릉 앞 전차 정거장 부근에 '대한 사람이 서양 요리를 만들어 파는 집'이 생겼다. 그로부터 두 달 뒤, 독립신문사는 『서양 요리법』이라는 요리책을 번역하여 발매했다.

> 서양 요리법을 국문으로 번역 간행하였는데 영미英美 양국의 음식물 271종의 조제하는 법을 비진備盡히 하였으니 서양 음료에 유의하시는 군자는 독립신문사로 와서 이 책을 사 가시되 책값은 50전이오. 독립신문사 고백.

1900년께부터는 수월루, 혜천관, 명월루 등 서양 요리를 파는 음식점이 속출했다. 서양 요리를 먹어보고 다시 찾는 사람이 늘어나면, 서양 음료에 유의留意하는 사람도 나오게 마련이다. 이것이 우리 역사상 최초의 '돈 주고 사는 요리책'이었을 것이다.

1920년대 중반부터는 월간 『가정요리 강의』 등 일본의 요리 전문 잡지가 수입 판매되는 한편, 신문 지면에 요리법이 실리기 시작했다. 『가정요리 강의』 1924년 8월호의 목차는 다음과 같았다.

> 병인病人의 음식물, 계절의 잔치 요리, 여름철 감칠맛 요리, 여름철의 경제 요리 4종, 가지 나물 요리, 계절 가정 서양 요리, 순 프랑스식 요리, 잔반을 이용한 과자

1929년 이화여자전문학교 가사과는 요리법 강좌를 개설했다. 외

국 유학생과 결혼할 것에 대비해 서양 요리법을 배워두려는 학생들을 위한 배려였다. 하지만 1980년대까지도 요리책이 각 가정의 필수품은 아니었다. 여성잡지의 별책부록으로 배포된 요리책은 있어도 그만이고 없어도 그만이었다. 요리책의 수요는 핵가족이 늘어나 가족 내 요리법 전승 체계가 단절된 데다가 전 세계의 식재료가 시장에 쏟아져 나온 뒤에야 급증했다. 오늘날에는 거의 모든 가정이 요리책 한두 권 정도는 갖추고 있다. 요리책은 지역별, 가족별로 달랐던 사람들의 입맛을 통합하고 그럼으로써 외식 시장의 본격 팽창을 뒷받침한 물건이라고 해도 지나치지 않다.

철가방

> 상上께서는 한가로운 밤이면 매번 군직軍職과 선전관들을
> 불러 함께 달을 감상하곤 하셨다. 어느 날 밤 군직에게 명하
> 여, 문틈으로 면麵을 사 오게 하며 이르기를, '너희와 함께 냉
> 면을 먹고 싶다'고 하셨다.
>
> — 이유원, 『임하필기』林下筆記, 순조 즉위년(1880)

　인류가 음식을 익혀 먹기 시작한 뒤로, 식사 장소 가까이에는 늘
화덕이나 아궁이가 있었다. 대부분의 음식은 시간이 흐르면 식고 불
고 딱딱해져 갓 익힌 맛을 느낄 수 없었다. 여행하는 사람들을 위한
음식이 따로 있기는 했으나, 그런 음식에서 맛을 따지는 건 사치였
다. 전쟁터의 군인이든 장삿길에 나선 상인이든, 밖에서 밥을 먹어
야 할 때에는 솥을 걸 임시 아궁이를 만들곤 했다. 물론 음식 나르는
일이 아예 없지는 않았다. 농번기 농촌에서는 아낙네들이 새참 광주
리를 머리에 이고 남자들이 일하는 논밭으로 날랐다. 그 거리가 꽤
먼 경우도 있었지만, 새참용 음식은 도시락처럼 대개 국물 없는 것
들로 차렸다.
　음식을 배달하는 업체는 외식산업이 본격 성장하기 시작한 뒤에
생겨났다. 우리나라에서 음식 배달에 관한 기록은 18세기 중엽 이
후에 출현한다. 황윤석이 지은 『이재난고』頤齋亂藁에는 1768년 7월에

'일행과 함께 냉면을 시켜 먹었다'
는 기록이 있다. 19세기 말에는 경
기도 광주의 '효종갱'曉鐘羹이라는
국밥이 도성 안까지 배달되었다. 효
종은 새벽종이라는 뜻이다. 배달부
는 절에서 치는 새벽 종소리가 울
릴 때 광주에서 출발해 아침 나절
이면 도성에 도착했다고 하는데, 운
반 수단은 '솜으로 싼 항아리'였다.

중국음식점의 철가방 배달을 겸하는 음식
점은 간판 한편에 '신속 배달'이라는 글자를
새기곤 했다. 자전거나 오토바이 등의 탈것
에 적합한 음식 운반 용기로 개발된 철가방
은 현대인을 배달음식에 익숙하게 만든 일
등공신이다.

　1890년대 말 서울에 요릿집이
등장한 뒤로는 각부各部 관리들이
야외에 음식을 차려놓고 잔치를
벌이는 일이 잦았다. 요릿집에서 잔치 장소까지 음식을 배달한 덕분
인데, 1906년에 명월관은 가깝고 먼 곳을 가리지 않고 음식상을 배
달하겠노라고 광고했다. 당시 명월관이 제시한 메뉴는 '진찬합, 건
찬합, 밥교자, 특별 신개량 교자 음식' 등이었다. 국물 없는 음식상
인 건찬합은 지게로 배달했겠으나, 국물 있는 음식상인 진찬합은 가
마를 이용해야 했다. '교자'는 가마라는 뜻이다. 하지만 배달음식에
서는 아무래도 제맛을 느끼기 어려웠다. 이 문제를 완화하는 데에는
좀 더 시간이 필요했다.

　1910년대부터 자전거가 화물 운반용으로 이용되면서 이동 시간
은 크게 줄어들었다. 문제는 흔들림이었다. 자전거를 아무리 잘 타
는 배달부라도 짐칸에 올려놓은 쟁반을 안정적으로 운반할 수는 없
었다. 이 문제를 해결해준 것이 짐칸에 고정시킬 수 있는 철가방이
었다. 철가방은 배달음식이 비위생적이라는 의심의 그늘을 걷어내
는 데에도 큰 역할을 했다. 1920년대 중반 일본에서 만들어진 철가

방은 곧 서울 거리에도 모습을 드러냈다. 이 가방은 꽤 오랫동안 중국음식점과 우동집에서만 사용했으나, 배달음식의 수요가 늘어남에 따라 '쟁반 배달'을 고수하던 설렁탕집이나 장국밥집들도 결국 철가방을 채용했다.

1930년 3월, 경성부의 유명 음식점 배달부들이 음로친목회陰勞親睦會라는 단체를 결성했다. '음지에서 노동하는 사람들의 친목회'라는 뜻인데, 회원은 1,500명 이상이었다. 이 무렵 인사동에 있던 설렁탕 전문 이문식당의 경우 배달부만 20여 명이었다. 이 식당은 종로로 옮겨 지금도 영업 중이다. 배달음식을 많이 찾는 곳은 학교, 관공서와 기업체의 사무실, 병실 등이었다. 일제강점기에도 한국인은 '배달의 민족'이었던 셈이다. 이후 도시화와 산업화가 지속됨으로써 음식 배달은 계속 늘었다. 배달용 탈것도 자전거에서 오토바이로 바뀌었다. 특히 2019년부터 전 세계를 휩쓴 코로나 바이러스는 배달음식의 전성기를 이루었다.

오늘날 철가방에 담겨 꽤 먼 거리를 이동해온 음식들은 사무실 탁자뿐 아니라 가정집 식탁에도 아무 거리낌 없이 오른다. 그만큼 가족 구성원들을 '한 식구'로 만들어야 하는 주부의 부담도 줄었다. 철가방은 한 음식점 주방에서 만든 '한솥밥'을 나누어 먹으면서도 서로 아무런 연대의식도 느끼지 못하는 현대인을 만든 일등공신이다.

입고 지니다

일상·생활

명함

공자는 "아는 것을 안다고 하고 모르는 것을 모른다고 하는 것이 아는 것"이라 했으나, 아는 것과 모르는 것 사이에 선을 긋기는 쉽지 않다. 특히 사람에 관해서는 '앎'과 '모름'을 정의하는 것이 사실상 불가능하다. 이름도 직업도 모르지만 가끔 엘리베이터에서 만나는 이웃 주민도 '아는 사람'이고, 같은 사무실에서 매일 함께 일하는 직장 동료도 '아는 사람'이다. 대다수의 현대인은 TV 화면을 통해서만 본 연예인을 '아주 잘 아는 사람'으로 여긴다. 그러나 수십 년을 함께 살아온 부부 사이의 언쟁에서도 "당신이 이런 사람인 줄 몰랐다"는 말이 튀어나오곤 한다. 사람을 '안다'는 것은 과연 무엇일까?

사람에 관한 앎의 범주가 다양한 만큼 사람을 알아가는 계기와 과정도 다양하지만, 현대 성인들의 관계가 '모르는 사이'에서 '아는 사이'로 바뀌는 가장 흔한 계기는 이름과 직함이 새겨진 쪽지인 명함을 교환하는 의례다. 오늘날 "처음 뵙겠습니다"라는 인사와 함께 명함을 내미는 것은 기본적인 예의가 되었으며, '서로 처음 보는 사람들'이 포함된 모임의 시작과 끝은 으레 '명함 교환식'이 장식한다.

명함의 역사는 길다. 조선시대에도 새 관직을 얻은 사람은 유관 기관에 명함을 돌려야 했는데, 직급에 따라 종이의 질과 크기가 달랐다. 명함은 '아는 사람' 집을 방문했다가 주인이 없어 그냥 돌아올

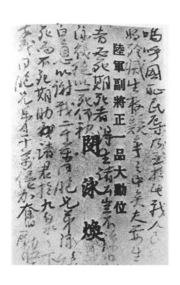

대한제국 육군 부장 정1품 대훈위 민영환의 명함 민영환은 순국 직전 자기 명함 위에 유서를 썼다. 직함과 이름만 기재한 문자 그대로의 명함인데, 직함 없이 이름만 인쇄한 명함도 많았다. 명함에 주소와 전화번호 등을 추가로 인쇄하는 관행은 일제강점기에 생겼다. 출처: 공훈전자사료관

때에 남기는 '방문 증명' 용도나, 명절 때 선물 보따리 안에 집어넣는 '발송 증명' 용도로도 사용되었다. 하지만 직함을 가진 사람이 드물었기에, 명함을 사용하는 사람도 매우 적었다. 당연히 일정한 규격의 종이에 명함을 인쇄해주는 업체도 없었다.

명함 사용은 직함을 가진 사람이 늘어나는 사회 변동과, 작고 두툼한 종이에 작은 글씨를 새길 수 있는 인쇄 기술이 발달한 뒤에 급증했다. 1894년 신분제가 폐지된 이후에는 상인과 평민도 명함을 가질 수 있게 되었다. 하지만 그들 중에는 자기 이름과 직함을 그럴싸하게 쓸 수 없는 사람도 많았다. 마침 양지洋紙와 신식 인쇄기가 수입되었다. 1890년 미국 감리교 선교부가 서울 배재학당 안에 출판사를 설립했다. 출판사 이름은 삼문출판사三文出版社였는데, 한글, 한문, 영문의 세 가지 활자를 사용한다는 의미였다. 이 출판사는 한글 번역본 종교 서적을 주로 발행했고 1896년부터는 『독립신문』도 인쇄했으나, 민간을 상대로 영업하지는 않았다.

1897년 우리나라 최초의 근대적 민간 인쇄소인 이문사以文社가 서울 관훈동에서 문을 열고 명함 인쇄를 개시했다. 이문사 사장 김익승金益昇은 독립운동가 우사尤史 김규식의 숙부로서, 개항장에서 경력을 쌓은 중견 관료 출신이었다. 그는 일본에서 인쇄기를 수입하여

이문사를 창립하고 곧이어 『제국신문』에도 출자했다. 『제국신문』과 『매일신문』의 인쇄도 이문사에서 맡았다. 이 회사는 한국인이 경영한 최초의 근대적 인쇄소였는데, 설립된 지 1년여 만에 남대문 안으로 이전했고 건물은 홍종복洪鍾復의 집이 되었다가 1899년 사립 시무학교時務學校로 바뀌었다. 1897년 2월 18일자 『독립신문』에 게재된 이문사 광고는 다음과 같았다.

> 훈동 이문사 광고. 본사에서는 서책과 각색 서식과 명함과 인찰지 등을 인출印出하는데 국문 한문 영문 일문 중에 무엇이든지 청구하는 대로 별로히 정하고 모양 있게 잘 하오니 뜻있는 군자는 와서 보시고 의향대로 하여 가시기를 바라오.

당시 이문사에서 인쇄한 명함의 규격은 정확히 알 수 없으나 1900년경에는 현재 일반적으로 사용되는 것(86×52밀리미터)과 대략 같은 크기의 명함이 통용되었다. 이와 더불어 명함은 다른 물건, 즉 사진의 규격을 정하는 기준도 되었다. 오늘날 가장 흔히 쓰이는 사진은 명함판과 반명함판이다.

명함 교환이 사회생활을 하는 현대인의 일상적인 의례가 되기는 했으나, 명함을 갖지 못한 사람도 많다. 1960년대에 활동한 시인 김관식은 '대한민국 김관식'이라 새긴 명함을 들고 다니며 직함 중심 사회에 맞섰다. 하지만 지금도 이렇다 할 직장이 없는 청년들의 꿈은 명함을 갖는 것이다. 현대는 명함 없이 행세하기 어려운 시대다.

50. 현대인의
     정체성을
     담다

우리나라에서 가장 오랫동안 발행, 유통된 화폐는 상평통
보다. 1633년 처음 주조했을 때에는 이용하는 사람이 없어 곧 발행
을 중단했으나, 1678년 재차 주조한 뒤로는 1894년 '신식화폐발행
장정' 제정 때까지 200여 년간 계속 발행했다. 상평통보는 1905년
일제의 화폐개혁으로 유통계에서 공식 퇴장했지만, 민간에서는 그
후로도 꽤 오랫동안 통용되었다.

상평통보가 유통된 이후 한동안 사대부는 이를 천하게 여겼다. 한
때 돈을 속된 말로 '쇳가루'라고 불렀는데, 이는 전錢이라는 글자에
정확히 부합한다. '전'은 부스러져서 가치가 없는 조개껍데기인 '천
할 천賤'과 뜻이 통하는 글자였다. 오른손과 왼손을 차별하는 것은
전 세계적인 현상이었는데, 우리는 오른손을 바른손이라고도 한다.
올바른 일을 하는 손이라는 뜻이다. 영어로는 라이트 핸드right hand,
완전히 같은 뜻이다. 밥을 먹거나 글을 쓰거나 손인사를 할 때 등에
는 반드시 오른손/바른손을 써야 했다. 나머지 온갖 일을 떠맡은 손
이 영어로 레프트 핸드left hand, 우리말로 왼손이다. left에는 '나머
지'라는 뜻도 있다. 동서양을 막론하고 왼손잡이를 구박한 것도 왼
손을 '옳지 않은 일을 하는 손'으로 취급했기 때문이다.

조선시대 사대부는 돈을 만질 일이 있을 때 왼손을 사용했다. 그
래서 돈은 오른쪽 소맷자락에 넣고 다녔다. 번잡한 시장에서 두리번

거리는 시골 양반의 오른쪽 소매가 불룩하면, 틀림없이 돈을 넣어둔 것이다. 무뢰배 한 명이 그에게 접근하여 오른쪽 소매를 치면, 그 안에 들어 있던 돈이 땅에 떨어진다. 앞에서 대기하던 일당이 그 돈을 냉큼 집어서는 도망친다. 소매치기라는 말이 생긴 연유다. 요즘에도 이런 범죄를 소매치기라고 부르기는 하지만, 남의 소매를 쳐봐야 아무것도 안 나온다. 요즘 소매치기는 옷이나 가방 안의 지갑을 훔친다.

지갑紙匣은 본디 종이로 만든 작은 상자를 의미했다. 손에 들고 다닐 수 있을 정도로 작은 지갑은 수갑手匣이라고 했다. 옛날 사람들은 도장이나 엽전 등의 귀중품을 작은 지갑에 넣고 다니곤 했다. 한국인이 언제부터 현재와 같은 형태의 가죽 지갑을 사용했는지는 정확히 알 수 없다. 서양인에게는 이 물건이 필수 소지품이었으나, 한국인은 거의 사용하지 않았다. 일단 돈의 가치가 낮아 적은 액수라도 부피와 중량이 컸다. 엽전이나 백동화 몇 개를 지갑에 넣어봤자 살 수 있는 물건은 거의 없었다. 돈을 넣어두는 '돈지갑'은 지폐가 출현한 뒤에야 쓸모가 생겼다. 우리나라에서 제한 없이 유통된 최초의 지폐는 1902년부터 일본 제일은행이 발행한 제일은행권이며, 1914년에는 조선은행권이 나왔다.

한국에서 지갑이라는 이름은 1910년대 초에 본체本體를 떠나 지폐와 동전 몇 개, 명함 등을 넣을 수 있는 가죽제 물건으로 옮겨갔다. 이 물건은 처음에 혁갑革匣으로 불렸으나, 곧 지갑으로 통칭되었다. 영어로 'wallet'인 이 물건을 일본인들은 사이후財布 또는 가네이레金入れ로, 중국인들은 첸바오錢包로 번역했으나 한국인은 지갑이라는 말을 고수했다. 지갑은 외래 문물의 이름 중에서 일본과 중국의 번역어를 따르지 않은 아주 드문 예에 속한다.

지갑에 지폐를 넣고 다니는 사람이 늘어나자, 소매치기의 수법도 바뀌었다. 사람들은 지갑을 양복 안주머니나 한복 조끼 호주머니에

지갑 돈 말고 다른 것을 넣을 게 없던 시절에도 사람들은 지갑을 흔히 '돈지갑'으로 불렀다. 지폐 때문에 필수품이 된 지갑에는 오늘날 신용카드와 명함 등도 들어간다. 휴대전화기가 소유자의 디지털 정보를 담는 물건이라면, 지갑은 아날로그 정보를 담는 물건이다.

넣고 다녔다. 남자들이 한복 윗저고리 안에 조끼를 받쳐 입는 관습은 20세기 벽두에 생겼는데, 지갑을 넣기 위해서였을 가능성이 크다. 1910년대 초부터 남의 호주머니에서 교묘하게 지갑을 빼내는 범죄가 성행했는데, 사람들은 이를 예전처럼 '소매치기'라고 부르거나 일본어로 '쓰리'라고 했다. 조선물산공진회나 창경원 밤 벚꽃놀이처럼 사람이 많이 모이는 행사 때는 쓰리꾼들의 대목이기도 했다. 소매치기들의 은어로 지갑은 '꽃', 훔치다는 '따다'였는데, 밤 벚꽃놀이 때 지갑을 많이 훔쳤기 때문에 생긴 말일 수도 있다.

　물론 누구나 지갑을 가지고 다니지는 않았다. 1928년 동아부인상회에서 판매하는 지갑은 하나에 6원이었다. 보통학교 초임 교사 월급이 30원 정도였으니, 꽤나 비싼 편이었다. 양장하고 핸드백 드는 여성이 늘어나면서 여성용 지갑도 생겼는데, 천으로 만든 것도 있었으나 대개는 가죽 제품이었다. '지갑에 푸른빛 도장塗裝이 두드러진다'는 '사치스럽다'는 말과 동의어였다. 지갑이 부유한 사람들의 필수품이자 사치품이었던 만큼, 지갑에 넣고 다니는 돈도 적지 않았다. 1938년에는 현금 1,995원이 든 지갑을 습득하여 경찰에 신고한 사람도 있었다. 집 한 채 값이 지갑 하나에 들어 있었던 셈이다.

주민등록증과 운전면허증이 필수 소지품이 되고 신용카드가 발급되면서 지갑에 들어가는 물건의 종류도 늘어났다. 신분증, 신용카드, 명함의 크기가 거의 같은 것도, 전 세계 지폐의 크기가 대체로 비슷한 것도, 지갑의 크기에 영향받은 바 크다. 지갑은 현대인이 늘 휴대하는 물건이며, 그 안에는 그의 재력과 신분, 사회관계와 신용도가 담긴다. 현대인의 정체성 대부분은 지갑에 들어 있다.

51.　　숫자의 조합으로
　　　　용해된
　　　　사람의 개성

문: 일본에 유학 가려면 연락선에서 신분증명서가 있어야
　　한다니 신분증명서는 어떠한 종류입니까? 여행 가는데
　　도 여행권이 있어야 하는지요. (호남 K생)
답: 다 없어도 행색만 분명하면 관계치 않습니다. (기자)

　　1926년 10월 20일자 한 한글 신문의 문답란에 실린 내용이다. 신분이란 문자 그대로 몸의 분등分等으로서 차림새나 행동거지로 표현되었지, 증서로 입증되지는 않았다. 조선시대에도 16세 이상의 남자는 신분 고하에 관계없이 호패를 차고 다녀야 했으나, 제 이름 석 자도 못 쓰는 사람이 태반인 상황에서 양반층의 장신구처럼 사용되었을 뿐이다. 호패에 기재되는 사항도 이름, 출생연도, 관직명이나 과거 급제 연도, 호패 제작 연도뿐이어서 오늘날의 기준으로 보면 신분증보다는 명찰에 더 가까웠다. 호패만 보고 당사자가 어느 동네에 사는 뉘 집 자손인지 판단할 도리는 없었다. 게다가 대다수 사람이 '익명성의 공간' 밖으로 나갈 일이 거의 없던 시절에, 자기 신분을 증명할 문서가 따로 필요하지도 않았다. '모르는 사람'은 호패를 보아도 '모르는 사람'이었다. 법은 호패를 빌려주거나 위조하는 행위를 엄격히 금지했으나, 실제로 호패가 신원身元 확인에 사용된 것 같지도 않다. 조선 말기 과거장에서는 대리 시험이 일반적이었으며,

급가모립給價募立이라고 해서 남에게 돈을 주고 자기 대신 요역傜役에 보내는 일도 흔했다. 신원 확인 절차가 까다로웠다면, 『흥부전』에 '돈 받고 남 대신 곤장 맞는' 장면이 들어가지도 않았을 것이다.

국가가 가족관계, 거주지, 나이 등 개인의 신상 정보를 면밀히 파악하여 기록하고, 그 기록물을 당사자의 신원 확인 용도로 쓰기 시작한 것은 1909년 3월 4일 민적법 공포 이후의 일이다. 당시는 일본인들이 국가의 실권을 장악한 때였고, 그들에게는 한국인 절대다수가 '모르는 사람'이었다. 한국 거주 일본인 관리와 상인들은 늘 한국인을 상대했지만, 한국의 오래된 '정의적情誼的 공동체'와는 무관했다. 그들에게는 한국인과 거래하거나 한국인을 고용할 때 상대의 신원을 확인할 수단이 거의 없었다. 이는 사기나 횡령의 피해를 입더라도 상대를 추적할 수 없다는 것을 의미했다. 당대의 일본인들에게는 자기가 상대하는 한국인 개개인을 구체적으로 알 수 있는 방도가 필요했다. 한국에서 근대적 신분 조사와 신분 증명은 한국인들이 제 땅에서 '이방인'이 된 결과로 탄생한 셈이다.

명목상 대한제국 법률로 민적법이 공포되었음에도, 많은 한국인이 이 법을 무시했다. 호구 조사가 조세 부과와 동전의 양면인 것은 엄연한 역사적 사실인 데다가, 이 법이 한국인을 일본인으로 만들려는 것이라는 의심이 널리 퍼졌기 때문이다. 당시 정부는 이 법이 일본의 민적법과 달리 조사 항목이 적으며, 민적부는 상속, 부동산 매매, 민형사 소송 등에서 신분 증명 용도로만 쓰일 것이라고 누누이 설명해야 했다. 물론 설명으로만 그치지는 않았다. 일본의 한국 강점 직후부터 총독부 경찰은 민적부民籍簿에 기재되지 않은 인민을 일일이 추적하여 조사하기 시작했다. 1910년대 중반부터 민적부는 특정인의 신원을 확정하는 기초 자료가 되었다.

일제강점기에도 모든 개인이 항상 휴대해야 하는 신분증은 없었다. 학생증이나 관리증표官吏證票 정도가 특정한 부류의 신분증 구실을 하는 정도였다. 취업이나 응시, 도항渡航 등 신원 확인이 필요한 경우에는 각자가 민적 등본이나 초본을 발급받아 제출하면 되었다.

하지만 신원 확인 절차는 매우 까다로워졌다. 관청에서 각지 군수나 면장에게 특정인의 신원 확인을 요구하는 일은 일상적이었다. 고등문관 시험이나 의사 시험 등 중요 시험의 경우, 응시자는 졸업증명서, 경력증명서, 면장이나 경찰서장이 발급하는 신분증명서를 제출해야 했다. 사진이 흔치 않았고 지문 감식도 초보적인 단계였기 때문에, 이런 것들로 신분을 확실히 증명하기는 어려웠다. 위장을 방지하기 위해서는 이중삼중의 증명 절차를 거칠 수밖에 없었다. 이 때문에 우편으로 증명서를 발급받는 과정에서 시간이 지체되어 응시 자격을 잃어버리는 사람도 적지 않았다.

일본 영사관의 보호를 받을 생각이 없는 사람들은 외국에 나갈 때도 여권을 소지하지 않았다. 당연히 일본에 갈 때도 신분증은 필요 없었다. 일본 경찰은 신분증이 아니라 행색을 보고 사람을 판단했다. 다만 관동대지진(1923) 직후 한동안은 예외였다. 일본 경찰은 일본과 조선 사이의 정보 교환을 차단하기 위해 조선인의 일본 도항을 엄격히 단속했고, 일본에 가려는 조선인은 경찰서장이 발급한 신분증명서를 휴대해야 했다. 하지만 이 조치는 곧 철회되었다. 태평양전쟁 중 조선인의 사상과 조선의 물자 전반에 대한 통제를 강화했던 조선총독부도, 민적 초본이나 등본 외에 별도의 신분증을 만들려 하지는 않았다.

개인 신상에 관한 각종 정보가 적힌 작은 종잇조각은 해방 직후부터 '국민의 자격'을 인증하는 증서로 사용되기 시작했다. 공민증公民證이라는 이름의 신분증명서는 북한 지역에서 먼저 발행되었다. 1946년 8월 초, 북조선 임시인민위원회는 18세 이상 남녀 모두에게 공민증을 발급하고 항시 휴대하도록 했다. 당시 남한 지식인 일부는 북한의 조치를 비난했으나, 미군정도 곧 그 뒤를 따랐다. 1947년 1월 18일 군정청은 도 단위로 도민 전체에게 공민증을 발급하라고 지시했다. 이 지시에 따라 경기도는 총 19행의 기재란을 둔 공민증 양식을 만들었다. 기재 사항은 성명, 성별, 증서번호, 발행일자, 현주소, 생년월일, 출생지, 결혼 여부, 상처喪妻·상부喪夫·이혼 여부, 주택 소유 여부와 주택 면적, 차가借家일 경우 임대 가격과 집주인 성명·학력, 배우자의 성명과 연령, 별거 중일 경우 배우자의 현주소, 15세 미만 자녀의 성명과 연령, 부모의 성명과 생사 여부, 생존한 부모일 경우 연령과 주소, 형제자매의 생사 여부와 이름, 직업 및 종사 기간, 월평균 임금, 피고용인일 경우 고용자의 성명과 주소, 기타 근친近親의 성명과 주소, 흉터 기타 신체상의 특징 등이었다. 한 사람에 관한 거의 모든 정보를 증명서 하나에 담으려 한 것이다.

서울시와 다른 도에서도 비슷한 공민증 양식을 만들었다. 미군정은 '합법적 거주민'을 확정하여 정확한 인구 통계를 작성하며, 그에 기초해 배급 물자 수급 계획을 세우는 한편, 향후 치러질 선거에 대비하기 위해서도 공민증이 필요하다고 밝혔다. 하지만 당시 사람들이 보기에 미군정의 의도는 다른 데에 있었다. 남한의 좌익세력과 미군정의 대립은 1946년 여름부터 노골화하여 9월 총파업과 대구 10월 '폭동'으로 이어졌다. 그해 겨울의 민심은 불안하고 흉흉한 상태였다. 공민증 발행은 이런 때에 결정되었다. 많은 사람이 공민증은 '좌익 색출과 탄압'을 위해 고안되었다고 생각했다. 당장 북한의 공민증을 비난했던 지식인들도 할 말이 없어졌다. 공민증에 대해 부정적 여론이 고조되자 서울시는 '공민증이 아니라 등록표'라고 정정했다. 하지만 이름은 중요하지 않았다. 남로당 위원장 허헌은 이에 대해 "인민의 민주주의적 자유가 보장되지 못한 남조선에서 공민증 발행은 인민의 신성한 권리인 인권을 침해하는 반동의 폭압을 용이하게 하고 광범하게 하는 법률적 토대를 만드는 데 불과하다"고 평했다. 부정한 방법으로 배급 물자를 빼돌리는 '유령인구'를 없애려면 공민증이 필요하다는 미군정의 주장에 동의하는 사람은 거의 없었다. 경기도와 서울시의 공민증 발행은 한국전쟁이 발발할 때까지 지지부진한 상태를 면치 못했다.

경상북도는 1949년 10월에 도민증을 처음 발급했는데, 그때 내세운 명분이 오히려 솔직했다. 도 경찰국장은 '폭도의 준동이 빈번한 도내 치안 상황에 비추어' 양민과 폭도를 구분, 격리하기 위해서는 도민증이 필요하다고 주장했다. 발행 주체는 소관 경찰서장이나 국민회 지부장이었고, 발행 대상은 모든 도민이 아니라 14세 이상 60세 미만의 민간인 '신청자'였다. 서울 수복 직후인 1950년 10월 초에는 서울시도 '선량한 시민의 신분을 보장하며 제5열을 철저히 소탕하고자' 시민증을 발급했다. 이때에도 군경에 의해 '사상 불순자'로 지목된 사람은 발급 대상에서 제외되었다. 시민증이 없는 사람은 '적색 반동분자'로 간주되었다. 그런 사람들에게 시민증 위조는 생존을 위한 몸부림이었다. 휴전 이후 신분증 발급 업무는 각 시도에서 관장했다. 기재 사항은 본적, 출생지, 주소, 호주 성명, 직업, 성별, 키, 사투리, 국문 해독 여부 등이었는데, 개중에는 '사상' 기재란을 둔 것도 있었다. 사상란에 '좌'초라고 쓰인 신분증은 없느니만 못했다. 그런 신분증은 '사회적 학대를 받아 마땅한 자'라는 표지였다. 그들을 학대하는 것도 애국으로 취급되었다.

5·16군사정변 이듬해인 1962년 5월, 정부는 주민등록법을 공포하여 모든 국민에게 고유식별번호를 부여했다. 하지만 국민 개개인에게 그 증서를 발급하지는 않았다. 1968년 1월 21일, 북한군 특수부대가 청와대 인근까지 침투해 군경과 총격전을 벌였다. 이 일

최초의 주민등록증 발급 1968년 11월 21일 대통령 박정희가 대한민국 첫 번째 주민등록증을 발급받아 살펴보고 있다. 주민등록증은 대한민국 성인이면 항상 소지해야 하는 물건이다. 국가는 모든 국민에게 타인과 공유할 수 없는 '고유식별번호'를 부여했고, 이 번호는 개인의 정체성을 구성하는 중요 요소가 되었다. 숫자의 조합으로 치환된 인간은 그저 다수 중의 하나일 뿐이다. 출처: 『경향신문』 1968년 11월 21일자

(1·21 사태)을 계기로 전 국민에 대한 감시, 통제를 강화하기로 결정한 정부는, 모든 국민에게 똑같은 양식의 주민등록증을 배포하고 상시 휴대를 의무화했다. 사진, 성명, 주민등록번호, 생년월일, 본적, 병역, 주소와 그 이전 사항만 기재된 간단한 증서였다. 대통령 박정희의 번호는 110101-100001로서, '서울특별시 세종로에 거주하는 대한민국 No.1 남자'라는 의미였다. 1975년부터는 생년월일과 출생지 정보가 번호 안에 들어갔다. 경찰관이 주민등록증 제시를 요구하면 반드시 따라야 한다는 규정도 이때 추가되었다. 현재는 주민등록번

호에 100여 가지의 개인 정보가 담겼다고 한다.

이육사로 잘 알려진 시인 이원록은 수감 중 죄수 번호 264를 필명으로 썼다. 학번이든 군번이든 수인 번호든 어떤 사람을 번호로 인지하고 호명하는 것은 그의 인간적 개성을 소거하여 사물화하는 행위다. 부모가 지어주는 이름에는 자식에 대한 소망과 기대가 담기지만, 국가가 붙여주는 번호에는 '관리의 편의성'만 담긴다. 자기가 숫자의 조합으로 용해되는 상황을 용인한 사람들은 저도 모르는 사이에 타인을 숫자의 조합으로 파악하는 습관을 들인다. 이렇게 해서 사회 전체가, 사람들 모두가, 나아가 세상을 구성하는 모든 물건이 숫자의 조합으로 치환되고 인지되며 통제된다. 이진법의 원리로 작동하는 컴퓨터는 숫자의 조합으로 치환된 모든 것을 관리, 통제할 수 있다. 현대 한국인에게 주민등록번호는 '기계의 통제를 수용하는 인간'의 표지이기도 하다.

52.　　　손목에
　　　　걸린
　　　　신의 섭리

진시황이 동남동녀 500명을 뽑아 불로초를 구해오게 한 것은 시간에 저항하기 위해서였다. 물론 그는 실패했다. 시간은 인간의 생로병사를 주재하는 초월적 힘이며, 인간은 아무리 많은 부와 권력을 가져도 그에 맞설 수 없다. 그런데 시간은 힘을 가진 실체가 아니다. 그것은 사람이 인지하는 천체의 운행 리듬 또는 주기일 뿐이다. 영어 'time'과 'tempo'는 어원이 같다. 천체가 곧 하늘이며, 하늘이 곧 신이다. 선사시대 사람들은 천체의 운행에서 신의 아름다움과 불멸성, 규칙성과 일관성, 완벽한 질서와 조화 등을 발견하고, 이런 것들이 신의 속성이자 의지라고 생각했다.

천체는 복합적인 원운동을 하는 실체로서 모든 것이 서로 다른 주기로 반복된다. 지구의 공전 주기가 '해'이며, 자전 주기가 '날'이고, 달의 공전 주기가 '달'이다. 서로 다른 주기들이 수학적으로 딱 맞아떨어지는 관계에 있는 것은 아니지만, 사람들은 먼 옛날부터 천체의 순환에서 일정한 법칙성을 찾으려 했다. 특히 농경이 시작된 뒤로는 파종, 제초, 수확 등의 시점을 알려주는 농사력을 만들고 지키는 것이 중요했다. 더불어 대략 일정한 주기를 가지고 반복되는 자연재해도 가급적 정확히 예측해야 했다. 자연 현상이 반복되는 주기를 이해하고 그것을 일정한 구간 단위로 나누는 것, 각각의 구분선과 관련하여 특정한 날들에 축제, 노동, 휴식, 금기 등 특정한 행위를 대응시키는 일은 이미 신석시시대에 시작되었을 것이다.

천체 운행의 법칙성을 정확히 이해하려면 서로 멀리 떨어진 여러 장소에서 축적된 경험과 지식들을 한곳으로 집중할 필요가 있었다. 그래서 고대 국가들의 수도는 물리적 구조물의 집적체일 뿐 아니라 천문학을 중심으로 하는 지적 성과물의 집적체이기도 했다. 더불어 '한곳으로 모으는 힘'이 곧 권력이 되었으니 고대의 이집트, 메소포타미아, 중국 등지에서 천문학과 함께 초월적 권력이 출현한 것은 우연이 아니었다. 천체의 운행에 관한 '비밀의 열쇠'를 손에 넣은 권력은 그것으로 하늘, 곧 신과 자신 사이의 혈연적 관계를 입증하고자 했으며, 그런 시도는 예외 없이 성공했다. 한 해의 날수를 정하고, 그해에 이름을 붙이며, 길고 짧은 달을 정하는 권리는 신을 대행하는 자, 또는 신의 아들만이 가질 수 있었다.

인류는 먼 옛날부터 각각의 날에 연, 월, 일 순으로 고유식별부호를 붙였다. 현대에는 초등학생들도 일기를 쓸 때 연월일을 먼저 쓴다. 이 고유식별부호가 있어야 '오늘'이 과거에도 없었고 앞으로도 없을 '유일한 날'이 된다. 그런데 일日은 한 달에 한 번씩 반복되며, 월月은 1년에 한 번씩 반복된다. 반복되지 않는 연年의 고유식별부호를 만들어야, 모든 시간이 '고유성'을 가질 수 있다. 연의 고유식별부호가 연호年號다. 인류가 시간 관념을 가진 직후부터 연호가 있었던 것은 아니다. 신이 주관하는 시간에 고유식별부호를 붙여 모든 인간이 따르게 하는 일은, '초월적 권력'이 출현한 뒤에야 가능했다. 고대 제국의 황제들에게 연호는 자기가 '신의 대리인'임을 입증하는 가장 유효한 수단이었다. 우리나라에서는 4세기 말 광개토대왕 때, 일본에서는 7세기 초 다이카개신大化改新 때 처음 연호를 사용했다.

그러나 황제 연호에는 불편한 점이 많았다. 지금 강희 38년과 건륭 13년 중 어느 해가 먼저인지, 두 해 사이의 '시간적 거리'는 얼마나 되는지 아는 사람은 거의 없다. 이런 연호로 역사를 이해하려면 먼저 역대 연호와 각 연호가 사용된 기간까지 외워야 한다. 게다가 같은 연호가 중복되는 경우도 있다. 대한제국 시기 신문들은 발행일을 '대한광무 3년 5월 5일' 식으로 적었다. '대한광무' 말고 '후한광무'도 있었기 때문이다. 그런 점에서 A. D.(서기) 연호는 인류사상 획기적인 발명이었다. 영생하는 '신의 아들'이 생김으로써 바뀌지 않는 연호가 만들어졌고, 그 덕에 인류의 역사 인식 능력은 비약적으로 커졌다. 1592년이라는 고유식별부호가 없다면, 우리는 지금도 '만력 20년(또는 선조 25년) 임진왜란'으로 써야 했을 것이다. '만력 20년 임진'도 고유식별부호이기는 하지만, 그때가 지금으로부터 몇 년 전인지, 세종의 한글 창제로부터 몇 년 후인지는 알기 어렵다. 역사적 사건들과 사건들 사이, 과거와 현재 사이의 '시간적 거리'를 쉽게 측정할 수 있게 된 것은 전적으로 A. D. 연호 덕이다. 현재 대다수 나라에서 서력기원을 쓰는 것은 기독교 문화권의 시간이 세계를 정복했기 때문이다.

신의 대리인이자 시간의 관리인을 자처한 초월적 권력은 한 해, 한 달의 날수를 정하는 것뿐 아니라 하루를 다시 수십, 수백 개의 조각으로 나누는 일에도 관심을 기울였다. 한자 '시'時는 태양과 종교 시설인 절을 나란히 놓은 글자다. 글자의 조합 방식을 보면, 시時보다 사寺가 먼저 있었음을 알 수 있다. 시간의 규칙성에 인간의 특정 행위를 대응시키려는 의지는 애초에 종교적이고 정치적이었다. 시각時刻을 정확히 아는 것은 제사祭祀 등의 종교적 의례와 그 변형인 정치적 의례에나 필요했다. 하늘의 운행 리듬에 맞추어 행동할 수 있다는 것은 하늘과 직접 연결된 인간이라는 증거였다.

그렇기에 권력이 분할한 시간 조각들에 일상을 맞추어야 하는 사람은 많지 않았다. 농민들의 노동을 지배한 것은 시, 분, 초 단위로 분할되는 시간이 아니라 체력과 날씨였다. 시간은 낮과 밤 정도만 구분하면 충분했다. 마르크 블로크가 중세를 '시간에 대한 거대한 무관심의 시대'로 정의한 이유다. 낮과 밤을 다시 몇 개씩의 조각으로 분할하여 표시하는 기계인 시계는 신과 권력자 사이의 거리를 표시하는 것이 주 임무였고, 그 시간의 구분점인 시각을 사람들에게 알려주는 일은 달리 선택할 문제였다. 이 기계를 발전시키고자 한 지적 노력의 결실이 근대를 여는 데 큰 구실을 했던 점을 별도로 한다면, 서력 기원전으로까지 거슬러 올라가는 이 기계의 발명은 한갓 권력자의 보물 목록을 늘리는 데 기여했을 뿐이다. 다만 권력자 가까이에 있는 사람들 혹은 권력자의 의사에 즉각적으로 반응해야 하는 사람들만이, 다소간 이 기계의 영향을 받았을 뿐이다.

시간의 흐름과 순간의 시각을 표시하고 그것을 소리로 표현하는 시계는 그 자체로 신성한 기계였다. 시각을 알리는 장치로는 주로 종이 사용되었다. 종은 소리가 길게 울리고 멀리 퍼지며, 표면에 글씨나 문양을 자유롭게 새길 수 있는 악기다. 유럽의 가톨릭 성당이든 한국의 사찰이든 종으로 시각을 알렸다. 우리나라에는 왕궁에도 종이 있었고, 세종 대에는 종 치는 시각을 정확히 측정하기 위해 자격루라는 물시계를 만들었다. 시계는 애초 '종 치는 시각'을 정확히 알기 위한 도구였다. 종은 신의 뜻을 소리로 전하는 성물聖物이자 신물神物이었다. 영어 'clock'의 어원은 라틴어 'cllocca'인데, 그 뜻도 '종'이다.

태엽 동력으로 작동하는 기계식 시계는 13세기 말 유럽에서 발명되었다. 16세기 대양 횡단 항해의 급증은 시계의 정확도를 높이려는 집단 의지를 부추겼다. 이동하는 배에서는 천체의 운행과 시간의 흐름이 일치하지 않았다. 시계는 본디 천체 운행의 리듬을 표시하기 위한 것이었지만, 배 위에서 이동하는 기계식 시계가 표시한 것은 하늘에서 독립한 기계적 시간이었다. 대항해 시대에 정밀한 기계식 시계는 바다를 정복하기 위한 무기였고, 바다를 정복한 자가 시간도 지배했다. 역사상 어떤 신도 지구상의 시간을 통일하지는 못했으나, 해가 지지 않는 자본주의 해양 제국을 건설한 영국은 이 일을 해냈다. 1884년, 영국 그리니치 천문대를 지나는 자오선이 세계 시간의 기준점이 되었다.

미국의 역사학자 루이스 멈퍼드Lewis Mumford는 증기엔진이 아니라 시계가 현대 산업사회의 핵심 기계라고 했다. 유럽에서는 산업혁명에 앞서 시간혁명이 일어났다. 시계가 가리키는 시각에 따라 운행하는 우편마차는 증기기관차보다 먼저 등장했다. 누적 또는 연속적 변화로 시간을 표시한 물시계나 해시계와는 달리, 기계식 시계는 진자의 균질적인 반복 운동으로 시간을 분할해 표시했다. 기계식 시계에 의해 시간은 균등한 단위로 분할할 수 있는 것, 그럼으로써 계산 가능한 것으로 변했다. 시간은 절약할 수도, 낭비할 수도, 더하거나 뺄 수도 있는 대상이 되었다. 더불어 그 단위도 초 단위로까지 세분되었다.

병자호란 직전인 1631년, 정두원이 명나라에 갔다가 '스스로 우는 종'이라는 뜻의 자명종自鳴鐘을 얻어 돌아왔다. 이것이 우리나라에 처음 들어온 기계식 시계다. 유럽에서는 15세기부터 시계에 강철 스프링을 사용했기 때문에, 이 자명종도 스프링 시계였을 것이다. 그 뒤로도 자명종은 여러 차례 들어왔고 이를 똑같이 제작해보려는 사람도 있었으나, 조선에는 정교한 강철 스프링을 만들 기술이 없었다.

유럽이 원산지인 기계식 시계는 유럽식 24시제에 따라 작동했다. 유럽인들은 정오를 기준으로 하루를 두 조각으로 나눈 뒤, 각각의 조각에 12시간씩을 배정했다. 하지만 조선 사람들은 하루를 십이지신이 나누어 관장하는 12개의 시간으로 분할했다. 기계식 시계가 표시하는 유럽식 시각은 조선 전래의 시간 관념에 혼란을 초래했다. 기계식 시계의 바늘이 가리키는 '5시'는 조선 사람들이 익히 아는 '오시'午時와 발음이 같았다. 4시도 마찬가지였다. 기계식 시계가널리 보급된 뒤, 사람들은 이 혼란을 피하기 위해 시각의 명칭을 하나 둘 셋 넷으로 바꾸었다. '4시 4분'을 '네 시 사 분', '5시 5분'을 '다섯 시 오 분'이라고 하게 된 연유다.

기계식 시계와 24시제는 개항 이후에 현실적 힘을 갖기 시작했다. 제국주의에 의해 유럽식 시간으로 통일된 세계에서 전래의 시간 관념을 고집할 수는 없었다. 개항 이후 조선에 들어온 외국인들은 대개 회중시계를 가지고 있었다. 이들과 교섭하려면 서양식 시간 관념에 익숙해져야 했다. 1888년 경복궁 집옥재 옆에 시계탑을 세우는공사가 시작되었다. 탑을 설계한 사람은 러시아인 건축가 사바친이었는데, 시계의 제조사는 알 수 없다. 이 시계는 도성의 문을 여닫는일이나 관료들의 출퇴근 시각을 알리는 일과는 전혀 무관했다. 이시계는 독자적인 시간을 주재하는 조선 국왕의 권위를 상징하는 물건이었다. 이 시계탑이 언제 철거되었는지는 알 수 없으나 청일전쟁이후 개국 연호를 사용하고 뒤이어 건양建陽이라는 연호를 새로 제정한 뒤로 그 상징적 효용은 사라졌다. 1897년 대한제국 황제와 하늘 사이의 관계를 직접 표상하는 장소로 마련된 원구단은 시계탑보다 더 직접적인 천자天子의 상징물이었다.

1902년, 서울 한복판에 또 다른 시계탑이 생겼다. 한성전기회사는처음 보신각 맞은편 행랑을 사옥으로 썼으나, 1902년 '황제 어극 40년 망육순 칭경예식'을 앞두고 현재의 YMCA 서쪽 장안빌딩 자리에새 건물을 짓고 입주했다. 르네상스 양식의 새 사옥 중앙 첨탑에는대형 시계가 설치되었다. 이 무렵부터 전차도 시간표에 따라 운행하기 시작했다. 한성전기회사 사옥의 시계는 시간과 거리, 속도 사이의 함수를 가르치는 교본이었다. 사람들은 점차 원판 위를 일정한 속도로 움직이는 시곗바늘과 달리는 전차 사이의 상관관계를 인식하기 시작했다. '절약되는 시간'과 '단축되는 공간'이 사람들의 의식 안에서 통합되었다.

한성전기회사 사옥의 시계탑은 시간에 대한 중세적·농촌적 태도와 근대적·도시적 태도를 가르는 기준점이었고, 종교와 결합했던 시간이 돈과 결합했음을 알리는 표지였다. 다만 이 시계는 사람의 동작과 행위를 직접 규제하지는 못했다. 시계는 전차라는 다른 기계를 매개로 사람들의 시간 생활에 개입했다. 사람의 행동을 직접적이고도 강력하게 규제하는 공공 시계는 1908년 대한의원 본관이 완공되었을 때 비로소 출현했다. 오늘날 의료와 관련된 모든 행위는 시간 단위로 표시된다. '매 식후 몇 분마다 복용할 것', '매일 몇 시간 이상 운동할 것', '식후 몇 시간 뒤의 수치', '분당 맥박 수', '몇 시간에 걸친 대수술' 등. 병원의 시계는 의료진과 환자 모두에게 '취해야 할 행동'의 시점을 알리는 일종의 '의료 기계'다. 병원 시계의 바늘은 다른 매개 장치 없이 사람의 동작을 직접 규제했고, 시간 엄수는 다른 모든 행위의 전제가 되었다.

시간이 기계적으로 분할되는 대상으로 바뀌자, 시계에서도 신성神性이 사라졌다. 경복궁에 시계탑이 생긴 지 얼마 되지 않아, 보통의 한국인도 시계를 휴대할 수 있는 시대가 열렸다. 1899년 봄 관립 외국어학교 연합운동회가 열렸는데, 종목별 우승 상품은 금시계였다. 이듬해 가을, 관립 독일어학교 하기夏期 시험 일등상도 독일 세창양행이 제공한 금시계였다. 1902년에는 서울에 전문 시계포가 생겼다. 제1차 세계대전은 신사들의 안주머니에 있던 개인용 시계를 손목위로 올려놓았다. 전쟁 중의 시계는 서로 다른 곳에 흩어져 있는 부대원들을 일사불란하게 지휘 통제하기 위한 무기였다. 오른 손가락

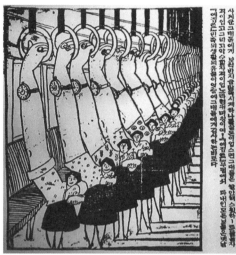

『조선일보』에 실린 만문만화漫文慢畵 「모던걸의 장신裝身운동」 "원시인에게는 다른 동물의 보호색 모양으로 호신상 필요에 의하야 몸둥아리에 여러 가지 모형을 그리고 온몸을 장식하엿스나, 현대에 이르러서는 오즉 성적 충동을 위한 장식일 것이다. 그 어떤 것 하나하나가 그 색채에 잇서서나 형상으로 잇서서나 됴발적이 아닌게 어듸 잇든가? 그런데 이 그림과 가티 녀학생 기타 소위 신녀성들의 장신운동이 요사이 격렬하야젓나니, 항용 뎐차 안에서만 볼 수 잇는 것이다. 황금 팔뚝시계·보석반지—현대 녀성은 이 두 가지가 구비치 못하면 무엇보담도 수치인 것이다. 그리하야 데일 시위운동에 적당한 곳은 뎐차 안이니 이 그림 모양으로 큰 선전이 된다면 현대 부모 남편 애인 신사 제군 그대들에게 보석반지 금팔찌시계 하나를 살 돈이 업스면 그대들은 딸 아내 스윗하-트를 둘 자격이 업고 그리고 악수할 자격이 업노라. 현대 녀성이여! '에집트' 무덤에서 파내인 모든 보물은 넷날 '에집트' 민족의 생활의 유물이엇슴에 그대들에게 감사하는 바로다." 1928년에 손목시계는 이미 귀부인과 신여성의 기본 장신구였다. 출처: 『조선일보』 1928년 2월 5일자

을 방아쇠에 걸고 왼쪽 손목에 찬 시계를 보는 것은 병사들에게 요구된 필수 기능이었다. 전후戰後 손목시계의 보급은 급속히 확대되어 1930년대에는 식민지 조선에서도 모던보이, 모던걸의 필수품이 되었다.

　손목시계는 개인이 권력의 매개 없이 직접 시간과 대면할 수 있게 해주었다. 시계로 인해 시간은 눈으로 볼 수 있으며, 더하거나 빼거

나 나눌 수 있는 '물질'이 되었다. 더불어 시간은 '신의 섭리'를 표시하는 신성한 실체의 지위에서 벗어나 '돈'이 되었다. 그렇다고 시계에서 신성이 완전히 사라지지는 않았다. 손목시계가 모든 사람의 필수품이 된 오늘날에도, 일부 명품 시계는 금은보석상에서 취급하며 가격도 서민이 상상할 수 있는 수준을 훨씬 뛰어넘는다. 시간을 지배하는 자가 세상을 지배한다는 관념은, 아직도 '명품 시계' 안에 담겨 있다.

53. 내면보다
    외양

　　"청노새 안장 위에 실어주던 엽전 열닷 냥." 과거 시험 치러 서울 가는 시골 선비의 부인은 왜 돈을 지갑이나 가방에 넣어주지 않고 노새 안장 위에 실어주었을까? 답은 '가방이 없어서'다. 옛날 우리나라 사람들은 물건을 휴대하여 운반할 때 지게, 자루, 보자기, 쌈지 등을 사용했다. 휴대하는 물건의 가짓수가 많지 않았을뿐더러 여행이 드물었기에, 여러 개의 수납공간을 가진 개인 여행용 운반 도구를 따로 만들 필요도 없었기 때문일 것이다.

　　메이지유신 직후의 어느 날, 마차를 타고 도쿄 시내를 지나던 일본 천황은 가방がばん이라 쓰인 노렌暖簾(일본에서 상호나 판매 물품 이름을 새겨 상점 앞에 걸어놓는 천)을 보았다. 가방이라는 단어를 처음 접한 천황은 시종에게 무슨 뜻인지 알아오라고 시켰다. 재빨리 달려갔다 돌아온 시종은 서양식 가죽 포대라고 보고했다. 『도쿄 이야기』를 쓴 에드워드 사이덴스티커는 아마도 상점 주인이 네덜란드어 카바스를 가방으로 잘못 썼을 것이라 추정했다. '일본어' 가방의 어원이 캬반으로 발음되는 중국어 캬반挾板(협판, 짐을 꾸릴 때 물건이 상하지 않도록 사이사이에 끼우는 널빤지)이라는 설도 있다. 하지만 가방이 카바스를 잘못 쓴 것이든 중국어 캬반을 옮겨 쓴 것이든, 당대의 일본인들은 일단 천황이 가방으로 기억한 이상 그 물건에 다른 이름을 붙이는 것은 신민의 도리가 아니라고 생각했다.

19세기 말 루이비통 사에서 만든 책가방 2017년 동대문디자인플라자에서 열린 루이비통전에 전시된 물건. 전시의 부제는 '비행하라, 항해하라, 여행하라'였다. 가방은 세계를 시장으로 삼아 돈을 벌고 세계 전역을 여행하던 제국주의 시대 유럽 자본가들의 여행 도구이자 세계 지배 도구였다.

가죽이나 두껍고 질긴 천으로 만든 서양식 개인용 운반용구는 가방이라는 단어와 함께 우리 땅에 들어왔다. 한글 신문들은 그보다 훨씬 뒤인 1906년께부터 가방이라는 단어를 쓰기 시작했다. 그런데 이 물건이 전파되는 속도는 사뭇 더뎠다. 값이 비쌌고 귀인貴人은 손에 짐을 들어서는 안 된다는 관념이 문화적 저항으로 이어졌기 때문이다. 가방은 외국의 신문물에 관심이 많은 '개화 인사'들이나 직접 드는 물건이었다. 이른바 '신여성'들도 1920년대 이후에야 외출할 때 손가방을 들었다. 1930년대부터는 여성의 손가방을 날치기하는 범죄에 관한 기사가 신문 지면에 자주 실렸다. 손가방을 든 여성은 대체로 '귀부인'이나 기생이었기 때문에 소매치기범들의 집중적인 표적이 되었다.

1930년대부터는 조선인 학생 일부도 '란도셀'이라고 하는 어깨에 메는 책가방을 사용했지만, 해방 이후에도 꽤 오랫동안 대다수 학생은 책가방이 아니라 책보를 썼다. 란도셀이란 이름도 가방과 마찬가지로 일본인들이 네덜란드어 란셀ransel을 잘못 발음한 데에서 생겼다. 우리나라에서 란도셀은 1950년대까지도 부유층 자녀의 표지 구실을 했다.

국민소득이 증가하고 귀중품과 상시 휴대하는 물건이 늘어나면서, 가방에 대한 경제적·문화적 저항은 분쇄되었다. 현대인은 유치원에 갈 때부터 가방을 휴대하기 시작해서 평생 가방을 들고 메고 끌고 다닌다. 거의 모든 사람이 가방 휴대를 책가방으로부터 시작했기에, 가방끈이 길다는 말은 '교육을 많이 받았다'는 뜻으로 쓰인다. 특히 집 밖으로 나선 여성들에게 가방은 신체의 일부나 마찬가지다. 그런데 가방이 사람을 닮은 것인지 사람이 가방을 닮은 것인지, 요즘 어지간한 가방은 그 안에 든 내용물들보다 훨씬 비싸다. 겉보기에는 똑같이 생긴 가방이지만, 명품도 있고 이른바 짝퉁도 있다. 갑자기 비가 쏟아질 때, 명품을 든 사람은 가방을 품에 싸 안고 짝퉁을 든 사람은 가방으로 머리를 가린다는 우스개도 있다. 현대의 가방은 사람의 내면보다 외모를 중시하고, 그 때문에 진짜와 가짜를 분간하기 어려운 시대의 표상이기도 하다.

54.   신사와
        숙녀의
        신

"우리는 실내에 들어갈 때 모자는 벗지만 신발은 벗지 않는다. 그런데 조선인은 반대로 신발은 벗으나 모자는 쓴 채로 들어간다." 19세기 말 조선 땅에 온 구미인들은 모자와 신발을 대하는 조선인들의 태도가 자기들과 정반대라는 사실을 신기하게 여겼다. 그들은 댓돌 위에 신발을 벗어놓고 툇마루에 올라선 뒤 가뜩이나 낮은 문틀을 통과하기 위해 모자 쓴 채로 허리를 굽히는 조선인들을 보면서 쓸데없는 동작을 너무 많이 한다고 생각했다. 반면 조선인들의 눈에는 신고 벗을 때마다 끈을 묶었다 풀었다 해야 하는 그들의 신발이 편리해 보이지 않았다. 하루에도 수십 번씩 신발을 벗었다 신었다 해야 하는 생활문화에서는, 신고 벗기 편한 신발이 좋은 신발이었다.

조선시대 성년과 미성년을 구분하는 기본 표지는 신체의 최상단, 머리 모양이었다. 성인 남성은 신분 고하에 관계없이 상투를 틀었고, 성인 여성은 머리카락을 말아 올린 뒤 비녀를 꽂았다. 결혼하지 않은 남녀의 머리 모양은 같았다. 아무리 신분이 높고 부유해도, 어른이 아니면 상투를 틀거나 비녀를 꽂을 수 없었다. 남성의 상투 튼 머리와 여성의 비녀 꽂은 머리는 그 자체로 성性을 표시하는 기호였다. 자기의 성을 표현할 자격은 성인에게만 있었다. 조선 사람들이 1895년의 단발령에 의병을 일으키면서까지 격렬히 저항했던 이유도, 상투 자르는 것을 사회적 '거세'로 해석했기 때문이다. 일본인과 그 앞잡이들이 조선 임금의 상투를 자르고 이어 조선 남성 모두의 상투를 자르려 하는 것은 조선이라는 나라를 거세하여 대를 끊기 위함이라는 이야기가 널리 유포되었다.

한국의 성인 남성 대다수가 상투를 자르기까지는 단발령 이후로도 30년 정도의 시간이 걸렸다. 이 기간에 성년과 미성년을 나누는 식별부호를 신체에 부착해야 한다는 강박관념은 줄어들었으나 완전히 사라지지는 않았다. 성년의 표지는 신체의 다른 부위들로 분산 이동했는데 특히 최하단부인 발에 신는 신발이 모자의 기능을 상당 부분 인계했다. 지난 한 세기 동안 서양식 가죽 신발인 구두는 조선 시대 양반의 모자이던 갓과 비슷한 사회적 기능을 담당했다. 20세기 중반까지 구두는 사회 상층에 속하는 어른들의 신발이었다. 아이들과 가난한 사람들은 운동화와 고무신으로 만족해야 했다.

구두는 일본어 '구츠'가 변한 말인데, 가방과 마찬가지로 이 단어의 기원에 대해서도 정설은 없다. 이 단어의 탄생에 관해서는 우스개에 가까운 이야기가 전해진다. 일본이 페리 제독의 무력시위에 굴복해 미국과 통상조약을 체결한 직후, 한 미국인이 나가사키에 잡화점을 열었다. 그는 각종 물건을 점포 앞에 진열해두었는데, 그 앞을 지나던 일본인이 서양식 가죽 신발에 호기심을 보였다. 게다나 지카다비地下足袋를 주로 신던 사람이 발에 신는 갑옷같이 생긴 물건을 보고 신기하게 여긴 것은 당연했다. 일본인은 그 물건의 이름이 무엇이냐고 물었다. 그의 말을 알아듣지 못한 미국인은 자기 상점 간판을 가리키며 '굿즈'goods(좋은 물건, 상품)라고 대답했다. 좋은 물건이 얼마든지 있으니 사라는 뜻이었다. 그러나 그 일본인은 서양식 신발의 이름이 굿즈라고 판단했다.

구두를 처음 신어본 한국인과 양복을 처음 입어본 한국인은 동일

1915년 인사동에 있던 순창양혜점 한국인들은 오랫동안 일본어 '구츠'와 한자어 양화洋靴, 양혜洋鞋를 병용했다. 양복을 입고 갓신을 신는 사람은 없었으나, 한복을 입고 구두를 신는 사람은 많았다. 구두는 한국인의 몸을 포획한 서양식 복장의 선발대였다. 출처: 『사진으로 보는 한국백년』

인, 즉 서광범이었다. 구두는 양복의 짝이었다. 1895년 단발령 당시에 고종의 상투를 자른 사람이 누구인지는 알려져 있으나, 그의 구두를 맞춰준 사람이 누구인지는 알 수 없다. 그 무렵 서울에는 일본인과 중국인 '구두 직공'이 몇 있었으나 고객은 일본인과 구미인뿐이었다.

관료와 군인들은 정부의 명령에 무조건 따라야 했다. 상투를 자르고 양복으로 갈아입는 것은 그들의 의무였다. 살림에 여유가 있던 관료들은 중국인이나 일본인 직공에게 구두를 맞춰 신을 수 있었으나, 가난한 군인들은 그럴 수 없었다. 1896년 초, 군부용달회사는 일본인 기술자를 초빙하고 직공 16~17명을 모아 구두를 만들어 군대에 납품하기 시작했다. 이때 뽑힌 구두 직공 중 한 사람인 김성근은 1900년경 원구단 옆, 지금의 소공동에 개인 양화점을 차렸다. 국내 민간 구두 산업의 시작이었다.

　이후 지금까지 한 세기 넘게, 구두는 신사와 숙녀의 표지이자 그들의 욕망이 투사되는 물품이라는 지위를 지키고 있다. 구두에는 '패션을 완성하는 물건'이라는 별명이 붙었으며, '구두닦이'라는 직업도 생겼다. 구두가 아주 흔해진 지금에도, 구두로 자신의 사회경제적 지위를 과시하려는 사람은 여전히 많다. 구두보다 훨씬 편한 신발이 많아졌음에도, 현대인들은 발의 고통과 신체 일부의 변형을 감수하면서까지 구두에 대한 욕망을 버리지 못한다.

고무신

55. 서민의 신,
    추억의 신

　"이른 새벽 통근차 고동 소리에 고무 공장 큰아기 벤또밥
싼다. 하루 종일 쭈그리고 신발 붙일 제, 얼굴 예쁜 색시라야 감 잘
준다나. 감독 앞에 해죽해죽 아양이 밑천. 고무 공장 큰아기 세루치
마는 감독나리 사다준 선물이라네." 일제강점기 세간에서 유행하던
근대 민요 「고무 공장 큰아기」의 가사다. 세루セル는 고급 모직물인
소모사梳毛絲를 말한다. 손기술 의존도가 높았던 산업화 초기 국면에
서는 기업주들이 불량품이 나오면 그 책임을 노동자에게 전가하는
것이 관행이었다. 일제강점기 조선의 공장들에서도 사정은 같았다.
불량품을 제조한 직공에게는 재료비뿐 아니라 벌금까지 물렸다. 직
공들은 불량품 한두 개만 만들어도 일당을 몽땅 날리기 일쑤였다.

　고무신 제조 공정은 간단했다. 사출성형射出成型한 고무신 몸체에
접착제로 밑창을 붙이면 되었다. 품질을 좌우하는 것은 원료 배합
비율과 접착제의 성능이었다. 기술자들은 일부러 원료와 접착제에
농간을 부려 불량품이 나오게 해서 이를 작업장 내 권력의 토대로
삼았다. 원료 배합 비율이 달라 접착제로 잘 붙지 않는 '감'을 받은
직공은 불량품을 만들 수밖에 없었다. 질 나쁜 기술자들은 먼저 '얼
굴 예쁜 색시'에게 나쁜 감을 주어 자주 불량품을 만들게 했다가, 자
기 욕심을 채운 뒤에야 '좋은 감'을 주는 수작을 부리곤 했다. '얼굴
예쁜 색시라야 감 잘 준다나'라는 가사는 앞 단계가 생략된 셈이다.

고무신 현대 한국인이 익히 아는 갖신 모양의 고무신은 1919년에 처음 만들어졌다. 구두보다 훨씬 싸면서 관리하기도 쉬워 출시되자마자 선풍적인 인기를 끌었다. 고무신은 1980년대까지도 농촌에서는 가장 대중적인 신발이었다. 출처: 국립민속박물관

우리나라에는 1908년에 처음 고무신이 들어왔는데, 이때의 고무신이 통고무신이었는지 밑창만 고무로 만든 신이었는지는 확실치 않다. 1910년대 중반에는 일본에서 고무와 가죽을 혼용한 구두가 수입되어 싼값을 무기로 시장을 확대해갔다. 1919년 대한제국 외부대신을 지낸 이하영이 서울 용산에 대륙고무공업사를 설립하고 검정색 통고무신 생산을 시작했다. 조선인의 취향에 맞추어 남자용은 갖신 모양으로, 여자용은 가죽 당혜 모양으로 만들었기에 날개 돋친 듯 팔려 나갔다. 이하영은 부산에서 일본인 상점 종업원으로 일하다가 제중원 서기가 되어 알렌에게 영어를 배운 덕에 외부대신 자리에까지 오른 인물로서 "귀족이 갖바치처럼 신발 팔아 돈 번다"는 세간의 비난에 신경 쓰지 않았다. 그는 자기 공장에서 만든 첫 제품을 순종에게 바침으로써 '유명인'을 광고에 활용하는 선례도 남겼다.

1920년 조선회사령 철폐를 전후하여 한국인 자본도 제조업에 본격 진출했는데, 양말·메리야스 제조업과 고무신 제조업에서는 일본인 자본을 앞설 정도였다. 특히 고무신 제조업은 조선인 산업의 상징처럼 여겨졌다. 1920년대 초에만 조선고무공업주식회사, 경성고무공업소, 대길고무공업소 등이 잇따라 설립되었다. 대규모 설비 투자 없이 저임금 노동력을 이용할 수 있었던 점, 조선인의 미적 취향

이 일본인과 달랐던 점 등이 조선인 기업가들을 고무신 공업으로 이끌었다. 고무신은 짚신보다 훨씬 질긴 데다가 신고 벗기 편했고, 구두처럼 닦을 필요도 없었다. 가격도 구두는 물론이요 내구성을 따지면 짚신보다 쌌다. 새 신을 신으면 발뒤꿈치가 까지는 불편이 있었으나, 그 정도는 감내할 만했다. 고무신은 시장에 출현하자마자 시골 농가 댓돌에까지 올라갔다. 아주 가난한 집에서는 가장의 고무신 한 켤레를 온 가족이 외출용 신발로 쓰기도 했다.

고무신은 1960년대까지 가장 대중적인 신발이자 '선거철 선심'을 대표하는 물건이었다. 현재의 한국인은 고무신을 신어본 사람과 안 신어본 사람으로 나뉜다고 해도 과언이 아니다. 그중에는 고무신 한 켤레와 투표권을 맞바꾼 기억을 가진 사람도 적지 않다. 평소 고무신을 거들떠보지 않다가도 한복을 차려 입을 때는 고무신을 신는 여성도 많았다. 고무신은 아직 몇몇 기업에서 생산하고 있지만, 한국인 대다수에게는 추억 속의 물건이 돼버렸다. 하지만 한국인이 발 대부분을 감싸는 신발에 익숙해진 것은 거의 전적으로 고무신 덕이다.

슬리퍼

56.　실내로
　　들어온
　　신

"우리 조선인은 성을 먼저 쓰고 이름을 뒤에 쓰는데, 서양인은 제 이름을 앞에 쓰고 성을 뒤에 쓴다. 자기를 앞세우고 조상을 뒤로 돌리는 것을 보면 저들이 근본을 어떻게 생각하는지 알 수 있다.""우리 유럽인과 미국인은 실내에 들어갈 때 신발은 신은 채 모자를 벗는데, 조선인은 거꾸로 모자를 쓴 채 신발을 벗는다. 문틀이 낮은데도 모자가 걸리지 않는 게 신기할 정도다."

한국인들은 구미인을 처음 접했을 때 조상을 대하는 그들의 마음이 자기들과 정반대라고 느꼈고, 구미인들은 한국인을 처음 대했을 때 많은 행동거지가 자기들과 정반대인 점을 흥미롭게 여겼다. 구미인들은 특히 실내에 들어갔다 나왔다 할 때마다 신발을 벗었다 신었다 해야 하는 점에 불평을 늘어놓곤 했다. 한국의 주택은 사람이 서 있는 곳과 앉는 곳과 눕는 곳을 구별하지 않았기에, 실내 구석구석이 늘 청결해야 했다. 신발을 신은 채 실내에 들어가는 것은 그야말로 난입이었다. 한국 주택에서 실내와 실외를 구분하는 경계선은 신발을 벗어놓는 댓돌이었다.

슬리퍼slipper, 일본어 발음으로 '쓰레빠'라는 이름의 뒤축 없는 신발은 일제의 한국 강점 이후 '실내화' 용도로 조선 땅에 들어왔다. 슬리퍼는 '발을 미끄러뜨리는 것만으로 신고 벗을 수 있는 신발'이라는 뜻이니, 따지고 보면 우리 전래의 짚신과 미투리도 이에 상당

하지만, 실외화와 실내화는 형태뿐
아니라 이름으로도 구분해야 했다.
명월관, 국일관 등 서울의 요릿집
에서는 1920년대 초부터 손님에게
쓰레빠라는 이름의 신발을 제공
하기 시작했다. 요릿집을 찾은 손
님은 현관에 있는 신발장에 자기
신발을 넣고 쓰레빠로 갈아 신어
야 했다. 하지만 쓰레빠는 현관에
서 방 문 앞 사이, 방 문 앞에서 변
소 사이를 왕래할 때만 신을 수 있
었다. '실내에 들어갈 때 신발을 벗

왕골로 짠 슬리퍼 우리 땅에 들어온 최초의
슬리퍼는 이와 비슷한 모양이었을 것으로
추정된다. 슬리퍼는 실내와 실외의 경계가
신발 벗어두는 댓돌이었던 한국 문화를 바
꾼 물건이다.

는' 문화는 쓰레빠 바닥이 닿는 공간을 제한했다. 또 쓰레빠를 신은
채로 방석이나 보료에 앉는 것은 불편하기도 했다. 이런 관행은 100
년이 지난 오늘날까지도 크게 변하지 않았다.

초기의 슬리퍼는 삼실(삼 껍질에서 뽑아낸 실, 마사麻絲)이나 왕골로
짠 것으로서, 1921년 당시 조선 내 생산액이 10만 원, 일본에서 들
여온 것이 19만 원어치였다. 켤레당 가격은 50전 내외였으니 매년
60만 켤레 정도가 사용된 셈이다. 1922년께부터는 고무신 공장들이
슬리퍼 생산을 시작해 급속히 시장을 확대했다. 그런데 고무 슬리퍼
는 이름과 달리 실외화였다. 농민들에게는 구두 모양의 고무신보다
슬리퍼 모양의 고무신이 더 편한 면도 있었다. 물론 게다에 익숙한
일본인도 고무 슬리퍼를 자주 신었다. 그 때문에 도시와 농촌 모두
에서 슬리퍼를 신고 걸어다니는 사람을 흔히 볼 수 있었다.

1937년 중일전쟁을 도발한 일본 군국주의가 군수물자 및 그 원료
에 대한 통제를 강화하면서, 자동차 타이어와 같은 원료를 쓰는 고

무신 산업도 된서리를 맞았다. 1938년 11월 10일, 조선총독부는 고무 사용을 제한하는 조치를 취했다. 이후 일제가 패망할 때까지, 고무신은 도지사의 허가를 받아야 만들 수 있는 품목으로 분류되었다. 그러나 고무 슬리퍼를 실외화로 사용하는 관행이 바뀌지는 않았다. 몇 년씩 신어 너덜너덜해진 고무 슬리퍼가 늘어났을 뿐.

한국전쟁 이후, 교실에서 운동화 모양의 실내화를 신는 것이 학생들의 의무가 되었다. 실내에서 신발을 벗는 '한국 문화'와 '서양식 교실' 사이의 절충점이 실내화였던 셈이다. 그때부터 1980년대 초까지 실내화를 넣은 신발주머니는 모든 학생의 필수 휴대품이었다. 한국전쟁 이후 학교에 다닌 사람들은 강제로 '실내에서 신는 신발'에 익숙한 세대가 되었다. 그런 경험 때문인지 현대의 많은 직장인이 사무실에서는 슬리퍼로 갈아 신는다. 아파트 생활이 일반화한 이후에는 방 안에서 슬리퍼를 신는 사람도 많고, 고객에게 슬리퍼로 갈아 신게 하는 상업시설도 많다. 슬리퍼는 '실내에 들어갈 때는 신발을 벗는' 한국 문화를 바꿔놓은 물건이다.

57. 자연을
정복한다는
환상

'금강산 중노릇'이라는 옛말이 있다. 관동의 아름다운 풍경은 천하에 으뜸인 데다 민심이 순박하여 이곳에 수령으로 오는 자는 정무를 제쳐놓고 유람 다니는 게 일이었다. 그런데 그들은 금강산에 오를 때에도 가마를 탔다. 그 가마를 금강산 중들이 들었으니, 이 옛말은 감당하기 어려운 고역을 겪을 때 쓰는 말이었다. 봉수군역烽燧軍役도 조선시대 대표적인 고역이었다. 농사 지으면서 수시로 산꼭대기에 올라 봉수대를 살펴야 했으니, 그들이 눈치껏 요령 피우며 일한 것도 무리가 아니었다. 봉수대에서는 매일 적어도 한 줄기의 연기가 피어올라야 했으나, 불이 꺼진 채로 있는 경우가 많았다. 뒷산 봉수대에서 변고를 알리는 봉화를 본 봉수군이 허겁지겁 산꼭대기에 올라가면, 봉수대가 무너져 있기 일쑤였다. 조정에서는 봉수제가 제대로 작동하지 않는 문제를 해결하기 위해 여러 차례 논의했으나, 해결책을 찾지 못했다. 결국 사람이 직접 소식을 전하는 파발제擺撥制로 보완하는 수밖에 없었다.

산이 많은 땅에 삶터를 정한 탓에, 우리 선조들은 땔감을 구할 때에도, 나물을 캘 때에도, 가축을 먹일 때에도, 죽은 이를 묻을 때에도, 성을 쌓을 때에도 산에 올라야 했다. 하지만 옛사람들은 야트막한 산만 이용했고, 금강산처럼 크고 깊은 산에 오르더라도 굳이 정상을 밟으려 들지는 않았다. 그런 산은 신령과 맹수, 도둑과 포수들의 영역이었다. 무엇보다도 호랑이가 문제였다. 한반도의 크고 작은 산들에는 어디에나 호랑이가 서식했다. 19세기 초까지도 도성을 지키는 삼군문三軍門(훈련도감, 어영청, 금위영) 병사들의 임무 중 하나는 도성 주변에서 호랑이를 잡는 것이었다. 실제로 호랑이를 잡은 공로로 포상받은 병사도 많았다. 그들이 잡은 짐승이 진짜 호랑이였는지 삵이었는지는 단언하기 어렵지만, 호랑이의 공격을 피하고자 많은 사람이 모인 뒤에야 넘었다는 고개에 관한 설화는 곳곳에 남아 전한다. 그런 땅에서, 운동 삼아 높은 산꼭대기에 오르는 문화가 생길 이유는 없었다.

물론 높은 산 정상에 오른 사람이 없지는 않았다. 고구려에서 망명한 비류와 온조는 도읍지를 고르기 위해 부아악負兒嶽(북한산의 옛이름)에 올랐으며, 신라 진흥왕은 북한산 비봉碑峰에 올라 자기 군대가 정복한 땅을 살펴보고 비석을 세우게 했다. 조선 후기 고산자 김정호가 정교한 지도를 그리기 위해 전국의 산 정상을 두루 올랐다는 이야기도 잘 알려져 있다. 하지만 심신 단련이나 자연을 즐길 목적으로 산 정상에 오른 사람에 관한 기록은 없다. 19세기까지 이 땅에서 자연은 일부러 찾아가야만 보고 즐길 수 있는 대상이 아니었다.

1929년, 경성 주재 영국 부영사 클리프 아처Cliff Hugh Archer와 그 일행이 북한산 인수봉 정상에 발을 디뎠다. 이 일로 그는 최초의 북한산 등정자登頂者로 공인되었다. 하지만 미국인 선교사 언더우드Horace Grant Underwood가 그보다 먼저 인수봉 정상에 올랐다는 증언도 있다. 실제로 서울에 거주한 구미인 선교사들은 1880년대 말부터 '등산 모임'을 갖곤 했다. 아처는 가까이에 이렇게 아름답고 멋진 산을 두고도 정복하려 들지 않는 조선인들이 이상하다고 기록했다. 하지만 당시 조선인들에게는 얻을 것도 없는데 산신령의 진노나 맹수의 습격 위험을 무릅쓰고 험산에 오르는 사람이 더 이상하게 보였을

현대의 등산화 오늘날 연간 수백만 명의 한국인이 전국 명산의 정상에 오른다. 그들은 등산화의 도움으로 험한 산길을 안전하게 오른다. 인간이 자연을 '정복'할 수 있다는 통념을 만드는 데도 등산화의 역할은 작지 않았다.

것이다.

'산이 있기에 오른다'라는 현대적 등산 개념을 이해하고 실행한 한국인은 1920년대 중반에야 출현했다. 1927년 양정고보 교사 황욱은 '하이킹부'를 만들어 제자들과 함께 서울 근교의 산들을 오르기 시작했다. 그는 일본 릿쿄立教대학 산악부에 가입한 후로 등산의 재미에 눈을 떴다. 양정고보 하이킹부는 1934년 '양정 산악부'로 개칭되었는데, 이것이 이 땅 최초의 전문 등산 단체였다. 1935년 4월, 혼자서 등반을 익힌 20세의 김정태가 북한산 인수봉 정상에 올라섰다. 이것이 한국인 최초의 인수봉 등정 기록이다.

취미나 운동으로 하는 등산이 시작되었지만, 산에서만 신는 신발은 따로 없었다. 전 인구의 태반이 짚신을 신던 시절이라 구두 바닥에 징을 박는 것만도 사치스러운 일이었다. 양정고보 산악부 회원들이나 김정태가 어떤 신발을 신었는지는 알려지지 않았다. 해방 전에는 등산화라는 단어 자체가 사용되지 않았다. 바위나 모래 위에서도

잘 미끄러지지 않도록 고무바닥 창을 댄 현대적 등산화는 1937년에
야 발명되었다. 이해 이탈리아 등산가 비탈레 브라마니Vitale Bramani
는 타이어 회사 피렐리의 재정 지원을 받아 자기 성과 이름을 조합
하여 비브람Vibram이라는 상표의 등산화를 출시했다.

　등산화와 등산복이 대중화한 지 이제 겨우 한 세대, 요즘 휴일이
면 전국의 큰 산 정상마다 사람들로 북적인다. 북한산에 오르는 사
람만 연인원 500만 명에 달한다. 맨발이나 짚신 신은 발을 용인하지
않았던 장소들이 등산화 신은 발에는 굴복했다. 혹자는 농담 삼아
"한국인들은 히말라야에 가는 복장으로 동네 뒷산에 오른다"라고도
한다. 현대인은 산 정상을 밟는 것을 '정복'이라고 착각한다. 이런 보
편적 착각 속에서 자연에 대한 외경심은 자리를 잃었다. 그러나 아
무리 인간이 잘난 체해도 그저 자연에 얹혀사는 존재일 뿐이다. 파
리가 코끼리 머리에 앉았다고 코끼리를 지배하는 것은 아니다.

메리야스

58.　현대인의
　　　살갗에 직접 닿는
　　　옷

　　미국 배우 마릴린 먼로는 "무엇을 입고 자느냐?"는 기자의 질문에 "샤넬 넘버 5"라고 답했으나, 평범한 현대인은 잘 때에도 최소 한 벌의 옷은 입는다. 피부와 가장 먼저 만나기에 '최초의 옷'이자 피부에서 가장 나중에 떨어지기에 '최후의 옷'인 속옷은 현대인의 피부에 가장 오랫동안 부착되는 물건이다. 현대인이 속옷마저 벗은 채로 있는 시간은 생애 전체를 통틀어 1퍼센트 미만일 것이다.

　　그런데 현대 한국인의 속옷은 전통과 완벽하게 단절되어 있다. 그래서 속옷 단품을 지칭하는 순우리말 단어조차 없다. 빤스, 난닝구, 부라자는 일본어 발음과 일체인 채로 한국인 몸에 부착되어 100년 넘게 새 이름을 얻지 못했다. 벤또가 도시락이 되고 다꽝이 단무지가 됐어도 빤쓰는 계속 빤쓰였다. 1995년 정부는 국민의 언어생활에 잔존한 왜색을 지우겠다며 이 물건들을 각각 팬티, 런닝셔츠, 브래지어로 표기하도록 했지만, 이거나 그거나였다. 물론 한국의 전통 의복에도 속옷 용도를 겸한 것이 없지는 않았으나 팬티와 잠방이, 런닝셔츠와 적삼을 같은 물건이라고 우기기에는 민망했던 듯하다.

　　신축성 없는 실로 신축성 있는 직물을 만드는 기술은 대략 3,000년 전 아라비아에서 개발된 것으로 추정되는데, 이런 직물을 가장 필요로 했던 것이 발에 딱 맞으면서도 신고 벗기 편한 서양 버선, 즉 양말洋襪이었다. 아랍식 양말은 서기 500년경 이탈리아와 스페인을

279

통해 유럽에 전래되어 스페인어 메디아스medias또는 포르투갈어 메이아스meias라는 말을 낳았으며, 이 무렵부터 유럽 각지에는 메리야스 길드가 조직되었다. 14세기 무렵에는 견사繭絲나 모사毛絲로 뜬 정교한 양말이 유럽 왕족과 귀족의 필수품이 되었다. 버선을 뜻하는 한자 말襪은 '옷 의衣'와 '업신여길 멸蔑'을 합친 글자로서 의복 중에서 가장 천한 것을 의미했는데, 한자 문화권 사람들은 고급스러운 서양식 버선을 양말로 번역하는 게 적절치 않다고 느꼈던 듯하다. 중국인들은 발음이 비슷하면서도 '크거나 작거나 관계없다'는 뜻을 가진 막대소莫大小로 번역했고, 일본에서는 메리야스メリヤス라는 변형된 이름으로 정착하여 양말과 속옷을 통칭하는 개념이 되었다. 직조법을 표시하는 이름으로는 편물編物이나 수편물手編物이 쓰였다.

메리야스는 프랑스인 천주교 신부들과 함께 우리나라에 들어왔다. 파리 외방전교회는 1836년 모방 신부, 이듬해 샤스탕 신부와 앵베르 주교를 조선에 파견했는데, 이들이 가져온 물건 중에는 메리야스와 뜨개질용 바늘도 있었다. 이들은 메리야스를 천주교에 기반한 서양 문명이 이룬 '기적'을 보여주는 용도로 활용했고, 조선인 신자들에게 메리야스 뜨개질을 가르쳤다. 개항 이후에는 메리야스 제품도 수입되었으나, 신발을 신으면 보이지도 않는 발에 값비싼 수입품을 덮어 씌우려는 사람은 거의 없었다. 양복 입고 구두 신는 사람이 늘어난 뒤에야 메리야스 시장도 넓어졌다.

단발령 10여 년 뒤인 1907년, 평양과 부산에 각각 양말 공장이 생겼다. 메리야스 제조업은 상대적으로 값싸고 조작이 쉬운 편직기와 저임금 노동력만 있으면 되는 업종이었기 때문에, 조선인 기업가들도 일본인들과 경쟁하는 데 큰 어려움을 겪지 않았다. 민족운동의 일환으로 물산장려운동이 전개된 1920년대에, 양말 메리야스 제조업은 고무신 제조업과 더불어 양대 '민족산업'이 되었다. 1920년대

1930년대 서울의 메리야스 판매점 한국인은 메리야스가 들어오기 전에도 여러 종류의
속옷을 입었으나, 그 재질과 직조법은 겉옷과 다르지 않았다. 그래서 속옷을 안 입기도
했고, 겉옷 대용으로 쓰기도 했다. 겉옷과 속옷은 메리야스가 들어온 뒤에야 확연히 구
별되었다. 그래서 지금도 메리야스 속옷을 의미하는 순우리말 이름은 없다. 출처: 서울
역사박물관(『大京城都市大觀』, 朝鮮新聞社, 1937)

평양 인근 지역은 '양말 산업 단지'라고 해도 좋을 정도였다. 편직기
는 양말 공장뿐 아니라 공장 가까운 곳에 있는 가정의 안방에도 놓
였다. 수많은 부녀자가 집에서 양말을 직조하여 공장에 납품하는 일
을 부업으로 삼았다.

　메리야스 제조업은 해방 이후에도 꽤 오랫동안 '민족산업'의 대
표 지위를 유지했다. 이승만 정권기 한국 제일의 '재벌'로 꼽혔던 회
사는 지금도 메리야스로 유명한 태창이다. 2004년 개성공단이 생겼
다가 2016년 폐쇄될 때까지, 한국에서 소비되는 메리야스 제품의 90
퍼센트 정도가 개성산이었다. 메리야스는 분단된 남북을 가냘프게

나마 잇는 끈 구실도 했던 셈이다. 현대 한국인의 피부가 메리야스와 떨어져 있는 시간은 얼마 되지 않는다. 옷을 걸치고 띠를 안 매는 것을 '창피'라 한다. 현대에 들어와 창피를 모르는 인간이 늘어난 것은, 메리야스 속옷이 맨살을 가려주기 때문인지도 모를 일이다.

59.   현대 여성의
         전투복

        남자는 바지, 여자는 치마라는 의복 문화는 세계 보편이다.
물론 남자가 치마를 입거나 남녀의 의복에 별 차이가 없는 문화권도
있으나, 그야말로 예외적이다. 인류가 의복을 만들어 입을 당초에는
남녀 의복이 다르지 않았을 것이다. 신체조건과 생활방식의 차이가
의복을 서로 다른 방향으로 진화시켰다고 보는 편이 합리적이다. 인
류 최초의 분업은 성별 분업이었다. 구석기시대 남자들은 들판에서
뛰어다니며 동물을 사냥하거나 물에 들어가 작살로 물고기를 잡았
다. 여자들은 산과 들에서 나무 열매를 따거나 나물을 캤다. 이런 분
업 관계는 인류가 농경을 시작하면서 더 세분화했다.

    유교의 오륜五倫 중 하나인 부부유별夫婦有別은 일차적으로 각자의
활동 공간 또는 노동 공간을 구별하라는 것이었다. 남자의 일터는
집 밖, 여자의 일터는 집 안이었다. 남자는 농사꾼이든 사냥꾼이든
어부든 대장장이든 장사꾼이든 아침에 집 밖으로 나가 일하다가 저
물 때 귀가했고, 여자는 집 안에서 밥 짓기, 설거지하기, 아이 보기,
누에치기, 실잣기, 베짜기, 바느질하기, 다듬이질하기 등으로 종일
바쁘게 움직여야 했다. 여자에게 허용된 바깥일은 물 긷기, 빨래하
기, 새참 나르기 정도였다. 모내기나 추수 때 부득이 들일을 거드는
경우도 있었으나, 연중 며칠뿐이었다. 남자가 부엌에 들어가는 것이
일종의 금기였던 것과 마찬가지로, 여자가 논밭에 들어가는 것도 일

종의 금기였다.

집 안 노동의 생산력은 집 밖 노동의 생산력보다 낮지도, 저평가
되지도 않았다. 아이를 낳는 일은 가장 중요한 '생산'이었다. 중세까
지 한 명의 여자가 평생에 걸쳐 낳는 자녀는 6~7명 정도였다. 여자
들은 결혼 후 20년 가까운 기간에 임신과 출산을 반복하면서 육아와
가내 노동을 겸했다. 가내 노동으로 생산하는 옷감도 곡식 못지않은
가치를 지녔다. 여자들에게는 집 밖에서 노동할 시간이 없었다. 그
런데 개항 이후 기계 생산 면포와 면사가 수입되자 여성들의 집안일
에 변화가 생겼다. 집 안 노동에서 씨아를 이용해 목화씨를 빼내고,
목화솜을 물레에 걸어 실을 잣는 일이 무의미해졌다. 한 사람이 방
적紡績부터 직포織布에 이르는 공정을 전부 담당하는 것보다는 공장
에서 생산된 방적사를 구입하여 직포만 하는 편이 유리해졌다. 자본
주의를 겪지 못한 농민들이라도 어떤 선택이 자기에게 유리한지는
알았다. 1890년대에 이르러 조선의 쌀과 일본의 면사가 교환되는 이
른바 미면米綿 교환체제가 만들어졌다.

미면 교환체제가 성립된 뒤 한동안은 가내 직포업이 확대됐으나,
가격 경쟁력에서 기계 생산 면포를 당해낼 수 없었다. 1910년 전후
에는 조선인 기업가들도 근대적 직포 공장을 설립, 운영하기 시작했
다. 1923년부터 본격화한 물산장려운동은 처음엔 일본산 상품을 사
는 대신 직접 만들어 입고 쓰자는 자작자급운동自作自給運動과 조선인
기업이 생산한 물건을 사서 쓰자는 민족기업육성운동을 두 축으로
전개되었으나, '손해 보는 노동'을 요구하는 자작자급운동은 곧 시
들해졌다. 수천 년 동안 여자들의 시간을 빼앗았던 '섬유 생산 노동'
이 집 안에서 사라졌다. 농촌 여성들의 반半실업 상태가 장기화, 구
조화했다. 더불어 농촌 가정에서 딸을 '군입' 취급하는 문화가 확산
했고, 딸들은 집안일을 거드는 대신 도시의 공장과 상점, 술집, 부잣

집 등에 취업하기 시작했다. 하지만 집을 떠난 여성들의 일터도 거의가 집(건물) 안이었다.

일본은 1931년 만주사변, 1937년 중일전쟁, 1941년 태평양전쟁을 도발하면서 전선이 계속 길어지는 상황을 자초했다. 길어지는 전선을 감당하려면 군인 수도 계속 늘려야 했다. 노동력이 있는 일본인 남자는 거의 모두 군대에 끌려갔다. 일본인 남자들이 남기고 간 일자리를 조선인 남자들이 채웠다. 자의로든 타의로든, 평생 농사짓던 논밭을 버려두고 도시나 광산, 새로 만들어진 공업지대로 단독 이주하는 남자가 늘어났다. 조선인 남자가 비운 자리를 채울 사람은 조선인 여자밖에 없었다. 1930년대 초중반부터 논밭에 나가 일하는 여자가 늘어났다. 조선총독

상의는 한복 저고리, 하의는 몸뻬를 착용한 1940년대의 조선인 여성 머리에 보따리를 이고 왼손에는 바구니를 들었다. 일본 군국주의가 자초한 총력전 체제는 여성들에게도 '전투원의 역할'을 강요했다. 몸뻬는 '전쟁 같은 일상'에 어울리는 여성복이었다. 아직도 몸뻬를 입는 여성이 많은 이유는 '전쟁 같은 일상'이 지속되기 때문인지도 모른다. 출처: 『사진으로 보는 한국백년』

부도 여자들의 '바깥일'을 적극 권장했고, 때로는 강요했다. 여자들에게 집 밖 노동을 강요하기 위해서는 여성용 작업복을 보급할 필요가 있었다.

일본 후생성은 1941년 봄부터 여성의 일상복을 몸뻬もんぺ로 통일하자는 캠페인을 시작했다. 몸뻬는 본래 일본의 동북 해안지방과 중부 고지대 농촌 여성들이 방한용으로 입던 하의인데, 지방에 따라

야마바카마山袴(산바지), 유키바카마雪袴(눈바지) 등으로도 불렸다. 일본 군국주의자들은 이를 입고 벗기 편하게 개량하여 모든 여성에게 전시 생활복으로 강요했다. 1942년 일본과 조선의 모든 여학교 교복 하의가 몸뻬로 바뀌었다. 1944년부터는 몸뻬를 입지 않은 여성은 관공서 및 학교 출입과 대중교통 이용이 금지되었다. 몸뻬는 일본 군국주의 판도 안의 모든 여성에게 강요된 제복이자 군복이며 죄수복이었다. 몸뻬는 역사상 처음으로 부유한 여성과 가난한 여성의 의복 양식을 통일시켰다.

일본이 항복했다는 소식을 들었을 때, 한국 여성 절대다수가 가장 먼저 한 일은 몸뻬를 한복 치마로 갈아입는 것이었다. 당시 여성들이 생각하기에, 몸뻬는 한국인의 민족문화를 말살하는 의복일 뿐 아니라 여성성을 침해하는 의복이기도 했다. 하지만 한국전쟁이 발발하자 이승만 정부는 여성들에게 다시 몸뻬 착용을 요구했다. 전쟁은 거의 모든 영역에서 군국주의적 사고思考를 소생시켰다. 의복에서도 예외는 아니었다. 남자들의 희생과 여자들의 자숙自肅이 짝을 이루어야 한다는 생각은 보편적이었다. 휴전 후 극빈極貧의 시절에 군복이 수많은 남자의 일상 작업복이 되었던 것처럼, 몸뻬도 수많은 여자의 일상 작업복이 되었다.

오늘날 염색한 군복은 더 이상 한국 남자의 일상 작업복이 아니지만, 몸뻬는 발원지인 일본의 여성보다 한국 여성들이 더 많이 입는다. 농촌 여성들, 시장에서 장사하는 여성들의 하의는 으레 몸뻬다. 일본 군국주의의 유물이자 '아름다움과 멋을 돌볼 정신적 여유가 없음'을 상징하는 몸뻬는 한국 여성들을 집 밖의 노동 현장으로 끌어내는 데 큰 역할을 한 물건이다.

기성복

60. 골라 입는
    옷

　　'같다'의 반대말은 '다르다'이고, '옳다'의 반대말은 '그르다'이며, '맞다'의 반대말은 '틀리다'이다. '옳고 그름'은 가치관이 개입된 판단이며, '맞고 틀림'은 수치나 규격 등 탈가치적인 정밀도와 근사치에 대한 판단이다. 두 물건이나 물질 사이에 쓸모없는 틈이 생기지 않도록 하는 일이 '맞춤'이고, 서로 맞지 않아 틈이 생기는 것이 '틀림'이다. 문과 문틀이 서로 맞지 않으면 문이 비틀리기 마련이다. 어깨너비, 가슴, 배, 허리둘레, 키, 앉은키 등에 다 독특한 '개성'을 담는 사람 몸에 맞게 옷을 만드는 것도 '맞춤'이다.

　성경에 따르면, 인류가 처음 입은 옷은 나뭇잎이었다. 아마존강 유역이나 파푸아뉴기니 등 일부 열대 우림 지역에는 아직도 그와 유사한 옷을 입는 사람들이 있다. 그러나 인류가 섬유를 생산한 이래, 옷은 대체로 '특정인'에게 맞도록 짓는 물건이었다. 우리말에서는 인간 생활의 필수품인 옷, 밥, 집, 즉 의식주를 만드는 것을 '짓다'라고 한다. 집도 짓는 것이고 밥도 짓는 것이며, 옷도 짓는 것이다. 주부가 한 땀 한 땀 바느질해서 식구들의 옷을 짓던 전근대는 물론이고 분업화가 고도로 진전된 근대 이후에도, 오랫동안 남에게 보이는 겉옷은 치수에 맞춰 지어 입어야 했다. 다만 속옷과 신축성 있는 옷은 일찌감치 미리 만들어져 시장에 나왔고, 군복이나 교복 등의 제복과 작업복이 그 뒤를 따랐다.

1922년 조지야 백화점의 기성복 할인 판매 광고 "조지야의 기성복은 한꺼번에 다수 제조하는 고로 가격이 3할 쌉니다. 조지야의 기성복은 한산한 시기에 지은 고로 바느질과 모양이 얌전합니다. 조지야의 기성복은 수백 종의 모양이 있어 자기 마음대로 자유입니다. 조지야의 기성복은 20여 종의 촌법寸法이 있어 누구든지 맞습니다"라는 내용이 적혀 있다. 하지만 '싼 게 비지떡'이라는 속담은 기성복에도 대체로 들어맞았다. 출처:『동아일보』1922년 4월 21일자 광고

　우리나라에서 '미리 만들어둔 격식을 갖춘 겉옷'이 기성복이라는 이름으로 팔리기 시작한 것은 1920년께부터다. 그 무렵 조지야丁字屋 등 경성의 일부 백화점에서는 기성 양복 판촉 행사를 벌였다. 하지만 기성복을 사 입은 사람들이 '남의 옷을 얻어입은 것 같다'는 평을 듣는 건 어쩔 수 없는 일이었다. 물론 조선시대에도 완성품인 채로 팔리는 옷이 있기는 했다. 서울 시전市廛 중 하나였던 파의전破衣廛은 요즘으로 치면 '중고 의류'를 취급했다. 새 관복을 장만할 길이 없는 가난한 양반이나 어른의 헌옷을 잘라 아이들 옷을 만들어주려는 평민들이 파의전의 주 고객이었다. 혼례와 장례용품을 취급한 상전床廛도 신랑 신부의 예복이나 상복을 대여했다. 일제강점기에는 전당포도 기성복 판매점 구실을 했다. 전당포 영업자들은 양복이나 코트를 담보물로 삼아 돈을 빌려주었다가 채무자가 납기일을 어기면 바로 팔아치웠다.

　태평양전쟁을 앞둔 일본 제국주의가 '전시 총동원 체제' 구축 작

업의 일환으로 일본인과 조선인 전원에게 강요했던 '국민복'도 기성복은 아니었다. 조선총독부는 양복점 주인들에게 양복 대신 '국민복'을 만들게 했고, 주부들에게는 '국민복 재봉법'을 가르쳤다. 1955년 대한민국 국회가 '신생활복'(재건복) 착용을 의무화하는 법안을 통과시킨 뒤에도 사정은 달라지지 않았다. 국민복이든 재건복이든 옷은 입는 사람의 몸에 맞게 짓는 것이었다. 그래서 양복점과 양장점은 어느 동네에나 한두 개씩 있는 필수 시설이었다. 광장시장이나 동대문시장에서 옷감을 '끊어' 양복점, 양장점에 재단을 맡기는 게 일반적이었다.

우리나라에서는 1970년대 초반에 기성복 시장이 본격 형성되었다. 1975년 한국 소비자들의 기성복 구입 실태를 조사한 한 광고회사는 이 시기 기성복 시장이 급성장한 배경으로 오일쇼크로 인한 물가 상승과 불경기, 기성복 제조사들의 선전 활동 강화 등을 꼽았다. 당시 기성복 착용 '경험'이 있는 성인은 54퍼센트였다. 그로부터 얼마 지나지 않아 기성복 시장은 맞춤옷 시장을 앞질렀고, 치수 사이의 간격도 촘촘해졌다. 기성복 제조사들은 또 댄디, 맥그리거, 라보레 등 '탈국적' 브랜드를 만드는 데에도 앞장섰다.

지금은 옷을 제 몸에 '맞춰' 입는 대신, '맞는' 옷을 골라 입는 시대다. 그래서인지 요즘 사람들은 '옳다'나 '같다'라고 해야 할 때에도 '맞다'라고 하고, '다르다'와 '그르다'도 다 '틀리다'로 통일해버린다. 제 맘에 맞는 말은 '맞는 말'일 뿐 '옳은 말'이 아님에도, 현대의 한국인은 이 둘을 구분하지 못한다. 이것도 기성복 입는 습관에 따른 '현대병'의 하나인지 모른다.

61. 자부심과
     굴욕감을
     함께 담은 옷

특정한 집단이나 조직에 소속된 사람들끼리 모양과 색깔을 통일하여 입는 옷으로서 일상 생활복이 아닌 것을 제복制服이라고 한다. 제복은 이런 옷을 만들어 자기 조직원들에게 입히는 사람에게는 다수를 지배하고 있다는 느낌을, 그런 옷을 입는 사람들에게는 소속감과 자부심, 때에 따라서는 굴욕감을 느끼게 하는 특수한 의복이다. 넓은 의미에서는 중세까지 사람들이 입었던 모든 의복을 제복이라고 할 수도 있다. 어느 문화권에서나 의복의 색깔과 모양은 신분을 표시하는 기호였으며, 의복만 보고도 귀족인지 평민인지 구별할 수 있었다. 우리나라에서도 시기에 따라 의복의 모양이 조금씩 변하기는 했으나, 같은 시기에는 신분별 의복 모양이 동일했다. 양반의 도포나 농민의 저고리를 제복이라고 하지 않는 것은, 이 옷들이 일상 생활복이자 보편 의복이었기 때문이다.

중세까지 일상 생활복 외에 별도의 '근무복'은, 관료와 군인, 경찰 등 국가권력을 집행하는 사람들이나 입을 수 있었다. 제복은 자체로 권력의 표지였다. 교복은 나폴레옹 시대 프랑스에서 '제복의 세계'에 편입되었다. 당시 프랑스 정부는 국민개병제 실시의 후속 조치로 학생들에게 교복 착용을 강요했다. 이에 따라 모든 프랑스 남성 국민의 '학창 시절'은 '군대 시절'의 전 단계가 되었다. 교복의 모양도 군복과 비슷했다. 물론 저 시대에 10대 후반의 청소년기를 학교에서 보내는 남성은 많지 않았다. 열여섯 살에 학생인 사람과 노동자인 사람의 미래는 다를 수밖에 없었다. 교복은 '예비 권력 집행자'의 옷이라고 해도 무방했다. 교복을 입은 학생들은 자기 미래가 국가권력 기구들과 직결되어 있다고 느꼈다. 그래서 교복은 학생들에게 학교에 다니지 못하는 또래에 대한 우월감뿐 아니라 국가에 대한 충성심도 심어주었다. 교복의 이런 효용 때문에 다른 나라들도 앞다투어 교복 착용을 의무화했다.

학생들의 느낌이 어떠했든지 간에, '권력'이 보기에 교복은 많은 인원을 쉽게 통제할 수 있는 도구의 하나였다. 학생들을 통제하는 데에 쓸모 있는 것은 다른 인간집단을 통제하는 데에도 쓸모가 있었다. 게다가 산업혁명을 계기로 섬유 가격은 계속 내려갔다. 교복에 이어 감옥의 죄수복, 병원의 환자복, 공장의 노동자복 등 각종 제복이 차례로 생겨났다. 물론 이런 제복들은 교복만큼 정성을 기울여 만들지 않았고, 디자인과 색깔도 오직 감시·통제하는 사람의 편의성만 고려해서 정했다. 이런 종류의 제복은 착용자들에게 굴욕감을 주었다. 현실 사회에서 신분제는 폐지되었지만, 몸에 잘 맞고 장식이 많은 옷과 헐렁하고 단순 소박한 옷으로 나뉜 제복의 세계에서는 신분제가 강고히 유지되었다.

우리나라에서는 남학생들이 아니라 여학생들이 먼저 교복을 입기 시작했다. 1886년 조선 왕후의 도움으로 정동에 이화학당을 설립한 스크랜턴Mary Scranton 부인은 조선식 무명 치마저고리를 만들어 다홍색으로 염색한 뒤 학생들에게 입혔다. 이런 교복을 입은 학생들은 남사스러워서 학교 밖으로 나가지 못했고, 나가더라도 바로 잡혀오는 수밖에 없었다. 당시의 이화학당 기숙사는 창살 없는 감옥이었고 교복은 사실상의 죄수복이었다. 감시와 통제의 편의성만을 극대화한 교복이 학생들에게 자부심을 심어주었을 가능성은 없다. 남학

1909년 교복을 입은 숙명여학교 학생들 유럽식 원피스에 챙이 넓은 모자를 썼다. 맨 앞
줄 오른쪽 끝의 학생은 한복을 입었다. 아마 신식 교복을 맞춰 입을 형편이 못 되었을
것이다. 당시로서는 첨단 양식의 옷이었지만, 이런 옷을 입은 채로는 혼자서 돌아다니
기 어려웠다. 학생들을 사실상의 구속 상태에 두는 것이 교복의 기본 목적이었다. 출처:
『민족의 사진첩 1: 민족의 심장』

생 교복은 1898년 배재학당이 처음 만들었다. 검은색 양복과 모자에
붉고 푸른 선을 두른 이 교복은 당시의 신식 관복과 흡사했다. 나폴
레옹 시대의 프랑스 군복과 마찬가지로 학생들에게 예비 관료, 또는
예비 군관의 이미지를 덧씌운 것이었다.

　일제강점기에도 여학생 교복은 학교별로 각각이었으나, 남학생
교복은 일본군 정복 양식을 기본으로 했다. 그 시절에는 중등교육
을 받는 사람이 드물었기 때문에, 교복의 권위는 무시하기 어려웠
다. 태평양전쟁을 앞두고 일제는 한국의 젊은이들을 군대로 끌어가
기 위한 사전 조치의 하나로 교복을 군복화했다. 남학생 교복은 육
군 전투복, 여학생 교복은 해군복과 흡사한 모양으로 통일되었다.
1980년대 교복 자율화 이전까지는 여학생 교복을 흔히 '세라복'이라
고 했는데, 해군 복장인 '세일러복'의 일본어 발음이었다.

　해방 후 전시戰時 교복 양식은 사라졌으나 식민지 교복은 존속했

다. 게다가 1960년대 이후로는 초등학교만 졸업하고 학업을 마치는 사람이 거의 사라짐으로써, 교복은 한국인의 몸을 최소 3년, 기본 6년간 감싸는 옷이 되었다. 1968년, 박정희 정부는 중학교 교복과 교모를 하나로 통일하도록 지시함으로써 '국정 교복'의 시대를 열었다. 고등학교 교복도 모표와 색깔(검은색 또는 감색)의 차이만 인정했을 뿐, '정복' 양식은 통일했다. 그러자, 졸업식장에서 교복에 분풀이하는 퍼포먼스가 시작되었다. 졸업생들은 교복을 찢어 발기거나 교복에 밀가루 등을 뿌리는 행동으로 '학창 시절'과 결별했다. 학생들은 자기들을 군인처럼 통제하려는 권력의 의지가 '국정 교복'에 담겨 있다는 사실을 본능적으로 알았을 것이다.

졸업식장에서 교복에 분풀이하는 행위는 1983년 교복 자율화 이후 급감하여 최근에는 거의 사라졌다. 강압에 의한 획일화는 단결, 일체화, 통일 등의 이미지를 만들 수는 있으나 사람들의 마음을 하나로 묶지는 못한다. 그런데도 비슷비슷한 모양과 색깔의 '학교별 교복'은 여전히 학생들의 몸을 감싸고 있다. 교복은 학생들에게 '소속감'이 자부심과 굴욕감이라는 상반된 두 감정으로 구성된다는 사실을 알려주는 물건이다. 교육의 주된 목적이 '집단 규율을 지키고 통제를 수용하는 인간'을 만드는 데 있는 한, 이 물건이 아주 사라지기는 어려울 것이다.

3장 - 입고 지내다

62.　　창피狷披해도
　　　　괜찮아

1970년대까지 남녀 불문하고 겨울철에 많이 입는 목이 긴 스웨터를 '도쿠리'라고 불렀다. 도쿠리란 본래 주둥이 부분이 잘록한 술병을 뜻하는 일본어다. 당시에는 섬유의 탄성이 좋지 않아 이 옷을 입고 벗을 때에는 얼굴 전체가 짓눌리는 고약한 느낌을 받아야 했다. 게다가 정전기도 심해 입고 나서든 벗은 뒤에든 머리카락이 곤두서곤 했다.

인류는 수천 년간 문화권과 시간대에 따라 여러 형태의 옷을 만들어 입었으나, 양팔을 끼고 앞섶을 끈이나 단추로 여미는 윗도리 형식은 거의 같았다. 남성의 바지와 여성의 치마도 입구 쪽을 엉덩이가 들어갈 정도로 넉넉하게 만들어 입은 뒤 허리 부분을 띠로 졸라매는 게 기본이었다. 그런데 끈으로 여미는 윗도리는 통풍이 너무 잘되었고, 단추로 여미는 옷은 입고 벗는 데 손이 많이 갔다.

1893년 시카고 만국박람회에 미국인 휘트컴 저드슨이 양쪽으로 늘어선 여러 개의 고리를 쉽게 맞물렸다 풀었다 할 수 있도록 고안한 잠금쇠를 출품했다. 그가 이 물건을 발명한 목적은 군화 끈을 맸다 풀었다 하는 데 걸리는 시간을 줄이기 위해서였다. 군인에게는 특정 상황에 대응하는 시간이 생명과 직결되는 문제였기 때문이다. 1912년 양복점 주인 쿤 모스는 이 물건을 오늘날과 같은 형태로 개량했으며, 1923년에는 굿리치 회사가 지퍼라는 이름으로 대량 생산

지퍼 달린 군용 점퍼를 입은 마릴린 먼로 1951년 유엔군 위문 공연차 한국에 왔다. 끈으로 옷깃을 여미는 저고리를 입은 한국 여성과 대비된다. 지퍼 고장이 잦았던 시절에는, 여미지 않아도 무방한 옷에 주로 쓰였다. '창피'猖披란 본래 '옷을 걸치고 끈을 매지 않음'이라는 뜻이다. 지퍼 달린 옷은 '창피'에 대한 관념에도 영향을 미쳤을 것이다.

을 시작했다. '작고 날카로운 소리'라는 뜻의 'zip'에서 따온 말이지만, 오늘날 'zip'은 지퍼라는 뜻으로 쓰인다.

우리나라에는 1930년대 중반께 일본산 셔츠와 함께 자쿠 또는 자크라는 이름으로 도입되었는데, 자쿠는 공작물을 고정시키는 기구인 'chuck'의 일본식 발음이다. 1936년 2월 19일자 『동아일보』에는 다음과 같은 기사가 실렸다.

요새는 남자들의 속샤쓰에는 단추 대신 금속으로 된 정을 대고 마음대로 열었다 닫았다 하는데 이것은 여간 편리한 것이 아닙니다. 이 부분을 샤쓰가 해져서 못 입게 될 때 떼어두었다가 털실로 자켓을 짤 때 대면 좋고 주머니 주둥이에 대도 좋습니다.

'옷을 마음대로 열었다 닫았다 할 수 있게 해주는 금속으로 된 정'
이라는 말은 상상을 돕는 친절한 설명이 아니었다. 지퍼는 직접 보
기 전에는 구체적으로 상상하기 어려운 물건이었다. 신문기사는 셔
츠가 해지면 지퍼를 재활용하라고 권유했지만, 당시의 지퍼가 셔츠
보다 수명이 길었는지는 의문이다. 초창기의 지퍼는 고장이 잦았다.
단추는 하나가 떨어진다고 해서 옷깃이 다 풀리지는 않았지만, 지퍼
가 고장 나면 아예 옷을 여밀 수 없었다. 떨어진 단추는 다시 달면
되지만 고장 난 지퍼는 고치기 어려웠다. 지퍼 달린 바지는 1935년
부터 제작되었는데, 집 밖에서 바지 지퍼가 고장 나는 건 이만저만
낭패가 아니었다. 그래서 지퍼는 옷보다 가방에 더 많이 쓰였다.

지퍼 달린 옷은 한국전쟁 중에 급증했다. 지퍼는 입고 벗는 데 걸
리는 시간을 최대한 줄여야 하는 군복에 적합한 부자재였다. 지퍼
달린 군용 점퍼는 휴전 이후에도 꽤 오랫동안 민간인에게도 가장 흔
한 일상복이자 작업복이었다. 국산 지퍼 공장은 휴전 직후 서울 노
량진에 처음 생겼는데, 창업자는 본래 가방 공장을 운영하던 사람이
었다. 국산 지퍼 시장은 1960년대 수출용 봉제산업의 발달과 더불어
확대되었고, 단추 대신 지퍼를 단 옷도 함께 늘어났다.

지퍼는 옷의 형태뿐 아니라 입고 벗는 문화에도 혁명적인 변화를
일으켰다. 『뉴욕타임스』는 이 물건이 성性 문화에도 중대한 영향을
미쳤다고 진단했다. 지퍼는 생활의 모든 영역에서 신속성을 미덕으
로 삼는 현대와 잘 어울린다.

넥타이

63.   현대 신사의
       상징

　　장면 하나. 2003년 4월 29일 유시민 당선자가 의원 선서를
위해 국회 본회의장 단상에 오르자 한나라당 의원 수십 명이 그를
향해 "국회를 뭘로 보는 거야" 등의 소리를 지르면서 퇴장해버렸다.
한나라당 의원들을 격분시킨 것은 넥타이를 매지 않고 면바지에 재
킷을 입은 그의 복장이었다. 장면 둘. 2016년 4월, 전남 순천에 새누
리당 후보로 출마한 이정현은 지역구에 도착하자마자 넥타이를 풀
고 양복을 점퍼와 면바지로 바꿔 입었다. 여야를 불문하고 후보자
들 대다수가 넥타이를 매지 않고 유권자들을 만났다. 다행히 그들은
"유권자를 뭘로 보는 거야"라는 항의는 받지 않았다. 넥타이는 이 두
장면을 통해 유세 중에는 서민인 척하다가 당선되면 극도로 권위주
의적이 되는 국회의원들의 행태를 여실히 드러냈다.

　넥타이의 기원은 고대 중국 진나라와 로마 병사들이 목에 두르던
천으로까지 거슬러 올라간다. 아마도 눈으로 흘러드는 땀을 닦거나
상처가 생겼을 때 싸매기 위한 용도였을 것이다. 지혈을 위한 붕대
나 골절된 팔다리 고정을 위한 삼각건은 현재에도 전장의 필수품이
다. 목에 감는 천이라고 해서 다 넥타이는 아니다. 목에 두르기는 하
되 상징성 말고는 아무짝에도 쓸모없는 물건이라야 넥타이라고 할
수 있다. 이런 넥타이는 17세기 프랑스 루이 14세 때 처음 출현했다.
오스트리아가 루이 14세를 위해 파견한 크로아티아 병사들은 선명

넥타이를 맨 서광범 1883년 서광범은 한국인으로서는 최초로 넥타이를 맸다. 한국에서 넥타이는 옛 양반의 갓끈과 비슷한 구실을 했다. 이것은 착용자의 신분과 재력을 표시하는 소품이었고, 지금도 그 용도는 거의 변하지 않았다.

한 색상의 천을 두세 차례 목에 두른 뒤 가슴 윗부분에서 나비매듭을 했는데, 이들에게서 '멋'을 발견한 프랑스의 왕공 귀족들은 곧 이를 흉내 내기 시작했다. 넥타이를 뜻하는 프랑스어 크라바트cravate도 크로아티아에서 유래했다. 루이 14세는 크라바트를 친위대 제복에 적용했고, 궁정 잔치 참석자들에게도 의무화했다. 프랑스 귀족들의 유행은 곧 전 유럽으로 확산했다.

크라바트의 매듭 부분 형태를 취한 나비넥타이는 1850년대 영국에서 등장했고, 요즘의 넥타이와 같은 형식의 포 인 핸드four in hand(매듭부터 끝까지의 길이가 주먹 4개 크기라서 붙은 이름. 매듭 넥타이로도 번역된다)는 1890년경에 출현했다. 넥타이는 처음에 귀족과 부르주아지의 목만을 휘감았으나, 시민혁명으로 신분제가 해체된 뒤에는 화이트칼라 노동자들의 목도 졸랐다. 한국에서는 1883년에 서광범이 처음 넥타이를 맸다. 고종도 연미복 차림에 넥타이를 매고 사진을 찍은 적이 있다. 이 땅에서 넥타이는 1920년대부터 새로운 사회 신분인 '신사'의 보편적 표지가 되었다. 공식적인 자리에 넥타이를 매고 가지 않으면 신사 대접을 받지 못했고, 때로는 입장을 거절당했다. 군인과 경찰을 제외한 관공리官公吏, 교사, 은행원, 회사원 등 월급쟁이들도 넥타이를 맸다. 1920년대 중반부터는 신문지상에 '금년에 유행할 넥타이'에 관한 기사가 빈번히 실렸고, 기생에게 배척받고(차이고) 넥타이로 목매 자살하는 남자들도 나타났다. 넥타이는 땀 흘리지 않는 남자, 육체노동에서 해방된 남자, 앉아서 일하는 남자를 표상했다.

1937년 여름, 조선질소비료주식회사, 북선수력전기주식회사 등 일본질소콘체른을 경영하며 조선 최고의 재벌로 꼽혔던 노구치 시타가우가 조선호텔 정문에서 수위에게 제지당했다. 노구치는 자기가 누구인 줄 알고 이러느냐며 호통쳤지만, 수위는 '넥타이를 안 맨 사람은 입장시키지 않는 게 호텔 방침'이라며 끝내 들여보내지 않았다. 이 일로 자존심이 상한 노구치는 얼마 후 조선호텔 바로 옆 땅을 사서 조선에서 가장 높고 호화로운 호텔을 지어 올렸다. 이것이 1970년대 중반까지 한국 최고의 호텔로 명성을 누렸던 반도호텔이다. 반도호텔과 조선호텔 사이에 있던 '반도-조선 아케이드'는 요즘으로 치면 한국 최고의 명품 상가였다. 반도호텔을 헐고 그 자리에 새로 지은 것이 지금의 롯데호텔이다.

현대 남성에게 넥타이는 공과 사, 권위와 탈권위, 정신노동과 육체노동, 격식과 소탈, 승자와 패자의 경계를 표시하는 물건이다. '넥타이를 매야 하나 말아야 하나' 같은 시답지 않은 문제도 현대 남성의 고민거리 중 하나다. 이 고민은 자기가 갈 곳의 성격을 규정하고, 그곳에서 자기가 어떤 위치에 있게 될지를 판단하는 문제다. 넥타이가 아예 없는 세상이 온다면, 분명 지금보다 더 평등한 세상일 것이다. 물론 넥타이를 대체할 다른 물건이 만들어지지 않아야 하겠지만.

미니스커트

64. 제 몸을
    드러낼
    자유

　　기독교 성경에 따르면 처음으로 옷을 입은 인간은 이브다. 그런데 이브가 나뭇잎 옷으로 가리고자 한 것은 몸이 아니라 마음, 즉 수치심이었다. 수치심이 생겼기에 옷을 만들어 입기 시작한 것인지, 옷을 입다 보니 피부를 노출시키는 게 수치라는 생각을 갖게 된 것인지는 알 수 없으나, 인류가 섬유 문명을 건설한 이후 수천 년간 옷은 더 많은 섬유로 더 넓은 신체 부위를 가리는 방향으로 진화해 왔다. 대략 한 세기 전까지 동서양을 막론하고 얼굴과 손을 제외한 신체 부위를 다 가리지 못하는 옷은 빈천과 야만의 표지였다. 옷은 또 개인의 개성이 아니라 집체성을 표시하는 도구였다. 옷의 디자인은 일차적으로 부족이나 민족의 표지였으며, 같은 부족이나 민족 내에서는 섬유의 종류와 크기, 밀도, 색상, 바느질의 정교함 등이 신분을 표시하는 기호였다.

　　산업혁명에 따른 섬유 생산의 급증, 신분제 해체, 여성의 사회 진출 확대, 군인과 민간인을 구분하지 않는 총력전 체제 구축, 의복 양식의 세계화 등이 숨가쁘게 진전되는 와중에, 20세기 초부터는 옷에 집체성보다는 개성을 더 많이 담으려는 태도가 나타났고, 여성 의복의 경우 기존의 진화 방향과는 반대로 팔 다리 부위를 옷의 억압으로부터 해방시키려는 흐름이 변화의 큰 줄기를 이뤘다. 유럽에서는 제1, 2차 세계대전을 치르면서 전장에서 싸우는 남성들을 대신하여, 또는 전장에서 사망한 남성들의 빈자리를 채우기 위해 집 밖에서 일하는 여성이 늘어났으며, 이윽고 여성의 집 밖 노동은 당연한 일이 되었다. 교육받은 여성, 직장에 다니는 여성이 젊은 여성의 새로운 표준형으로 떠올랐고, 활동성과 아름다움을 동시에 충족하는 여성복이 만들어졌다. 제1차 세계대전 무렵 종아리 부근에 머물렀던 여성 치마 밑단은 제2차 세계대전 중에는 무릎 바로 아래 선까지 올라왔다. 우리나라에서도 제1차 세계대전 이후에는 종아리가 드러나는 치마가 흔해졌고, 이를 둘러싼 사회적 논란도 거셌다. 그러나 제2차 세계대전 중 일본 군국주의 치하의 여성들은 미국이나 유럽 여성들과는 전혀 다른 하의를 입어야 했다. 일본 군국주의가 여성들에게 강요한 하의는 아름다움을 철저히 억압하고 활동성만을 강조한 몸뻬였다.

해방 이후 한국 여성들의 의복은 다시 한복과 양장洋裝으로 이원화했다. 해방 직후부터 1960년 무렵까지의 한국은 세계에서 가장 가난한 나라였지만, 그래도 유행 따라 옷을 지어 입는 사람은 적지 않았다. 양장은 문자 그대로 미국과 유럽에서 동시대에 유행하는 옷이었다. 제2차 세계대전 이후 유럽 각국에서 '전시 의복에 관한 규정'이 철폐되자, 오랫동안 억눌렸던 아름답게 보이려는 욕망이 일시에 분출했다. 디자이너들과 의류 회사들은 그 욕망을 자극하는 의복들을 앞다투어 만들어냈다. 아크릴, 폴리에스터, 트리아세테이트, 스판덱스 등 새로운 화학섬유의 잇따른 개발도 여성복의 변화를 추동했다. 미국과 유럽에서 유행하는 의복 양식에 관한 정보는 극장 스크린 등을 통해 한국의 디자이너와 소비자들에게도 즉각 전달되었다. 미국과 유럽 여성들의 치마 길이와 한국 여성들의 치마 길이는 거의 동시에 같은 방향으로 오르내렸다.

1960년대 중반 미국과 유럽에서는 여성의 치마 길이가 무릎 선

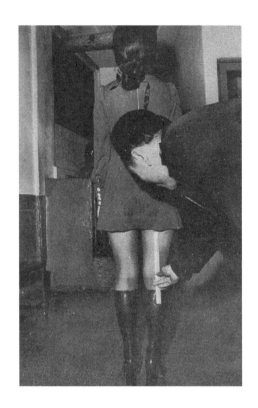

미니스커트 단속 10월 유신 이듬해인 1973년 2월 1일, 비상국무회의는 '경범죄처벌법 중 개정법률안'을 의결하여 2월 10일부터 시행하도록 했다. 10월 유신의 근본 목표가 국민 생활의 모든 부면을 권력의 감시, 통제하에 두는 '총력전 체제'의 부활이었기 때문에, 사람들의 복장까지 통제하는 생체권력화는 당연한 귀결이었다. 사진은 개정 법률 시행 첫날, 경찰이 한 여성을 붙잡아 오금에서 치마 밑단까지의 길이를 재는 장면이다. 요즘 사람들의 관점에서는 국가권력을 대행한 경찰의 행위가 '풍기 문란'에 해당하겠지만, 당시에는 국가권력의 횡포에 저항하기 어려웠다. 출처: 『사진으로 보는 한국백년』

위까지 올라갔는데, 이런 치마를 미니스커트라고 했다. 우리나라에는 1967년에 가수 윤복희가 첫선을 보였다. 한국 여성의 체형이 구미 여성과 다르다거나, 여성의 신체 노출에 대한 한국인의 감성이 구미인과 다르다거나 하는 비판은 미니스커트의 유행에 아무런 장애가 되지 않았다. 도시 경관, 교통, 주택, 음식 등 생활의 모든 면에서 당대의 한국인은 미국과 유럽인의 양식을 도저히 흉내 낼 수 없었다. 그러나 의복만은 예외였다. 그 시절의 한국인들은 의복으로나마 '선진국민과 다르지 않다'는 느낌을 가지려 했다.

미니스커트는 젊은 남성들의 장발이 그랬던 것처럼 기성 질서와 불화하는 젊은 여성들의 코드였다. 1968년 유럽을 휩쓴 68혁명의 구호 중 하나가 "금지를 금지하라"였던 것도 미니스커트에 '저항의식'이 담겨 있다는 생각을 정당화했다. 자기 신체의 어느 부위를 얼마만큼 노출할 것인가에 관한 여성의 '결정권'은 실제로 늘 관습의 억압하에 있었다. 당대 권력도 미니스커트가 풍기를 문란케 한다는 관습적 명제를 대변하는 데 주저하지 않았다. 1970년대 초까지 경찰들은 30센티미터 자를 들고 다니며 미니스커트를 입은 여성들의 치마 길이를 재고는 했다. 다리 뒤쪽 오금에서 20센티미터 위쪽 부위가 드러나는 치마나 원피스를 입은 여성들은 경찰서에 끌려가 훈계를 받아야 했다. 권력 스스로 '신체의 자유를 억압하는 저질 생체권력'임을 인정한 셈이다.

여성의 '야한 옷차림'이라는 게 아예 없던 시대에도 성범죄는 많았다. 미니스커트 때문에 성범죄가 늘어났다는 증거는 없다. 신체 대부분을 가리는 '전통의상'을 입는 여성이 대다수인 나라들의 성범죄 발생률이 미니스커트가 허용된 나라의 그것보다 낮다는 증거도 없다. 그런데도 오늘날 노출이 많은 여성의 옷차림은 성범죄를 야기하는 주범으로 지목된다. 미니스커트는 가해자를 옹호하고 피해자에게 죄를 묻는 강자 본위의 현대 이데올로기가 붙잡고 있는 유용한 볼모 중 하나일 뿐이다.

청바지

　　　1976년 당시 내가 다니던 중학교에는 여교사가 두 분밖에 없었다. 어느 날부터 한 분의 모습이 보이지 않았다. 처음에는 결혼해서 신혼여행 갔다는 소문이 돌았으나 해당 과목 수업시간을 몇 주 동안 자습으로 때운 뒤에야 그분이 갑작스레 해고됐다는 사실을 알았다. 학기 중 수업 결손을 감수하면서까지 학교 측이 그 교사를 해고한 이유는 '청바지를 입고 교단에 선 것'이었다.

　　청바지는 그 창안자가 알려진 몇 안 되는 의복 아이템 중 하나로, 1850년대 독일계 미국인 리바이 스트라우스가 질긴 천막용 천으로 바지를 만들어 광산 노동자들에게 판 데에서 기원했다. 처음에는 갈색이었으나 곧 더러워져도 눈에 잘 안 띄는 청색으로 바뀌었다. 청색은 육체노동자인 블루칼라의 상징색이기도 하다. 이후 한 세기 이상 청바지에는 강인함, 질김, 거침, 깨끗하지 않음 등의 이미지가 따라다녔다. 이는 '연약하고 정숙한' 여성성과는 명백히 대립하는 이미지였다.

　　1968년 5월 유럽의 대학생들이 인간을 기계 부품처럼 주조하려는 대량 생산 시대의 국가권력과 기성 권위 전반에 대한 저항을 시작했다. 그들은 '금지를 금지하라'고 외치며 인간의 의식과 행위를 제약하는 기성의 모든 장벽을 허물고자 했다. 남자가 여자처럼 머리를 기르면 안 되는 이유는 무엇인가? 여자가 남성 육체노동자의 옷

1970년대 중반 청바지를 입은 여자 대학생들 원래 육체노동자용 작업복으로 개발된 청
바지는 오늘날 남녀노소 빈부귀천을 따지지 않는 옷이 되었다. 오늘날 청바지만큼 성별
과 연령을 따지지 않는 물건은 보기 어렵다. 다만 미래에 청바지처럼 '평등지향적'인 물
건이 많아질지 아닐지는 알 수 없다. 출처: 『광복 40년』

을 입지 못할 이유는 무엇인가? 유럽 젊은이들의 저항정신은 대서
양을 건너 미국에 상륙했다. 미국의 젊은이들도 기성의 권위가 설정
해놓은 금지선을 뚫으려 했다. 머리 기른 남성, 청바지 입은 여성, 대
마초·코카인·헤로인 등의 마약이 그들의 상징이 되었다. 그들은 히
피hippie라고 불렸다. 물론 저항의 의지가 이른바 '퇴폐'로만 흐르지
는 않았다. 미국의 베트남전쟁 중단을 요구하는 반전운동도 이들이
주도했다. 1971년 4월, 워싱턴과 샌프란시스코에서 벌어진 대규모

반전 시위에는 '블루진 시위'라는 별명이 붙었다.

68혁명의 파도는 전 세계로 확산했지만, 한국에는 파도의 끝자락만 겨우 닿았다. 강남의 귤이 회수를 건너면 탱자가 된다는 격으로, 혁명이 고취한 저항정신은 '청년들의 반항기' 정도로 격하되었다. 그 무렵의 한국 사회는 68혁명이나 반전운동의 정신을 온전히 이해할 수 없었다. 그런 상황에서도 '선진국' 사람들을 흉내 내려는 의지는 차고 넘쳤다. 부자 흉내를 내려 드는 가난한 사람들은 언제나 있었다. 한국의 젊은이들은 같은 또래의 유럽과 미국인들이 어떤 변화를 요구하며 만들어가고 있는지 모르면서도, 그들의 행태를 따라 하려 들었다. '미제는 똥도 좋다'라는 믿음이 지배하던 시대 사조도 이 풍조를 부추겼다. 1970년대로 접어들면서 한국 거리에서도 머리 기른 남자와 청바지 입은 여자를 흔히 볼 수 있게 되었다.

하지만 한국의 권력집단은 이를 방치하지 않았다. 그들은 기존의 금기가 허물어지면 사회의 '안정'이 깨질 수 있다는 사실을 본능적으로 알았다. 기성의 관행과 문화에 대한 도전은 궁극적으로 법과 제도에 대한 도전으로 이어지기 마련이었다. 장발과 미니스커트는 국가권력이 직접 금지했다. 지나가는 젊은 남성을 붙잡아 바리캉으로 머리카락을 자르거나 젊은 여성의 치마 길이를 자로 재는 경찰의 모습은 당대 도시의 일상 풍경이었다. 국가권력은 여성의 청바지를 공식적으로 금지하지 않았으나, 사회 도처의 미시권력은 이를 용납하지 않았다. 청바지를 입고 출근했다는 이유 하나로 해고된 여성이 내가 다닌 학교 교사 한 명만은 아니었다.

실체는 달랐지만 청바지는 일제강점기에도 있었다. 당시 죄수복이 청색이었기 때문에, 푸른 저고리와 청바지는 감옥의 은유로 쓰였다. 1921년 9월 한 신문은 경기도 양주에서 가짜 통정대부 첩지를 만들어 팔아먹으려던 사기범의 소식을 전하면서 "돈 한 푼 얻어먹지도 못하고 청바지를 입게 되었다"고 썼다. 1970년대의 청바지는 일제강점기의 죄수복과 전혀 다른 옷이었지만, 여성용 청바지에 부착된 사회적 이미지는 크게 다르지 않았다.

'미제 청바지'의 가격도 문제였다. 1971년 2월에 3,000원짜리 미제 청바지를 3만 원에 팔아넘긴 '악덕업자'가 경찰에 검거되었다. 당시 도시 근로자 가구의 월 평균 수입이 3만 4,667원이었다. 하지만 1970년대 벽두부터 값싼 국산 청바지가 시장에 쏟아져 나왔다. 처음에는 미제라고 속여 파는 경우가 많았으나, 이윽고 당당하게 국산임을 내세우는 청바지들이 매장을 채웠다. 대중은 끝내 '기성 권력의 저항'을 분쇄했다.

요즘에는 어디에서나 청바지 입은 사람을 흔히 볼 수 있다. 결혼식장이나 장례식장 같은 의례 공간이 아닌 한 청바지 입었다고 눈총주는 사람도 없다. 오늘날의 청바지는 남녀노소, 빈부귀천, 인종, 성적 취향, 장애 여부를 따지지 않는 '완벽한' 의복이다. 그러나 이는 어쩌면 이 아이템에 담겨 있던 '차별 없는 세상'에 대한 지향이 탈색되고 찢겨진 결과인지도 모른다.

다이아몬드

66. 신성을
    간직한
    돌

"김중배의 다이아몬드 반지가 그렇게도 탐이 났더란 말이냐?" 1913년에 초연된 신파극 《장한몽》에 나온 대사로 널리 알려진 말이다. 요즘 젊은이들도 농반진반으로 입에 올리곤 하는데, 속설이 맞는다면 100년이 넘도록 대중의 공감 영역에서 벗어나지 않은 희귀한 말이라고 할 수 있다. 그런데 조중환이 일본 소설 『곤지키야샤』金色夜叉를 번안한 원작 『장한몽』에는 이런 대사가 없다. 당시 다이아몬드가 무엇인지 아는 한국인은 거의 없었다.

옛날에도 금강석이라는 말은 있었으나 기린과 마찬가지로 전설 속의 물질이었다. 동양 전설 속의 기린이 '외뿔과 사슴의 몸, 소의 꼬리, 말의 발굽과 갈기를 갖춘' 신수神獸로서 지라파 카멜로파르달리스Giraffa camelopardalis라는 학명을 가진 동물이 아니었듯, 전설 속의 금강석도 '절대로 부서지지 않는 단단한 돌'이었을 뿐 무색의 탄소 결정체인 다이아몬드는 아니었다. 다이아몬드라는 말은 '정복할 수 없다'는 뜻의 그리스어 아다마스adamas에서 유래했다.

물론 불교의 발상지인 인도에는 다이아몬드가 있었다. 인도인들은 산스크리트어로 바이라vaira였던 이 돌을 '무적無敵의 상징'으로 여겼다. 불교 경전 중 하나인 『금강경』金剛經의 원명은 '능단금강반야밀경'能斷金剛般若密經이다. '금강석을 자를 수 있는 지혜로 해탈하는 경전'이라는 뜻이다. 우리나라 사찰 입구에 금강역사金剛力士들의 상

像이 서 있는 것도, 이들을 어떤 악귀라도 물리치는 존재로 여겼기 때문이다.

별빛 같은 광채와 영원불멸의 속성은 그 자체로 신성神性이었기 때문에, 보석은 오랫동안 '신에게 가까이 있는 자', 즉 권력자만이 소유할 수 있는 물건이었다. 다이아몬드가 루비, 에메랄드 등을 제치고 보석의 왕좌를 차지한 것은 베네치아의 V. 페르지가 연마법을 발명한 17세기 말의 일이다. 우리나라에서는 19세기 말에야 금강석이라는 말이 다이아몬드라는 실체와 결합했으나, 이 말을 쓴 사람들이 이 보석을 직접 보았는지는 알 수 없다.

1920년 이왕가는 영친왕과 결혼할 나시모토노미야 마사코梨本宮方子에게 다이아몬드가 박힌 반지, 팔찌, 화관을 예물로 보냈다. 이것이 다이아몬드가 왕실 가례嘉禮 예물로 사용된 첫 사례다. 이 직후부터 다이아몬드는 '새 시대 귀족의 상징'으로 각광받았다. 1922년 1월, 전주에서 장인수라는 청년이 기생 노릇하는 자기 동생의 다이아몬드 반지를 훔쳐 서울로 달아난 사건이 발생했다. 전주 기생이 다이아몬드 반지를 가졌을 정도니, 서울의 유명한 기생들에게는 일종의 필수품이었을 것이다. 가사에 '김중배의 다이아몬드'가 나오는 〈장한몽가〉도 1925년 일본축음기상회에서 제작한 음반에 수록됐다. 이런 대중가요의 유행도 다이아몬드가 뭔지 몰랐던 사람들의 마음을 흔들었을 것이다.

다이아몬드는 한국이 세계에서 가장 가난한 나라였던 시절에도 특권층만의 세상에서 은밀히 돌아다녔다. 1965년 6월에 열린 '여성 소비자 각성 궐기대회'의 결의사항 중 하나는 '결혼예물로 백금이나 다이아몬드 반지를 사용하지 말 것'이었다. 이 결의는 그 무렵 여성운동계의 주요 목표였던 축첩蓄妾 폐지와 비슷해서, 서민들에게는 '딴 세상 사람들의 일'로 보였다. 1970년에 세상을 떠들썩하게 했던

1982년 '대도' 조세형이 이철희·장영자 부부의 집에서 훔친 물방울 다이아몬드 보석은
그 찬란함과 불멸성으로 인해 '신성한 물질'로 취급되어 왕과 귀족들만 소유할 수 있었
다. 신분제도의 폐지는 신분의식의 폐지로 이어진 것이 아니라, 왕공 귀족이 되려는 욕
망의 대중화로 이어졌다. 다이아몬드는 '귀족이 되려는 현대인의 욕망'을 대표하는 물질
이다.

정인숙 사건에서도 사람들은 다이아몬드 반지와 '밍크오바'를 통해
그녀의 '신분'을 짐작했다.

다이아몬드 반지는 1970년대 중반께부터 필수적인 결혼예물로
취급되었다. 1972년에 국내에서 개봉해 큰 히트를 친 영화《007-다
이아몬드는 영원히》가 얼마나 영향을 미쳤는지는 알 수 없으나, 다
이아몬드는 영원·불멸 등의 종교적 개념과 재결합하여 '영원히 깨
지지 않는 사랑의 약속'이라는 의미를 갖게 되었다. 1978년『동아일
보』보도에 따르면, 다이아몬드 수요는 1977년부터 급증했다. 그 무
렵 결혼 적령기 여성의 60퍼센트 이상이 결혼예물로 다이아몬드 반
지를 원한다는 조사 결과도 발표되었다. 가장 많이 팔린 다이아몬드
는 0.3캐럿짜리였는데, 이보다 작은 다이아몬드 반지도 많아 세간에
서는 '다이아먼지'라는 말도 유행했다. 이런 형편에서 1980년대 초

'대도'大盜로 불린 조세형이 중앙정보부 차장을 지낸 이철희의 집에서 훔친 3캐럿짜리 물방울 다이아몬드는 장안의 화제가 되기에 충분했다. 당시 수많은 사람이 장영자에게 분노와 동경을 함께 표했다.

요즘 TV 드라마에는 20대 청년이 1캐럿 정도의 다이아몬드 반지를 들고 프러포즈하는 장면이 심심치 않게 나온다. '다이아몬드는 영원한 사랑의 징표' 따위의 광고 문구는 식상할 정도다. 우리나라의 연간 다이아몬드 수입량은 500만 캐럿 이상이다. 10명당 1캐럿 이상인 셈이다. 그런데 다이아몬드가 필수적인 결혼예물로 자리 잡고 그 크기가 커지는 데 비례해서, 공교롭게도 이혼율은 계속 높아졌다. 영원불멸의 신성을 사람 사이의 관계가 아니라 '물질'에 부여한 결과인지도 모를 일이다.

명품

67. 죄의식을
     제거한
     사치품

　　　2016년 11월, 한 언론사는 당시 대통령 박근혜가 '길라임'
이라는 가명으로 한 병원에서 정기적으로 피부 관리를 받았다고 보
도했다. 당시 그 병원의 회원권 가격은 1억 5,000만 원, 연간 이용료
는 2,000만 원이었다. 이 보도를 접한 사람들의 견해는 크게 셋으로
나뉘었다. 첫째는 "그 정도 지위에 있는 사람이 그런 병원 이용하는
게 뭐 어때서?"였고, 둘째는 "제 돈으로 이용했으면 누가 뭐라나?"였
으며, 셋째는 "연봉 2,000만 원도 안 되는 사람이 수두룩한데 어떻게
그럴 수 있나?"였다. 이들 중 세 번째 견해의 근저에는 '돈이나 지위
에 관계없이 해서는 안 되는 행위도 있다'라는 생각이 깔려 있다. 그
런데 옛날 '그 정도 지위'에 있었거나 '그 정도 돈'을 가졌던 사람들
은 어떻게 처신했을까?

　　　벽 칠이 벗겨지고 창틀이 어그러지거나 보료가 헤져서 담당
자가 수리하기를 청해도 윤허하지 않으셨다. 의례 때 입는
곤룡포만은 격식에 맞추었으나 나머지 옷들은 빨고 기워 입
으셨다. 겨울에 아무리 추워도 모피 옷을 입으신 적이 없으
므로, 모시는 신하들도 감히 모피 옷을 껴입지 못했다. 국법
에는 하루에 다섯 번 음식을 바치게 되어 있으나 왕께서는
하루에 세 번만 드셨고 배불리 드신 적이 없었다.

자기 권세나 재산을 과시하는 것이 '사'奢이고, 여럿이 쓸 수 있는 물건을 혼자 다 써버리는 것이 '치'侈이다. 유사 이래 인류는 '사치'를 죄의 일종으로 분류해왔다. 인간 내면의 탐욕이 겉으로 드러난 것이 사치였다. 남보다 잘나 보이고 싶은 욕망이야 모든 인간이 공유하는 것이지만, 이 욕망을 공동체의 통일성과 유대감을 해치는 정도로까지 표현해서는 안 된다는 것이 인류가 오랜 세월에 걸쳐 만들고 유지해온 가치관이었다. 조선시대에는 수시로 사치 금령禁令이 내려졌고, 현대에도 사치품에는 징벌적 중과세를 하는 것이 사회적으로 합의된 관행이었다.

그런데 최근 20~30년 사이에 '사치품'이라는 단어는 우리 일상 언어생활에서 급속히 자취를 감추었다. 물론 국어사전이 "분수에 지나치거나 생활의 필요 정도에 넘치는 물품"으로 정의한 이 물건들의 종류나 총량이 줄어든 것은 아니다. 다만 이런 물건들을 지칭하는 이름이 "뛰어나거나 이름난 물건. 또는 그런 작품"이라는 뜻의 '명품'名品으로 바뀌었을 뿐이다.

명품이라는 단어는 오래전부터 사용됐으나, '세계적으로 유명한 브랜드 상품'이라는 의미가 된 것은 1990년대 이후의 일이다. 명품은 처음 사치품의 속성을 그대로 승계하여 보통사람들과 구별되는 귀족적 지위에 있는 사람, 또는 그런 삶을 추구하는 사람들만 가질 수 있는 물건이었으나 차츰 서민 대중에게도 인지도를 높여갔다. 2001년 북한 국방위원장 김정일의 장남 김정남이 일본 나리타공항에서 위조 여권 소지 혐의로 붙잡혔을 때, 한국 언론사들은 그와 동행자들의 소지품에 관한 기사를 쏟아냈다. 롤렉스 시계, 아이그너 벨트, 아테스토니 구두, 루이비통 핸드백, 프라다 구두, 샤넬 귀걸이

2015년 6월 2억 5,000만 원에 낙찰된 명품 가방 최저임금 받는 노동자가 8년 동안 한 푼도 안 쓰고 모아도 살 수 없는 물건이지만, 이 물건을 사기 위해 대기하는 사람도 많다. 사치품은 우월감과 죄의식을 함께 느끼게 하는 물건이었으나, 이름이 명품으로 바뀌면서 죄의식을 느낄 필요가 없는 물건이 되었다.

등의 이름이 널리 알려졌지만, 그 실물을 직접 본 사람은 많지 않았다. 그러나 이로부터 얼마 되지 않아 명품 또는 위조 명품을 가진 사람들이 부쩍 늘어났고, 2006년에는 명품을 할인 판매하는 '프리미엄 아울렛'도 생겼다. 명품 판매 시설의 증가 속도가 곧 명품의 대중화 속도였다.

사치품이 명품으로 이름을 바꾼 최근의 세태는, 탐욕과 사치를 죄악시했던 오래된 가치관이 무너지고 있는 현상의 표현이다. 대다수 사람이 생활 물자의 절대적 결핍 상태로부터 해방된 국가들에서, 자본은 시장 확대를 위해 대중의 소비 욕망을 자극하는 방법들을 개발하고 발전시켜왔는데, 그 핵심은 개인적 욕망의 실현에 드리워진 죄의 그늘을 걷어내는 것이었다.

신자유주의는 남을 의식하지 않고 자신의 소비 능력을 마음껏 과시하는 것이 죄가 아니라 미덕인 사회를 만드는 데에 힘을 기울였고, 결국 성공했다. 지금은 명품을 소비하면서 양심의 가책을 느낄 이유가 없는 시대다. 오늘날 명품은 도덕적 금제에서 해방된 욕망의 표상이다. 하지만 이름을 바꾼다고 본질이 바뀌지는 않는다. 이 물건들의 주된 역할은 여전히 공동체 한편에 분노와 좌절감을 쌓는 것이다. 명품의 시대는 공동체 붕괴의 시대일 수도 있다.

68. 부자처럼 보이려는 욕망

"경고! 가짜 거북선표가 많사오니 속지 마시고 거북선표를 사실 때에는 아래 그림과 같이 거북선 상표에 물결 바닥을 사십시오." 1931년 거북선표 고무신의 광고 문안이다. 그 무렵 고무신 시장에서는 서울고무공사가 생산, 판매하는 거북선표의 인기가 가장 높았다. 바닥을 물결 모양으로 만들어 미끄러짐을 줄였을 뿐 아니라, 거북선을 상표로 써서 조선인 소비자의 민족주의 감성을 자극했기 때문이다. 그러자 고무신 상인들이 다른 공장 제품을 거북선표라고 속여서 팔기 시작했고, 서울고무공사는 가짜를 조심하라는 광고를 냈다. 아마도 이 광고에는 거북선표의 '브랜드 가치'를 높이려는 의도도 숨어 있었을 것이다.

1902년 서울에 들어와 땔감 장수로 큰돈을 벌었던 프랑스인 폴 플레상과 안톤 플레상 형제는 부래상富來祥 상회를 설립하고 1920년대부터 프랑스산 향수와 화장품 등을 수입해 팔기 시작했다. 1937년 중일전쟁 이후 일본과 프랑스 사이의 교역이 중단되자 부래상 상회는 경성역 인근에 비밀 공장을 차리고 직접 화장품을 생산한 뒤, '세봉'이라는 가짜 상표를 붙여 프랑스제인 것처럼 판매하다가 발각되었다. 1939년 경성지방법원은 폴 플레상에게 사기 및 상표법 위반으로 징역 8개월, 집행유예 3년을 선고했다.

1956년, 부산의 국제양조장이 일본에서 수입한 향료와 색소, 주정을 배합하여 국산 위스키를 개발하고 '도리스'라는 상표를 붙여 판매했다. 도리스는 당시 미군 PX를 통해 수입되어 국내 위스키 시장을 장악했던 일본 산토리사의 제품 이름이었다. 지금도 그런 경향이 일부 남아 있지만, 해방 직후의 한국인들에게 일본 회사의 권리를 침해하는 것은 죄가 아니었다. 일본인들이 이 땅에서 수탈, 착취해 간 것들에 비하면, 일본인들이 한국 땅에서 손해를 보는 것은 아무것도 아니라고들 생각했다. 그런데 4년간 수수방관하던 한국 경찰은 1960년 갑작스럽게 상표권 침해를 문제 삼아 회사 대표를 구속했고, 회사 측은 어쩔 수 없이 상품명을 도리스와 비슷한 도라지로 바꾸었다. 1960~1970년대 국산 양주의 대명사 격이었던 '도라지 위스키'가 탄생한 경위다.

유명세가 붙은 상품들에 실질가치보다 높은 가격이 붙는 것은 현대 사회의 보편적 현상이다. 탈세하려는 욕망은 유명세에 대해서도 예외일 수 없다. 1960년대 말부터 세계적으로 유명한 브랜드 제품을 거의 똑같이, 또는 아주 비슷하게 모방한 제품들이 국내 시장에서 유통되기 시작했다. 1969년 6월, 홍콩산 가짜 롤렉스 시계를 대량 수입해서 판매한 일당이 검찰에 검거되었다. 범인들은 이 시계들을 진짜라고 속여 판매하거나 전당포에 잡혀 현금화했다. 하지만 그 무렵 세계적으로 유명한 브랜드들의 이름을 서너 가지 이상 아는 사람은 아주 드물었다.

1990년대 중반경부터는 시계, 가방, 의류, 신발 등 외국산 유명 브랜드 제품들이 국내 시장에 쏟아져 들어오기 시작했다. 이때를 전후해 한국인들의 일상 언어생활에서 '사치품'이라는 말이 사라졌다. 물론 사전적 의미의 사치품이 줄어든 것은 아니다. 다만 이런 물건들을 지칭하는 이름이 '명품'으로 바뀌었을 뿐이다. 부자가 자기 몸과 소지품에 특별한 표지를 부착하고, 가난한 사람이 그런 표지를

인천세관에서 압수한 '짝퉁'들 전문가도 구별할 수 없을 정도로 똑같이 만든 '짝퉁'이라도 가격은 진품의 10분의 1 이하다. 진품의 가격이 실질가치의 10배 이상이라는 의미다. 근래에 들어 일반화한 '브랜드 가치'라는 말은, '허영심의 크기'와 그리 다른 말이 아니다. 출처: 연합뉴스

흉내 내는 것은 초역사적인 현상이라고 해도 무방하다. 명품 소비가 늘어나자, 명품을 흉내 낸 물건의 소비도 덩달아 늘어났다.

1990년대 말에는 명품을 흉내 낸 물건들에 '짝퉁'이라는 이름이 붙었다. 1999년 5월 한 언론사는 명품을 흉내 낸 물건들이 5등급으로 나뉜다며 다음과 같이 소개했다.

1등급: 경력 20년이 넘는 장인들이 만든 걸작품. 원품의 제조 기술을 완벽하게 재현하여 전문가들조차 알아보지 못한다. 구하기도 어렵고 가격도 제법 비싸다.

2등급: 경력이 조금 못 미치는 전문가가 만든 가짜. 주로 가방 종류다. 나름대로 완벽하지만, 전문가들은 알아본다.

3등급: 진짜보다 더 진짜 같은 가짜. 모조 다이아몬드 반지 등으로 보석이 진짜보다 더 빛난다.

4등급: 초보들이 껍데기만 모방해 대량생산하는 제품. 싼

317

맛에 팔려나가는 대부분의 가짜로, 자세히 보면 흠이 있거
나 색상이 약간 다르다.

5등급: 디자인 무늬 등 한눈에 가짜임을 알 수 있는 가짜. 상
인들도 거들떠보지 않는다.

— 『경향신문』 1999년 5월 29일자

이 무렵 사람들은 '진품과 똑같아 보이는 모방품'을 '짜가'라고 불
렀다. '가짜 티가 나는 모방품'인 '가짜'와 구분하기 위해서였다. 위
신문 기사의 분류에 따르면 1~2등급이 '짜가', 3~5등급이 '가짜'였
다. '짜가'가 변한 말이 '짝퉁'이다. 1999년의 통계에 따르면 한국 내
짝퉁 시장은 진품 시장보다 규모가 컸다. 짝퉁은 부자처럼 보이려는
인간 욕망의 산물이자 명목과 실질 사이의 괴리를 당연시하는 시대
의 필수 구성요소다.

69.   글씨의
       품격

중국 당나라 때 관리를 선발하는 기준은 신언서판身言書判이었다. 신은 체격, 언은 언변, 서는 글씨체, 판은 판단력을 말한다. 이네 가지는 우리나라 조선시대까지도 사람의 인품과 자질을 가늠하는 주요 판단 준거였다. 체격이 당당하지 못하면 심사가 꼬이기 쉽고, 말을 조리 있게 하지 못하면 자기 뜻을 제대로 전달할 수 없으며, 글씨가 졸렬하면 읽는 사람에게 경시당하고, 판단력이 흐리면 어떤 일도 제대로 할 수 없다는 것이 옛사람들의 생각이었다.

우리 선조들이 만든 '글씨'라는 말은 참으로 절묘하다. 글의 씨앗이기에 '글씨'이며, 농부가 밭에 씨를 심듯 한 획 한 획 정성껏 써야 하기에 '글씨'다. 그래서 글씨 쓰기를 배우고 익히는 과정은 사람의 성품을 만들면서 드러내는 동시적 과정이었다. 옛사람들이 글씨를 보고 인품을 살핀 데에는 합당한 이유가 있었다. 글씨에도 대담성과 조심성, 호방함과 치밀함, 분방함과 단정함 같은 '성격'이 있다. 필적筆跡 감정이 가능한 것은 글씨의 모양이 그 사람의 성품을 드러내기 때문이다.

그런데 동양의 붓이든 서양의 펜이든, 연속해서 쓸 수 있는 글자 수는 많지 않았다. 몇 글자 쓰고는 벼루에 붓을 대거나 잉크병에 펜을 담그는 동작을 반복해야 했다. 이런 동작이 사유의 깊이를 더해 주었는지, 아니면 생각의 흐름을 끊었는지는 단정하기 어렵다. 부차적인 동작을 배제하고 글씨 쓰기에만 전념할 수 있게 해준 필기구는 19세기에야 발명되었다. 손잡이 부위에 잉크를 저장하는 금속 펜은 1809년 영국인 프레드릭 폴슈Fredrick B. Folsch가 처음 만들었다. 파운틴펜Fountainpen은 잉크가 샘물 흐르듯 나온다고 해서 붙은 이름이다. 하지만 이 펜에는 샘물처럼 흐르는 잉크의 양을 조절할 수 없는 단점이 있었다. 이 펜으로 계약서를 작성하다가 잉크가 흘러 계약을 망친 적이 있었던 미국의 보험 외판원 루이스 워터맨Lewis Edson Waterman은 1884년 모세관 현상을 이용해 잉크가 흐르지 않는 파운틴펜을 발명했다.

붓 손잡이에 먹물을 저장하는 '만년필'萬年筆은 1828년 일본에서 처음 만들어졌는데, 파운틴펜에서 영감을 얻었을 가능성이 크다. 그런데 '만년 쓰는 붓'이라는 이 이름은 곧 파운틴펜의 번역어가 되었고, 애초의 실체는 사라졌다. 붓이 펜에 밀려난 것은 작고 가는 글씨를 쓰기 어렵다는 단점도 있었으나, 먹물이 잉크의 효용성을 따르지 못한 점에 기인한 바 컸다. 먹물은 대량 생산이 어려웠고, 잉크 사용을 전제로 만들어진 유럽식 활판 인쇄기에도 적합하지 않았다. 또 근대식 학교 교육이 보급되는 속도와 붓이 줄어드는 속도는 비례관계에 있었다.

1897년, 일본 상인들이 미국제 워터맨 만년필을 조선에서 판매하기 시작했다. 이 무렵부터 서양인 선교사들이 세운 학교에서는 우등생에게 만년필을 상품으로 주었으며, 이 관행은 곧 한국인들이 세운 학교로 전파되었다. 만년필은 이윽고 신식 교육을 받은 사람의 상징물처럼 되었다. 양복 입은 신사에게는 만년필이 필수품과 같았기 때문에, 양복 안주머니 옆에 만년필을 꽂을 수 있도록 작은 주머니를 하나 더 만드는 관행도 생겼다. 더불어 붓은 갓 쓴 노인에게나 어울리는 물건으로 자리를 옮겼다.

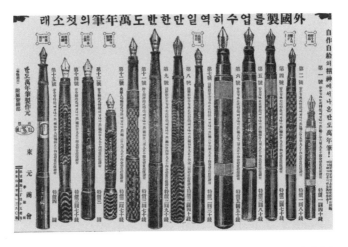

1922년에 출시된 최초의 국산 만년필인 반도만년필 광고 볼펜은 세상에 나오기 전이었고 연필 글씨는 흐린 데다가 잘 지워졌기 때문에, 이 무렵에 붓을 대신할 물건은 펜과 만년필뿐이었다. 펜을 잉크에 찍은 뒤 글씨를 써야 했던 사람들에게 만년필은 동경의 대상이었다. 게다가 글씨를 쓸 줄 아는 사람보다 모르는 사람이 많았으니, 만년필은 '특별한 사람'들에게나 필요한 물건이었다. 그 때문에 만년필은 '부와 교양을 함께 표현하는' 상징이 되었다. 출처: 『동아일보』 1922년 11월 9일자 광고

1922년에는 국산 만년필도 출시되었다. 물산장려운동이 한창이던 이해 11월 9일, 한글 신문들에는 동원상회東元商會에서 제조한 '반도만년필' 광고가 실렸다. 13종의 만년필 사진 주위에 "외국제를 업수이 여길 만한 반도만년필의 첫소리. 자작자급自作自給의 정신에서 나온 반도만년필"이라는 문구가 적힌 광고였다. 가장 비싼 것은 4원, 가장 싼 것은 1원 40전이었으며, 에보나이트(천연고무에 황을 첨가한 물질) 몸체에 14K 금촉을 사용했다. 당시 조선인 노동자의 하루 임금은 2원 정도였다. 상회 건물은 종로2가 탑골공원 서쪽에 있었고 주인은 이민식이었다. 이듬해 1923년에는 서울 수표동 소재 고려상회에서 만년필용 첫 국산 잉크인 '고려잉크'를 제조 판매하기 시작했다. 반도만년필과 동원상회에 관한 기사 및 광고는 1929년 이후 사라진다. 1934년에는 부산의 손태익이 합자회사 계림만년필제작소를

설립했는데, 제품에 관한 기록은 찾지 못했다.

극작가 박진은 회고록에서 자기 벗 최상덕이 1939년 동양극장을 '말아먹은' 일에 대해 언급하면서, "워터맨 만년필로 신문 호외 내듯 수표를 발행했다"고 썼다. 이 무렵에도 만년필은 인품이 아니라 부를 표현하는 물건이었다. 오늘날 비싼 만년필 한 자루의 가격은 수천만 원에 달한다. 어떤 사람에게는 만년필이 글씨를 쓰기 위한 물건이지만, 또 어떤 사람에게는 부를 과시하기 위한 물건이다. 손글씨 쓸 일이 별로 없는 요즘엔 '신언서판'이나 "명필은 붓을 가리지 않는다"는 옛말이 모두 무의미해졌다. 인품보다 재산을 훨씬 중시하는 시대엔 글씨보다 필기구에 주목하는 문화가 생기게 마련이다.

4장

생활하고 거주하다

일상·생활

70.   사랑을
       학습하다

        "함께 누우면 언제나 나는 당신에게 말했지요, '다른 사람
들도 우리처럼 서로 어여삐 여기고 사랑할까요? 남들도 정말 우리
같을까요?'"16세기에 안동 유생 이응태의 부인 '원이 어머니'가 남
편 무덤에 넣은 한글 편지의 한 구절이다. 산 사람에게 보낸 것이라
면 연애편지라고 하겠지만, 죽은 사람에게 보낸 편지이니 뭐라고 해
야 할까? 원이 어머니는 남편이 살아 있을 때에도 저런 편지를 보냈
을까? 옛날에는 부부 사이에 연애편지를 주고받는 일이 흔했을까?
배우자에 대한 감정을 연애감정이라고 부를 수 있을까? 결혼은 연
애의 종결인가, 연속인가?

        이성에게 끌리는 것이야 모든 동물의 본능이지만, 그것을 '사랑'
이라는 감성으로 승화시켜 일정 기간, 또는 평생 동안 특정 상대에
게 고정시키는 것은 사람만이 할 수 있는 일이다. 일단 짝이 되면 평
생을 함께하는 동물종이 일부 있으나, 그들이 '사랑'으로 묶였다고
할 수는 없다. 사랑은 동물적 본능에 결박된 원초적 감정이 아니라,
그것을 가꾸고 다듬어 이룩한 인간만의 감성이다.

        사랑이 본능이라면 모든 사람이 사랑에 능할 테지만, 사실은 서툰
사람이 훨씬 많다. 그럼에도 인류 역사 대부분의 기간에, 미혼 남녀
간의 사랑은 가르침과 배움의 영역 밖에 있었다. 아주 오랜 세월 인
류의 의식을 지배했던 위대한 경전들은 미혼 남녀의 사랑에 관해서

는 거의 언급하지 않았다. 사랑은 결혼의 전제도 아니었고, 결혼 관계를 지속하기 위한 필수 요소도 아니었다. 유교는 군신君臣, 부자父子, 부부夫婦 관계를 세상을 이루는 3개의 큰 줄기로 규정했으나, 부부 간에 지켜야 할 도리는 사랑이 아니라 '구별'이었다.

결혼은 당사자 간 사랑의 결실이 아니라 가부장 간 계약의 결과였다. 당사자의 의사가 가부장의 결정에 영향을 미치는 사례가 없지는 않았으나, 최종적인 결정권은 가부장에게 있었다. 게다가 결혼 당사자가 가부장에게 자기 의견을 밝히는 것은 대체로 부당한 행위로 취급되었다. 결혼 관계의 안정성과 지속성을 담보하는 것도 당사자들끼리의 사랑이 아니라 가부장권이었다. 게다가 부부 관계는 어느 문화권에서나 불평등했다. 남자에게 허용되는 행위와 여자에게 허용되는 행위 사이의 격차는 매우 컸다. 사랑을 표현하는 행위에서도 마찬가지였다. '남편'에게는 여자를 사랑할 권리는 있었으나 배우자를 사랑할 의무는 없었다. 반면 '부인'에게는 배우자를 사랑할 의무는 있었으나 남자를 사랑할 권리는 없었다. 남녀 간 불평등을 전제로 한 가부장제가 지배하는 세상에서, 부부 사이에 사랑이 자리 잡는 것은 아주 운 좋은 일에 속했다. 사랑 없이 결혼하고 사랑을 표현하지 않으면서 함께 사는 부부가 대다수였으니, 자식도 부모에게서 남녀 간에 사랑하는 법을 배울 수 없었다.

1597년, 영국에서 셰익스피어의 『로미오와 줄리엣』이 출간되었다. '운명적 사랑', '가부장권에 저항하는 사랑', '죽음을 초월하는 사랑'을 다룬 이 작품은 그의 후배들에게 마르지 않는 샘과 같은 창작의 원천을 제공했다. 이후 400여 년간 『로미오와 줄리엣』의 아류작이나 모방작이라고 해도 지나치지 않을 작품 수십만 편, 혹은 수백만 편이 전 세계에서 쏟아져 나왔다. 근대에 생성된 대중문화는 '미혼 남녀의 사랑 이야기'와 굳게 결합했다. 특히 유성기와 라디오 보급에 힘입어 자립한 대중가요는 사람들의 의식 위로 사랑에 관한 담론을 폭포수처럼 쏟아부었다.

그런데 원전인 『로미오와 줄리엣』에서 두 사람이 서로 사랑에 빠져드는 과정에 대한 서사는 아예 없다고 해도 무방하다. '운명적'이라는 말은 '주체의 의지와 무관하다'는 뜻이기도 하다. 땅에 떨어진 씨앗에서 싹이 트고 자라다가 비바람을 겪고 결실을 맺는 식물의 생장 과정과 사랑의 전개 과정을 비슷하게 묘사한 근대의 사랑 담론과는 거리가 있다. 원전의 불비不備라기보다는 시대의 한계였다. 우리나라에서 남녀 간의 사랑을 다룬 불후의 고전으로 평가받는 『춘향전』에도, 이몽룡과 춘향이가 서로에 대한 사랑을 확인하는 과정에 관한 서사는 뭉개져 있다. 멀리서 그네 타는 춘향이를 본 이몽룡이 곁에 있던 방자를 통해 다짜고짜 "이리 오너라"라는 말을 건넨 것이 '사랑의 표시'였고, 춘향이가 방자에게 '안수해 접수화 해수혈'雁隨海蝶隨花 蟹隨穴, 즉 '기러기가 바다를 찾고, 나비가 꽃을 찾으며, 게가 구멍을 찾는다'는 말을 전해달라고 한 것이 '사랑의 수락'이었다. 『춘향전』 도입부의 이야기는 요즘 기준으로 보면 멜로보다는 에로에 가깝다.

1913년 5월 13일 『매일신보』에 소설 『장한몽』長恨夢의 첫 회분이 게재됐다. 조중환이 오자키 고요尾崎紅葉의 『곤지키야샤』를 번안하여 연재를 시작한 것이다. 부모의 뜻에 따라 약혼했던 이수일과 심순애의 사랑과 이별을 그린 이 소설은 신파극으로도 무대에 올랐다. 극중에 불린 '대동강변 부벽루하 산보하는 이수일과 심순애의 양인이로다'로 시작하는 노래는 이후 수십 년간 한국인의 애창곡으로 자리를 지켰다. 또 "김중배의 다이아몬드 반지가 그렇게 좋았더란 말이냐?"라는 대사는 사랑의 주적이 돈이라는 사실을 새삼스레 일깨워주었다.

이 소설에서도 두 사람을 맺어준 것은 '운명'이었지만, 그들은 운명을 주체적으로 재해석했고 운명이 정해준 것과 다른 선택을 했다. 사랑의 위치는 '운명'과 '주체적 의지' 사이의 긴장 관계 위로 이동했다. '사랑을 주고받다'라는 뜻의 '연애'戀愛라는 단어도 『장한몽』연재와 거의 같은 시점부터 쓰이기 시작했다. 하지만 연애를 실천할 수 있는 미혼 남녀는 매우 드물었다. 연애라는 말 뒤에는 흔히 나쁜 짓을 의미하는 '질'이라는 글자가 따라붙었는데, '연애질'을 미혼 기혼 따지지 않고 '불량한 남녀가 하는 짓'으로 취급하는 사람이 많았기 때문이다. 연애하다 들통나면 공개적으로 망신당하는 것도 예사였다. 다음은 『매일신보』1913년 12월 17일자 기사의 일부다.

> 오후 7시쯤 되었는데, 어떤 여학생 한 명은 책보를 옆에 끼고 종로 광명서관光明書館으로 들어가고, 그 서관 안에 있던 다람쥐같이 생긴 미묘한 청년 남자는 반쯤 웃으며 일어서며 그 여학생을 반겨하는 모양이니, 모르는 사람은 한번 봄에 저 학생은 연필이나 공책을 사러 서관에 들어간다 하겠지마는, 실상은 그런 것이 아니라 필경 뜻이 있는 것이니, 좀 경계 있는 사람의 눈으로 그 광경을 보면 어찌 이상히 생각지 아니하리오. 그 후 몇 분이 못 되어 서관에 있던 청년은 유리창 밖의 목판 문을 굳게 닫고 들어가니, 밤 흥정 많은 이 즈음에 어둡지도 않은 초저녁부터 문을 닫아거는 것이 더욱 다른 사람들에게는 이상히 보이는고로, 그 앞에 있던 사람들은 서로 쳐다보고 수군수군하는 동안에 벌써 한 5분이나 되었더라. (…) 여러 사람의 눈이 번개 같은 평양 시가에서 하는 일이 어찌 남의 시선視線에 저촉됨을 면하리오, 그중에 한두 사람이 수군거리면 그곳에 있던 사람이 모두 수군거려

서 그 양인의 양심을 부끄럽게 하니, 발각되기는 자연한 일이라. 그 청년과 여학생의 성명이 누구누구냐. 얼굴빛이 변하여 갈 바를 알지 못하는 남자는 그 서관에서 사환하는 박형배라는 아이요, 부끄러움을 무릅쓰고 달려나가는 여학생은 융덕면 술막골 있는 마방 주인의 딸 한수복 모 학교 5년생인데, 연령은 모두 18, 9세쯤 되었더라. 그 부끄러운 것이야 어찌 다 형언하리오.

그러나 1910년대 초반까지만 해도 연애할 의지를 품을 수 있는 사람은 대개 기혼자였다. 많은 남자들, 특히 교육받은 남자들은 '사랑 없는 결혼'을 부모나 무지한 인습의 책임으로 돌렸고, 그럼으로써 자기에게 면책권을 부여했다. 그들에게 자유연애는 고향에 있는 아내에게 책임지지 않는 연애를 의미했다. 미혼의 신여성 일부도 자유연애론에 동조했다. 그들에게 자유연애란 '가부장권의 압제에서 벗어나 자기 운명을 스스로 결정할 권리'와 같은 의미였다. '결혼의 전제는 사랑이어야 하며 사랑 없는 결혼은 비극'이라는 명제에 동의하는 남녀라도 그들이 처한 조건은 달랐다. 그렇다 보니 젊은 미혼 남녀 사이의 연애보다는 젊은 유부남과 미혼 여성 또는 젊은 유부남과 기생 사이의 연애가 더 흔했다. 자유연애로 결혼한 미혼 남녀가 가족의 박해를 받는 일도 있었다.

1923년 전라남도 담양군 남면 지곡리라는 마을이 젊은 남녀 한 쌍의 '임의任意 결혼' 때문에 발칵 뒤집혔다. '임의 결혼'이란 가족 어른들의 허락 없이 마음대로 하는 결혼이라는 뜻이었다. 이 마을의 19세 처녀 정차숙은 아버지가 자기 혼처를 구하러 충청도에 가자, 누군지도 모르는 사람과 결혼할 수는 없다는 생각에 평소 마음에 담아두었던 이웃집 남자 박평길을 찾아가 전후사정을 이야기하고 결혼하자고 졸랐다. 박평길은 부모 승낙 없이 결혼하는 건 곤란하다며 망설였다. 두 집안의 '지체' 차이가 컸기 때문이다. 정차숙은 근동에서 알아주는 양반가의 딸이었으나, 박평길은 평민의 후손이었다. 하지만 정차숙은 자기가 다 알아서 할 테니 아무 염려 말라며 그길로 박평길의 손목을 잡아끌어 근처 학교로 데려갔다. 이어 자기 문중 사람들을 불러다 모아놓고는 "나는 이 남자와 일평생을 지낼 터이요. 이후부터는 이 사람이 우리 남편이니 이 사람 이외에는 어떤 사람과도 결혼하지 않겠습니다"라고 선언했다. 결혼식은 악수와 경례만으로 치러졌다. 충청도에서 돌아와 이 사실을 안 정차숙의 아버지는 '양반가의 수치'를 참지 못하고 자살을 시도했다. 마을의 정씨들은 박씨 일가를 박해했고, 신혼부부는 마을을 떠나 연고도 없는 경상도로 이주했다. 이 사건은 '결혼의 본질'을 둘러싼 전국적 논쟁으로 비화했다. 결혼에서 가장 중요한 것은 '당사자들의 의사'라는 사람들과 결혼은 '가문 간의 약속'이라는 사람들이 대립했다. 결론이 날 수는 없었으나, 자유연애는 이미 '시대 사조'였다. 자유연애를 주창하는 사람들은 '연애 없는 결혼은 매음'이라고까지 단언했다.

그렇지만 미혼 여성의 자유연애가 '파국적 결말'을 초래한 사례들은 끊임없이 보고되었다. 1927년 미혼의 윤심덕이 유부남 김우진과 함께 관부연락선에서 투신한 사건은 그 대표 사례였다. 고등여학교를 졸업한 여성이 본처와 이혼하겠다는 유부남과 자유연애에 빠졌다가 첩 신세로 전락하는 일은 이루 헤아릴 수 없을 정도로 많았다. 하지만 비극적 사례보다는 사랑의 아름다움과 환희를 묘사하는 텍스트가 훨씬 많이 생산되고 유포되었다. 아무리 현실에 부합하지 않더라도, '사랑은 청춘 남녀의 특권'이라는 주장에 공공연히 반대하기도 어려웠다. 『로미오와 줄리엣』, 『춘향전』, 『장한몽』의 후계작들은 원작에서 한 걸음 더 나아가 사랑을 표현하는 법, 밀어를 만들고 전달하는 법, 감정의 흐름을 조절하는 법, 접근하고 물러서는 법 등 시쳇말로 '밀당의 기술'을 가르쳐주었다. 책으로 사랑을 접한 사람들은 '사랑의 기술'을 직접 실천할 기회를 찾으려 들었다.

1923년, '미국 선교사 오은서'가 쓴 연애편지 모음집 『사랑의 불꽃』이 간행되었다. 출간의 충격파가 무척 클 것이라고 우려한 노자영盧子泳이 가명으로 쓴 책이었다. 그의 예상대로, 이 책은 엄청난 파장을 일으켰다. 다음은 이 책에 수록된 첫 번째 편지인 '꿈에 본 처녀에게'의 일부다.

> 영애 씨! 불그레한 아침 해가 동편 창에 비치었습니다. 아침을 찬미하는 참새들이 재미있게 지저귀고 있소이다.
> 영애 씨! 나는 편지를 쓰기 전에 먼저 한 가지 아뢸 말이 있습니다. 그것은 내가 이 편지를 쓰기까지 편지를 썼다가는 찢고 찢었다가는 다시 쓰기를 여러 번 하였다는 것이외다. 그리하고, 이 편지를 끝까지 보아달라는 것이외다. 보신 후에는 욕을 하시든지 책망을 하시든지, 그것은 마음대로 하소서. 그야말로 당신의 자유외다.
> 아! 영애 씨!
> 지나간 봄이었습니다. 봄바람이 도화桃花 가지를 흔들고 지나가는 그 어느 날 밤이었습니다. 이화학당 주최의 음악대회가 종로 청년회관에서 열리었을 때, 영애 씨는 단에 나와 독창을 하셨지요!
> (…)
> 당신의 노래는 심히 아름답더이다. 청년의 마음을 취醉케 하고, 청춘의 가슴을 잠재울 듯한, 그 부드럽고 맑은 목소리는, 마치 어여쁜 금실이 제 마음대로 풀리는 듯하더이다. 더욱

이 복스럽고 하얀 얼굴 위에, 붉은 웃음을 띄우고, 갸웃갸웃 표정을 지어가며 노래하는 당신의 모양은, 그야말로 천사 같더이다.

(…)

나는 그때 얼마나 당신의 노래에 취하였는지, 입에 침이 없이 당신을 칭찬하면서, 함께 구경하던 K라는 친구에게 당신의 이름을 물었습니다. 그의 말이, 당신은 동경음악학교를 졸업한 사람으로, 이름은 박영애인데, 방금 미정학교 음악교사로 있다고 하더이다. 그리하고, 나이는 스물둘인데 아직 '미스'라고 하더이다.

영애 씨! 나는 그때의 말을 듣고, 몹시도 당신을 사모하였습니다. 당신의 사랑을 받는 사람은, 땅 위에 천당을 만드는 사람이라고 하였습니다. 그러나 모든 것은 꿈이었습니다. 내가 누구인지도 알지 못하는 당신을 나 혼자 암만 그리워하고 사모한들, 무슨 소용이 있겠습니까? 필경 나는 나의 어리석음을 알고, 쓰린 생각을 억지로 제지한 후 그만 모든 것을 단념하였습니다.

(…)

아! 영애 씨!

나는 냉정할래야 더 냉정할 수 없는 지경에 이르렀습니다. 나의 온몸은 당신을 위하여 불덩어리가 된 듯하외다. 이제부터 나는 당신을 사랑하지 않고는 견딜 수 없게 되었나이다. 그러나 당신이 나를 사랑하든지, 나를 배척하든지, 그것은 나의 상관할 바 아니외다. 나는 이미 당신을 위하여 피가 돌고 피가 끊어지는 사람이 되었습니다. 따라서 내가 죽기까지 당신을 사랑하는 것은 나의 즐거움이 되었고 나의 생

1923년에 출간된 연애서간집 『사랑의 불꽃』 목차 연애편지 19통을 모아놓았다. 수많은 청춘남녀가 이 책에 수록된 연애편지를 저본 삼아 자기만의 연애편지를 썼다. 쓰다가 버린 것, 써놓고 전달하지 못한 것, 수정본을 재차 수정한 것을 합치면 아마 한 통당 수십만 통의 '준準 복사본'이 만들어졌을 것이다. 젊은이들은 연애편지를 읽고 베끼고 쓰면서 사랑을 정밀하게 표현하는 법을 배웠다. 출처: 한국근대문학관

명이 되었습니다.

영애 씨! 나를 사랑하여주시는 것은 자유외다. 이 편지를 보고, 과히 욕하지 마시고 열정에 우는 이 작은 시인의 가슴을 생각하여주소서. 나도 염치도 있고 예절도 아는 사람이외다. 그러나 이 염치와 예절을 깨치고 당신께 편지를 보내기까지 된 나의 충정이 어떠하겠습니까? 나는 다만 나의 열정을 당신께 전하기 위하여 이 편지를 썼습니다.

영애 씨! 많은 복 받으소서. 그만 붓을 던지나이다.

사랑을 어떻게 표현하면 좋을지 고민하던 젊은이들이 너도나도 이 책에서 모범 답안을 찾으려 들었다. 이 책은 하루 30~40권씩 팔

려 일제강점기 최고의 베스트셀러가 되었다. 이 책에 수록된 19통의 편지는 각각 수천, 수만 통으로 복제, 표절되어 젊은 남녀에게 전달되었다. 연애편지는 상대의 면전에서 무안당할 염려 없이 사랑하는 마음을 전할 수 있게 해주었고, 상대가 답을 하든 안 하든 몇 번이고 고백할 수 있게 해주었다. 연애편지를 베껴 쓰거나 직접 쓰는 행위는 사랑의 감성을 다듬어 언어로 표현하는 훈련이었다. 이런 종류의 책들은 이후 헤아릴 수 없을 정도로 많이 출간되었으며, 1970년대부터는 라디오 음악방송들이 '연애편지 낭독회'를 겸하기도 했다.

사랑과 연애는 20세기의 가장 성공적인 담론으로서 소설, 시, 대중가요, 영화, 드라마 할 것 없이 엄청난 양의 콘텐츠가 이 감성과 행위를 부추겼다. 사랑에 관한 콘텐츠를 수시로 접하면서, 이 감성의 결에 대한 이해도 높아졌다. 근래 '밀당'과 '썸타다'라는 신조어가 출현한 것은 사랑이라는 감성이 좀 더 정교하게 세분되고 있다는 증거일 것이다. 더불어 '결혼의 전제는 사랑이며, 가족은 사랑의 공동체'라는 담론이 '진실'의 지위를 획득했다.

그런데 '사랑은 영원하다'는 담론이 상식으로 자리 잡자마자, 가족의 안정성은 급속히 흔들리기 시작했다. 가부장들 간의 계약으로 이루어진 결혼보다 당사자들의 사랑으로 이루어진 결혼이 더 취약했다. 이미 20세기 초에 러시아의 사회주의자 알렉산드라 콜론타이는 '사랑으로 맺어진 가족'이라는 담론이 '부르주아적'이라고 비판했다. 그는 남녀 관계의 기초를 사랑에서 '동지애'로 옮겨야 한다고 주장했다. 그는 성적 욕망과 결합한 부르주아적 사랑보다는 프롤레타리아적 동지애가 더 안정적이고 지속적이라고 판단했다. 그는 '혁명적 이상'이 영원하리라고 믿었다. 그러나 혁명가들조차 '혁명적 이상'을 오래 공유하지 않았다. 1920년대 조선의 여성 사회주의자 중에는 콜론타이의 생각에 동조한 사람이 적지 않았는데, 그들의 '연애'는 '붉은 사랑'이라는 이름으로 대중의 조롱거리가 되었다. '붉은 사랑'이란 '문란한 사생활'과 대략 같은 의미였다.

현대는 '사랑의 시대'다. 절대다수 부부가 결혼할 때 '사랑 서약'을 하며, 평생 동안 상대를 사랑하겠다고 공개적으로 맹세한다. 1970년 대까지 '사랑한다'는 말은 부부 간에도 거의 쓰지 않았으나, 근래에 는 연인끼리 또는 가족끼리 '사랑한다'는 말을 심상하게 주고받는 다. 현대인은 말과 행동으로 사랑을 표현하는 데 거리낌이 없는 사 람이다. 그런데도 사랑의 결실인 결혼은 쉽게 깨지고, 사랑의 공동 체인 가족은 흔들리고 있다. 이 현상은 현대인에게 또 다른 선택을 요구하고 있다. '사랑은 영원하다'는 담론을 허구라고 선언할 것인 가, 아니면 이 담론을 '진실'로 만들기 위해 더 노력할 것인가?

71.　　왕자와
　　　　공주의
　　　　결합

　　　　현고학생부군, 현비유인○○○씨. 전통식 가정 제례에서 부모의 위패에 쓰는 글자다. 학생은 문자 그대로 '공부하는 사람'이고, 유인孺人은 조선시대 9품 문무관의 아내에게 주던 외명부外命婦 품계명이다. 본래 학생과 유인은 공명첩도 살 수 없었던 평민 부모의 위패에나 들어가는 글자였다. 제 이름 석 자조차 못 쓰는 사람도 죽으면 학생이 되었고, 그 부인은 남편보다 높은 유인이 되었다.

　　신분제 시대 절대다수 사람에게 신분 상승은 죽어서나 이룰 수 있는 꿈이었다. 그러나 생전에도 잠깐이나마 그 꿈이 실현되는 때가 있었다. 바로 혼례일이었다. 이날 신랑은 농사꾼이라도 당하관 관복을, 신부는 장사꾼의 딸이라도 비빈妃嬪이나 공주가 입는 원삼을 입을 수 있었다. 혼례일의 신분 상승 폭도 신부가 신랑보다 컸다.

　　이른바 서양 결혼식, 또는 신식 결혼식은 한동안 신랑 신부에게서 순간적 신분 상승의 기회를 빼앗았다. 대신 그들은 유사類似 서양인이 되는 경험을 했다. 천도교 잡지『별건곤』은 당대의 신식 결혼식 풍조에 대해 이렇게 비꼬았다.

　　　　"요사이 청춘남녀의 결혼식에는 모든 것이 영어 이름으로 불립니다. 가령 말하면 브라이드, 브라이드그룸, 베일, 웨딩링, 프록코트, 무슨 모닝코트, 무슨 칼라 넥타이 등 참말로

많지요. 그곳에 조선 이름이라고는 신부 신랑의 이름뿐이랄
까?"

"아니에요. 어느 때 들으면 신부 신랑의 이름도 듣기에 괴상
한 이름이 있어요. 무슨 마리아, 요셉, 요한, 메리, 로스, 헤
렌. 참말로 옛날 노인이 들으시면 '야, 그것이 무슨 이름이
냐. 이를 우리말로 하면 개똥이 쇠똥이 뒷간 간난이 하는 이
름이냐? 허허' 하고 웃으시겠지요."

—『별건곤』 1호, 1926년 11월

　제국주의 시대에 서양의 문물제도를 동경하고, 서양의 종교와 사
상을 동경하고, 서양의 문화와 풍습을 동경하는 것은 식민지 원주민
들에게는 일종의 습성이었다. 그들은 이름과 외모 등 자기 정체성
의 핵심까지도 서양인과 비슷하게 만들려고 애썼다. 오리엔탈리즘
을 내면화한 의식에서는, 자기들의 전통은 어떤 것이든 완고한 인
습이자 하루빨리 버려야 할 악덕으로 재편되었다. 일본인들은 자기
들의 옛것에는 '전통'이라는 이름을 붙이면서, 한국인들의 옛것에는
'구관'舊慣이라는 이름을 붙였다. 한국인 일부도 이런 구분법을 별 문
제의식 없이 수용했다. 전통문화의 정수 중 하나가 혼례였으나, 신
교육을 받은 젊은이들은 전통 혼례를 구식으로 취급했다. 어떤 방식
으로 결혼식을 하든 결혼의 의미가 달라질 리 없었지만, '신식' 젊은
이들과 그 부모들은 조선 땅에서 구미식歐美式 결혼식을 치름으로써,
본인들이 의식에서나마 '낡은 세계'에서 벗어났다는 사실을 과시하
고자 했다.

　이 땅 최초의 신식(서양식) 결혼식은 1889년 3월 14일에 거행된
미국인 선교사 언더우드와 호튼의 결혼식이었다. 장소는 아마도 그
이태 전에 창설된 새문안교회였을 것이다. 결혼식에는 조선의 대

관大官들이 참석했으며, 왕과 왕비가 보내는 선물을 실은 마차의 행렬이 뒤를 따랐다. 호튼은 조선의 왕비가 100만 냥을 축의금으로 보내줬다고 기록했다. 조선은 3,000냥 정도의 재산만 있어도 부자 소리를 듣는 나라라는 설명과 함께. 하객이 많았던 만큼, 이 결혼식은 서울 장안에서는 물론 궁중에서도 화제가 되었을 것이다.

1893년에는 이화학당 졸업생이자 선교사 로제타 홀의 통역이던 박에스더(본명 김점동)와 로제타의 남편 윌리엄 홀의 마부馬夫 박유산의 결혼식이 이화학당에서 열렸다. 한국인들이 한국 땅에서 치른 최초의 신식 결혼식이었다. 이후 기독교인들은 대개 예배당에서 신식으로 결혼식을 치렀다. 1917년 4월에는 서울 송현동 천도교 중앙총부 교회당에서 교주 손병희의 셋째 딸 결혼식이 열렸다. 이 무렵부터 기독교인이 아닌 사람들도 신식 결혼식을 올리기 시작했다. 더불어 각 종교 교당, 공회당, 무도관 등도 결혼식장으로 사용되었다.

물론 신식이 늘어나면 구식의 반발도 생기는 법이다. 1937년 서울의 경학원經學院(구 성균관)이 '전통 혼례' 전문 예식장으로 개방되었다. 1939년에는 개성의 성균관도 뒤를 따랐다. 유교 시설들은 신식에 쏠리는 예비 부부와 그 부모들의 마음을 끌기 위해 혼례 복식과 장신구 일체를 싼값에 대여했다. 다만 결혼식장에서 혼례용품을 대여하는 관행이 여기에서 처음 생긴 것인지는 단언할 수 없다. 하지만 이런 선심으로도 신식 결혼의 증가세를 막을 수는 없었다. 1934년 조선총독부가 '의례준칙'을 제정하여 식민지 신민들에게 '간소한 예식'을 권장하기 시작하자, 전문 예식장도 생겨났다.

신식 장소에는 신식의 의장儀仗과 기호가 필요했다. 결혼하는 당사자와 가족뿐 아니라, 하객들도 그 의장과 기호의 의미를 알아야 했다. 1920년대부터 신문과 잡지들은 신식 결혼식에 사용되는 의장들의 의미를 해석해주기 시작했다. 금반지는 악마를 물리치기 위한

중세 유럽의 성을 방불하는 예식장 20세기 초까지 신식 결혼은 '서양인을 닮으려는 욕망'과 결합해 있었다. 신식 결혼이 일반화한 20세기 말이 되자, 그 욕망은 중세 유럽의 왕자와 공주가 되려는 것으로까지 커졌다. 예식장들은 이 욕망에 편승하고 이 욕망을 부추겼다.

것, 면사포는 악마의 침범을 막는 것이자 신부에 대한 신랑의 독점권을 승인하는 것, 백색 웨딩드레스는 순결을 표상하는 것, 신랑 신부가 퇴장할 때 가까운 사람들이 오색 종이를 던지는 것은 꽃을 뿌리는 풍습이 변화한 것, 신혼여행은 약탈혼의 유풍遺風이라는 해석이 널리 알려졌다.

해방 후 미국 문화가 압도적 지배력을 행사하자, 전문 예식장은 급속히 늘어났다. 1947년 서울 최고의 백화점으로 명성을 날리던 화신백화점 옥상이 결혼식장으로 개조되었다. 일본인들이 남기고 간 대형 종교시설, 대한제국 황실이 소유했던 궁가宮家들도 예식장이 되었다. 1960년대 전문 예식장은 급속히 늘어났고, 이들은 신식 결혼식과 구식 폐백 장소를 함께 제공했다. 1990년대 중후반부터 대도시 예식장들은 건물 옥상에 고딕, 로마네스크, 비잔틴 양식을 흉내 낸 첨탑들을 세우기 시작했다. 예식장을 '유사 유럽 왕궁'으로 만든 셈이다. 얼마 뒤에는 신랑 신부의 폐백 의상이 왕과 왕후의 복장으로 바뀌었다.

욕망의 소비에는 한계효용의 법칙이 적용되지 않았다. 사람들은 돈으로 모든 꿈을 실현할 수 있다고 믿었고, 영악한 사람들은 바로 그 믿음에서 새로운 돈벌이 기회를 찾았다. 옛날에는 평생에 한 번 '관복'을 입는 날이었던 혼례식날이 서양 동화나라의 왕자와 공주 또는 탤런트, 모델, 배우가 되는 날로 바뀌었다. 결혼식 며칠 전 가장 아름다운 곳에서 가장 아름답게 꾸미고 '야외촬영'을 한 신랑 신부 는 동화 속 궁전처럼 치장한 예식장이나 호텔에서 호사스럽게 결혼 식을 치르고 최고급 승용차를 빌려 공항으로 가서 외국행 비행기에 몸을 싣는다. 이것이 오늘날의 일반적인 결혼 풍습이다.

현대의 한국 젊은이들은 옛날 유럽의 왕자와 공주처럼 결혼식을 올리고, 옛날 조선의 왕과 왕비처럼 폐백 절차를 치른다. 예식장들 이 뒷받침하고 부추긴 현상이다. 신랑 신부가 결혼식날 주인공이 되 는 것이야 당연하고도 오랜 관행이지만, 현대에는 더 높아질 수 없 는 지위에까지 이르렀다. 왕과 왕비가 있으면, 아랫것과 시종들도 있어야 한다. 스스로를 높이고 타인을 낮추는 문화가 사회 전반으로 번진 데에는 이런 결혼식 문화의 영향도 있을 것이다.

혼인신고서

72. 부부 관계에
개입하는
국가

72. 부부 관계에
개입하는
국가

1933년 가을 조선의 명의라는 평을 듣던 의학박사 김모 씨와 서울 명문 여자고등보통학교 교사 김모 씨의 결혼식이 열렸다. 신랑 김모 씨는 33세, 신부 김모 씨는 25세였다. 식민지의 척박한 지성 풍토에서 두 지식인 엘리트의 결혼은 장안의 화제가 되었다. 이로부터 얼마 후 의학박사 김모 씨는 기독교계 의학 전문학교 교수로 오라는 제안을 받았다. 평소 바라마지않던 바라 즉시 응했으나, 학교는 갑자기 없던 일로 해버렸다. 어찌 된 영문인지 수소문한 끝에, 그는 자기 결혼식이 문제였음을 알았다. 장안에 떠들썩하게 소문난 결혼이 사실은 중혼이었기 때문이다. 그에게는 시골에 본처가 있었다. 당시만 해도 중혼하는 지식인은 무척 많았고, 사회적으로 별 문제가 되지도 않았다. 중혼을 문제 삼는 곳은 기독교계 정도였다. 하지만 독실한 감리교인이었던 대한민국 초대 대통령 이승만도 고향에 본처를 둔 채 프란체스카와 중혼했다.

공公에 대립하는 개념이자 영역이 사私다. 가장 기본적인 사생활 영역은 가정이며, 가정을 이루는 일차적 행위가 혼인이다. 인류 역사 대부분의 기간에 혼인은 국가의 공인이 필요 없는 가문과 가문 사이의 사적 결합으로서, 혼례식이라는 의례를 통해 혈연 공동체와 지역 공동체에 '선포'만 하면 되는 일이었다. 혼인을 취소하는 행위, 즉 이혼도 유교적 가부장제가 지배하기 전에는 그리 어렵지 않았다.

지금도 크게 다르지 않지만 고대와 중세의 이혼에는 세 가지 방식이 있었다. 하나는 부부 쌍방이 합의해서 헤어지는 것으로, 이를 '인연을 끊는다'는 뜻의 '절'絶이나 '헤어진다'는 뜻의 '이'離로 표현했다. 남편이 부인을 내쫓는 것은 '버리다'라는 뜻의 '기'棄나 '물리친다'는 뜻의 '출'黜로, 거꾸로 부인이 시집에서 아예 나와 친정으로 돌아가는 것은 '떠난다'는 뜻의 '거'去로 표현했다. 고려시대까지는 이혼과 재혼이 정치적·사회적 차별의 이유가 되지 않았다. 재혼한 부부 사이에서 출생한 자식도 출사出仕에 제한을 받지 않았다. 송나라 사신으로 고려에 왔던 서긍은 『고려도경』에 "고려의 부자들은 아내를 서너 명씩 맞아들이고 조금만 맞지 않으면 곧 이혼한다. 혼인도 경솔히 하며 헤어지기도 쉽게 한다"라고 적었다.

조선왕조 성립 후 유교적 원칙에 따라 이혼 조건을 정하고 재가한 여성의 자녀들을 법으로 차별하면서부터 사대부가의 이혼은 크게 줄어들었다. 물론 이혼은 거의가 남자의 요구로 이루어졌다. 남편이 부인을 쫓아낼 수 있는 일곱 가지 조건을 '칠거지악'이라고 했는데, 불순구고不順舅姑(시부모에게 불손함), 무자無子(자식을 낳지 못함), 음행淫行, 질투嫉妬, 악질惡疾(몹쓸 병), 구설口舌(헐뜯는 말을 많이 함), 도절盜竊(도둑질)이었다. 다만 칠거지악을 범한 부인이라도 세 가지 조건 중 하나를 갖추면 면책받을 수 있었으니, 이를 '삼불거'三不去라고 했다. 부인이 쫓겨나면 갈 곳이 없는 경우, 부인과 함께 부모의 삼년상을 치른 경우, 가난할 때 결혼해 부인과 함께 가산을 일군 경우가 이에 해당했다. 반면 부인이 이혼을 요구할 수 있는 조건은 남편이 3년 이상 행방불명인 경우, 남편이 처가의 어른들을 때리거나 형제자매를 죽인 경우 등 극히 제한적이었다. 그런데 어떤 악덕이든 논란의 여지가 있기 마련인 데다가 이혼은 당사자들을 넘어 가문 사이의 문제였기 때문에, 양반집 부부가 이혼하려면 사실을 갖추어 왕에게 고하고 허락을 얻어야 했다. 평민의 이혼은 상대적으로 쉬웠다. 더 이상 함께 살 수 없는 사정에 대해 서로 합의만 하면 되었으니, 이를 '사정파의'事情罷議라고 했다. 헤어질 때 남편이 저고리 조각을 잘라 이혼의 증표로 주기도 했는데, 휴서休書라는 이름의 이 이혼증서는 '재혼 허가증'과 같았다. 하지만 저고리 조각은 저고리 조각일 뿐, 결코 공문서가 될 수 없었다.

혼인이 공인公認이나 공증公證을 필요로 하지 않는 가문 간의 '사적 약속'이었기 때문에, 그 기반은 그리 공고하지 않았다. 첩을 들인 뒤 본처를 사실상의 과부 신세로 만들어놓는 부잣집 남자가 적지 않았다. 가난한 남편을 버리고 시집에서 탈출하는 여자도 더러 있었다. 하지만 이런 일은 가족 내부 또는 마을 내부의 문제일 뿐이었다.

1908년 2월, 내부內部는 혼인식을 거행한 뒤 '결혼 주관자가 부부의 성명, 거주지, 나이를 소상히 기록하여 소관 경찰서에 신고하는 격식'을 제정했다. 이와 동시에 법원도 이혼 청구 소송을 다루기 시작했다. 이듬해인 1909년 3월에 제정된 민적법은 호주에게 본인이나 자녀의 혼인 사실이 발생한 경우 10일 이내에 신고할 의무를 지웠다. 이로써 결혼과 이혼이라는 지극히 '사적'인 행위는 '공적'인 것으로 바뀌었다. 그런데 이는 혼례식을 치렀다는 사실을 공증하는 것일 뿐이어서, 혼인에 따른 법적 의무와 권리를 분명히 하는 데에는 한계가 있었다. 그 때문에 혼인 관련 법규는 이후 여러 차례 개정, 정비되었다.

1915년 8월 7일, 총독부는 통첩 제204호로 '민적법 사무 취급에 관한 건'을 각 도 장관에게 발송했다. 이 통첩의 주목적은 조선인 남자와 일본인 여자의 결혼을 '합법화'하는 것이었다. 당시 일본에서는 호적법이, 조선에서는 민적법이 혼인 관계를 규율했는데, 조선인 남자와 결혼한 일본인 여자는 조선 민적에 이름을 올릴 수 없었다.

이 때문에 둘 사이에서 출생한 아이는 일본 법률상 아버지 없는 사생자가 되어야 했다. 이 통첩은 일본인 여자도 조선 민적에 넣을 수 있게 했을 뿐 아니라, 조선인의 혼인신고 접수에도 몇 가지 제한 조건을 달았다. (1) 남자 17세 미만, 여자 15세 미만은 혼인신고를 받지 말 것, (2) 남편 또는 아내를 두고 거듭 혼인하는 신고는 받지 말 것, (3) 남편이 죽은 뒤에도 계속 시집에 살면서 개가改嫁하는 혼인신고는 받지 말 것, (4) 조선인 여자가 일본인 남자와 혼인하는 경우 그 사유를 쓰고 조선 민적에서 삭제할 것, (5) 조선인 남자가 일본인 여자와 결혼한 경우 일본 호적에 입적할 것. 이로써 조혼과 중혼, 조선인과 일본인의 결혼에 관한 법적 원칙이 마련되었다.

그런데 이 통첩으로 조선인과 일본인의 혼인에 법적 장애가 사라지지는 않았다. 혼인신고는 조선과 일본 중 한곳에서 해야 했으며, 신고의 법적 효력은 신고지에서만 인정되었다. 조선인 부부라 해도 사정은 마찬가지였다. 조선에서 한 혼인신고는 일본에서 법적 효력이 없었다. 이 때문에 일본에 유학 중인 조선인 유부남은 법적으로 미혼남이었다. 이 문제를 해결하려면 혼인신고가 조선과 일본 모두에서 유효하도록 법을 개정해야 했다. 1916년부터 이른바 모국과 식민지 간 '공통법규' 제정 논의가 시작되었다. 그 직후인 1917년 1월, 함경남도 장관 신응희의 딸 신정자와 경성고등여학교 교사 시마무라 신우에몬島村新右衛問이 결혼했다. 이는 '최초의 내선인內鮮人 정식 결혼'으로 알려졌다. 그런데 일제강점기의 '내선 정식 결혼'에서는 일본인 남자와 조선인 여자의 결합 사례보다 조선인 남자와 일본인 여자의 결합 사례가 훨씬 더 많았다. 물론 사실혼 관계는 이와 달랐다. 일본인 남자가 조선인 여자를 첩으로 들이는 일이 아주 흔했기 때문이다.

일본 정부는 1921년 6월에 호적법을 일부 개정했고, 조선총독부도 그에 맞추어 부령 제99호로 '일본인과 조선인 간 혼인의 민적 수속에 관한 건'을 공포했다. 이로써 일본인과 조선인 간 혼인에서 법적 장애가 제거되었고, 동시에 '관청에 신고된 혼인만 유효하다'는 원칙도 확립되었다. 조선총독부 당국자는 "이제껏 조선의 유습에서는 혼례식만 치르면 혼인이 유효한 것으로 인정했으나, 앞으로는 신고한 혼인만 유효하다"고 단언했다. 이에 따라 결혼식은 법적으로 아무 의미 없는 행위가 되었으며, 신고 주체도 호주에서 '호주 또는 당사자 쌍방'으로 바뀌었다.

조선총독부는 1922년 12월 15일 민적령을 호적령으로 개칭하면서 일부 조항을 바꾸었으며, 타이완총독부도 같은 조치를 취했다. 혼인신고서에 양가 호주와 당사자 도장 외에 보증인 2명의 도장을 찍어야 한다는 조항도 이때 마련되었다. 이로써 일본제국 판도는 단일한 법적 통혼권이 되었다. 민족 공동체의 구성요소 중 하나인 혈연은 '통혼권'과 같은 의미이기 때문에, 일본 군국주의의 한민족 말살 정책은 이때부터 본격화했다고 보아도 무방하다. 조선총독부가 후일 창씨개명이라는 명목으로 조선에 일본식 씨氏 제도를 창설한 것도 이 호적령에 근거한 조치였다. 참고로 한국인의 성姓은 '부계 혈통'을 표시하는 것이고, 일본인의 씨氏는 가족의 식별 부호다. 그래서 한국인 여자의 성은 결혼한 뒤에도 바뀌지 않으나 일본인 여자의 씨는 결혼과 동시에 바뀐다.

혼인신고 제도가 생긴 이후 혼인은 사적인 일에서 공적인 일로 변했으나 그 기반이 공고해지지는 않았다. 혼인이 법적 문제가 되면, 이혼도 법적 문제가 된다. 조선시대에도 억울하게 쫓겨났다며 법에 호소하는 여성들이 있기는 했지만, 사법기관의 심리 대상은 이혼 자체가 아니라 이혼 사유로 거론된 '악덕 행위'나 '범죄 사실'이었다. 하지만 이제 혼인과 이혼을 최종 결정하는 주체는 법이 되었다. 게다가 세상의 중요한 문제들이 신문 지면을 통해 '공론화'했기 때문에, 혼인과 이혼의 일부는 개인, 가족, 마을의 문제를 넘어 나라 전체의 문제로 비화했다. '사사로움'의 공간에 유폐되어 있던 수많은 '문제적 결혼 생활'이 법적·사회적 '사건'이 되어 공적인 담론 세계 안으로 뛰어들어왔다. 조선 말기 이래의 조혼 풍속, 자유연애론의 대두, 여성 사회활동 공간의 증가, 식민지 상황에서 일본인과 조선인 간 교류 확대 등이 혼인의 기반을 계속 뒤흔들었다. '혼인은 가족 간의 계약'이라는 오래된 정의와 '결혼은 개인 간의 약속'이라는 새로운 정의가 충돌한 것도 수많은 결혼을 파경으로 이끌었고, 그 과정에서 개인사적으로나 가족사적으로나 갖가지 비극이 속출했다.

일본이 한국을 강점한 직후인 1910년 10월, 15세 남자가 경찰서에 혼인신고서를 제출했다. 경찰은 그에게 장성한 뒤에야 혼인할 수 있으며 만약 명령을 위반하고 몰래 결혼하면 엄중 처벌하겠다고 겁을 주어 돌려보냈다. 하지만 당시 혼인 연령을 규정한 법규는 없었고, 자진해서 혼인신고하는 사람도 매우 드물었다. 총독부 경찰의 단속을 겁낸 사람들은 한밤중에 결혼식을 치렀다. 경찰에게 야단맞고 돌아간 소년이 결혼식을 취소했는지는 알 수 없다. 혼인 연령을 남자 17세 이상, 여자 15세 이상으로 정한 법규는 1922년에 제정되었는데, 1924년 경성부 내에서 혼인한 조선인은 남자의 26퍼센트, 여자의 60퍼센트가 20세 미만이었다. 반면 20세 미만으로 혼인한 일본인은 남자의 4.7퍼센트, 여자의 24.6퍼센트에 그쳤다. 이런 사정은 10년 뒤에도 거의 달라지지 않았다. 1934년 7월의 총독부 조사에 따르면 조선인 남자의 혼인 연령은 17세 미만이 14퍼센트, 17~19세가 32퍼센트, 20~24세가 33퍼센트, 25세 이상이 13퍼센트였고, 여자의 혼인 연령은 15세 미만이 10퍼센트, 15~19세가 68퍼센트, 20세 이상이 16퍼센트였다.

일본인들은 조혼을 식민지 조선의 악습 중 하나로 인식했다. 제국주의 오리엔탈리즘의 기본 속성은 피지배자의 문화 전반을 '야만'으로 규정하는 것이다. 일본인들 역시 그랬는데, 그들이 보기에 일본과 조선의 문화 차이가 특히 두드러진 분야가 가족제도와 혼인 관습이었다. 그 때문에 다른 문제에 대해서는 일본인들의 일방적 시선에 반발했던 조선의 지식인들도 이 문제에 관해서는 일본인들의 주장에 동의했다. 1898년 4월 정동청년회 연설회의 주제는 '남녀 간에 살림을 능히 할 만한 연후에 혼인함이 가함'이었다. 하지만 조혼 풍습은 이후로도 반세기가량 더 지속되었다.

　식민지 지배자에게나 피지배자에게나, 근대는 개인의 시대였다. 전근대의 노동은 가족 단위로 편제되었지만, 자본주의 사회에서 노동의 단위 주체는 개인이었다. 조혼은 어린이와 청소년의 교육 기회를 제한했고, 자립적인 개인으로 성장하는 것을 방해했다. 결혼을 당사자 간의 약속으로 보는 관점에서는, 조혼과 강제 결혼 사이에 아무런 차이가 없었다. 조혼의 일부는 명백한 매매혼이었다.

　실제로 조혼은 수많은 당사자의 삶을 나락으로 떨어뜨렸다. 우선 소년기에 사망하는 사람이 적지 않았기 때문에, 10대 홀아비와 과부가 드물지 않았다. '과부 사정은 홀아비가 안다'는 말이 있지만, 10대 홀아비와 10대 과부의 처지는 전혀 달랐다. 양반집 과부는 남편이 죽어도 시집을 떠나지 않는 게 도리였다. 어려서 과부가 되어 자식도 없이 평생 시집의 종처럼 살다가 죽어서 시집 귀신이 되는 기구한 삶은, 팔자 소관이 아니라 조혼 탓이었다. 조혼 때문에 심각한 성性 문제가 생기기도 했다. 1916년 5월, 17세 여자가 이혼시켜달라며 재판소에 소장을 제출했다. 11세에 결혼한 그 여성은 남편과 6년간 한 이불을 덮고 자면서도 성관계를 맺지 않았다. 빨래터에서 다른 집 새댁의 놀림을 받았던지, 어느 날 밤 그 여성은 잠자는 남편의

사타구니에 손을 댔다. 그제야 남편이 고자라는 사실을 알고 친정 부모와 상의한 후 바로 재판소로 달려갔다. 1921년 2월에도 18세의 부인이 고자 남편과 살 수 없다며 이혼 청구 소송을 제기했다. 그 여성은 12세에 결혼했는데, 역시 17세 때 남편이 고자라는 사실을 알았다. 하지만 시댁에서 친정에 생활비를 보태주었기 때문에 한동안 결혼 상태를 유지하다가 친정아버지가 죽자 곧바로 헤어지기로 결심했다. 이런 일은 비일비재했다.

너무 어린 남편과 결혼한 여성들도 비슷한 문제를 겪었다. 1921년 8월, 19세 유부녀의 '자유결혼' 사건이 세간의 화제가 되었다. 여덟 살 어린 남편과 결혼한 그 여성은 집안일을 도와주는 이웃집 청년에게 마음이 끌렸다. 그녀는 망설이는 청년에게 '자유결혼'을 하자고 졸랐다. 둘의 관계는 곧 들통났지만, 그녀는 그런 행위가 불륜으로 간주된다는 사실 자체를 몰랐다. 10대 후반의 부인이 10대 초반의 남편을 때리고 구박하는 일은 아주 흔했다.

조선총독부는 남자가 17세 미만이거나 여자가 15세 미만이면 혼인신고서를 접수하지 않았기 때문에, 조혼은 법으로 인정받지 못했다. 물론 나이가 찬 뒤 혼인신고를 하는 부부가 많았으나, 조혼의 일부는 축출이나 가출, 중혼으로 이어졌다. 1933년 12월, 개성에 사는 49세 여자가 남편과 시아버지를 상대로 부부 관계 확인 및 부부 동거와 입적入籍 수속을 청구하는 소송을 제기했다. 그 여성은 1898년에 한 살 많은 남자와 결혼하여 시집살이를 시작했는데, 5년 뒤 남편이 일본으로 유학을 떠났다. 그 뒤 남편은 어떤 연유인지 본가와 연락을 끊었다. 그래도 아내는 시부모를 봉양하면서 '절개'를 지켰다. 30년 세월이 흐른 뒤 갑자기 남편이 나타났다. 부처님 덕에 남편이 돌아왔다고 생각했는지, 며칠 후 아내는 혼자 강원도로 '여행'을 떠났다. 아내가 돌아왔을 때, 남편은 아내를 '전혀 모르는 사람'이라며 집 안에 들이지 않았다. 시아버지도 며느리를 모르는 체했다. 결혼하여 시부모를 봉양한 지 35년, 남편을 기다린 지 30년이라는 사실은 동네 사람들만 아는 일이었고, 혼인신고를 하지 않았기에 법률적 증거는 없었다. 35년간 살아온 시집에서 쫓겨난 그 여성이 할 수 있는 일은 뒤늦게라도 '증거'를 만들어달라고 법에 호소하는 것뿐이었다. 1945년 겨울에 이승만의 본처 박승선도 같은 일을 겪었다. 남편이 귀국했다는 소식을 듣고 그의 거처로 찾아갔으나, 이승만의 비서들에게 쫓겨났다. 본처는 법에 호소할 수도 없었다.

1934년 6월, 한 노파가 경찰서에 찾아와 서울에 간 며느리를 잡아 집으로 돌려보내달라고 애소哀訴했다. 그 노파는 5세 여자아이를 돈 주고 사서 민며느리로 삼아 키운 뒤 14세가 되었을 때 아들과 결혼시켰다. 며느리는 시아버지가 사망하자 곧바로 가출했다. 서울에서 경찰에 붙들린 며느리는 '키워준 은혜는 고맙지만 남편과 함께 살 수는 없다'며 귀가를 거부했다. 일제강점기에는 배우자가 가출하면 경찰서에 '부부 동거 설유원'을 내거나 재판소에 '부부 동거 청구 소송'을 내는 일이 흔했다. 경찰과 재판소도 종종 청원자의 손을 들어주었다. 민며느리든 데릴사위든, 가출한 사람이 매매혼의 '대상물'인 경우가 많았기 때문이다. 1923년 서대문형무소에 수감된 여자는 100명 정도였는데, 그중 70퍼센트 이상이 살인범과 방화범이었다. '범행 동기'는 대체로 '남편이 죽거나 시집이 불타 없어지면 친정으로 돌아갈 수 있을 것 같아서'였다.

많은 조혼이 중혼重婚으로 이어졌다. 중혼은 이미 부인이 있는데도 다른 부인을 들이거나 남편이 있는데도 다른 남자와 결혼하는 것을 말한다. 조선시대에도 유처취처有妻娶妻는 금지되었다. 처妻와 첩妾의 구분은 명백했다. 혼례식을 치르고 맞아들인 부인이 처고 그렇지 않은 부인이 첩이었다. 집에 부인을 두고 또 혼례식을 치르는 법은 없었다. 그러나 혼인신고 제도가 정착한 뒤 혼례식은 법과 무관한 '관습적 의례'가 되었다. 관습은 혼례식장에 나란히 섰던 남녀를 부부로 인정했지만, 법률은 혼인신고서에 나란히 이름을 올린 남녀만 부부로 인정했다. 관습과 법률이 불일치하는 영역에서는 사람마다 행위의 준거가 달라진다. 관습을 지키려는 사람과 그것을 무시하는 사람 사이에 분쟁이 생길 수밖에 없는데, 이런 분쟁의 시비를 법률이 결정하기 때문에 관습은 점차 법률에 가까워진다. 일제강점기 수많은 중혼 사례는 '혼례식'과 '혼인신고' 사이의 분쟁이었다고 해도 지나치지 않다.

혼례식을 치르고 아이까지 여럿 낳은 부인을 놔두고 다른 여자와 혼인신고를 한 뒤 자식들을 새 부인 소생으로 입적시키는 남자는 무척 많았다. 시골에서 혼례를 치른 남자가 서울로 가서 미혼남 행세하는 건 관행에 가까웠다. 시집에서 가출해 도회지로 간 뒤, 결혼 사실을 속이고 또 결혼하는 여자도 적지 않았다. 한 남자의 부인이면서 또 다른 남자의 첩이 되는 여자도 더러 있었다. 혼인하면 머리 모양을 바꾸던 시절에야 외모만으로 혼인 여부를 알 수 있었지만, 단발 시대에는 그것도 불가능했다. 도시화가 넓혀준 '익명성의 공간' 안에서 혼례식은 믿지 못할 약속이었다. 부부 관계를 법적으로 공인받기 위해서는 혼인신고가 필요했다. 물론 법률혼과 사실혼 관계가 일치하는 한, 혼인신고서는 쓸모없는 문서다. 이 문서의 가치는 부부 관계가 파경에 이른 뒤에야 드러난다. 조금 과장하자면 혼인신고서는 혼인 관계를 유지하기 위한 문서라기보다는 이혼에 대비하기 위한 문서였다.

1913년 5월, 남편의 구타를 견디지 못한 어린 부인이 시집에서 탈출하여 친정으로 돌아갔다. 남편은 여러 차례 처가에 찾아가 부인을 내놓으라고 요구했으나, 부인은 응하지 않았다. 남편은 재판소에 '부부 동거'를 청구하는 소송을 제기하면서, 결혼할 때 60원을 주었으니 부인은 '자기 사람'이라고 주장했다. 재판소는 부인에게 그 돈을 돌려주고 이혼하라고 판결했다. 돈은 부인의 오라비가 지급했다. 같은 해 11월, 내관內官 집안에 시집간 여자가 시어머니의 박대를 문제 삼아 이혼을 요구했다. 친정 부모는 사위가 고자인 줄 알면서도 돈을 받고 결혼시켰다. 시집에서는 납채금 60원을 환급하면 이혼해주겠다고 했으나, 부인은 자기가 고자 남편과 살면서 구박받은 세월을 감안하면 오히려 돈을 받아야 한다고 주장했다. 재판소는 이혼을 허가하지 않았다. 이때만 해도 위자료라는 개념은 없었다.

이 땅에서 위자료라는 말은 1910년대 중반부터 사용되었다. 오늘날의 법률적 개념으로는 '불법행위로 인해 생기는 손해 중 정신적 고통이나 피해에 대한 배상금'에 해당하지만, 처음에는 물질적 피해와 정신적 피해를 따지지 않았다. 전기회사가 전차 사고 피해자에게 지급하는 돈, 수술 중 실수한 의사가 환자에게 지급하는 돈, 사기꾼이나 강간범이 피해자에게 지급하는 돈 등을 모두 위자료라고 했다. 이혼 소송에 위자료 청구 소송이 병행되기 시작한 것은 1920년에 접어들 무렵부터인데, 이는 사람들이 '불행한 결혼생활'을 가해와 피해의 문제로 인식하게 되었음을 의미한다. 당시 신문들은 이런 현상에 대해 "여자의 권리와 사상이 매우 진보된 것을 입증할 만한 일"이라고 평했다.

1929년 12월 '한양의 꽃'이라는 별명으로 불렸던 박숙朴淑이 백만장자 김기태를 상대로 위자료 30만 원을 청구하는 소송을 제기했다. 30만 원이면 당시 서울 집 100채 정도를 살 수 있는 거액이었으니, 당시까지 최고액의 위자료 청구 소송이었다. 김기태는 본처가 있다는 사실을 숨기고 박숙과 혼례식을 치렀고, 박숙도 자기가 본처인 줄 알고 한동안 '아방궁' 같은 큰 집에서 호사를 누렸다. 그러다 김기태에게 본처가 있다는 사실을 알고서는 곧바로 재판소에 소장을 제출했다. 2년 가까운 송사 끝에 재판소는 김기태에게 위자료 5,000원을 지급하라고 판결했다. 위자료 명목으로는 전례없는 거액이었지만, 박숙은 법원 판결 직후 스스로 목숨을 끊었다.

1920년대부터 이혼이 아니더라도 남녀 관계와 관련한 소송에는 으레 위자료 청구가 병행되었다. 혼인신고를 거부하거나 혼인 약속을 이행하지 않은 남자를 상대로 한 '혼인 불이행에 따른 위자료 청구'나 부인이 잘못하지 않았는데도 쫓아낸 남자를 상대로 한 '정조 유린에 대한 위자료 청구', 자기 아내와 간통한 남자를 상대로 한 '정신상 고통에 대한 위자료 청구' 등이 속출했다. 1931년 1월 조대복이라는 23세 여성이 남편을 상대로 위자료 청구 소송을 제기했다. 그 여성은 대한제국 시기 법부 회계국장과 경기도 재판소장을 역임한 명사의 딸로 고등여학교를 졸업한 뒤 혼례식을 올렸는데, 남편은 혼인신고를 거부하고 다른 여자와 중혼했다. 조대복은 '명문가의 딸로 소박을 당하는 것은 참을 수 없는 일'이라며 '정조 유린의 위자료' 3만 원을 청구했다.

1935년 3월에는 경기도 양평군에 사는 박이봉이 같은 동네 김수정에게 위자료 400원을 요구했다. 자기가 집에 없는 사이에 자기 아내와 간통해서 정신적으로 고통받게 했다는 이유에서였다. 하지만 김수정은 '혼인신고를 하지 않아 법률상 부부가 아니기 때문에 자기 행위가 박이봉의 부권夫權을 침해한 것이 아니'라며 위자료 지급을 거부했다. 법원은 피고에게 위자료 200원을 지급하라고 판결했다. 이 재판은 상간남을 상대로 한 최초의 위자료 청구 사건으로 세간의 주목을 끌었다.

혼인 관계가 가해와 피해의 관계로 바뀌고 법원이 유책 배우자에게 손해 배상 책임을 지움으로써 이혼은 크게 늘었다. 1908년 1건에 불과했던 이혼 소송은 1909년 6건, 1910년 22건, 1911년 129건, 1913년 200건, 1914년 212건, 1915년 202건, 1916년 296건으로 거의 매년 급증했다. 1931년 한 해 동안 조선인의 결혼은 19만 4,265건, 이혼은 8,184건이었다. 여성의 사회활동 공간이 상대적으로 넓었던 도시에서는 이혼이 더 흔했다. 통계로 보면 일제강점기 경성에서는 대략 9~10쌍이 결혼하는 동안 1쌍이 이혼했다.

이혼 사유는 배우자의 축첩 또는 중혼, 간통, 가출과 행방불명, 경제적 무능, 폭행, 아편 중독, 범죄와 투옥, 품행 불량, 구타, 방탕, 시부모의 학대 등 다양했다. 전래의 칠거지악에 해당하는 것은 오히려 많지 않았던 듯하다. 1924년 1월 '간통 고소는 이혼 소송을 제기한 이후에야 할 수 있도록' 조선형사령이 개정되자 간통 고소가 급감한 것도 이런 사정을 반영한다. 부인이 남편과 시부모를 구타한다며 이혼을 청구한 남편, 남편이 매음을 강요한다며 이혼을 청구한 부인도 있었다. 1924년 4월에는 남편과 이상理想이 맞지 않아 같이 살 수 없다며 재판소에 소장을 낸 여성이 장안의 화제가 되었다. '성격 차이'가 아니라 '이상 차이'인 점이 주목할 만하다. 배우자의 무식이나 비만을 이혼 사유로 든 사례도 있었다.

1935년 간도에 사는 한인 여성이 간도 일본총영사관 재판소에 남편을 상대로 소송을 제기했다. 2심은 이듬해 경성 복심법원 민사부에서 진행되었다. 부인의 요구 사항은 남편이 손해 배상금 1,000원을 지급하고 간도에서 발행되는 두 가지 신문에 일주일간 사죄 광고를 내라는 것이었다. 부인이 제시한 광고 문안은 다음과 같았다.

> 나(남편)는 대정 12년(1923) 음력 정월 24일에 참으로 혼인을 할 의사가 없으면서 당신(부인)과 사실상의 결혼을 하였으나 이래 10여 년 동안에 여러 가지 구실을 붙여서 정식 혼

인 수속을 하지 않고 당신의 정조를 희롱하였음을 사과합니다. 그런데 당신은 그동안 나에게 대하여 온갖 정성을 다하여 나를 참으로 남편으로 생각하여 섬기고 나의 부모를 참으로 시부모로 생각하여 효성을 극진히 하면서 10여 년을 하루같이 정조를 지켜왔음은 냉담무정한 나 같은 남자는 참으로 부끄러워 마지않는 바이외다. 이에 나의 죄악을 고백하여 삼가히 사죄합니다.

—『조선일보』 1936년 1월 24일자

결혼한 사실을 속이고 또 결혼하는 것이 예사였으니, 학력·직업·가족관계·재산 상태 등을 속이고 결혼하는 것은 오히려 당연한 일처럼 취급되었다. 고향에 본처가 있다는 사실을 속인 남자와 학교 문턱도 밟지 못했으면서 고등여학교 졸업생이라고 속인 여성의 결혼 등 쌍방 '사기 결혼'도 드물지 않았다. "중매쟁이는 믿지 말라"는 말이 격언처럼 통용될 수밖에 없었다. 1920년 8월 경성에 사는 일본인 고이데 무네오小出宗夫와 이리에 료츠리入江良釣가 '일선고사사'日鮮高砂社라는 혼인 중개업소 명목의 흥신소를 설립했다. 이 업체가 하는 일은 의뢰자에게 수수료 2원씩을 받고 상대방의 '신분과 여러 가지의 상황'을 조사해 통지하는 것이었다. 결혼이 성사되면 신분에 따라 최고 100원에서 최저 5원까지를 추가로 받는 대신 신랑 신부에게 예복을 제공했다. 이것이 현대적 혼인 중개업소의 원조라고 해도 될 것이다.

혼인신고 여부는 이혼 소송 시 위자료 액수에 상당한 영향을 미쳤다. 그런 만큼 혼인신고서를 둘러싼 갈등도 심해졌다. 1917년 봄, 서울 어느 집에서 혼례식이 열렸다. 하지만 사위가 마음에 들지 않았는지, 장인은 혼인신고서에 날인하는 것을 완강히 거부했다. 사위는 장인의 도장을 위조하고 대서업자에게 의뢰하여 혼인신고를 했다. 이 사실을 알게 된 장인은 사위를 고발했고, 재판소는 그에게 징역 5개월을 선고했다. 반면 도장을 위조하여 몰래 일방적으로 혼인신고를 하는 사례도 많았다. 심지어 멀쩡히 살아 있는 부인이 죽었다고 허위로 사망신고를 한 뒤, 다른 여자를 입적시키는 경우도 있었다. 1939년 11월 경성에 사는 64세의 장씨 부인은 남편과 그의 호적상 부인을 상대로 '혼인 무효 확인 청구 소송'을 제기했다. 그 여성은 1889년에 결혼하여 자식 둘을 낳았는데, 남편이 1918년에 부인의 사망신고를 한 뒤 이듬해 다시 결혼했다. 당시 장씨 부인은 남편이 첩을 들였다고 생각했으나, 총독부가 전시 배급제 실시를 앞두고 인구 조사를 강화하는 과정에서 자신이 '사망자'로 처리되어 있다는 사실을 알았다.

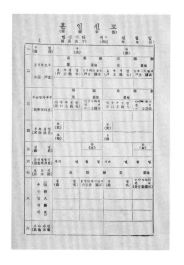

1960년대의 혼인신고서 양식 혼인신고 제도가 생긴 뒤에도 신고서에 당사자 날인란이 생기기까지는 꽤 시간이 걸렸다. 인류 역사 대부분의 기간, 혼인은 가부장들 사이의 사적 계약으로 이루어졌다. 하지만 현대의 혼인은 공적 개입을 요구하는 사적 행위다. 최근에는 혼인제도 자체를 폐지하자는 주장도 나오고 있다. 그런 점에서 혼인신고서는 혼인제도와 가족제도의 미래와 관련된 문서이기도 하다. 출처: 대한민국역사박물관

총독부 재판소도 혼인신고를 하지 않은 죄로 부인과 어머니로서의 권리를 모두 잃어버린 여자들이나 이혼하지 않았는데도 홀아비가 된 남자들을 그냥 두고 볼 수만은 없었다. 재판소가 고안해낸 묘책은 조선인의 혼례식을 '혼인신고를 위한 사전 예약 행위'로 취급하는 것이었다. 1932년 7월, 한 여자가 남편을 '혼인 예약 불이행'으로 고발했다. 혼례식을 치른 지 얼마 지나지 않아 남편이 다른 여자

와 혼인신고를 했기 때문이다. 1935년 3월 총독부 재판소는 혼인신고를 하지 않은 여성과 사통한 남편의 행위를 '혼인 예약 권리 침해죄'에 해당한다고 판결했다.

현대는 공과 사의 경계가 모호해지고 사생활 영역에 대한 공공의 개입이 확대되는 시대다. 혼인신고서는 사람들 사이의 사적 관계를 공인받기 위한 문서이자 그 관계가 깨질 때 공적 개입을 요구하기 위한 문서다. 근대 이전에는 국가가 가족의 일에 개입하지 않는 것이 전 세계의 불문율이었다. 하지만 오늘날에는 가족 내에서 발생하는 수많은 문제가 경찰이나 법원으로 이관된다. 1917년 상반기 경성에서만 '가족 문제를 경찰에 의뢰하는 일'은 227건에 달했다. 혼인신고서는 사생활에 대한 공적 개입에 물꼬를 튼 문서다.

73.   신분의식을
        소멸시킨 책

'족보도 없는 놈'. 한동안 '상놈'과 같은 뜻으로 사용된 욕설이다. 요즘도 국립중앙도서관 족보실이나 서울대학교 규장각 한국학연구원에는 가문의 역사를 온전히 발굴하여 후손에게 물려주려는 일념으로 '잃어버린' 족보를 찾는 노인들의 발길이 끊이지 않는다. 그들 다수는 "족보가 있었는데 6·25 때 잃어버렸다"라는 선친의 말을 철석같이 믿는다.

현재까지 남아 있는 가장 오래된 족보는 1476년에 간행된 안동 권씨 족보다. 양반 사대부 가문의 족보 편찬은 이로부터 100년이 훨씬 지난 뒤에야 일반화했다. 우리나라에서 족보의 역사는 사람들이 보통 생각하는 것만큼 오래되지 않았다. 게다가 족보에 이름을 올릴 수 있는 양반 사대부보다 그럴 수 없는 상놈(상한常漢)과 천민이 훨씬 많았다. '족보도 없는 놈'이 대다수이던 시대에는 이 말이 욕이 될 수 없었다.

남의 집안 족보에 자기 이름을 올려 신분을 세탁하는 모록冒錄은 조선 후기에도 있었으나, 신분제가 공식 소멸한 뒤에 오히려 흔해졌다. 성姓이 없던 천민들은 새 성씨를 만들기보다는 주인집 성을 따르는 쪽을 택했다. 물론 족보에 자기 이름을 올리기 위해서는 거액이 필요했다. 염상섭은 장편소설 『삼대』(1931)에서 1910년 전후에 흔했던 '남의 족보에 이름 올리기' 실태를 묘사했다. 소설의 주인공 조덕

현재 남아 있는 가장 오래된 족보인 『안동 권씨 족보』(1476) 족보는 가문 귀속의식과 더불어 신분의식을 배양하고 지탱하는 강력한 도구였으며, 신분 사회는 '족보 있는 자'와 '족보 없는 자'로 구성되었다. 일제강점기에 족보의 신뢰도는 크게 낮아졌으며, 그에 비례하여 신분차별의식도 줄어들었다. 출처: 안동 권씨 위양종중

기의 할아버지 조의관이 족보에 이름을 올리기 위해 쓴 돈은 3,000 ~4,000원에 달했다. 그 무렵 쌀 한 가마니 가격이 10원 정도였다.

1921년 6월, 충남 광진군의 조정원이 '종손권宗孫權 확인 청구 소송'을 제기했다. 족보를 개정할 때 어떤 자가 자기 할아버지의 양자養子라고 속여 등재되었고, 그가 종손권까지 탈취했다는 주장이었다. 족보 기록을 토대로 한 종손권 분쟁으로 골머리를 앓던 총독부 법원은 1933년 종손권은 조선인의 관습 문제일 뿐 법적 권리가 아니라고 결정했다.

1924년 8월 13일자 『조선일보』는 그 무렵의 족보 발행 열기와 그 폐단, 또는 그와 관련한 사기 사건들에 대해 다음과 같이 보도했다.

요사이 시내 각처에 무슨 씨의 대동보소니 혹은 무슨 보소譜所

니 하는 간판이 거의 복덕방 패만큼이나 붙어 있는 것은 수년 이래에 새 현상으로 이에 대하여는 여러 가지 폐단이 많이 있는 터인데 수일 전에 경남 합천군 삼가면 어전리에 사는 문학범 외 네 명은 시내 관철동 28번지 문익상을 상대로 하여 경성지방법원 민사부에 족보 대금 450원의 청구 소송을 제출하였는데 그 소장의 내용을 들은즉 남평 문씨의 보소는 지금부터 5년 전에 성립된 후 족보 한 질에 90원씩 받기로 작정하고 전기 문익상이 편집 겸 발행인이 되어 족보를 인쇄하게 되었는데 작년 음력 9월에 족보를 찾아다가 본즉 남평 문씨로는 차마 보지 못할 이름과 항렬이 바뀌었다는데 그 예를 들면 어떤 선조의 이름은 '개자식'犬子息이라 하였고 어떤 항렬은 조부항을 손자항으로 하는 등의 망발이 적지 않으므로 할 수 없이 동 9월 26일에 종회宗會를 개최하고 족보책을 돌려보냈는데도 책값을 반환하지 않으므로 소송을 제기한 것이라더라.

족보 한 질 값은 당시 보통학교 교사의 석 달 치 봉급에 상당했다. 족보 편찬업은 고수익이 보장된 사업이었으니, 대동보소나 보소라는 이름의 족보 편찬업체가 복덕방만큼이나 많이 생길 수밖에 없었다. 1920년에는 63개였던 신간新刊 족보는 1930년 178개로 늘었다. 1930년 신간 서적 총수가 1,452종이었는데 그중 12.3퍼센트가 족보였다. 족보는 출판물 종별 순위에서도 압도적 1위였다. 게다가 문중 구성원을 모두 아는 사람도 없었으니, 정확하게 기재하지 않아도 별 문제가 되지 않았다. 이름을 알 수 없으면 '개자식'이라고 쓰기도 했고, 문중과 무관한 사람의 이름을 편찬자 마음대로 올리기도 했다. 물론 문중 외부 사람의 이름을 족보에 실어주고 받는 돈은 편찬자의 가외수입이었다. 이 수입의 배분을 둘러싼 분쟁도 심심치 않게 발생했다. 일제강점기에 발간된 족보들에는 믿을 수 없는 사실이 대거 수록되었지만, 사람들은 이 사실을 알면서도 모르는 체했다.

일제가 창씨개명을 강요한 1939년 이후, 종이도 부족한 상황에서 족보 발간이 다시 급증했다. 한편에는 조상에게 물려받은 성과 이름을 마지막으로 기록해두자는 집단심리가 있었을 테고, 다른 한편에는 막판 떨이로 한몫 챙기려는 '족보 있는 문중'의 장삿속도 있었을 터이다. 이 과정에서 수많은 사람이 '족보도 없는 놈' 처지에서 벗어났다. 한국전쟁은 얼마 남지 않은 '족보 없는 사람'들에게 명분 있는 핑곗거리를 제공했다. 그들은 자식들에게 난리 통에 족보를 잃어버렸다고 변명할 수 있었다.

족보를 실제로 가지고 있든 잃어버렸다고 믿든, 한국전쟁 이후 거의 모든 한국인은 '족보 있는 사람'이 되었다. 오늘날 자기가 노비나 백정의 후예라고 여기는 한국인은 거의 없다. 신분제가 공식 소멸한 지 50년 만에 인구 대다수가 신분 세탁에 성공한 것은 전 세계 역사상 유례를 찾기 어려운 일이다. 한국 현대의 역동적 발전도 신분제의 굴레에서 해방된 사람들이 이끌었다. 그런데 지금은 혈통 대신 다른 '요소'들로 새 신분제를 구축하려는 움직임이 광범위하게 일어나고 있다. 1퍼센트의 인간과 99퍼센트의 개돼지를 나누는 새 기준은 돈으로 계승되는 '전통'錢統이다. 사회의 퇴행은 의식의 퇴행과 병행하는 법이다.

인감도장

74. 개인의
옥새

소문난 식당 주인 할머니는 며느리에게도 요리 비법을 가르쳐주지 않는다지만, 현대 한국의 성인 대다수 역시 자식에게조차 숨기는 비장의 보물을 가지고 있다. 게다가 이 보물은 아무리 부자라도 하나씩밖에는 가질 수 없다. 바로 인감도장이다. 우리나라를 포함한 몇몇 나라들에서 이 물건은 법인격法人格의 명백한 의지를 표현하는 도구다. 어떤 문서에든 일단 도장을 찍고 나면, 그로 인해 어떤 피해가 발생해도 감수하는 수밖에 없다. 도장 찍는 것은 그 사안에 관한 자신의 의사가 최종적이며 불가역적임을 선언하는 일이다. 문서에 찍힌 도장은 문구들에 속박된 인격이다.

우리나라 건국신화는 환웅이 천신이자 아버지인 환인으로부터 천부인天符印 3개를 받아 땅에 내려오는 것으로 시작한다. 천부인을 글자 그대로 풀면 '하늘의 기호를 새긴 도장'이라는 뜻이다. 물론 이 물건이 실재했는지는 알 수 없으나, 일연이 『삼국유사』를 쓰던 시점에는 '천자天子는 도장으로 인간 세상을 다스린다'는 생각이 보편적이었음을 알 수 있다.

도장은 고대로부터 세계 전역에서 신물神物로 취급되었다. 똑같은 문양을 수많은 문서에 새겨 넣을 수 있었기에, 도장에는 단 하나의 '존재'가 수많은 '존재'를 영구히 지배하는 '신'의 이미지가 새겨졌다. 동아시아에서 도장 염료로 굳이 핏빛 인주를 선택한 것도, 도장 찍힌 문서의 생명력과 신성성을 드러내려는 의도에서였을 것이다. 도장의 이런 특징은 통치권을 신탁으로 이해하는 정치관과 아주 잘 어울렸다. 그래서 황제의 도장, 즉 옥새玉璽는 황권의 상징이었다. 황제의 도장을 옥새라고 하는 것은, 진시황이 화씨벽이라는 명옥으로 자기 도장을 만든 뒤 금이나 옥으로 만든 도장은 황제만이 쓸 수 있게 했기 때문이다.

기록상 우리나라에서 가장 먼저 왕의 인장印章을 사용한 나라는 부여다.『삼국사기』에는 고구려, 신라의 옥새에 관한 기사가 나오며, 고려시대에는 요·금·원 등으로부터 금인金印을 받아 사용했다. 조선왕조 개창 후에는 태종 3년(1403) 명나라로부터 '조선국왕지인'朝鮮國王之印이라 새긴 금도장을 받아 중국에 보내는 외교문서에 찍었다. 이를 대보大寶라고 했으며, 청나라와 사대관계를 맺은 뒤에는 한자와 만주문으로 '조선국왕지인'이라 새긴 금도장을 새로 받았다. 일본에 보내는 문서에는 '대조선국주상지보'大朝鮮國主上之寶, '소신지보' 昭信之寶, '위정이덕'爲政以德 등의 글자를 새긴 도장을 썼다. 국내에 정령政令을 발하는 문서에는 '조선왕보'朝鮮王寶나 '시명지보'施命之寶, 관찰사·절도사 등의 임명장에는 '유서지보'諭書之寶, 과거 합격증에는 과거지보科擧之寶, 국가에서 인쇄한 책자에는 '선사지기'宣賜之記라 새긴 도장을 찍었다.

엄밀히 말하자면, 1897년 대한제국 선포 이전 우리나라 왕들의 도장은 옥새가 아니라 금인金印 또는 금보金寶였다. 도장은 누구나 쓸 수 있는 것이었으나, 위계에 따라 이름이 달랐다. 황제의 것은 새璽, 왕의 것은 보寶, 제후의 것은 장章이라 했으며, 그 밖의 것들은 인印이라 했다. 관청에서 사용하는 도장이 관인官印인데, 문서에 관인을 찍는 것은 거기에 '명백하며 되돌릴 수 없는' 관의 의지가 담겼음을 의미했다. 사서인士庶人이 매매, 상속, 청원서 등의 문서에 자신의 '최종적 의사'를 표시할 때에는 오늘날의 '사인'sign에 해당하는 수결手決을 그려 넣었다. 여성과 천민은 문서에 손가락이나 손바닥을 대고 붓으로 그 외곽선을 그렸는데, 앞의 것을 수촌手寸, 뒤의 것을 수장手掌이라고 했다. 문서에 개인의 도장을 찍는 일은 드물었다. 도장은 특별한 권위를 표상하는 물건이었고, 도장 새기는 데에 드는 비용이 만만치 않았으며, 제 이름조차 쓰지 못하는 사람이 많았을 뿐 아니라, 무엇보다도 도장 찍을 일이 별로 없었기 때문이다. 옛날에는 어지간한 부자가 아니면 문서로 사실을 입증해야 하는 거래를 할 일이 거의 없었다.

그런데 조선 후기 상업 발달에 따라 어음이나 전당표 등에 위조 방지 목적으로 도장을 사용하는 관행이 정착했고, 개항 이후 청·일 양국인과 거래가 늘어나면서 개인 간 거래에도 도장을 사용하는 일이 늘어났다. 조선에 들어온 외국 상인 대다수가 중국인과 일본인이었고, 그들은 모두 도장에 익숙했다. 그들은 '신용 있는 사람'보다 '신용 있는 문서'를 요구했다. 사인私印은 점차 관인官印에 버금가는 신용도와 권위를 획득해갔다. 이는 관의 일방적 지배하에 있던 개인이 주체로서 자립하는 과정의 일단이기도 했다.

1894년 갑오개혁으로 신분제가 공식 폐지된 뒤에는 신분에 따라 사인sign 형식에 차별을 두는 것도 시대착오적인 일이 되었다. 글씨를 모르는 사람도 도장은 찍을 수 있었다. 1898년 9월, 전前 통제사 민형식이 대한천일은행에서 대출을 받으면서 예전에 하던 대로 계약서에 수결을 쓰려 하자, 주변에 있던 이들이 "지금 신식新式은 그렇지 않다"고 알려주었다. 그는 신식대로, 계약서에 성명 석 자를 분명히 쓰고 도장을 찍었다. 이 무렵부터 신분에 따라 수결, 수촌, 수장으로 구분되었던 사인은 '기명날인'記名捺印으로 통일되었다. 자기 이름자를 쓰지 못하는 사람도 성씨 쓰기 정도는 배워야 했다. 도장은 남녀를 불문하고 모든 성인의 필수품이 되었다.

1890년대 후반부터 발간된 일간신문에 흔하게 실린 광고 중 하나는 "본인이 사용하던 도장을 잃어버렸사오니 이후 그 도장이 찍힌 문서는 일체 무효로 함"이었다. 도장 분실 광고와 비슷한 빈도로 실린 것이 이름을 바꿨다는 개명 광고다. 도장은 이름만큼이나 인격체에 강하게 부착된 신물信物이었다. 대한제국 시기에는 관청의 것을 인장印章, 개인의 것을 도장圖章으로 구분했으나, 두 단어는 곧 혼용되었다. 관청 문서든 개인 문서든 도장의 신뢰도에는 차이가 없었기 때문일 것이다.

도장 찍은 문서가 중요해진다는 것은, 거꾸로 인격에 대한 신뢰가 줄어든다는 것을 의미한다. 종이 쪼가리보다는 사람을 믿던 시대에서, 사람보다는 도장 찍힌 문서를 믿는 시대로 변하는 것이 근대화다. 관청이 개인에 관해 작성한 문서 또는 개인이 관청에 제출한 문서에서, 사람은 인영印影으로만 실존했다. 도장 찍힌 문서만이 당사자의 '최종적이고 불가역적인 의사'를 담은 것으로 공인되었고, 사람의 말은 '오락가락하는 마음'의 표현으로 취급되었다. 문제는 사람의 마음을 믿지 못하는데 도장은 어떻게 믿느냐였다. 남의 이름으로 도장을 새길 수도 있고, 한 사람이 여러 개의 도장을 새길 수도 있다. 도장 사용이 흔해진 뒤, 도장 위조는 사기꾼이 익혀야 할 첫 번째 기술이 되었다. 관인, 직인, 사인 등 모든 종류의 도장이 위조되었다. '부랑아'들이 부모나 조부모의 도장을 훔쳐내 차용증서나 대출증서, 또는 부동산 매도 문서에 찍는 행위는 해방 후에도 오랫동안 근절되지 않았다.

인격체의 유일성은 외모로 판정할 수 있지만, 도장의 유일성을 확정하려면 별도의 조치가 필요했다. 개인은 물론 관청조차도 도장의 유일성이나 진실성 여부를 판별할 방도가 없었다. 도장과 인격체 사

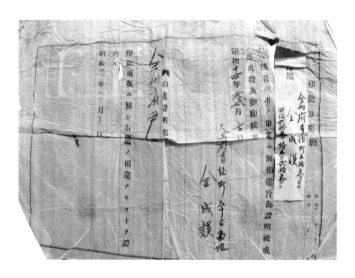

1939년 전주부윤이 발행한 김성모의 인감증명서 부동산 거래에 사용한 도장이 인감대장에 등록된 도장과 같음을 공인한 문서다. 이 증명서에 의해 부동산 거래의 합법성이 확정되었다. 어떤 문서에 인감도장을 찍는 행위는 '번복 또는 취하하지 않겠다'는 결의를 표현하는 일이며, 인감도장은 그만큼 개인에게 무엇보다도 중요한 물건이었다. 출처: 성주애지리문화농원

이에 확실한 일대일 대응관계를 만들고, 그것을 관의 통제 아래 두어야 했다. 1914년 7월 7일 조선총독부는 '인감증명규칙'을 제정하여 법적 구속력을 갖는 행위에 관한 모든 인격체의 의사를 날인으로 표현하도록 했다. 도장이 없는 사람은 인격도 없는 사람으로 취급됐으며 인감도장을 갖는 것은 법적 권리와 의무의 주체로 '재탄생'하는 것을 의미했다. 총독부 경찰은 아주 편리한 방법으로 인감 정보를 수집했다. '인감증명규칙'은 도장 소유자가 원할 경우 관할 경찰서에 신청하도록 규정했으나, 도장포 주인들은 도장을 새기자마자 그것을 인감등록부에 찍어 주기적으로 관할 경찰서에 제출해야 했다. 그런데 이렇게 하다 보니 예상치 못했던 문제가 드러났다. 김, 이 등 성씨만 찍힌 인영이나, 박소사朴召史·최소사崔召史 등 동명의 인영이 너무 많았다.

367

인감증명규칙 공포 반년 뒤인 1915년 2월 19일에 조선총독부 정무총감은 각 도 장관에게 다음과 같이 통첩했다.

> 조선인 여자가 성씨 또는 소사召史라는 통칭만 붙이는 것은 결혼 후 이름을 부르지 않는 관습 때문으로 본래 이름이 없다고 볼 수는 없다. 인감을 계출할 때에는 모두 이름을 기입하도록 하며 이름이 없다고 강변할 경우에는 임의로 이름을 만들어 수리한다.

총독부가 애초 의도한 바는 아니지만, 인감증명 제도는 모든 조선인 여성에게 이름을 지어주는 역할도 수행한 셈이다.

하지만 관청에 인영을 등록한 도장이라고 해서 위조할 수 없는 것은 아니었다. 인감증명 제도가 시행된 뒤에도 도장 위조 사건은 빈발했다. 조선총독부 통계에 따르면 절도, 강도, 살인 다음으로 많이 발생한 범죄가 문서 위조 및 인장 위조였다. 사실 문서 위조와 인장 위조를 굳이 나눌 이유는 없었다. 인장 위조는 문서 위조의 시작이자 끝이었다. 인감증명 제도는 위조의 장벽을 높이는 구실 정도만 했을 뿐이다. 남의 인감도장을 위조하여 혼인신고나 이혼신고를 하는 사건은 해방 이후에도 드물지 않게 발생했다. 그래도 관청의 공인을 받은 인감도장이 가장 믿을 만했다.

도장 찍는 행위가 '의사意思의 확정' 또는 '실재實在의 증거'로 자리 잡으면서 '도장 찍다'는 '약속하다', '도장을 맡기다'는 '위임하다'라는 뜻이 되었다. 부부 사이에서는 '도장 찍는다'는 말이 '이혼에 합의하다'라는 뜻으로 통용되기도 했다. 개인이 도장을 찍어야 하는 문서의 종류도 계속 늘어났다. 계약서, 차용증서, 각서, 서약서, 각종 신고서와 신청서, 등기 우편물 수령증, 예금 인출서, 연명 청원서, 동의서, 위임장, 출근부, 품의서, 결재서, 선거인 명부 등 온갖 종류의 문서에 도장 찍는 난이 생겼다. 일제강점기 말 조선총독부가 물자 통제를 강화하던 시절에는 백화점에서 설탕이나 술을 살 때도 도장을 찍어야 했다. 글자는 모르면서 도장 찍을 줄만 아는 사람들을 상대로 하는 반인륜적 사기 범죄도 빈발했다. 딸을 서울 공장에 취직시켜주겠다고 부모를 속여 '취업동의서' 또는 '취직의뢰서'에 도장을 찍게 하는 인신매매 범죄는 일제강점기 내내 끊이지 않았다.

사람들은 수많은 문서에 도장을 찍으면서 가볍게 사용해도 되는 도장과 신중히 사용해야 할 도장을 구분하게 되었다. 물론 가장 신중하게 찍어야 하는 것은 인감도장이었다. 부동산 매매와 등기·상속·증여·양도 등의 재산 관련 서류, 혼인·사망·입양·파양 등의 가족 관련 서류 등 '법률적 공인'이 필요한 서류에는 인감도장을 찍고 나중에 발뺌할 일이 생길지도 모르는 문서에는 '막도장'을 찍는 관행이 저절로 생겼다. 더불어 막도장은 나무에 새기고 인감도장은 수정, 상아, 옥 등 '보물급 재료'에 새기는 관행도 생겼다. 도장의 글씨체나 재질이 길흉화복에 영향을 미친다는 생각도 퍼져나갔다.

한국인에게 근대화는 일상생활에서 도장 찍을 일이 늘어나는 변화를 의미하기도 했다. 현대 한국인에게 인감도장은 자녀에게도 함부로 소장처를 알려줘서는 안 되는 '비장秘藏의 보물'이다. 현대인에게는 자신의 인감도장이 옛날 왕들의 옥새보다 더 중요하다.

75.   가정을
       관리하다

　　"세계에서 가장 부지런한 사람은 조선 여성들이다. 그들은 밥 짓고 빨래하고 아이 보고 바느질하느라 새벽부터 한밤중까지 잠시도 쉴 틈이 없다. 그들은 식구들 중 가장 늦게 잠자리에 들고 가장 먼저 일어난다. 반면 조선 남성들은 거리에서 장기를 두거나 한담을 나누면서 종일 빈둥거린다. 그들은 세상에서 가장 게으른 사람들이다." 19세기 말 서울에 거주하면서 한국인의 가정사에 관심을 기울였던 서양인들은 한결같이 이렇게 기록했다. 반면 일본인들은 조선의 서민 가정 여성들이 일본 여성들에 비하면 집안의 대소사에 대해 발언권이 세다고 보았다. 그 무렵 조선 여성의 가정 내 지위는 서양 여성보다는 턱없이 낮고 일본 여성보다는 약간 높은 정도였다.

　　유교는 여성들에게 삼종지도三從之道를 지키라고 가르쳤다. 어려서는 아버지에게, 결혼한 뒤에는 남편에게, 늙어서는 아들에게 복종하는 것이 유교가 제시한 여성의 본분이었다. 여성에게 배정된 공간은 집 안뿐이었지만, 여성에게는 그 공간조차 지배할 권리가 없었다. 여성을 가사 관리권의 주체로 재인식하기 시작한 것은 일본에서 '현모양처론'이 도입되면서부터였다. 일본 천황제 국민국가가 여성에게 부여한 역할은 남성이 국가를 위한 일에만 전념할 수 있도록 가정을 맡아 꾸리며 자식을 충성스러운 미래의 신민으로 기르는 일이었다. 현모양처라는 용어는 성인 남성을 가정에서 완전히 이탈시켜 천황에 직속된 신민의 일원으로만 취급하고, 그로 인해 가정에 생긴 '권위의 공백'을 신민의 아내이자 어머니로서의 책임을 자각한 여성의 자발적 헌신으로 메우려는 의도에서 만들어진 것이다.

우리나라에서 처음 현모양처 양성을 목표로 내건 여학교는 1906년에 설립된 양규의숙養閨義塾이다. 같은 해 일본인 여교사를 초빙해 개교한 한성여학원漢城女學院은 수신, 독서, 습자, 산술, 지리대요, 물리대요, 위생, 간병, 육아, 가사경제, 가계부기를 교과목으로 삼았

재무부가 만들어 일부 가정에 보급한 1970년도 가계부 가계부는 지난 한 세기 동안 주부라는 직업인의 권리를 뒷받침하는 물건이었으나, 이제 그 역사적 사명도 다해가는 듯하다.

다. 1908년 4월, '관립 한성고등여학교령', '관립 한성고등여학교 학칙'과 동 시행규칙이 공포되었다. 수신, 국어, 한문, 외국어, 역사, 지리, 산술, 이과, 도화, 가사, 수예, 음악, 체조, 교육대요의 13개 교과목이 정해졌으며, 이 중 가사 과목은 의식주, 간병, 육아, 가계부기 등으로 구성되었다. 학교에서 가계부기를 가르친다는 발표가 나자마자, 『실용 가계부기』라는 책도 출판되었다.

하지만 고등여학교를 졸업하고 주부가 되는 사람은 극소수였다. 평범한 주부들은 가계부를 쓰고 싶어도 쓸 줄 몰랐다. 월급쟁이가 많아지고 글자와 숫자를 아는 여성도 늘어난 1920년대 이후에야 '규모 있는 살림'과 절약을 위해 가계부를 쓰는 주부들이 본격 출현했다. 총독부는 물가 인상 대책의 일환으로 가계부 작성을 장려했으며, 계몽 지식인들은 이상적인 가정을 이루기 위해서는 주부들이 가

계부를 써야 한다는 담론을 유포했다.

가계부는 주부들이 가정 경제의 관리권을 장악한 새 시대를 상징하는 물건이었다. 현모양처론과 더불어 '가정은 주부가 관리하는 공간'이라는 생각이 넓게 퍼진 1930년대부터, 글을 읽고 쓸 줄 알면서 가계부를 안 쓰는 주부들은 나태하거나 낭비벽이 있다는 의심을 받았다. 가계부는 주부의 교양 수준을 표현하는 물건처럼 취급되었다. 해방 이후 여성을 포함하는 의무교육이 시행되자, 교양 있는 여성은 계속 늘어났다. 교양 있는 여성을 독자로 삼는 여성잡지사뿐 아니라 정부도 가계부를 만들어 각 가정에 보급했다. 주부들은 내무부장관이나 재무부장관이라는 별명을 얻었고, 월급을 전부 부인에게 맡기고 사소한 지출에는 관여하지 않는 것이 남편의 도리가 되었다. 가계부는 분명 여성의 가정 내 권리 향상을 표상하는 물건이었지만, 그 권리는 가정 경제에 대한 절대적 책임을 전제로 했다. 가계부는 전문 직업인이 된 주부의 가정 내 권리와 의무 사이에 아슬아슬하게 자리 잡은 물건이었다.

장바구니

　　인류가 흙으로 빚은 그릇과 나무껍질로 엮은 그릇 중 어느 것을 먼저 만들었는지는 알기 어렵지만, 저장과 운반을 위한 도구를 발명한 덕에 인류 역사는 새로운 단계로 이행했다. 어느 정도 크기의 그릇에 어떤 종류의 식품을 담아 얼마나 오랫동안 저장, 보관할 것인지 결정하는 행위를 거듭하면서, 인류는 예측하고 계획하고 대비하는 동물로 바뀌었다.

　　우리나라에서는 나무껍질로 엮은 그릇을 형태와 용도에 따라 광주리, 소쿠리, 바구니 등으로 구분했다. 지름이 넓고 바닥이 평평한 그릇이 광주리인데, 주로 새참을 나르거나 다량의 채소 등을 보관하는 데 썼다. 바닥이 오목하고 입구 부위에 테를 두른 소쿠리는 소량의 채소나 과일을 씻어 담아두었다가 옮기는 데에 썼다. 소쿠리보다 깊고 입구에 테를 두르지 않은 그릇이 바구니로, 나물 캐러 갈 때나 작은 물건들을 담아 운반할 때 썼다. 반찬거리 등을 사러 시장에 갈 때도 바구니를 지참했다.

　　19세기 초 서유구는 『임원경제지』에 "오늘날 서울의 시장에서 오가는 이들은 타원형의 바구니를 지녔는데 생선이나 채소를 여기에 담는다. 여자들은 왼쪽 겨드랑이에 끼고 남자들은 새끼줄을 달아 들고 다닌다. 한강 북쪽에서는 대가 나지 않아 싸리 껍질을 벗겨 짜 만든다"라고 적었다. 그러나 이른바 '양가의 여자'들이 바구니를 들고

1900년경의 남대문시장 1897년 옛 선혜청 창고 자리에서 문을 연 남대문시장은 우리 나라 최초의 도시 상설시장이다. 주요 취급 상품은 쌀, 채소, 연초, 잡화, 질그릇과 도자 기 등으로 여자들이 장바구니에 담아 운반하기에는 대체로 부피가 크고 무거웠다. 그래 서인지 여성의 모습은 거의 보이지 않는다. 출처:『사진으로 보는 서울 백년』

장에 가는 일은 매우 드물었다. 집에서 장까지의 거리가 멀었던 점, 물건을 팔러 가든 사오든 대체로 짐이 무겁고 부피가 컸던 점, 흥정 상대인 장사꾼 거의 전부가 남자였던 점 등이 여성의 장 출입을 방 해했다. 장보기는 기본적으로 남자의 일이었고, 비녀婢女(여자 종)조 차 대신하기 어려웠다.

서유구가 여자들이 출입한다고 기록한 '서울의 시장'은 18세기 이 후에 생긴 칠패와 배우개 시장을 의미한다. 매일 개장하여 하루 종 일 장사하는 도시 상설시장은 1897년에야 생겼다. 하지만 가까운 곳 에서 소량의 물건을 구입하는 경우라도, 여성이 시장에 출입하는 것 은 흉잡힐 거리였다.

"하인이 없으면 무엇을 사 먹을 수가 있어야지요"라고 하는 부인도 있지마는 이것은 아주 개화한 세상의 살림을 모르는 사람이라. 비록 하인이 있는 집이라도 음식 하여 먹는 것은 주장하는 부인이 반드시 나와서 사는 것이 옳으니 첫째는 마음에 맞는 대로 고르는 이익이 있으며, 둘째는 내가 친히 사면 하인이 사는 것보다 헐한 것이 많은 까닭이라. 저 영국이나 덕국(독일)에서는 비록 하인을 둘씩 셋씩이나 부리는 상등 가정에서라도 하인을 매우 마음대로 부리고 갖은 장사가 조석朝夕으로 주문을 받으러 오지마는 물건 사는 것은 반드시 주장하는 부인이 바구니를 들고 시장으로 나가나니, 내외법이 전폐된 금일에 조선 부인은 무엇이 영국이나 외국 부인보다 기구 있다고 흥정을 나가지 못할 리가 있는가. 얌전한 것을 가지고 나가서 반찬이라도 사서 꼭 덮어 들고 오거나 그렇지 아니하면 가게 사람에게 깨끗하게 싸달래서 들고 와도 모양 흉할 것이 조금도 없고 가벼운 것은 손수 들고 무거운 것이면 삯을 지어도 무방할 것이라. 어떤 부인은 "아무리 이러한 세상이기로 어떻게 바구니를 들고 다니면서 가게나 장거리에서 고기니 콩나물이야 살 수가 있단 말인가. 아들딸 가지고 혼인도 못하게"라는 말도 하겠지마는 그것은 아주 그릇된 생각이라. 몸치장하는 화장수나 비단 우산은 친히 가서 사면서 먹고사는 데 제일 중대한 반찬 사는 일이 창피할 리 없으며, 수백 명 수천 명 모인 연극장 구경터에는 당당히 가면서 먹고사는 데 제일 중대한 음식 사러 시장에 가기 어렵다 하면 이는 살림살이보다 몸치장이나 놀이를 중히 여기는 계집이라. 어찌 수신제가하는 양가의 부인이라 일컬으리오.

―『매일신보』 1918년 3월 10일자

1910년대 말까지도 '수신제가하는 양가의 부인'이 직접 바구니를 들고 장 보러 다니는 것은 '아들딸 혼인도 못 시킬' 일이었다. 그런데 이 관행은 그야말로 순식간에 바뀌었다. 1920년대 이후로는 여성이 장 보러 다니는 것이 더 이상 흉잡힐 거리가 아니었다. 해방 후에는 오히려 남자가 장 보러 다니는 것이 흉잡힐 거리가 되었다. 이런 극적인 변화를 이끈 것은 언론의 계몽이 아니었다. 성 역할에 대한 오래된 관행과 관념을 바꾼 것은 생활의 변화였다.

전차, 기차 등의 대중교통 수단과 극장 등의 다중 이용 시설은 '남녀칠세부동석'이라는 중세적 통념을 '실현할 수 없는 것', '시대착오적인 것'으로 만들었다. 전차표나 극장표를 사는 것과 시장에서 찬거리를 사는 것을 다른 일이라고 할 수는 없었다. 무엇보다도 결정적인 이유는 식민지화 이후 도시에 거주하는 대다수 조선인 가정에 닥친 경제적 곤궁이었다. 식민지화 이전 조선의 도시는 거의 모두가 관청 소재지였고, 도시 주민은 관리가 아니면 관청과 거래하는 상인들이었다. 식민지화는 일차적으로 권력의 소재, 즉 관청의 변화를 의미했다. 대다수 관리가 해직되었고, 대다수 상인이 거래처를 잃었다. 그들이 밀려난 자리는 일본인들이 차지했다. 식민지화 이후 수많은 도시 남성이 직업을 바꿔야 했고, 일부는 그 일에조차 실패했다. 게다가 새 직업은 대개 이전 직업만큼의 수입을 보장해주지 않았다. 줄어든 수입으로 생활을 꾸려 나가려면, 살림 방식 자체를 바꾸는 수밖에 없었다.

행랑채에서 기거하던 하인들을 내보내고 세입자를 들이는 것이 가장 쉬운 선택이었는데, 이 선택은 하인이 하던 일을 '주인 마님'의 일로 만들었다. 물론 하인을 두고 살던 부잣집에서나 일어난 일이었지만, 일단 '부잣집 마나님'들이 시장에 모습을 드러내면 서민 가정 여성들의 부담도 사라지는 법이다. 먼저 도시에서 장보기는 남자들이 하는 '바깥일'에서 여자들이 하는 '집안일'로 자리를 옮겼다. 여성들은 무거운 짐을 운반하는 일을 새로 떠맡은 대신, 계산하고 협상하는 능력을 키웠다. 제국주의와 저항적 민족주의 모두와 정합적이었던 멸사봉공 이념도 남자들의 시장 출입을 흉잡힐 거리로 만들었다. '국가와 민족'을 위해 일해야 할 남자들이 시장에서 물건 값이나 흥정하는 것은 '쩨쩨한 일'로 취급되었다. 한국전쟁을 거치면서 시장은 아예 여성들만의 공간으로 바뀌었다.

남자들의 발길을 다시 시장으로 끌어당긴 것은 도시 외곽에 생긴 대형 할인점들이었다. 대량 구매와 자동차를 이용한 운반은 장보기에서 '양성 평등' 시대를 여는 데 큰 구실을 했다. 물론 대형 할인점에서 산 물건을 '장바구니'에 담아 옮기지는 않는다. 쓰레기를 줄이기 위해 장바구니를 사용하자는 캠페인에도 불구하고 오늘날 장보기용 운반 도구의 대종은 쇼핑백과 비닐봉지다. 그렇지만 아직도 신문이나 방송에서는 '장바구니 물가'라는 말을 자주 쓴다. 소비자 물가 또는 체감 물가라는 뜻이다. 그 실체가 어떻게 변했든, 이 물건은 자체로 '소비자 주권'을 상징한다. 장바구니는 현대의 여성을 '소비의 주권자'로 올려세운 물건이다.

77. 천연
    살균제

오늘날 전 세계 소의 평균수명은 30개월 남짓밖에 안 된다. 2000년대 초반 이른바 '광우병 사태' 이후 생후 30개월 미만의 소를 도축하는 것이 세계적 관행이 됐기 때문이다. 물론 사람이 잡아먹지 않는 소는 20년 이상, 길면 30년까지도 산다. 개의 평균수명은 15년 내외이나 개 식용 문화가 있는 지역에서는 조금 더 짧다. 사람들은 반려동물을 선택할 때 "이 품종은 어느 정도 사느냐?"고 묻고 대체로 만족할 만한 대답을 얻는다. 유전학의 발달 덕에 요즘에는 각 동물종의 생체시계 분석이 가능하다. 2020년 오스트레일리아의 연방과학원은 유전자 분석을 통해 북극고래의 자연수명이 268년이라고 발표했다. 여기에서 자연수명이란 부상 등의 변수를 배제하고 노화로 사망할 때까지의 수명을 의미한다. 같은 방법으로 인간이라는 '동물종'을 분석한 결과, 자연수명은 38년이었다. 인간에게 38세 이후의 삶은 '종적種的 한계'를 돌파한 삶인 셈이다.

얼마 전까지만 해도 만 60세에 맞는 환갑은 보통사람들이 누리지 못한 것을 누리는 경사스러운 날이었다. 한국전쟁 전후 한국인의 평균 기대수명은 45세 정도에 불과했다. 한 세기 전까지만 해도 인간의 평균 기대수명은 '종적 자연수명'에 수렴했다. 그러나 2020년 기준 인류의 평균 기대수명은 73.5세다. 같은 한국인이라도 남한 사람의 기대수명은 83.5세이며, 북한 사람의 기대수명은 72세다. 현대인의 두드러진 특징은 '오래 사는 것'이다. 현대인이 '오래 사는 사람'이 된 것은 수명이 늘어났기 때문이라기보다는 수명을 단축시키는 요인들을 줄이는 데 성공했기 때문이다.

인간의 수명을 단축시키는 요인은 여러 가지가 있었으나 가장 흔한 것은 질병, 특히 세균 감염으로 인한 질병이었다. 인간은 먹이사슬의 제일 꼭대기에 있는 만물의 영장이지만, 그 최대의 천적은 눈에 보이지 않는 미생물과 바이러스였다. 자연계에서 세균과 바이러스의 천적은 열과 빛인데, 열을 얻는 데에는 비용이 필요한 데다가 인간의 생체도 고열을 견디지 못했으니, 가장 저렴한 살균제는 빛이었다.

채광과 환기에 불가결한 주택 구성요소가 창이다. 하지만 인간이 집을 짓고 산 이래 빛과 바람은 한 묶음이었다. 실내에 빛을 들이려면 바람까지 들여야 했고, 바람을 막으려면 빛도 막아야 했다. 특히 겨울철에는 실내의 온기가 곧 돈이었다. 빛을 차단하는 것이 돈을 낭비하지 않는 길이었다. 그 탓에 겨울철 실내는 미생물의 온상이었다. 산업혁명기 유럽 도시들의 공장과 가정 실내는 석탄을 태울 때 나오는 유독가스와 냄새, 미세한 섬유 보푸라기, 결핵균 등의 세균과 바이러스로 가득 차 있었지만, 조명등을 밝히는 편이 창문을 여는 편보다 돈이 덜 들었다. 그 탓에 도시는 질병의 공간이 되었다. 중세부터 도시에 살았던 부르주아지들이 교외로 이주함으로써 질병을 피해야 할 정도였다. 온기와 빛 중에서 하나만 선택해야 하는 딜레마를 해소해준 것이 유리창이다.

종이를 바른 동아시아의 창은 유럽의 판자 창보다 채광에 유리했으나, 그야말로 조금 나은 정도였다. 1882년 외교 고문으로 서울에 들어온 독일인 묄렌도르프는 아내에게 쓴 편지에 "문틀에 모자가 닿는 것 말고는 불편함이 없다"고 했지만, 그가 조선 정부에 처음 건의 한 신사업이 유리 제조였던 것을 보면 창에 불만을 품었음을 짐작할 수 있다. 우리나라에서 유리창을 설치한 첫 번째 건물이 어느 것인지는 분명치 않다. 1884년 독일계 세창양행이 인천에 양옥을 짓고 개업했는데, 이 회사의 취급 품목 중에 판유리도 있었던 것으로 보아 유리창을 냈을 가능성이 크다.

서울에서는 1886년 육영공원 교사로 부임한 호머 헐버트가 경운궁이 내려다보이는 언덕에 유리창을 낸 양옥을 지었다. 다만 건축 연도가 언제인지는 분명치 않다. 1897년 경운궁을 정궁으로 삼은 대한제국 황실은 황궁을 내려다보는 사인私人의 주택을 용납하지 않았다. 조선시대 서울에도 고도 제한 규정이 있었으니, 왕궁이 내려다보이는 곳에 사인私人의 건물을 지어서는 안 된다는 것이었다. 하지만 이 건물은 경운궁이 방치되어 있던 시절에 지어진 것이라, 건축 자체가 위법은 아니었다. 대한제국 정부는 이 건물을 사들여 대관정大觀亭이라는 이름을 붙였다. '대궐을 바라보는 정자'라는 뜻이다. 이 건물은 이후 외교 고문 관저, 국빈 접대 및 연회장 등으로 사용되었다. 헐버트보다 먼저 서울에 들어온 알렌, 언더우드, 아펜젤러 등이 자기 집에 유리창을 냈는지는 확실치 않다. 1890년대에는 외국 공관, 서양식 학교와 교회 등 유리창을 낸 건물들이 속속 등장했다.

조선 정부는 1883년 독일계 미국인 조지프 로젠봄을 초빙하여 판유리 제조를 시도했으나, 그가 유리보다 성냥에 관심을 기울인 탓에 실패했다. 1902년 대한제국 궁내부 내장원은 러시아인 기사를 초빙하여 청파동 뒷산에 유리 제조장을 만들었는데, 이번에는 성과를 냈던 것으로 보인다. 1905년에는 인천에 구노久野 유리 제조소가 생겼으며, 1910년께에는 서울에만 일본인이 경영하는 유리 공장이 두 곳 있었다. 사실 유리 제조법은 그리 어렵지 않았다. 삼국시대 유물 중에도 유리구슬이 적지 않다. 조선시대에 들어 그 맥이 끊겼을 뿐이

1917년 하세가와 총독 방문 당시의 가회동 한상룡 가옥(현 백인제 가옥) 중정을 향한 사랑채에는 종이창을 달았지만, 왼쪽의 별채 미닫이문에는 문살 안에 판유리를 끼워 넣었다. 일제강점기 유리창은 문화주택의 상징이었다. 유리창과 유리문을 낸 주택이 거주자의 건강에 도움이 되었음은 의심할 여지가 없다. 출처:『한상룡 군을 말한다』

다.『경국대전』경공장京工匠 조에는 유리를 만드는 장인이 단 한 명도 없었다.

국내에서 유리 생산이 시작됨에 따라 유리창을 낸 민가도 늘어났다. 1913년 장안 최고의 호화주택으로 준공된 한상룡의 집은 대청과 별채에 유리문을 달았고, 이는 1920년대부터 이른바 '도시형 한옥'의 기본 양식으로 정착했다. 유리창은 종이창보다 채광에 유리하다는 장점이 있었으나, 깨지기 쉽고 비싼 게 흠이었다. 일단 깨지면 때울 수도 없었다. 1970년대까지도 동네 공터에서 놀던 아이들이 던진 야구공이나 발로 찬 축구공에 유리창이 깨지는 일이 적지 않았다. 기술상의 문제도 있었지만, 이런 이유로 인해 절대다수 민가는 손바닥만 한 판유리들을 창살에 끼워넣은 유리창에 만족해야 했다. 물론 1970년대까지도 농촌 주택 대다수는 여전히 종이창을 내는 수밖에 없었다.

1959년 서울 명동에서 유네스코빌딩 기공식이 거행되었다. 커튼월 공법을 채택하여 외벽 전체를 유리창으로 마감한 국내 최초의 빌딩이었다. 이보다 이태 전인 1957년에는 인천에서 해방 후 최초의 판유리 공장이 가동을 시작했다. UNKRA(국제연합한국재건단)에서 214만 달러를 지원한 대규모 프로젝트의 결실이었다. 이 뒤로 도시의 부잣집들에 통유리창이 설치되기 시작했다. 오늘날 한국의 주택들, 특히 아파트는 벽 한 면이 전부 유리다. 전체를 유리로 둘러싼 빌딩도 많다. 현대인은 겨울에도 실내에 햇빛을 들이는 사람들이며, 유리창을 통해 바깥을 보는 사람들이다. 유리창은 현대인을 '오래 사는 사람'으로 만드는 데에도 큰 공을 세운 물건이다.

78. 값싼 조명등,
     나빠진 시력

5·16군사정변 100일쯤 뒤인 1961년 9월 2일, 한국전력은 형광등 33만 2,000여 개를 10개월 월부로 공급하겠다고 발표했다. 절약되는 전기요금을 감안하면, 10개월 월부는 공짜나 다름없었다. 이와 동시에 국가재건최고회의 기획위원회는 형광등 제조업체들의 실태 조사에 착수했다. 이 직후, 서울의 주요 간선도로 가로등이 형광등으로 바뀌었다. 당시 신문들도 자연광에 가까워 눈이 덜 피로하다는 둥, 백열등보다 전력 소모가 적어 경제적이라는 둥, 심지어 형광등이 발산하는 자외선이 건강에 좋다는 둥 형광등의 장점을 열심히 선전했다. 이듬해 4월 당시 군사정권의 기관지 격이던 『경향신문』에 한국무역협회 회장의 기고문이 실렸다.

요즈음 서울의 밤거리를 거닐어본 사람은 누구나 다 곧 새로운 것을 느낄 것이다. 그것은 다름 아니라 모든 가로등이 형광등으로 바뀌어 보행자의 마음을 한결 흐뭇하게 해주고 있는 것이다. 몇 해 전, 아니 몇 달 전만 하더라도 서울의 거리는 희미한 가로등이 깜빡일 뿐 걷는 이로 하여금 어딘지 모르게 음침한 감을 금치 못하였던 것이 사실이었다. 그러나 작년 여름부터 한국전력에서는 시민들에게 가능한 한 형광등을 권장하기 시작하였던 것인데 사실에 있어서 형광등은 전력이 적게 소모되면서 밝고 또 눈에도 좋을 뿐 아니라, 우리의 환경을 한결 깨끗하게 장식해준다. 더욱이 서울시 당국에서는 시내의 주요 노선에 있는 가로등을 점차로 형광등으로 바꾸어 가설하여 서울의 면모를 일신하고 있다. 오래전에 서울을 떠나 외국에 갔다가 돌아온 사람이 맨 먼저 서울의 새로운 면을 발견하였다면 아마도 형광등으로 바뀌어진 가로등일 것이다. (…) 물론 우리는 오로지 외면만이 밝은 이러한 현상을 과대평가할 필요는 없다. 하지만 형광등이 찬란히 빛나는 서울 거리에서 우리는 뭔가 새로운 것을 읽을 수 있다. (…) 잡다한 현상 가운데서 형광등은 우리의 눈에 뚜렷이 직시되는 하나의 현상일 뿐이다. 이러한 변화 가운데서 우리가 향상하고자 하는 의욕을 볼 수 있으며 그것은 작은 것으로부터 큰 것으로 확장해간다. 이렇게 생각하면 밝은 형광등은 보다 더 보람 있는 발전을 기약하는 하나의 이정표라 해도 과언은 아닐 게다.

— 『경향신문』 1962년 4월 8일자

이 기고문에서 '희미한 가로등'과 '밝은 형광등', '낡은 것'과 '새로운 것'이 각각 무엇을 상징하는지는 분명했다. 당시 형광등은 군사정변이 바꿔놓은 세상을 가시적으로 표현하는 물건이었다. 정변 주도 세력은 백열등에 '구악'舊惡을, 형광등에 '청신한 기풍'을 각각 대응시키려 했고, 당대의 언론사들은 형광등에서 '뭔가 새롭고 발전된 것'이 보인다고 강변했다.

방전放電 과정에서 나오는 자외선을 형광물질에 투사하여 가시광선을 얻는 기술은 백열등보다 먼저 발명되었으나, 이것이 실용화한 것은 1938년 미국 GE(제너럴일렉트릭) 사의 기사 조지 인먼George E.

Inman에 의해서였다. 형광등은 소비 전력의 상당 부분이 열로 낭비되는 백열등보다 훨씬 경제적이었다. 형광등 발명 시점이 마침 제2차 세계대전 직전이어서, GE 사는 초기 생산품 전량을 군에 납품했다. 형광등은 미국에서도 종전 이후에야 가정, 학교, 공장, 기업체 사무실 등에 설치되기 시작했다.

우리나라에서는 1950년대 중반께부터 화장대나 책상에 올려놓는 조명등으로 수입되어 일부 부유층 가정에 자리 잡았다. 당시에는 '형광등이 시력에 좋고 피로감을 덜어준다'는 말이 진실인 것처럼 유포되었다. 1957년에는 신광기업이 국내 생산을 개시했다. 월 생산량

1960년대 중반 동대문 아파트에 설치된 형광등 형광등은 백열등에 비해 경제적이었지만, 그 빛에 장시간 노출된 사람들의 눈을 공격했다. 오늘날 형광등은 사라져가는 조명등이다. 형광등의 국내 생산이 중단되기 직전인 2011년 겨울, 모 종편 방송에서는 당시 여당의 대통령 후보 박근혜에게 '형광등 100개를 켜놓은 듯한 아우라'라는 말을 헌정했다. 이런 낯 간지러운 아첨도 조만간 사라질 듯하다. 출처: 공공누리(근현대사 아카이브)

은 3,000개 정도였는데, 품질이 조악한 편이어서 형광등 시장의 대부분은 일본 제품이 장악했다. 형광등은 군사정권에 의해 '새 시대의 빛'으로 지정된 뒤부터 가정과 거리로 급속히 확산했다. 시장이 넓어지자 국산 형광등의 품질도 좋아져 1963년부터는 해외에 수출할 정도가 되었다. 1957년 4만 개 정도의 형광등을 생산했던 신광기업은 1963년 한 해 동안 144만 개를 생산할 정도로 급성장했다.

1960년경부터 반세기 가까이 실내 조명등과 가로등의 왕좌를 점했던 형광등은 21세기에 접어들면서 급속히 쇠락하기 시작했다. 형광등 아래에서 오래 생활한 사람들은 형광등이 시력에 좋으며 자외

선이 건강에 이롭다는 속설이 엉터리라는 사실을 스스로 깨달을 수 있었다. 제조사들도 형광등의 '파장' 문제를 개선한 제품들을 선전하면서, 과거의 형광등에 문제가 있었다는 점을 간접적으로 고백했다. 형광등 탓으로만 돌릴 일은 아니겠지만, 실제로 지난 반세기 동안 한국인의 시력은 급격히 나빠졌다. 특히 1960~1970년대에는 전압이 일정치 않았기 때문에, 형광등의 파장은 사람들의 눈을 심하게 공격했다. 국내 최초로 형광등을 생산했던 신광전기는 1998년에 부도를 냈고, 국내 최대의 형광등 제조업체로 성장했던 금호전기는 2012년 형광등 생산을 중단했다. 2022년 현재 국내에서 형광등을 생산하는 업체는 없다.

초기의 형광등은 스위치를 누르면 몇 차례 켜졌다 꺼졌다를 반복하다가 비로소 계속 빛을 발했다. 여기에서 기억이 오락가락하거나 반응이 느린 사람더러 '형광등 같다'고 하는 관행이 생겼다. 형광등이 LED 등으로 교체되어가는 중이니, '형광등 같다'는 말도 조만간 사라질 가능성이 크다. 다만 한국인의 시력이 다시 좋아질지는 알수 없다. 컴퓨터 모니터와 스마트폰 화면이 형광등 대신 한국인의 눈을 공격하고 있으니 말이다.

79.   목숨 걸고
       얻은
       온기

그리 오래지 않은 옛날엔 기름 먹인 누런 장판지를 깐 방 한구석에 다갈색으로 그을린 자리가 있었다. '아랫목'이라 불린 이 자리는 평소엔 가장의 자리였고, 귀한 손님이 왔을 땐 그에게 내주는 자리였으며, 한겨울 찬바람을 맞으며 떨다 들어온 다른 식구가 잠시나마 언 몸을 녹이는 자리였다. 한국인에게 아랫목은 아주 오랫동안 안온함의 상징이었다. 그런데 아랫목이 있는 방은 사라지기 직전 수십 년간 종종 살인 흉기로 변하곤 했다. 1950년대부터 1970년대까지 연탄가스 중독은 한국인 사망 원인에서 앞자리를 빼앗기지 않았다.

인류 대다수가 석탄으로 난방하는 시대를 거쳤거나 현재도 그러고 있지만, 한국인에게 유독 연탄가스 중독이 빈발했던 이유는 연탄과 전통적인 주택 구조가 서로 어울리지 않았기 때문이다. 한국 전통주택의 구들 난방은 나무와 짚을 연료로 쓸 때만 안전하다. 나무와 짚을 태우면 연기와 냄새가 나기는 하지만 치명적인 유독가스가 생기지는 않는다. 대신 나무와 짚의 열효율이 상대적으로 낮기 때문에 석탄보다 훨씬 더 많은 양을 태워야 했다. 나무를 주된 난방 연료로 삼았던 20세기 중·후반까지 한반도의 야트막한 산들이 거의 전부 민둥산이었던 이유다.

기원전 4세기경의 그리스인들은 석탄을 대장간의 연료로 사용했고, 중국에서는 4세기에 '석탄'石炭이라는 한자어가 생겼다. 유럽 주요국에서 석탄 채굴은 9~10세기 사이에 시작되었다.『삼국사기』에 '산이 불탔다' 또는 '땅이 불탔다'는 기록이 있는 것으로 보아, 삼국시대 사람들도 '불에 타는 돌'이나 '흙'이 있다는 사실은 알았을 것이다. 우리나라에서 석탄을 사용한 기록은 조선 중엽 이후에야 나온다. 선조 23년(1590)에 간행된『평양지』에는 '평양 인근 석탄소에서 불이 붙어도 연기가 나지 않는 무연탄無煙炭이 난다'는 내용이, 영조 6년(1730)에 간행된『속續 평양지』에는 '평양 동쪽 미륵현의 흑토를 황토와 섞어 물에 반죽하여 말린 후 태운다'는 내용이 있다.『조선왕조실록』에도 세종과 광해군 대 기사에 석탄에 관한 내용이 나오는데, '단단한 숯'을 석탄이라고 했을 가능성이 있다. 하지만 지표 위의 석탄은 아주 드물었고, 잡목과 볏짚이 지천인 상황에서 굳이 불에 타는 돌을 캐서 지독한 냄새 맡아가며 태울 이유는 없었다.

개항 이후 주요 항구에 외국 증기선들이 드나들자, 우리나라 사람들도 석탄 채취를 넘어 채굴에 관심을 갖기 시작했다. 증기선에 연료를 공급하기 위해서는 각 항구에 석탄 저장고를 만들어야 했는데, 수입 석탄으로만 채우자니 비용이 너무 많이 들었다. 1886년에는 조선 정부도 증기선을 구입하여 세곡稅穀 운송에 투입했다. 국내에서 석탄을 구할 방도를 찾아야 했다. 1883년 조선 정부에 광무국鑛務局이 설치되었다. 광무국의 업무는 1885년 통리아문으로, 1887년 내무부 광무국으로, 1895년에는 농상공부 광산국으로 이관되었다. 이 기간 중 석탄광 채굴 시도는 계속되었으나, 성과가 어느 정도였는지는 알 수 없다.

외국인들도 한반도의 석탄에 눈독을 들였다. 1882년에는 일본인이 경상북도 영일에서 석탄 채굴 가능성을 조사했고, 1891년에는 조선 정부가 평양 탄전 채굴권을 담보로 독일 세창양행으로부터 은 10

만 냥을 차입했다. 세창양행은 돈을 빌려주기 전에 분명 평양 탄광 채굴권의 가치를 확인했을 것이다. 한반도의 석탄 매장량과 채굴 편의성에 대한 조사가 어떤 사람들에 의해, 얼마나 광범위하게 진행되었는지는 알 수 없으나, 관련 정보는 외국 사업가들에게 공유되었던 듯하다. 고종이 러시아공사관에 머물던 1896~1897년에 여러 이권이 러시아인들에게 넘어갔는데, 니시첸스키가 얻은 함경도 경성과 경원 지방의 석탄 채굴권도 그중 하나였다. 그는 3년 뒤 이 채굴권을 김익승, 김우성 등 한국인들에게 넘겼고, 한국인들은 경성매광회사鏡城煤鑛會社를 설립하여 채굴에 착수했다. 비록 성공하지는 못했으나, 이 회사가 한국인이 세운 최초의 석탄 채굴회사였다.

고종이 러시아공사관에 머무는 동안 설립된 독립협회는 국왕의 환궁과 이권 양여 중단을 강력히 촉구했다. 그 요구 때문만은 아니었지만, 고종은 1897년 경운궁으로 이어하고 제국帝國을 선포했다. 1898년 6월에는 전국의 광산을 모두 황실 재정 관리 기관인 내장원內藏院에 귀속시키고 외국인에게 광산 채굴권을 일절 허가하지 않겠다는 방침을 채택했다. 1901년 내장원은 '평안남도 매광煤鑛 장정'을 제정하여 평양 탄광을 직영하기 시작했다. 하지만 채광 기술이 문제였다. 2년 뒤 내장원은 프랑스인 퀴빌리에Léonce Cuvillier, 貴賓禮를 기사로 고빙했다. 채굴비와 제조비는 전액 내장원이 부담하며, 퀴빌리에는 매년 3만 톤 이상의 전탄磚炭(벽돌 모양의 무연탄)을 제조하여 내장원에 납품한다는 것이 계약 조건이었다. 퀴빌리에의 연봉은 3,000원이었다. 이때의 채굴은 상당한 실적을 올려 내장원은 전탄을 톤당 7원 50전에 팔았다. 3만 톤이면 22만 5,000원에 상당하는 액수였다.

1904년 2월 러일전쟁을 도발하고 한반도를 군사 점령한 일본은 한국을 식민지화하기 위한 작업에 본격 착수했다. 그중 하나가 고종의 돈줄을 끊는 것이었다. 1905년 재정고문 메가타 다네타로目賀田

種太郎는 본국 정부와 협의하여 내장원 소유 광산의 처리 방침을 확정했다. 요지는 (1) 한국 황실 소유의 광산을 정리하고, 황실 소유와 정부 소유를 구분할 것, (2) 황실 소유 광산의 수를 제한하고, 일반에 개방할 부분을 늘릴 것, (3) 황실 소유 광산은 가능한 한 일본인과 공동으로 경영하도록 할 것, (4) 한국 광산 사무를 정리하기 위해 일본에서 광산 전문가를 초빙하되, 비용은 한국 황실이 대고 감독은 재정고문이 할 것 등이었다. 1906년 6월에는 한국 법률로 '광업법'을 제정하게 하여 황실의 광산 소유권을 박탈할 법적 근거를 만들었다. 1907년 8월에는 평양 탄광을 '국유화'하여 명목상 농상공부 관할로 삼은 뒤 '평양광업소 관제'를 공포하여 일제의 직접 관리 아래두었다. 평양광업소는 일제가 한국을 강점한 뒤 '조선총독부 평양광업소'가 되었다. 다른 석탄광도 개발되었으나, 평양은 일제강점기 내내 조선 제일의 무연탄 산지였다. 1918년 시점에서 평양광업소의 무연탄 생산량은 15만 4,146톤에 달했다. 그 대부분은 일본 해군 군함의 연료로 공급되었는데, 1922년에는 아예 평양광업소의 시설 전부 및 탄광의 일부가 일본 해군성에 이관되었다.

일제강점기까지 한반도에서 채굴된 석탄의 대부분은 증기선 연료로 사용되었으나, 일부는 관청, 기업, 학교, 가정 등에도 공급되었다. 사람들은 석탄을 '목탄'(숯) 대용품으로 취급했다. 연탄은 냄새가 심하고 연기가 많이 났지만, 값은 숯보다 한참 싸서 가난한 사람들에게 환영받았다. 1910년대에는 달걀 모양의 난형탄卵形炭이 개발되었고, 1920년대에는 이공탄과 삼공탄이 나왔으며, 1930년대에는 구공탄이 연탄을 대표하는 이름이 됐다. 구멍이 많을수록 불이 잘 붙고 쉽게 꺼지지 않았기에 제조 기술이 발전함에 따라 구멍 수도 늘어 해방 뒤에는 19공탄, 22공탄, 25공탄 등이 속속 출시됐다. 하지만 1940년대까지 연탄은 각 가정의 아궁이를 점령하지 못했다.

1925년 1월, 서울 관철동에서 행랑살이하던 열아홉 살 처녀와 열 다섯 살 사내아이가 연탄가스에 중독되어 숨졌다. 날이 너무 추운데도 아궁이에 땔나무를 구하지 못해 연탄 두 장을 사서 좁은 방 화로에 피워놓고 자다가 참변을 당한 것이다. 겨울이 되기 전에 땔나무를 쟁여놓은 집에서는 굳이 연탄을 사용할 필요가 없었다. 그래서 연탄가스 중독으로 인한 사망 사고는 거의가 도시의 가난한 집에서 일어났다.

인천상륙작전 일주일 뒤인 1950년 9월 22일, 서울 탈환 전투가 치열하게 벌어지는 동안 임시수도 부산에서는 겨울철 연료 대책과 관련한 대통령 지시사항이 발표됐다. 산림녹화를 위해 땔나무 채벌採伐을 엄금하며 대신 연탄을 공급할 테니 아궁이를 개량하라는 것이었다. 40만 명 정도였던 부산 인구가 100만 명에 육박할 정도로 늘어난 상태였으니, 다가오는 겨울에 예전과 같은 난방 연료를 썼다가는 주변 산에 나무가 남아나지 않을 것임은 충분히 예상할 수 있는 일이었다. 그러나 인명조차 돌보기 어렵던 전시에 나무를 살리라는 지시에 사람들은 어안이 벙벙했다. 이 '특별 지시'의 배후에는 미군의 조언이 있었던 듯하다. 낙동강 방어선 전투를 치르면서, 미군은 한국의 야산에 나무가 없는 데에 자주 당혹감과 분노를 표시했다. 엄폐물이 없는 탓에 병사들의 공포감은 극에 달했고, 미군 세 명중 한 명꼴로 정신과적 문제를 겪었다고 한다.

일제강점기에 한반도의 탄광은 전부 일본군이나 일본인 사업가 소유였기 때문에, 해방 이후 당연히 '귀속재산'이었다. 이승만 정부는 다른 귀속재산과는 달리 탄광은 민간에 불하하지 않았다. 오히려 대통령 특별 지시 두 달 후인 1950년 11월에, 전쟁 중인데도 대한석탄공사가 발족했다. 석탄공사는 남한 곳곳에서 탄광을 찾아 석탄을 캐냈고, 연탄 회사들은 그 석탄을 21공탄, 29공탄 등으로 가공하여

1952년 7월 15일의 구공탄 사용 설명회 '산림애호'라는 글과 아궁이용 연탄 화로, 연탄 집게 사용법 등의 그림이 있는 벽보 앞에서 연탄 사용 시범이 진행 중이다. 오른쪽 끝에서는 미군이 지켜보고 있다. 연탄 사용의 확산에는 정부의 산림애호 의지도 한몫했다. 출처: 『사진으로 본 감격과 수난의 민족사』

민간에 팔았다. 그러는 사이에 바퀴 달린 연탄 화로를 넣었다 뺐다 할 수 있도록 아궁이를 개량하는 사업이 전국 대도시에서 진행되었다. 더불어 '연탄의 전성시대'가 열렸다.

연탄의 전성시대가 끝나가던 1985년에도 민간의 연탄 소비량은 61억 장이었다. 한 줄로 세우면 85만 2,000킬로미터로 지구에서 달까지 왕복하고도 남는 길이였다. 엄청난 양의 연탄재 쓰레기는 오히려 작은 문제였다. 해마다 수십만 명이 연탄가스에 중독됐고, 그중 수천 명이 죽었다. 연탄의 전성시대에 한국인 사망 원인 1위는 언제나 연탄가스 중독이었다. 아궁이만 개량하고 주택의 구들 구조를 개량하지 않은 탓이었다. 사람들은 연탄가스라는 이름의 저승사자가 언제든 찾아올 수 있다는 사실을 잘 알면서도, 다음 날 아침에 무사히 일어날 수 있게 해달라고 기도하며 잠드는 것 말고는 다른 방법을 알지 못했다. 기압이 낮은 날에는 연탄가스 중독 위험이 몇 배로 높아졌다. 그런 밤이면 식구 중 한 사람이 불침번을 서곤 했다.

1975년, 구들장을 그대로 둔 채 온수 배관을 시공할 수 있게 한 새마을보일러가 발명되었다. 새마을보일러의 보급 속도에 비례하여 연탄가스 중독 사망 사고도 줄었다. 연탄보일러의 시대가 열린 지 20년도 되지 않아 난방용 연료는 다시 등유, LPG, LNG 등으로 바뀌었다. 더불어 탄광도 하나둘 폐쇄되었다. 1989년부터 1996년까지 334곳의 탄광이 폐쇄되었으며, 2022년까지 존속했던 태백의 장성광업소, 삼척의 도계광업소, 화순의 화순광업소는 2025년까지 전부 폐쇄될 예정이다. 한반도는 150년 만에 다시 '탄광 없는 땅'이 된다.

오늘날에는 자다가 '본의 아니게' 죽을 걱정 하는 사람은 거의 없다. 현대의 한국인 절대다수에게 연탄은 TV 화면을 통해서가 아니면 '연탄구이 고깃집'에서나 가끔 실물을 볼 수 있는 희귀한 물건이다. 하지만 연탄이 없었다면, 한국인들은 인구 급증의 시대에 충분한 온기를 느끼며 살 수 없었을 것이다. 한국의 산야가 지금처럼 푸르지도 않았을 테고.

온수보일러

80.　　아랫목이
　　　　사라지다

　　"우리(유럽인과 미국인)는 실내에 들어갈 때 모자는 벗고 신 발은 신은 채로 들어가는데, 조선 사람들은 신발은 벗고 모자는 쓴 채로 들어간다." "조선 사람의 집을 방문하면 귀빈용 자리라며 방 한 쪽의 벽면에 기대앉게 하는데, 그곳은 열기로 그을려 있어 방의 다 른 부분과 확연히 다르다. 방석을 깔고 앉아도 너무 뜨거워 엉덩이 살이 익는 것 같다." 19세기 말부터 20세기 초에 걸쳐 조선의 풍습과 문화를 직접 체험한 서양인들의 책에서 거의 빼놓지 않고 기술되는 내용이다. 신발을 신고 실내에 들어가는 사람들은 바닥이 차도 잘 느끼지 못한다. 그러나 신발을 벗고 들어가는 사람들은 먼저 발바닥 으로 온기를 느낀다.

　　한국인은 1,000년 넘게 부엌 아궁이의 열로 취사와 난방을 겸하 는 주거 생활을 영위했다. 고루거각에서 초가삼간에 이르는 집의 규 모를 결정한 일차적 요소는 아궁이의 수였다. 대다수 서민 가정은 부엌 아궁이 한두 개로 집 전체를 덥혀야 했다. 자연히 온도는 방마 다 달랐고 한 방에서도 위치에 따라 달랐다. 가장 따뜻한 방이 안방 이고 가장 따뜻한 자리가 아랫목이었다. 아랫목은 가장의 자리이자 귀빈의 자리였다. 다른 식구들은 추운 겨울날 밖에 나갔다 돌아왔을 때에나 잠시 아랫목을 차지할 수 있었다.

　　동력용으로든 난방용으로든 물을 덥히는 기계가 보일러인데, 한

자로는 '기관'汽罐이라고 했다. 그러니 이 땅에 보일러가 들어온 것은 증기선과 함께였던 셈이다. 보일러는 이후 발전소, 공장, 광산 등 증기 동력기를 사용하는 산업시설의 필수 구성요소가 되었다. 우리나라에서 보일러로 끓인 물을 실내 한구석에 설치된 철제 온수관으로 통과시켜 공기를 덥히는 스팀 난방의 역사는 서양식 석조 건물의 역사와 함께 시작되었다. 경운궁 석조전에 보일러가 있었던 것으로 보아, 돈덕전·수옥헌 등 그전에 지어진 경운궁 내 석조 양관들도 스팀 난방을 채택했을 것이다. 보일러는 1908년에 준공된 대한의원 건물에도 설치되었다. 일제강점기 난방용 보일러는 석재와 철근콘크리트로 지은 고층 건물과 함께 늘어났다.

스팀 난방은 1920년대부터 옥인동 윤덕영의 아방궁을 비롯한 몇몇 부잣집들에도 침투하기 시작했으나, 대다수 한국인은 방바닥을 덥히지 못하는 난방 방식을 좋아하지 않았다. 추운 날 아랫목에 앉아서 엉덩이를 지지고 아랫목에 누워서 등짝을 지지는 것은 한국인의 아주 오랜 생활습관이었다. 일제강점기부터 지어진 이층집에서 2층은 비효율적인 거주 공간이었다. 2층은 난로로만 난방해야 하는 집이 많았다. 1980년대까지도 거실에 스팀 배관이 설치된 집은 '살림집 같지 않다'는 말을 듣곤 했다. '방바닥이 따뜻해야 살림집답다'는 한국인의 주택관을 충족시켜준 스팀 난방은 1961년 마포아파트 건립 때 처음 도입되었다. 방바닥에 PVC나 철제 관을 묻어 온수를 순환시킨다는 간단한 발상의 전환이 아파트 등의 고층 건물을 집답게 만들었다.

1975년에는 낡은 주택의 구들장을 그대로 둔 채 온수 배관을 시공할 수 있게 한 새마을보일러가 개발되었다. 연탄가스 중독 사고를 줄이기 위한 발명품이었지만, 이 간단한 기계는 얼마 되지 않아 전국 거의 모든 집의 난방 방식을 바꿨다. 보일러가 돌아가는 한 '뜨거

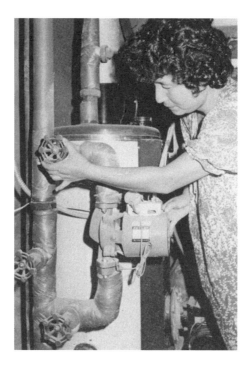

1980년대의 온수보일러 초기에는 밸브를 직접 돌려야 했던 보일러가 오늘날에는 버튼 하나만으로 조작할 수 있는 기계로 바뀌었다. 연료비 걱정을 별도로 한다면, 현대인은 사계절 내내 최적 온도에 맞춘 집 안에서 살 수 있는 사람이다. 더구나 온수보일러가 제공하는 온기는 가족 구성원을 차별하지 않는다. 출처:『광복 40년』

운 물'을 언제든지 쓸 수 있게 된 것은 덤이었다.

현대 한국인은 온수보일러 덕에 대중목욕탕에 가지 않고도 따뜻한 물로 씻을 수 있고, 침실 바닥에서든 거실 바닥에서든 온기를 느낄 수 있다. 온수보일러는 가족 구성원 사이에서나마 '온기의 평등'을 실현해준 물건이다. 근래 한국의 가족 문화가 일방적 권위보다 평등한 소통을 중시하는 쪽으로 변해온 데에도 이 물건이 기여한 바가 적지 않을 것이다.

수도꼭지

81.　강물
　　마시는
　　시대

1945년 9월 초, 주한미군 사령관으로 임명되어 인천 앞바다에 도착한 존 하지John Reed Hodge는 상륙하기 전에 경성제국대학 의학부의 일본인 교수들을 배 위로 불렀다. 하지가 그들에게 던진 첫 번째 질문은 "물은 마실 만한가?"였다. 생명과 건강에는 무엇보다도 물이 중요하기 때문이다. 서울에 들어온 미군이 가장 먼저 조사한 것도 수질이었다. 조사를 담당한 미군 장교는 전반적으로 엉망이라고 보고했다. 일제가 군수용품으로 쓰기 위해 동제銅製 수도관을 철거하고 함석관이나 콘크리트관으로 교체했기 때문에 수돗물에는 녹물과 불순물이 섞여 있었다. 수돗물은 그나마 사정이 나은 편이었다. 서울 전역의 우물 5만여 개소 중 음용으로 적합하다고 판정받은 곳은 아주 드물었다.

1949년 11월의 정부 조사에 따르면 38선 이남에는 공설 10만 80개, 사설 12만 4,016개, 총 22만 4,096개의 우물이 있었는데, 그중 위생적으로 불량한 우물은 공설이 78퍼센트, 사설이 50퍼센트였다. 상수도 보급률이 높았던 서울에도 5만 2,030개의 우물이 있어, 많은 시민이 오염된 우물물을 마시고 살았다. 해방 직후에는 많은 한국인이 오염된 우물물로 인한 질병에 시달렸다. 당시 정부는 국민 1만 명당 다섯 명꼴로 장티푸스, 이질, 파라티푸스, 디스토마 등의 감염성 소화기병에 걸리며, 그중 80퍼센트는 우물 때문에 전염된 환자라고 밝혔다. 하지만 아무리 위험해도 대안이 없는 한 우물물을 마실 수밖에 없었다.

사람은 수십 일 동안 단식해도 살 수 있지만, 물을 끊고서는 단 며칠도 버티지 못한다. 물이 없는 곳엔 생명체가 존재할 수 없다. 화성에서 물이 발견됐다는 소식에 사람들의 관심이 집중되는 것도 생명체의 존재 가능성 때문이다. 또 물이 풍부하지 않은 곳에는 많은 사람이 모여 사는 도시가 만들어지지 못한다. 사람들은 물을 마시고, 물로 음식을 익히며, 물로 몸을 씻고, 물로 청소한다. 물은 말 그대로 생명의 원천이자 문명의 발원發源이다.

조선 태종은 한양으로 재천도한 직후 다섯 집에 하나씩 우물을 파도록 했다. 대략 25명당 하나꼴인데, 서울에서는 1949년까지도 우물 대 인구의 비례가 그대로 유지되었던 셈이다. 문명이 시작된 이래 인류의 절대다수는 자연적인 정화 과정을 거친 우물물을 마시며 살았다. 강물을 도시로 끌어들여 상수上水로 이용하는 기술은 기원전 2500년경 모헨조다로 사람들이나 기원전 400년경 로마 사람들도 알았으나, 석회 성분이 없는 지하수를 이용할 수 있었던 사람들은 그럴 필요가 없었다. 강물을 마시는 인간은 우물이 오염되거나 우물만으로는 지탱할 수 없을 정도로 도시의 규모가 커진 뒤에 대량으로 출현했다.

1898년 1월 고종이 설립한 한성전기회사는 한성 내 전기사업권 외에 상수도 부설권까지 독점했으나, 상수도 사업에는 손을 대지 못했다. 한성전기회사는 1902년부터 사업 파트너였던 미국계 콜브란-보스트윅 상사와 전차 건설 및 운행비 문제로 분규를 겪었고, 1904년 한미전기회사로 개편되었다. 을사늑약 이후 고종의 지위가 실추하자 콜브란 등은 회사를 독차지했고, 회사가 소유했던 상수도 부설권을 영국계 대한수도회사Korea Water & Works Company에 팔아 넘겼

1908년에 완공된 뚝섬 정수장 수도꼭지는 '강물 마시는 인간'을 만들어냄으로써 현대의 도시화와 산업화를 뒷받침했다. 더불어 상수원인 강물을 오염시키는 행위는 인간과 생명에 대한 대죄가 되었다. 출처: 『사진으로 보는 서울 백년』

다. 대한수도회사는 뚝섬에 취수장과 정수장을 설치하고 수도관을 부설하여 1908년부터 서울 각지의 급수전(수도꼭지)에 수돗물을 공급했다. 그러나 수도관이 각 가호로 연결되지는 않았다. 담장 안에 수도꼭지를 설치할 수 있었던 곳은 관공서와 병원 정도였다. 서울 곳곳의 공공부지에 설치된 수도꼭지의 수는 우물의 수보다 적었다. 소비자 처지에서 달라진 점은 물장수가 배달하는 물이 우물물에서 수돗물로 바뀌었다는 것뿐이다.

일제가 한국을 강점한 이후 조선총독부는 대한수도회사의 권리 일체를 매수하여 상수도를 관영화했다. 1914년에는 물장수를 통한 배달 방식을 폐지하고 수요자가 직접 공설 공용전共用栓에 와서 물을 받아 가는 방식으로 바꾸었다. 물론 물값은 받았다. 총독부는 가정용 급수전 보급에도 힘을 기울였는데, 어지간한 부잣집이 아니고서는 집 안에 수도꼭지를 설치할 수 없었다. 대문 옆에 '수도 사용가使用家'라 적힌 작은 팻말이 붙은 집은 공인된 부잣집이었다. 일제강점기 내내 서울과 주요 도시의 상수도 공급량은 늘어났지만, 공급률은 30퍼센트에 미달했다. 도시 인구의 비례로 보면 일본인은 거의 전부, 조선인은 20퍼센트 미만만 수돗물을 이용했던 셈이다.

해방 이후에도 사정은 크게 달라지지 않아서, 한동안은 상수도 보급 확대 속도가 인구 증가 속도를 따라잡지 못했다. 정부 수립 이후 도시 주민의 식수 문제 해결책은 우물 수리에 집중될 정도였으며, 1960년에도 서울의 상수도 보급률은 50퍼센트에 불과했다. 상수도 시설은 1963년 서울 시역市域이 대폭 확장되면서 본격 확충되었다. 서울에서는 1960년대 초반에 신촌, 불광, 미아리에 보조 수원지, 보광동에 정수장이 신설되었고, 뚝섬과 구의 정수장은 확장되었다. 이때부터 서울 변두리 가정에도 수도꼭지가 설치되었다. 서울 변두리 지역 상수도 보급률은 1980년 80퍼센트에 도달했고, 이 무렵부터 농가 마당의 펌프도 수도꼭지로 교체되기 시작했다.

수도꼭지는 집 안의 물독을 용도 폐기했고, 바가지로 물을 퍼 옮기는 수고를 줄였으며, 흐르는 물로 씻는 것을 현실화했다. 오늘날의 한국 가정에는 정수한 강물이 흘러나오는 수도꼭지가 적어도 대여섯 개씩 있다. 공급이 수요를 따르지 못하던 시절에는 수돗물이 문명과 위생, 부의 상징이었다. 그러나 집집마다 수도꼭지가 놓이자마자, 사람들은 수돗물을 의심하기 시작했다. 요즘 사람들은 수돗물 대신 여러 가지 물을 마신다. 수돗물을 정수 처리한 물, 지하수, 해양 심층수, 어떻게 가공했는지 알 수 없는 '생명의 물' 등. 그래도 상수의 대부분은 여전히 강물이다. 현대인은 강물을 마시고 강물로 요리하고 강물로 씻고 강물로 청소하는 사람이다. 수도꼭지는 인간과 강을 직결시킨 물건이다. 강이 오염되면 인간에게 곧바로 해를 끼치도록 만든 물건이기도 하다.

82.   가족 구성원
      모두의
      부엌

"남자가 부엌에 얼쩡거리는 거 아니다." 1960년대 이전에 출생한 남자라면 어려서부터 몇 번은 들어봤을 말이다. 거실과 부엌이 같은 높이로 배치되는 서양식 주택과는 달리, 한옥의 부엌은 집에서 '가장 낮은 곳'에 있는 공간이자 여성만의 공간이었다. 이 공간에는 외부인을 끌어들일지언정 남자를 끌어들여서는 안 되었다.

부엌 아궁이에 불을 때서 방구들을 덥히는 한옥에서는 부엌 아궁이가 온돌보다 한참 낮은 위치에 있어야 했다. 그래서 부엌은 땅을 파서 만들었다. 문지방 아래로 푹 꺼진 곳에 부엌 바닥이 있었으니, 밥상 차리는 일 자체가 고역이었다. 쌀이나 채소를 집 밖이나 마당에 있는 우물가에서 씻어 부엌으로 가지고 들어온 다음, 쌀은 가마솥에 안치고 채소는 부뚜막 앞에 쪼그리고 앉아 다듬고 썰었다. 조리가 끝나면 음식들을 그릇에 담아 상에 올려놓은 뒤 그걸 들고 부엌 밖으로 나와야 했다. 작은 상 하나일 경우에는 부엌에서 안방으로 통하는 들창을 이용했다. 가족의 식사가 끝나면 그릇들을 광주리나 소쿠리에 담아 다시 우물가로 가져가 씻어서는 부엌 찬장으로 옮겨 쟁였다. 부엌은 목욕탕으로도 쓰였는데, 그럴 때에는 큰 물통을 들고 여러 차례 왕복해야 했다. 이렇게 반복되는 일상의 동작들로 인해, 여성들의 무릎과 허리는 일찍 망가졌다.

상수도가 생긴 뒤 부엌에 수도꼭지를 설치한 집에서는 사정이 조금 나아졌으나, 마당에서 하던 일이 부엌 안으로 들어왔을 뿐 바닥에 쭈그리고 앉는 자세를 바꿀 수는 없었다. 오르락내리락하며 앉았다 일어섰다를 반복해야만 하는 부엌 구조를 개혁하기 위해서는 온돌 난방 시스템을 중핵으로 하는 주택 구조 전체를 바꿔야 했다. 우리나라에서 입식 부엌의 구조와 설비는 1927년 조선과학관의 가정관에 처음 전시되었다. 조선총독부는 1926년 광화문 앞에 신청사를 지어 이전한 뒤 남산의 구총독부 건물을 조선과학관으로 개조하여 이듬해 개관했는데, 가정관에서는 '조선 주택의 미래상'을 제시했다.

> 가정관家庭館 안에는 우리 조선 주택에 큰 문제가 되는 부엌에 대한 개량을 가장 모범적으로 설비하였으니, 예를 들건대 조선 가정의 찬장 뒤주 물독 기타 부엌 세간 전부를 요리대料理臺 하나 속에 집어넣고 그 앞에 서서 모든 것을 하고 있으며, 제 물로 수채가 달려서 쌀 씻고 그릇 부시고 반찬 하고 물 내어버리고 하는 것을 발 하나 움직이지 않고도 능히 하게 되었습니다. 아무리 어두운 밤중이라도 칼 하나 보시기 하나를 서슴지 않고 곧 찾아낼 수 있으니, 간단하고도 깨끗하고 편리하고도 경제적이올시다. 여름에는 먹다 남은 음식을 파리 한 마리 붙지 않게 쟁여둘 수 있는 냉장고까지 그 옆에 제대로 달려 있습니다. 이 요리대 한 개만 만들어놓으면 직업부인들도 하인을 두지 않고 능히 살림을 할 수 있을 것이며, 요리대도 대소를 따라 가격이 다르겠지마는 나무와 함석으로 만드는 것임으로 과히 비싸지도 않을 줄 압니다.
> ─『조선일보』 1927년 5월 11일자

여기에서 '요리대'라 한 것이 오늘날의 싱크대다. 조선과학관에서

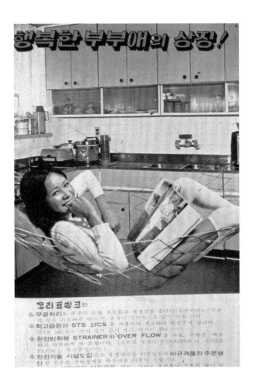

『여성동아』에 실린 '오리표 씽크' 광고 싱크대에 '행복한 부부애의 상징'이라는 자격을
부여했다. 우리나라에서 '싱크대'라는 말은 1969년부터 사용되기 시작했다. 스테인리스
개수대를 제작, 판매하는 업체는 1962년에 처음 출현했으나, 1970년대까지도 많은 가
정에서 타일 싱크대를 사용했다. 아파트 생활이 일반화한 뒤, 스테인리스 싱크대는 타
일 싱크대를 완전히 대체했다. 거실과 부엌이 한 공간에 자리 잡자, 남자의 공간과 여자
의 공간을 구분하는 것도 무의미해졌다. 출처: 『여성동아』 1976년 4월호

제시한 입식 부엌은 1930년대부터 건립된 아파트에 도입되었으나,
당시 아파트는 거의가 독신자용 임대주택이었다. 가족 단위로 거주
하는 주택의 입식화에 관한 사회적 논의는 1960년대에 접어들 무렵
에야 본격화했다. 부엌을 입식으로 개조하려면 선 채로 식재료를 손
질하고 설거지할 수 있는 설비가 필요했다. 이 설비를 개수대라고
불렀는데, 이 단어는 1960년에야 처음 신문 지면에 등장했다. 개수
란 '가사'家事의 고어 '가스'가 변한 말로 '그릇붙이'라는 뜻이었다. 즉

개수대는 '그릇 씻는 대臺'였다.

스테인리스 개수대는 1962년 국내에 첫선을 보였는데, 이 물건은 새로 지은 입식 주택이나 입식으로 개조한 부엌에만 들어갈 수 있었다. 그런데 이 무렵에는 부엌 바닥을 높여 취사와 난방을 분리한 뒤 부엌에 개수대와 조리대, 붙박이 찬장을 들여놓을 수 있는 집이 거의 없었다. 취사와 난방을 분리하면 연료비가 더 들었으며, 부엌 가구 세트는 웬만한 가정에서는 엄두를 못 낼 정도로 비쌌다. 개수대 세트는 1969년부터 영어 싱크sink와 한자 '대'臺의 합성어인 싱크대로 불렸는데, 이해 전국의 싱크대 생산량은 1만 대 미만에 불과했다. 같은 해에 서울대학교 가정대학은 입식 부엌 견본을 만들어 주부들의 견학용으로 공개했다.

싱크대 시장은 아파트 건설이 본격화하고 온수보일러가 널리 보급된 이후에야 급속히 확대되었다. 입식 주택이 표준적 거주 공간이 되면서, 거실과 부엌의 경계는 사실상 사라졌다. 방을 안방, 사랑방, 건넌방 등으로 구분하는 관습은 한동안 지속되었으나, 소가족화 또는 핵가족화와 맞물리면서 온 가족이 거실에서 생활하는 시간이 늘어났다. 많은 집에서 거실과 부엌은 공간적으로 확실히 구분되지 않았다. 또 직업 활동하는 여성도 계속 늘어났기 때문에 부엌 주위를 얼쩡거리지 않고서도 일상생활을 영위할 수 있는 남자는 급속히 줄었다.

싱크대는 남자들이 그 앞에 서는 것을 당연한 일로 만들었고, 오늘날 숱한 남자 요리사를 만드는 데 크게 기여했다. 남자를 부엌으로 끌어들이는 데에는, 남자도 가사를 도와야 한다는 캠페인보다 싱크대가 더 큰 역할을 했다. 훈계나 계몽보다 사람을 더 확실히 바꾸는 것은, 물건과 일상적으로 상호작용하면서 형성되는 습관이다.

83.　　일회용품의
　　　　원조

조선시대 서울 종로 시전가市塵街에는 찢어지거나 해진 옷
을 파는 파의전破衣塵이 있었다. 요즘으로 치면 중고 의류 가게에 해
당한다. 가난한 사람들은 여기에서 헌 옷을 사서 기워 입거나 아이
옷으로 고쳐 만들었다. 그렇게 고친 옷조차 해져서 못 입게 되면 쓸
만한 부분만 오려 내어 다른 옷을 깁는 천이나 수건으로 썼다. 남은
부분은 꼬아서 노끈을 만들거나 걸레로 삼았다. 걸레로조차 쓸 수
없어 버려진 것들은 거지들이 주워다 발에 감았다. '거지발싸개'라
는 말이 생긴 연유다. 발싸개 기능조차 못할 정도가 된 것들은 잠시
지표 위를 떠돌다 흙의 일부가 되었다.

옛 산성 터로 알려진 곳에 올라가면 예외 없이 깨진 기왓장이나
질그릇 조각이 발에 밟힌다. 옛사람들이 성벽 주변을 쓰레기 버리는
곳으로 이용했기 때문이 아니라 이런 것들조차 비상용 무기로 재지
정되었기 때문이다. 성벽에 의지하여 단단한 물건을 아래로 던지는
전술이 임진왜란 중 행주산성 전투에서 처음 채택된 것은 아니다.
이 땅에 성城이 생긴 이후 수천 년간, 사람들은 사용가치를 잃어버린
단단한 물건들이 있으면 일부러 산 능선까지 가져가서 쌓아 두어야
했다.

옛날에는 한 번만 쓰고 버리는 물건이 없었다. 솥, 칼, 호미, 쟁기,
도끼 등의 금속은 깨지거나 녹슬어도 다시 녹여 다른 금속 제품을

만들 수 있었다. 장롱, 밥상, 책상, 문갑, 부엌용품 등의 목제품이나 짚제품, 종이제품이 망가지면, 멀쩡한 부분은 다른 물건으로 재탄생했고 도저히 쓸 수 없는 부분은 부엌 아궁이로 들어가 땔감이 되었다. 음식물도 마찬가지였다. 한국인 중에는 소든 돼지든 머리부터 발끝까지 남기는 부위 없이 먹어 치우는 문화에 자부심을 표현하는 사람도 있다. 사람이 먹을 수 없는 것은 가축에게 주었다. 버려지는 것은 생선 가시, 과일의 껍질과 씨앗, 채소류의 상한 잎이나 잔뿌리 정도뿐이었다. 이런 것들을 마당 한 구석에 모아 두면 저절로 퇴비가 되거나 흙이 되었다. 이런 형편이었으니, 한 번만 쓰고 버리는 물건은 사람들의 상상 속에 자리 잡기조차 어려웠다. 근대 이전의 세계는 재활용품들로 가득 차 있었다.

1910년 2월, 한 일본인이 부산에 하치코절상박판할저제조공장八繧折箱薄板割箸製造工場을 설립했다. 이 공장은 얇은 판자, 나무 상자와 함께 오랫동안 와리바시割り箸라 불린 일회용 나무젓가락을 생산했다. 길쭉하게 가공한 무른 나무의 가운데를 5분의 4쯤 잘라 만든 이 일회용 나무젓가락은 18세기 초 일본 나라奈良 요시노吉野 지방에서 발명된 것으로 알려져 있다. 물론 조선시대에도 나무젓가락은 있었지만, 이는 공예품에 가까웠다. 싸구려 주막에서 쓰는 젓가락은 대개 대나무로 만들었는데, 이조차 일회용품은 아니었다.

그 무렵에는 한 번만 쓰고 버릴 물건에 돈을 지불할 사람은 거의 없었다. 그래서 소독저의 소비자는 거의 모두 음식점 주인이었다. 직장에서 음식을 배달시켜 먹는 사람이 늘어나면서, 잃어버려도 아까울 것 없는 싸구려 젓가락의 수요가 빠르게 늘었다. 1920년대 후반부터는 목재가 풍부한 강원·함경도 등지와 음식점이 많은 서울 등 대도시에 한국인이 경영하는 소규모 소독저 제조 공장이 여럿 생겼다. 1950년대 말까지도 소독저는 사실상 유일한 일회용품이었다.

자연에서 유래한 물질은 여러 차례 용도 변경을 거쳐도 결국 자연으로 되돌아간다. 하지만 인간이 창조한 화학물질들은 대개 자연으로 환원되지 않는다. 1950년대 말부터 소독저밖에 없던 일회용품의 세계에 다른 물건들이 추가되기 시작했다. 비닐, 플라스틱 등 값싼 화학물질이 일회용품 세계의 확장을 추동했다. 오늘날에는 비닐봉지, 종이컵, 플라스틱 컵, 플라스틱 밥그릇에 이르기까지 수많은 일회

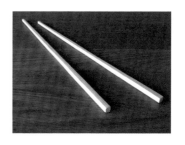

일회용 나무젓가락 일본인들의 발명품인 와리바시는 우리나라에 전래한 이래 늘 '싸구려 음식'이나 '배달 음식'의 짝이었다. 소독저消毒箸나 위생저衛生箸로도 불린 이 물건은 때에 따라 장려되기도, 억압되기도 했다. 이 물건이 삼림 훼손의 주범 중 하나이며 인체에도 유해하다는 비판이 제기된 지 꽤 오래됐지만, 그렇거나 말거나 소비는 줄어들지 않는다.

용품이 한 번만 사용되고 버려진다. 일회용품 사용이 자연을 훼손하며 일회용품의 원료 물질들이 인체에 해롭다는 캠페인이 진행되고 있지만, 성과는 미미하다. 현대인은 한 번만 쓴 물건이나 아직 사용 가치가 충분히 남은 물건을 버리는 데 익숙한 새로운 인류다. 지구의 관점에서 보자면, 현대인은 '불후不朽의 쓰레기'를 대량 생산하여 지구를 괴롭히는 아주 특별한 존재다.

인조 수세미

84. 인공이
     자연의 이름을
     빼앗다

인류가 그릇에 음식을 담아 먹기 시작한 이후, 사용한 그릇을 깨끗이 닦아 보관하는 일은 가장 단조롭고 반복적인 노동이 되었다. 청소나 빨래는 매일 하지 않아도 되지만, 설거지는 매 끼니마다 해야 했다. 요리는 창조적인 일이나, 설거지는 단순한 일이다. 대중가요 가사에 나오는 '애처로운 젖은 손'을 만드는 주범도 설거지다.

우리나라에서 그릇을 닦는 도구로는 지푸라기 엮은 것이나 말린 수세미, 용도 폐기 직전의 삼베 등이 사용되었는데, 가장 효율적인 것이 수세미였다. 수세미는 박과의 채소로서 인도-필리핀에 이르는 동남아시아가 원산지다. 우리나라에 언제 전래되었는지는 알 수 없다. 수세미의 용도는 무척 다양하여 열매는 먹었고, 나무 수액은 화장수로 썼으며, 씨앗에서는 기름을 짰다. 수세미 액으로 만든 화장수는 손발이 트는 것을 막아주었으며 미백 효과도 있었다. 화장품이 흔치 않았던 일제강점기에는 수세미가 다 익기 직전 나무 등걸에 병을 꽂아두는 것이 여성들의 일거리 중 하나였다. 수세미 나무 한 그루에서 한 되 이상의 수세미 액을 추출할 수 있었다. 한의학에서는 수세미가 열을 내리고 가래를 없애며 종기를 낫게 하는 약재로도 취급된다.

수세미의 가장 큰 용도는 그릇 닦는 것이었다. 껍질과 씨를 제거한 수세미를 말리면 거칠고 질긴 섬유질 덩어리가 남는다. 이 섬유

3M 사의 스카치 수세미 수세미를 뜻하는 영어 단어는 loofah, pad, sponge 등이다. 이 제품의 영문명은 multipurpose loofah이다. 우리나라에서는 스카치테이프처럼 스카치 수세미라는 이름으로 처음 출시되었다. 이 물건은 오늘날 부부 관계의 평등성을 측정하는 지표 구실도 한다. 출처: 한국3M

질 덩어리는 지푸라기나 삼베 조각보다 훨씬 세척력이 뛰어났다. 수세미가 본래 식물 이름인데 그릇 닦는 도구의 대명사가 된 것인지, 아니면 그릇 닦는 도구를 뜻하는 순우리말이었는데 식물 이름으로 병용된 것인지도 단정하기 어렵다. 천연 물질 중에서 그릇 닦는 용도로 수세미보다 나은 것은 없었다. 수세미는 때밀이 도구나 신발 안창감으로도 적격이었다. 수세미의 용도가 이토록 다양했기 때문에, 5·16군사정변 직후 수출 주도형 산업화 정책을 채택한 정부는 수세미 재배를 장려했다. 수세미 재배 농가에는 영농자금을 지원했고, 주요 수세미 산지에는 가공 공장을 지어주기도 했다. 수건, 신발 등 수세미 가공품은 1961년부터 수출되었다.

천연 수세미의 장점은 한두 가지가 아니었으나, 유기물인 이상 부패와 악취를 피할 수 없었다. 1969년 초, 화남산업이 미국 3M 사에서 원료를 수입하여 '스카치 수세미'를 제조, 판매하기 시작했다. 나일론에 광물질을 접착하여 만든 이 물건은, 예전의 수세미보다는 용

409

도가 제한적이었으나 알루미늄·스테인리스·무쇠·도자기 등 그릇의 재질을 가리지 않았을뿐더러 세척력도 뛰어났기 때문에 상대적으로 비싼 가격에도 불구하고 순식간에 가정의 주방을 장악했다. 1976년에는 인조 수세미에 특수연마포를 부착한 '깔깔이 수세미'와 스펀지를 부착한 '깔깔이 스펀지'가 국내 특허를 받았다. 수세미 재배와 가공을 부업으로 삼던 농가들은 이 물건으로 인해 큰 타격을 받았으나, 인류 사회가 신물질에 대한 특정 인간 집단의 불만을 수용한 적은 없었다.

인조 수세미는 '주방 세제'와 힘을 합쳐 천연 수세미나 지푸라기에 연탄재를 묻혀 그릇을 닦던 설거지 노동의 강도를 크게 완화했다. 오늘날에는 3M 사의 나일론제 수세미 외에도 여러 종류의 인조 수세미가 쓰이고 있으며 설거지도 주부만의 일에서 가족 구성원 모두의 일로 이행했다. 이제 천연 수세미를 그릇 닦는 용도로 사용하는 사람은 거의 없다. 수세미가 작물 이름인 줄 모르는 사람도 많다. 인조 수세미는 인공이 천연의 역할뿐 아니라 그 이름마저 빼앗은 사례로서 특기할 만한 현대의 물건이다.

전기 세탁기

85.   여성을
빨래에서
해방시키다

조선시대 관리들이 받는 녹봉을 신수비薪水費라고 했다. 땔감과 물을 구하는 데 필요한 돈이라는 뜻이다. 왜 녹봉에 이런 이름이 붙었는지는 정확히 알 수 없으나, 밥값이나 쌀값이라고 하기에는 미안한 수준이어서 그랬는지도 모른다. 그런데 일반 가정에서는 '신수'가 성별 역할 분담을 표시하는 개념이기도 했다. 땔나무를 구해 와서 적당한 크기로 자른 뒤 쌓아놓는 것은 남성의 일이었다. 반면 여성에게는 물과 관련된 모든 일이 배정되었다. 밥 짓기, 설거지하기, 빨래하기, 걸레질하기 등등. 가사노동에서 이런 성별 역할 분담은 동서양이 다르지 않았으나, 동양에서는 특히 남성=양陽=불, 여성=음陰=물이라는 음양사상이 이를 정당화했던 듯하다.

물과 관련된 일 중 힘과 시간이 가장 많이 드는 것이 빨래였다. 빨랫감을 담은 광주리를 머리에 이고 가까운 개울가나 강가, 우물가의 빨래터로 가서는 물에 담갔다가 뺐다 하며 비비고 주무르고 두들기고 쥐어짜는 일을 반복해야 했으니, 겨울철에는 일이라기보다는 고문에 가까웠다. 이것으로 끝이 아니었다. 빨래를 마치면 집으로 가져와 빨랫줄에 널어야 했고, 빨래가 마르면 다듬잇돌에 올려놓고 두들기거나 다림질을 해야 했다. 그나마 위안이 된 것은 빨래터에서 형성되는 여성들만의 커뮤니티였다. 대다수 여성에게 빨래터는 가정보다 더 넓은 세계와 접촉할 수 있는 몇 안 되는 공간이었다.

1969년 금성사가 처음 생산한 백조세탁기 광고 빨래를 '시간 낭비'로 규정하고, 신혼가정, 아파트, 맞벌이 부부, 대가족에게 구매를 권유하고 있다. 하지만 이로부터 20여 년 뒤 세탁기는 모든 가정의 필수품이 되었다. 현재까지 이 회사에서 생산한 세탁기만 해도 2억 대에 육박한다. '세탁기와 여성운동 중 여성의 해방에 더 크게 기여한 것은 무엇인가?'라는 질문에 정답을 찾기는 어려울 것이다.

인력 이외의 동력을 사용한 세탁기가 언제 처음 만들어졌는지는 확실치 않다. 대규모 세탁이 필요한 분야, 예컨대 염색 수공업장 등에서는 연자방아의 원리를 차용한 탈수기가 사용되었을 가능성이 크다. 전동력을 이용한 실린더식 세탁기는 1851년 미국의 제임스 킹이 처음 발명했는데, 병영이나 병원, 감옥, 호텔 등 대량 세탁이 필요한 곳에서만 제한적으로 사용되었다. 1874년에는 미국의 윌리엄 블랙스톤이 아내에게 생일선물로 주기 위해 가정용 수동 세탁기를 발명했다. 그가 빨래 때문에 고생하는 아내를 안타깝게 여긴 건 분명하지만, 자기가 빨래할 생각은 없었다는 것도 분명하다. 전기 모터가 달린 가정용 세탁기는 1908년 아버 피셔가 발명했다. 이것이 드

412

럼 세탁기의 원조에 해당한다. 1911년에는 미국의 가전업체 메이택
이 가정용 전기 세탁기를 상품화하는 데 성공했다.

　"두세 시간 걸리는 빨래를 미국 주부들은 10~20분 만에 끝낸다"
는 꿈같은 얘기가 1930년대 초부터 조선의 '신여성'들 사이에서 돌
아다니기 시작했지만, 일제강점기 자기 집에 가정용 전기 세탁기를
들여놓은 사람이 있었다는 기록은 없다. 해방 이후 한국에 거주하
는 미국 외교관, 사업가, 선교사들은 전기 세탁기를 사용했을 테지
만, 그들의 생활양식을 흉내 낼 수 있는 한국인은 거의 없었다. 전기
세탁기는 휴전 직후부터 부잣집 부엌이나 욕실에 놓이기 시작한 것
으로 추정된다. 1956년 경성전기주식회사는 전기를 많이 사용하는
가정에 전기 세탁기를 경품으로 제공했다. 이듬해 서울 동화백화점
1층에서는 '문화가정' 주부의 화젯거리가 된 가정용 자동세탁기를
전시했다. 물론 모두 미국산이었다. 미제 세탁기 밀수도 성행해서,
1961년 정부는 수십 대의 밀수 세탁기를 압수하기도 했다.

　국산 세탁기는 1967년에 처음 출시됐는데, 전기 세탁기가 아니라
'공기 세탁기'였다. 큰 풍선같이 생긴 통에 공기를 주입했다 뺐다 하
면서 그 힘을 이용해 세탁하는 반자동 기계로, 풍남산업과 정업공사
등에서 생산·판매했다. 1969년에는 금성사가 일본 히타치 사와 제
휴하여 첫 번째 국산 전기 세탁기를 출시했다. 하지만 국내 생산이
개시된 뒤에도 세탁기 보급 속도는 더뎠다. 한국에는 세탁기의 강력
한 경쟁자인 '식모'가 있었기 때문이다. 세탁기가 늘어나는 속도는
식모가 사라지는 속도에 비례했다. 1970년대까지도 새로 지은 아파
트에는 '식모방'이라는 이름의 작은 방이 있었다. 1980년대 중반 이
후 이 방의 이름은 다용도실로 바뀌었고, 방의 주인은 세탁기가 되
었다.

　식모를 둘 수 없었던 서민층 가정이 처음 들여놓은 것은 세탁기가

아니라 탈수기였다. 1975년에 처음 출시된 탈수기의 이름은 '짤순이'였다. 빨래 노동에서 가장 힘든 일이 탈수였는데, 그 힘든 일을 수행하는 기계에 아무 거리낌 없이 여자 이름을 붙였다. 당시 식모를 비하하는 용어가 '식순이'였으니, 이 기계가 어떤 인간을 대체했는지 분명히 표현한 셈이다. 이때로부터 얼핏 남자 이름 같기도 한 '통돌이'가 세탁기 이름으로 사용되기까지 40년이 걸렸다. 길다면 길고 짧다면 짧은 시간이지만, 역사의 눈으로 보면 '순식간'이다.

가정용 전기 세탁기는 가사노동의 시간 배분 비율을 혁명적으로 바꾸었고, '빨래는 여성의 일'이라는 고정관념에도 큰 타격을 가했다. 인터넷보다도 세탁기가 세상을 더 많이 바꿨다고 단언하는 사람도 있다. 여성의 가사노동 부담을 줄여주고 사회활동을 뒷받침하며 가정 내 성평등 지수를 높인 물건들에 순위를 매기는 대회가 열린다면, 세탁기가 시상대 위에 설 것임은 의심할 여지가 없다.

86.   집 안에서
        냄새를
        축출하다

백인 정복자가 고개를 빼고 두리번거리는 동안 그의 원주민 조력자는 땅바닥에 무릎을 꿇고 발자국을 살피는 한편 코를 킁킁거리며 냄새를 맡는다. 유럽인의 식민지 획득 역사를 다루는 영화에 흔히 나오는 장면이다. 연출자가 의식했든 안 했든, 이런 장면은 후각의 민감도가 이른바 '문명인'과 '야만인'을 구별하는 기준이라는 전제에서 삽입된 것이다. 지난 한두 세기 사이에 인류의 지각 능력에서 일어난 두드러진 변화를 꼽으라면, 먼저 시각과 후각의 퇴화를 꼽아야 할 것이다. 시각의 퇴화는 가까이에서 볼 것이 너무 많아졌기 때문이고, 후각의 퇴화는 거꾸로 수많은 냄새가 사라졌기 때문이다.

냄새는 주로 생명활동의 소산이다. 무기물은 냄새를 풍기지 않는다. 흙냄새나 물냄새는 사실 그 안에 서식하는 미생물의 냄새다. 생명체 중에서 식물은 대체로 좋은 냄새를 풍기지만, 인간을 포함한 동물이 모여 있는 곳에서는 악취가 나기 마련이다. 가장 많은 종류의 유기물을 소비하는 인간이야말로, 가장 많은 악취를 발생시키는 주범이다. 인류는 종적 생존 기간의 대부분을 퇴비, 분뇨, 쓰레기 냄새 곁에서 보냈다. 이런 냄새를 정벌할 기술이 없던 시대의 특별한 사람들은, 향유나 향수를 만들어 자기 냄새를 숨기고 자기와 남의 코를 속였다. 인류가 생활공간 주변에서 악취를 없앨 수 있게 된 것은 주로 하수도와 수세식 변기 덕분이었다. 중세 말 유럽에서 향기와 악취, 무취는 각각 귀족, 평민, 부르주아지의 표지였는데, 부르주아지의 '무취 전략'을 성공시킨 것은 이런 기술적 진보였다.

우리나라에는 조선시대까지 2층 이상 민가가 전혀 없었지만, 유럽의 도시들에는 로마 시대부터 2층 이상의 주거용 건물이 많았다. 1층에는 땅을 파고 변소를 만들 수 있었으나, 2층 이상에서 거주하는 독립 가구들은 실내에 변기를 설치할 수밖에 없었다. 그들에게는 변기 청소가 매일 반복해야 하는 큰일이었다.

1990년 여름, 대학원생이던 나는 중국 동북지역 일대를 답사했다. 압록강변 단둥에서 새벽에 일어나 산책하고 있는데, 저마다 큰 통을 손에 들고 한 방향으로 걸어가는 여성들이 보였다. 새벽부터 무슨 일인가 궁금해서 멀찍이 떨어져 따라가보았다. 궁금증은 오래가지 않았다. 그들 손에 들린 것은 똥통이었으며, 그들의 발길이 향하는 곳은 냇물이었다. 변소가 가득 차면 똥 푸는 사람을 부르던 기억은 생생했으나, 직접 똥통을 들고 가서 냇물에 버리는 모습은 아주 생소했다. 하지만 2층 이상에 사는 사람들이라면 그럴 수밖에 없었다. 그들은 변소를 깊이 팔 수도, 집 안에 똥 푸는 사람을 들일 수도 없었다. 실내 한구석에 변기를 놓고 쓰다가, 변기가 차면 직접 내다 버려야 했다. 가까이에 버릴 만한 곳이 없거나 '당번'이 게으르면, 2층이나 3층 창을 통해 길에 쏟아버리기도 했다. 유럽에서 양산과 하이힐이 '개발'된 이유가 머리 위에서 불시에 쏟아지는 분뇨와 길바닥에 버려진 똥 때문이라는 설도 있다. 버리는 일만 문제가 아니었다. 실내 한구석의 변기는 실내 전체를 늘 고약한 냄새로 가득 채웠다.

실내에 설치하는 수세식 변기는 1596년 영국의 존 해링턴John Harrington이 처음 발명했다. 그는 이 장치에 '워터 클로셋'water closet이라는 이름을 붙였는데, 직역하면 '물 쓰는 골방' 정도가 될 터이다. 워터 클로셋의 영문 이니셜 W. C.는 지금껏 변소라는 뜻으로 통용된다. 물론 2층 이상의 실내에 수세식 변기를 두려면, 지하의 하수도와 직접 연결되는 통로를 먼저 만들어야 했다. 그런데 변기의 내용물을 바로바로 하수도로 쏟아버린다고 해서 냄새를 피할 수는 없었다. 현대의 공동주택에서도 하수구 냄새가 역류하는 일이 종종 있는데, 당시에는 말할 나위도 없었다. 하수도와 직결된 실내의 수세식 변기는 하수도 냄새를 실내로 끌어들이는 구실을 했다. 냄새 역류를 방지하는 기술은 수세식 변기가 처음 생긴 지 200년쯤 지난 뒤인 1775년 알렉산더 커밍Alexander Cumming이 발명했다. 런던과 파리 등 유럽 대도시에서 수세식 변기가 일반화하기까지는 그로부터 다시 100년 정도의 시간이 더 걸렸다.

조선시대 서울에서는 개천(청계천)이 천연의 하수도였다. 뚜껑을 덮어 지하화한 유럽식 인공 하수도는 경운궁(현 덕수궁)이 대한제국의 정궁으로 정비되는 과정에서 처음 만들어졌다. 그러나 이 하수도는 개천으로 통했기에, 경운궁 주변의 냄새를 개천으로 보내는 데에만 유효했을 뿐이다. 하수도와 연결된 수세식 양변기는 1909년 완공된 석조전에 처음 놓았다. 영국인 존 하딩이 이 건물을 설계했기에, 양변기도 영국식이었다. 한편 2021년 7월 문화재청은 경복궁 경내에서 '수세식 화장실' 유구를 발견했다고 발표했다. 대원군이 경복궁을 중건할 때 만든 것으로 추정되는데, 분뇨를 물로 씻어 보낸다는 점에서 '수세식'이기는 하나, 변기는 따로 없었던 것 같다.

민가 중에서는 1921년에 완공된 윤덕영의 옥인동 '아방궁'에 최초로 양변기가 놓였다. 1900년 파리 만국박람회에 대한제국관이 설치되었을 당시 프랑스 주재 한국 공사는 민영환의 동생 민영찬이었다. 그는 대한제국관 건립 및 홍보를 위해 분주히 움직이는 한편, 프랑스인 건축가에게 프랑스식 대저택 설계도를 주문했다. 설계도는 1903년에 완성되었으나, 2년 뒤 을사늑약을 맞았다. 민영환이 자결

2014년에 '복원'된 석조전 화장실과 양변기 일부 언론사가 '드라마 세트장처럼 만든 엉터리 복원'이라고 비판했으나, 문화재청은 철저한 고증을 거쳤다고 반박했다. 실물은 사라졌으나, 우리나라 최초의 양변기가 석조전에 설치됐다는 사실을 의심할 여지는 거의 없다. 양변기는 실내 또는 마당에서 냄새를 축출했고, 수많은 냄새의 위치를 '향기'에서 '악취'로 이동시켰다. 출처: 『대한민국 정책브리핑』

한 뒤 민영찬은 끈 떨어진 연 신세가 되었다. 프랑스에서 고종의 밀지를 받은 민영찬은 러시아와 미국 외교부를 방문하여 을사늑약이 무효임을 주장했지만, 아무런 소득도 얻지 못하고 귀국했다. 설계도는 가지고 왔으나 집을 지을 돈이 없었다. 이 설계도는 순종 황제의 처삼촌인 윤덕영에게 넘어갔다. 민영찬이 돈 받고 주었는지 거저 주었는지는 알 수 없다. 일제의 한국 강점 직후 '이왕직 장관'이 되어 고종과 순종을 감시하는 역할을 맡은 윤덕영은, 이완용과 더불어 당대 최악의 친일 모리배로 꼽혔다. 1919년 고종이 갑작스레 사망하자

윤덕영이 몰래 독약을 먹였다는 소문이 널리 퍼졌을 정도였다. 그는 나라가 망하자마자 옥인동 언덕에 민영찬의 설계도대로 집을 짓기 시작했다. 10년이 넘는 대역사大役事 끝에 완공된 이 집은 '벽돌 하나도 범연한 것이 없고 유리 한 장도 보통의 물품은 쓰지 아니한 장안 제일의 호화 주택'으로서 아방궁이라는 별칭을 얻었다.

당시 윤덕영은 세 가지로 유명했는데, 특별히 주문 제작한 모자가 아니면 맞지 않을 만큼 머리가 커서 '윤대갈'이라는 별명을 얻은 것이 첫째요, 기생이나 여학생을 옆에 끼고 궁둥이를 두드리며 노는 '고상한' 취미가 둘째이며, 옥인동의 '아방궁'이 셋째였다. 그는 자기 평판에 걸맞게 아방궁이 완공되자마자 장안의 유명한 기생들을 불러들였다. 그때 불려갔던 이난향은 훗날 이렇게 회고했다.

> 대감 집에는 그 무렵 이미 앉아서 일을 보는 신식 변기가 놓여 있어 그 집에서 연회가 있을 때마다 갖가지 실수를 저지르곤 했다. 우리와 함께 간 동료들은 생전 처음 보는 변기에 신발을 벗고 버선발로 올라가 앉아 일을 보다 몇 번이고 미끄러졌는가 하면 변기마저 더럽혀 주인에게 폐를 끼친 일마저 있었다.
> — 중앙일보 동양방송, 『남기고 싶은 이야기들』, 1979

1925~1926년 사이에 신축된 경성역사, 조선총독부 신청사, 경성부 신청사 등 '문명적 식민 통치'를 상징하는 근대적 대형 건물들에는 대개 양변기가 설치되었다. 1930년대에는 학교, 백화점 등에도 수세식 양변기가 놓이기 시작했다. 1934년에 신축된 서대문형무소의 새 감방에도 '의자에 수세식 변소를 붙인' 죄수용 양변기가 놓였다. 1936년 2월 경성부는 장기적으로 하수도 시설을 완비하고 모든

변소를 수세식으로 개조하겠다는 야심찬 계획을 세웠다. 하지만 당시 경성부의 재정 형편이나 기술 수준에서는 한갓 허황한 꿈이었다.

해방 이후에도 도시의 냄새를 없애고 도시 주민의 위생 상태를 개선하기 위해서는 화장실을 수세식으로 개조해야 한다는 주장이 수시로 제기되었으나, 이 주장의 실현을 위해서는 아파트 시대의 개막을 기다려야 했다. 사실 수세식 양변기의 원조인 유럽에서도 이 물건의 보급 속도는 생각보다 느렸다. 1954년 당시 프랑스의 주택 1,340만 채 중 실내에 수세식 화장실을 갖춘 집은 26.6퍼센트에 불과했다.

수세식 양변기는 고층 아파트의 필수 설비였고, 서민들의 아파트에 대한 열망을 키운 물건 중 하나였다. 내가 1978년에 입학한 고등학교에는 갓 완공된 신관과 1973년에 완공된 구관의 두 건물이 있었다. 신관의 변소는 수세식이었고, 구관의 변소는 속칭 '푸세식'이었다. 신입생 교실은 신관에 있었으나 학교에서는 신관 화장실을 쓰지 못하게 했다. '한국인은 민도民度가 낮아 수세식 변소를 쓸 자격이 없다'는 것이 그 이유였다. 해방 30년이 지나도록 요지부동인 한국인 혐오(혐한嫌韓) 의식이 일차적 문제였지만, 수세식 변기를 쓸 줄 모르는 학생이 많은 것도 사실이었다.

수세식 양변기는 1980년대 중반 이후에야 대다수 도시 가정에 설치되었다. 양변기는 현대 한국인을 변소 냄새에서 해방시켰을 뿐 아니라, 냄새 일반에 대한 태도와 생각까지 바꿨다. 17세기 초에 전래된 담배는 20세기 중후반까지 변소에서 나는 악취를 중화하는 용도로도 쓰였다. 사람들은 흔히 변소에서 담배를 피웠고, 담배꽁초도 변소에 버렸다. 변소 냄새와 비교하면 담배 냄새는 분명 '향기'였다. 20세기 벽두의 담배회사들이 곡향谷香이니 향연香煙이니 하는 상호를 썼던 것도, 절대다수 사람이 담배 냄새를 향으로 여겼기 때문이다.

양변기는 담배 '향기'의 마지막 쓸모를 없애버렸다. 한국에서 '푸세식' 변소가 희귀해진 지 얼마 되지 않아, 공중화장실 흡연이 금지되었다. 오늘날 담배 냄새는 세상에서 축출해야 할 첫 번째 악취처럼 취급된다. 담배 냄새뿐 아니라 짚단이나 풀 태우는 냄새, 청국장 끓이는 냄새 등 향수나 디퓨저 냄새를 제외한 온갖 냄새가 '악취'로 규정된다. 오늘날 어떤 사람에게 '냄새난다'고 말하는 건 아주 심한 모욕이다. 현대 한국인은 생활공간에서 '냄새' 일반을 축출하여 '무취 상태'를 이루는 데 성공했으며, 양변기는 그 일등공신이다.

화장지

87.   함부로
      쓰고 버리는
      물건

"남서 성명방 대유림동 48통 세 칸짜리 집을 이종준 씨에게 샀더니 집문서를 잃어버렸기로 한성부에 재발급을 요청하였은즉 내외국인 간에 그 문서를 얻은 이가 있어도 쓸데없는 휴지休紙로 아시오." 1899년 9월 5일자 『독립신문』에 실린 광고 문구를 현대어로 바꾼 것이다. 그런데 왜 쓸데없다면서 폐지가 아니라 휴지라고 했을까? 이 종이에 집문서의 용도는 사라졌지만 다른 용도가 남았기 때문이다.

종이는 나침반, 화약과 함께 중국인의 3대 발명품으로 간주되나, 이 물건과 관련한 문화가 가장 발달한 곳은 한반도였다. 종이로 문서와 책자, 생활소품 등을 만든 것이야 세계 공통이지만, 장판지 위에 눕고 벽지에 등을 붙이며 창호지를 통해 햇볕을 받는 주거문화는 한반도에서 가장 융성했다. 한국인은 오랜 세월 동안 종이 안에서 살았다.

19세기 서울의 물정을 노래한 한양가에 따르면 당시 지전紙廛에서 팔린 종이는 백지, 장지, 대호지, 설화지, 죽청지, 상화지, 화문지, 초도지, 상소지, 궁전지, 시축지, 능화지 등 10여 종에 달했다. 그런데 이들 종이 중 최초의 이름과 용도로만 존재하다가 소멸하는 것은 아주 드물었다. 한번 먹물이 묻은 종이도 빨아서 다시 썼으며, 더 이상 붓을 대기 어려울 정도가 되면 초배지나 봉투지, 노끈 등으로 바뀌었다.

　조선 중종 17년(1522) 함경남도 절도사 우맹선이 상주하기를, "본 도本道에서는 무명이 나지 않아 군민軍民이 모두 삼으로 길쌈하여 옷을 만들고 삼으로 솜을 대신하며, 더러는 개가죽으로 옷을 만들기 때문에 엄동을 당하면 비록 장사壯士, 용부勇夫라 하더라도 기력이 위축되어 적을 보고도 싸울 용기를 내지 못하기 때문에 매우 염려스 럽습니다. 과거 시험장에서 나온 파지破紙로 옷을 만들어 가난한 군 사들에게 나누어줌이 어떠하리까?"라고 했다. 숙종 23년(1697) 왕은 한성부에 명하여 "도로에서 유랑하는 거지를 가려내어 지의紙衣와 짚자리를 각각 지급"하도록 했다. 파지는 솜 대용품으로도 쓰였으 며, 그런 용도조차 다하면 대개 불쏘시개로 생을 마감했다. 휴지란 여러 차례의 용도 변경 과정에서 일시 휴식 중인 종이였다.

　우리 조상들이 변소에서 뒤처리용으로 종이를 사용했는지 여부 는 확실치 않다. 보통사람들은 마른 지푸라기나 새끼줄을 사용했지 만, 왕은 상궁이 흰 천으로 닦아주는 것이 법도였다. 이로 미루어보 면 부자들이 파지를 사용했을 가능성은 있다. 중국인들이 변소에서 밑 닦는 용도로 종이를 사용한 기록은 6세기부터 나온다. 명나라 초 기에는 황궁 변소에서만 연간 70만 장 정도의 종이를 썼다. 하지만 유럽인들은 오랫동안 이를 받아들이지 않았다. 18세기까지도 유럽 의 귀족들은 수세미나 헝겊, 양털을 사용했다. 유럽과 미국 사람들 도 한 번 보고 버리는 인쇄물인 신문이 나온 뒤에야 변소에서 종잇 조각을 사용하기 시작했다.

　1857년, 미국인 조지프 가예티Joseph Gayetty가 조직이 성근 갈색 종이를 적당한 크기로 잘라 포장한 '변소용 종이'를 판매했다. 그는 이 상품을 '가예티의 의료용 종이'라고 홍보했으나, 상업적으로는 성공하지 못했다. 뒤이어 다른 나라들에서도 같은 시도가 있었으나

1974년 유한킴벌리에서 출시한 뽀삐 한국에서 두루마리 화장지를 대중화하는 데 큰 구
실을 한 제품이다. 이 제품이 출시될 때만 해도 변소에 신문지 조각을 비치한 집이 훨씬
더 많았다. 화장지라는 용어가 일반화한 지금도 나이 많은 사람들은 이를 '휴지'라고 부
른다. 종이는 여러 차례 용도를 변경할 수 있는 물질이지만, 오늘날 그 최종 사용처는 화
장실이다.

당시 사람들은 변소용 종이를 돈 주고 살 이유를 알지 못했다. 신문
지, 광고지, 포장지 등 구기면 부드러워지는 종이가 지천에 널려 있
었기 때문이다. 1879년 영국인 월터 올콕은 절취선을 낸 두루마리형
변소용 종이를 개발하는 데 성공했다. 이후 이른바 '두루마리 화장
지'는 미국과 유럽 전역으로 확산했지만, 제1차 세계대전 이전까지
는 여전히 부유층의 사치품으로 취급되었다.

 양지洋紙 신문이 발행된 뒤에는 우리나라 서민 주택의 변소에도
뒤처리용 종잇조각이 들어가기 시작했다. 물론 신문지도 붓글씨 연
습용이나 포장용, 초배지용 등 여러 용도로 재활용되었지만, 상당량
은 광고지, 포장지 조각 등과 함께 손바닥만 한 크기로 잘려 변소에
비치되었다. 종이를 사용하는 뒤처리 법은 이후 한 세대 사이에 일
반화한 것으로 보인다. 우리말에서 변소와 화장실이 동의어가 된 것
도 같은 시기의 일이다. 1922년 6월 경성 감옥에 수감된 정치범들
이 단식 투쟁에 돌입했다. 요구 사항은 변소용 휴지 '온 장'을 달라
는 것이었다. 당시 간수들은 변소용 휴지조차 반으로 잘라 나눠주었

다. 이로 미루어보면 변소용 휴지 한 장의 규격이 정해져 있었던 듯하다. 1913년 공업전습소는 낡은 짚신, 휴지 부스러기 등으로 재생지를 제조하는 데 성공했다. 총독부와 각 관청은 휴지 조각들을 모아 공업전습소로 보냈고, 여기에서 생산된 재생지는 봉투용으로 사용되었다. 일제강점기에 국내에서 전용 화장지가 생산되었다는 기록은 찾지 못했다.

두루마리 화장지는 해방과 한국전쟁을 거치면서 미군 PX를 통해 국내 시장에서 유통되었으나, 부자나 미군부대 근무자가 아니면 접하기 어려웠다. 처음부터 화장실용으로 만들어져 한 번 사용한 후에는 용도 변경이 불가능한 종이인 화장지는 1962년에 처음으로 국내에서 생산되었다. 이해에 장미화장지라는 국산 두루마리 화장지가 출시되었다. 하지만 1960년대 말까지도 소비자들은 국산 화장지가 미제 화장지보다 훨씬 헤프다고 불평하곤 했다. 화장지 원지의 국산화는 1970년에야 이루어졌다. 그로부터 50여 년이 지난 오늘날, 한국인들은 화장실, 식탁, 화장대, 거실 탁자 등 곳곳에 화장지를 비치해두곤 필요할 때마다 필요한 만큼 잘라 쓰고 바로 버린다. 사람을 필요할 때 필요한 만큼 뽑아 썼다가 바로 버리는 것을 당연시하는 시대에는, 사람의 가치가 화장지의 가치에 수렴하기 마련이다.

성냥

88. 불씨 지킬
이유를
없애다

　　그리스 신화의 영웅 프로메테우스는 인간에게 불을 가져다
주었다가 제우스의 노여움을 사 바위에 묶인 채 영원히 독수리에게
간을 쪼이는 형벌을 받는다. 불은 인간을 다른 동물들로부터 이탈시
켜 신에 가까운 존재로 만들어주는 성물聖物이었기 때문이다. 불을
다룰 수 있게 된 덕분에, 인간은 비로소 문명을 주조할 수 있었다.
그럼에도 인간이 불을 '만드는' 기술의 진보는 무척 더뎠다. 우리나
라 선사 유적지에 만들어진 테마공원에는 대개 '선사시대 사람들의
불 피우기' 체험 학습장이 있다. 하지만 성공적인 체험을 하는 사람
은 거의 없다.

　　부싯돌이 나온 뒤에도 불 피우는 일에는 전문적인 기술이 필요했
다. 그래서 불을 새로 지피는 것보다는 불씨를 지키는 쪽이 더 편했
다. 우리나라의 경우 가정의 불씨 지키는 일은 부엌일을 담당한 주
부 소관이었다. 주부들은 잠들기 전에 부엌 아궁이에서 불잉걸(이글
이글 타는 나뭇조각이나 숯덩이)을 꺼내 불씨 항아리에 옮겨 담았다가
다음 날 불 피울 때 꺼내 썼다. 불씨가 꺼지면 남의 집에 가서 얻어
와야 했는데, 이 행위만으로 게으르고 조심성 없는 주부로 낙인찍히
곤 했다. 주부들이 '불씨 얻으러 다니는 창피'를 면하고, 애연가들이
장죽을 물고 거리에 나설 수 있게 된 것은 성냥 덕분이었다. 성냥이
나오기 전에는 '보행 중 흡연'이 사실상 불가능했다.

1680년 영국의 화학자 로버트 보일Robert Boyle은 나뭇조각의 한쪽 끝에 유황을 씌운 다음, 인燐을 바른 종이에 그어 불씨를 만들어냈다. 그러나 불씨를 일으키는 데 쓰기에는 인의 값이 너무 비쌌다. 1826년, 영국의 약학자 존 워커John Walker가 우연히 '마찰 성냥'friction match을 발견했다. 황화안티몬, 염소산칼륨, 유황, 고무 혼합물을 통에 넣고 막대기로 젓던 그는, 막대기에 묻은 것을 닦아내기 위해 돌바닥에 대고 문질렀다. 그 순간 막대기에 불이 붙었다. 그는 이 막대기를 작게 만들어 사포와 함께 시장에 내놓았다. 다른 사람들도 앞다투어 이 물건 제조에 뛰어들었고, 이윽고 나뭇개비 끝에 인을 씌운 성냥이 일반화했다. 이런 성냥은 아무 데나 대고 그어도 불이 일었다. 훗날 우리나라 사람들은 이런 성냥을 '딱성냥'이라고 불렀다. 그런데 딱성냥은 인 성분 때문에 건강에 해로웠고, 불꽃이 많이 튀어 화재로 번질 위험이 컸다. 이 문제는 1844년 스웨덴의 화학자 구스타프 파슈Gustaf Erik Pasch가 해결했다. 그는 성냥에서 점화 물질의 일부를 제거한 뒤, 그 물질을 성냥갑에 붙였다. 이 '안전 성냥'은 스웨덴 성냥회사Swedish Match Company를 세계 최대의 성냥 생산 기업으로 만들어주었다.

성냥은 개항을 전후한 시점에 우리나라에도 들어왔다. 1876년 무위소武衛所에서 제조한 군기軍器 중에 자기황自起磺이 있었는데, 서양식 성냥이었던 것으로 보인다. 성냥은 석유황石硫黃이 변한 말로 서양 부싯돌이라는 뜻의 양수화통洋燧火筒, 스스로 불을 일으키는 유황이라는 뜻의 자기황 등으로 불렸고 일본 용어 인촌燐寸이나 중국 용어 화시火柴로도 표기되었다. 일제강점기에는 영어 'match'의 일본어 발음인 '마치'라는 말이 흔히 사용되었다.

성냥은 개항장을 통해 본격 수입된 지 10년도 채 안 되어 한반도 전 가정의 생활필수품으로 자리 잡았다. 1882년 미국과 수호통상조

인천배다리성냥마을박물관에 전시된 성냥갑들 성냥은 부피가 작고 값이 싸서 홍보용 물건으로 제격이었다. 극장, 다방, 음식점, 여관 등 온갖 업소에서 성냥을 나눠주곤 했다. 1980년대까지도 성냥은 흡연자의 필수 휴대품이었다. 하지만 1980년대 초반부터 값싼 가스 라이터가 대량 보급되면서 성냥은 일상 생활공간에서 급속히 자취를 감추었다. 국내 최대의 성냥 제조업체였던 UN성냥이 문을 닫은 것은 1997년의 일이다. 출처: 인천 배다리성냥마을박물관

약 체결을 앞둔 조선 정부는 청나라에 외교 통상 업무를 잘 아는 사람을 추천해달라고 부탁했다. 청나라 북양대신 이홍장은 자기 밑에서 무보수 막료로 있던 독일인 묄렌도르프를 추천했다. 조선 정부는 묄렌도르프를 외아문 참의(현 국장급)로 임명했다가 곧 협판(현 차관급)으로 승진시켰다. 묄렌도르프는 외교 통상 사무뿐 아니라 식산흥업 정책에도 관여했다. 1883년 그는 정부에 잠업蠶業과 유리 제조업의 육성을 권유하고 스스로 적임자를 추천했다. 이에 잠업 관련 전문가로는 독일인 마에르텐스A. H. Maertens가, 유리 제조업 전문가로는 독일계 미국인 조지프 로젠봄이 초빙되었다. 조선 정부는 잠상공사蠶桑公司와 파리국玻璃局을 설립하여 이들에게 운영을 맡겼다.

조선 정부는 파리국 부지를 한강변으로 정했다. 유리의 원료가 모래이니, 서울 가까이에 한강변보다 좋은 곳은 없었다. 로젠붐은 제물포에서 도성으로 오는 길에, 그리고 도성에서 한강변으로 가는 길에, 조선의 민가들을 살펴보았을 것이다. 집이 많기는 했으나 대개는 다 쓰러져가는 초가집이었다. 그는 유리의 수요가 그리 많지 않을 것으로 판단했던 듯하다. 그는 자기 마음대로 업종을 성냥 제조업으로 바꾸었다. 성냥이 유리보다 판로가 더 넓은 것은 분명했다. 책무를 권리로 착각하는 것은 당시 제국주의 국가 사업가들에게 흔한 일이었다. 그는 자기 돈으로 목재를 사들여 한강변에 쌓아 놓았는데, 한강의 하상계수河狀係數(최대 유량과 최소 유량의 차이)가 세계에서 가장 높은 편이라는 사실은 몰랐다. 큰비가 내린 어느 날 목재는 다 떠내려갔고, 그는 조선 정부에 목재 값을 물어달라고 떼를 썼다. 국내 최초의 성냥 공장 건립 시도는 이렇게 수포로 돌아갔다.

1899년 4월 서울 인사동에 고흥회사杲興會社라는 성냥 제조회사가 설립되었다. 장정 30~40명, 어린이 50~60명을 고용한 대규모 회사였는데, 당시 인사동은 전국 최대의 가구 제조 단지였으므로 성냥 제조용 목재 부스러기를 구하기에는 이보다 좋은 곳이 없었다. 나무 위에 태양을 올려놓은 모양의 '고'杲라는 글자는 성냥을 직관적으로 표현한 것이기도 했다. '성냥이 흥하는 회사'라는 뜻이라고 해도 될 것이다. 설립자가 외국인이라는 사실만 알려졌을 뿐, 그의 이름은 알 수 없다. 이 회사가 언제 문을 닫았는지도 알 수 없다. 일제강점기에는 크고 작은 성냥 공장들이 전국 도처에 설립되었으며, 이들 중 상당수는 가구 제조업을 겸했다.

이 땅에 들어온 뒤 150년간, 성냥은 불을 '만드는' 도구로서뿐 아니라 어른들의 장난감으로, 이쑤시개 대용품으로, 초보적 계산기 등으로 이용되면서 모든 사람의 지근거리에 있었다. 부모가 집을 비운 사이에 아이들끼리 성냥을 가지고 놀다가 참화를 빚은 일도 여러 차례 있었다. 최근 10~20년 사이에 인류는 불의 빛과 열을 나누어 쓸 정도로 기술을 발전시켰고 성냥도 사실상 멸종 위기에 처했지만, 성냥 덕에 인간이 불을 쉽게 다루는 동물로 진화했다는 사실은 의심할 바 없다.

화재경보기

89.　　　스스로
　　　　판단하고 경고하는
　　　　기계

　　　17세기 프랑스 철학자 데카르트René Descartes는 인간을 '영혼이 깃든 기계'로 정의했다. 유사 이래 수많은 철학자가 한마디 말로 인간을 정의했지만, 기계 생산 시대의 인간에게 이보다 잘 어울리는 정의는 달리 찾기 어려울 것이다. 데카르트 시대를 대표하는 자동 기계는 시계였다. 때맞춰 태엽만 감아주면 쉬지 않고 규칙적으로 움직이며 고장 나더라도 부품만 갈아주면 원상태로 회복되는 이 기계는, 인간을 닮았다기보다는 오히려 인간의 롤 모델이었다. 데카르트가 누군지 몰랐던 우리 선조들도 생각은 그와 같아서 시계태엽 감는 걸 '밥 준다'고 했다.

　　그런데 시계는 '노동하는 동물'의 모델이 되기에는 충분했으나, 불규칙하고 비일상적인 사건들에 반응하는 '정치적 동물'의 모델로서는 부족했다. 시계는 스스로 판단하는 능력이 없다. '인간은 기계'라는 말의 설득력을 높이기 위해서는 인간에는 미치지 못하더라도 어느 정도 판단 능력을 갖춘 기계가 있어야 했다. 인간을 대신해서, 또는 인간보다 먼저 재난 상황을 감지하고 경고하는 일은 아주 옛날부터 개의 몫이었다. 개가 심상치 않은 소리로 짖어댈 때면, 사람들은 대문 밖에 낯선 사람이 나타났거나 부엌에서 불이 났다고 짐작하곤 했다. 감지와 경고의 두 가지 기능을 갖춘 기계라면, 개의 역할 정도는 충분히 대신할 수 있었다. 이런 기계로 처음 만들어진 것이

자동 화재경보기다.

　화재를 목격한 사람이 전기신호를 이용해 소방대에 알리는 화재경보기는 1845년 미국인 윌리엄 채닝이 발명했는데, 한국인들은 이 기계를 1915년 조선물산공진회가 열린 경복궁에서 처음 보았다. 당시 이 기계의 이름은 '화재보고기'였다. 가로 세로 각각 24센티미터 크기의 나무 상자 안에 버튼을 두고, 상자 전면은 유리로 덮은 것이었다. 상자 옆에는 망치를 비치하여 화재를 발견한 사람이 망치로 유리를 깨고 버튼을 누르면 장내에 있는 소방대에 신호가 전달되는 방식이었다. 외형은 오늘날의 수동 화재경보기와 별 차이가 없었다.

　온도 감지 센서가 부착되어 화재 여부를 스스로 판단하고 경보하는 자동 화재경보기는 1890년에야 처음 만들어졌다. 온도계와 사이렌의 발명 시점으로부터 기산起算하면 꽤 오랜 시간이 걸린 셈이다. 19세기 말에 새로 발명된 물건 대부분이 사용자의 다과에 관계없이 10년 이내에 이 땅에 들어왔지만, 자동 화재경보기가 들어오는 데에는 60년 넘는 세월이 걸렸다. 자동 화재경보기가 필요한 대형 건물이 적었던 것이 하나의 이유였고, 기계의 정확도가 낮았던 것이 또 하나의 이유였다.

　한국전쟁 휴전 직후인 1953년 11월, 경북 김천 금릉중학교 물리 교사 반명식이 출원한 자동 화재경보기가 특허를 받았다. 실내 온도가 40도를 넘으면 자동으로 사이렌이 울리게 만든 것으로서, 지금 기준에서는 단순한 기계였다. 이 기계는 1959년 동양전업주식회사에 의해 상품화되었다. 하지만 이 기계를 비치하는 건물은 거의 없었다. 우리나라에서 자동 화재경보기 시장은 수출품 제조 공장이 급증하기 시작한 1960년대 중반 이후에 급팽창했다. 원료와 완제품 대부분이 불에 타기 쉬운 섬유류였던 데다가 1년 사계절 노동자들에게 철야 작업을 시키는 공장이 많았기 때문에 많은 공장이 화재에 취약했다. 화재 대처가 늦어 공장 설비와 생산품을 잿더미로 만드는 것보다는 돈이 들더라도 자동 화재경보기를 장치하는 편이 나았다.

현대의 가정용 화재경보기 열, 연기, 가스 농도 등을 감지하여 화재 여부를 스스로 판단, 한편으로는 경보를 울리고 다른 한편으로는 스프링클러를 작동시키는 진보된 기계다. 우리나라에서는 자동 화재경보기가 생산된 지 반세기도 안 되어 인간의 동작이 센서에 감지 당하는 시대가 열렸다.

그 뒤로 겨우 반세기 남짓, 오늘날의 자동 화재경보기는 열, 연기, 가스를 종합적으로 인지해 화재 여부를 판단할 정도로 발달했으며, 거의 모든 업무용 건물의 방과 아파트 가구마다 설치되어 있다. 이 기계가 오작동하여 사람들을 놀라게 하는 경우가 왕왕 있지만, 그래도 이 기계는 인간의 화재 대처 속도를 획기적으로 향상시켰다. 자동 화재경보기에서 출발한 '센서'는 오늘날 특정 공간에서 일어나는 온갖 변화를 감지하여 '센서 주인'에게 보고한다. 인간은 재해를 신속히 감지하기 위해 센서를 개발했지만, 지금의 센서는 개개인의 동작까지 감지한다. 인간이 기계의 감지 대상이 되는 시대는, 인간이 기계의 지배를 받는 시대의 전사前史일 수 있다.

90. 시간 소비량을
늘리다

소설이나 영화 속의 뱀파이어, 강시, 좀비, 악령, 도깨비 등은 밤에만 활동한다. 햇빛이 비치는 낮은 그들의 시간이 아니다. 옛사람들은 같은 맥락에서, 밤은 인간의 시간이 아니라고 믿었다. 낮과 밤은 하루를 양분할 뿐인 균질의 '시간대'가 아니었다. 낮은 선善, 생명, 광명, 정의의 시간대였고, 밤은 악惡, 죽음, 암흑, 불의의 시간대였다. 인간은 불을 이용해 이 공포 덩어리에 맞섰으나, 그것이 제공하는 보호막은 너무 좁고 약했다. 이 보호막을 확장, 강화하여 밤이 없는 도시, 즉 불야성不夜城을 만드는 것은 오랜 세월 인류의 꿈이었다.

전등은 이 꿈을 비로소 실현할 수 있게 해주었다. 1808년 영국인 화학자 험프리 데이비Humphry Davy는 탄소 막대기에 전류를 흐르게 해 촛불 4,000개 정도 밝기의 빛을 내는 아크등arc lamp을 발명했다. 하지만 부피가 크고 작동 장치가 복잡한 데다가 너무 밝기도 해서 가정용으로는 부적합했다. 1879년 미국의 토머스 에디슨은 가정에서도 간편하게 쓸 수 있도록 전등을 실용화하는 데 성공했다. 그로부터 불과 8년 뒤인 1887년 2월 10일, 경복궁 안에서 우리나라 최초의 전등이 빛을 발했다.

1883년 미국에 파견되었던 보빙사報聘使 일행은 귀국한 뒤 왕에게 전등에 관해서도 보고했다. 고종은 불 없이 빛만 내는 등을 무척 탐

냈던 듯하다. 그 직후 조선 정부는 조선 주재 미국 공사 루셔스 하우드 푸트Lucius Harwood Foote의 도움을 얻어 전등 시설과 기구 일체를 미국 에디슨 전등회사에 주문했다. 에디슨 전등회사는 미국과 갓 수교한 나라에서 보내온 주문을 가급적 신속히 처리하려 했으나, 1884년 겨울 갑신정변이 일어남으로써 기사 파견을 일단 유보했다. 조선 정부가 미국인 교사 세 명을 초빙하여 육영공원을 개설한 1886년, 에디슨 전등회사 직원 윌리엄 맥케이William McCay가 전등 장비를 가지고 인천항에 도착했다. 경복궁 경내를 둘러본 그는 발전기를 설치할 장소로 향원정 옆을 지목했다. 증기 터빈을 가동하려면 물이 필요했기 때문이다. 이듬해 봄, 향원정 옆 발전기에서 생산된 전기가 경복궁 안 건청궁 경내에 가설된 전등들을 환하게 밝혔다. 이 전등은 조선이 일본이나 중국을 거치지 않고, 그들보다 먼저 도입한 거의 유일한 신문물이었다.

에디슨 전등회사는 조선 왕궁을 동아시아의 전등 전시장으로 만들기 위해 투자를 아끼지 않았으나, 발전기는 수시로 작동을 멈췄고 그때마다 전등이 꺼졌다. 발전기를 다시 가동할 때는 굉음이 궐 안에 있는 사람들의 고막을 찔렀다. 제멋대로 깨었다 잤다 하는 데다가 수시로 사람들을 괴롭히기까지 하니 그 성정性情이 건달과 똑같았다. 그래서 사람들은 전등을 '건달불'이라고 불렀다. 그래도 고종의 건달불 사랑은 각별했다. 그는 이 불에서 어둠을 물리치는 용도 이상의 것을 발견했다. 전등에는 밤과 낮의 경계를 허무는 힘, 곧 시공간을 초월하는 힘이 있었다. 고종은 전등을 당장 철거하여 절검節儉하는 뜻을 보이라는 유생과 관료들의 상소도, 건달불 때문에 가뭄이 든다는 백성들의 원망도 가볍게 묵살했다. 그는 오히려 1894년 창덕궁에 두 번째 전등소電燈所를 설치했다. 이 전등소의 발전 용량은 경복궁 것의 세 배였다.

435

왕의 거소만을 밝히는 전등은 왕권의 상징일 뿐이었다. 보통사람들에게 전등은 그에 관한 소문을 들을 수는 있으나 직접 볼 수는 없다는 점에서 왕과 같은 존재였다. 전등은 고종이 한성전기회사를 설립한 1898년 이후에야 거리로 나왔다. 고종이 한성전기회사를 설립한 이유는 1902년의 칭경稱慶 예식(고종 즉위 40주년 기념식)을 앞두고 서울을 근대적 도시로 개조하기 위해서였다. 한성전기회사는 서울의 전차, 전등, 수도 사업권을 독점했으며, 은행 설립권까지 확보했다. 미국인의 콜브란-보스트윅 상사Colbran&Bostwick Co.에 전차 궤도 건설 공사 및 운영을 맡긴 한성전기회사는 동대문 옆에 발전소가 완공되자 전등 사업도 개시하기로 하고, 1899년 11월 황실 소유의 전등 시설 일체를 구입했다. 당시는 고종이 경운궁에 있던 때라 경복궁의 전등 설비는 쓸모없게 된 상태였다. 이듬해 4월 10일, 한성전기회사 사옥(현 YMCA 서쪽 장안빌딩 자리) 주변에 설치된 전기 가로등 세 개가 불을 밝혔다. 다중이 볼 수 있는 곳에 등장한 전등은 이것이 처음이었던바, 1966년 대한민국 정부는 이날을 '전기의 날'로 지정했다.

칭경예식을 1년쯤 앞둔 1901년 6월 17일, 경운궁 안에 여섯 개의 전등이 가설되었다. 그 며칠 후, 관영 기업인 대한협동우선회사大韓協同郵船會社 소속 선박 한성호가 상하이에서 전등용 설비와 기구를 다량 구입해 왔다. 민간용 전등 개설 준비를 마친 한성전기회사는 대대적인 판촉 행사를 기획했다. 같은 해 8월 19일 늦은 밤, 한성전기회사 전차 차고(현 JW 메리어트 호텔 자리)에 수많은 시민이 모여들었다. 밤 11시, 단상에 앉아 있던 육군 부장 민영환이 앞으로 나와 전기 스위치를 올렸다. 순간, 동대문 전차 차고에서 종로 네거리에 이르는 길가 교차로들에 설치된 전기 가로등이 일제히 빛을 뿜었다. 사람들은 너나없이 탄성을 질렀다. 한밤중임에도 밤의 감각인 청각이 물러나고, 낮의 감각인 시각이 되살아나는 것은 정녕 놀라운 경험이었다. 이후 자기 집에 전등을 설치하는 한국인 고관과 부호, 일본인들이 생겨났다. 1903년 2월에는 재경在京 일본인들이 한성전기회사와 별도의 전등 공급 업체를 만들려 했으나, 실패했다.

한성 내 전등 사업권을 독점했던 한성전기회사는 1904년 콜브란-보스트윅 상사에 지분 일부를 양도해 한미전기회사로 바뀌었고, 러일전쟁 이후인 1905년에는 시부사와 에이이치澁澤榮一 등의 일본인 자본가가 세운 경성와사전기회사가 이 회사의 사업권 일체를 매수했다. 경성와사전기회사는 1909년 일한와사전기주식회사로, 다시 1915년에는 경성전기주식회사로 바뀌었다. 일제강점기 이 회사는 경성과 인천, 마산, 진해의 전등 사업권을 독점했다. 1910년 한국을 강점한 일본은 '근대의 빛'인 전등電燈을 통해 '문명적 통치'를 표상하고자 했다. 전국 각 도시에서 전등회사 설립 붐이 일어 1912년 14개에 달했고, 1921년에는 21개로 늘었다.

전등회사 증가에 비례하여 전등 설치 가정도 빠르게 늘었다. 1910년 경성 내 전등은 7,000여 개였으나, 1912년에는 2만 7,000여 개, 1913년에는 4만여 개에 달했다. 1912년 인천의 전등은 6,000개, 마산의 전등은 2,100개였다. 경성 내 전등은 1917년 10만 개, 1936년 50만 개를 돌파했다. 값은 등잔이나 양초보다 비쌌지만 간편하고 밝았기 때문에 극빈자가 아니면 전등의 유혹을 뿌리치기 어려웠다. 하지만 조선인 중에는 극빈자가 많았고, 그 때문에 이 '근대의 빛'이자 '문명의 빛'은 '민족 차별의 빛'이기도 했다.

1916년 3월 현재 경성부 내 민족별 전등 사용 호수戶數는 일본인이 1만여 호인 데 비해, 조선인은 1,400여 호에 불과했다. 호당戶當 전등 수와 촉광 수로 따지면 격차는 엄청났다. 1927년 조선 내 전등 사용 가구는 조선인 7만 7,000여 호, 일본인 7만 3,000여 호였는데,

조선인 가호의 등수燈數는 14만 4,237개로 1호당 2개, 일본인 가호의 등수는 36만 4,013개로 1호당 5개, 인구 비례로 하면 조선인은 1인당 0.3개, 일본인은 1인당 2개였다. 게다가 조선인들은 상대적으로 값이 싼 낮은 촉광燭光의 전등을 썼기 때문에 조선인 가호의 소비 촉광은 16만 9,500촉燭으로 일본인 가호의 소비 촉광 651만 7,618촉의 40분의 1에 불과했다. "경성의 남촌은 밝고 북촌은 어둡다"라는 당시 속담은 정치·경제적 상황에 대한 비유가 아니었다. 조선인 절대다수는 '불빛조차 마음대로 쓰지 못하는' 사람이었다. 일본인 집거지와 조선인 거주지 사이의 문명적 격차는 밤에 확연히 드러났다. 일본인 동네가 '광명光明의 거리'였다면, 조선인 거리는 문자 그대로 '암흑가'暗黑街였다.

양 민족 간 빛 사용량의 차이는 전등 요금 부과 체계 때문이기도 했다. 전등회사들은 수요자들에게 10, 16, 25, 32촉광 등 서로 다른 광도光度의 전구를 팔고, 그 전구 기준으로 요금을 매겼다. 1910년의 전등 요금은 16촉광 1개에 한 달 2원 50전이었다. 요즘에도 나이든 사람들은 와트와 '촉'을 혼동해서 30와트를 30촉, 60와트를 60촉이라고 하지만, 와트와 촉은 다른 단위이다. 와트는 1초 동안에 소비하는 전력 에너지를, 촉은 촛불 하나 정도의 밝기를 의미한다. 오늘날의 국제 표준 광도 단위로 1촉은 1.067칸델라에 해당한다. 노동자 하루 일당이 1원 정도였고 한 달 10원 미만의 수입으로 생활하는 사람이 많던 시절이었으니, 2원 50전이라도 엄청나게 비싼 값이었다. 대다수 조선인은 전등을 사용하더라도 낮은 촉광에 만족하는 수밖에 없었다. 전등용 전기는 매일 저녁 7시 20분에 들어와 다음 날 새벽 5시 10분에 꺼졌다. 전등이 일종의 시보時報였던 셈이다. 계량기가 없었기 때문에 전기가 들어오는 동안에는 전등을 켜나 끄나 요금에 차이가 없었다.

전등 요금뿐 아니라 전등 값도 비쌌다. 경성전기회사는 일본에서 개당 8전 남짓한 전구를 사서 조선 내 소비자들에게 35전에 팔았다. 이 전구의 평균 수명이 고작 2개월이었기 때문에, 16촉광 전등 하나의 한 달 요금은 실제로 2원 70전 정도였다. 기업이 폭리를 취하면 소비자는 편법을 찾기 마련이다. 전등 사용자 중에는 계약한 것보다 높은 촉광의 전구를 따로 구해서 바꿔 다는 사람도 있었다. 전기의 성질에 관해 아는 사람들은 몰래 전기를 끌어다 쓰기도 했다. 이런 행위들을 적발하는 것도 전기회사 수금원들의 주 업무였다. 이른바 '야미'暗 전등을 쓰거나 전기회사와 계약한 촉광보다 더 높은 촉광의 전구를 달았다가 적발된 사람들은 '전기 절도죄'로 처벌받았다. 전기회사 수금원들은 남의 집 안방에 함부로 들어가 전등을 조사했으며, 항의하는 부인들에게 폭언을 퍼붓기 일쑤였고, 요금을 연체하거나 미납한 집의 전등 설비를 가차 없이 철거했다. 그들은 경찰 못지않은 원성의 대상이었다.

문명을 표상하는 물건들은 언제나 사람을 차별했다. 세상은 문명을 향유하고 마음껏 누릴 수 있는 사람과 그럴 수 없는 사람으로 나뉘었다. 일제강점기에 가난한 사람들은 집 밖에서나 전등 불빛을 볼 수 있었다. 집 밖의 전등, 즉 가로등이나 공공등公共燈은 가난한 사람들에게 '평균적 문명 수준'과 자기 수준 사이의 격차를 알려주는 물건이었다. 가난한 사람들은 길거리에서 흔히 볼 수 있는 물건 하나조차 자기 집에 들여놓지 못하는 데에서 비애를 느낄 수밖에 없었다.

전기 가로등은 시간에 대한 권력의 초월적 지배력과 으슥한 밤 골목에까지 미치는 권력의 세밀한 감시망을 아울러 표상했다. 한성전기회사가 1900년 4월 10일 종로에 설치한 이 땅 최초의 가로등은 전등 판매 촉진용 홍보물이었다. 1913년께부터는 자기 집 대문 밖에 방범등을 설치하는 부잣집도 생겨났다. 집 밖의 등이라는 뜻에서 외

1910년경에 도입된 실내용 장식 전등 인류는 전등 덕에 밤을 '생활 시간'으로 끌어들일 수 있었다. 인간의 생활 공간 주변에서 '귀신과 악령'을 쫓아내는 데 가장 큰 공을 세운 물건이 전등이다. 전등은 시간을 '소비할 수 있는 물질'로 만드는 데에도 결정적 역할을 했다. 출처: 『사진으로 보는 한국백년』

등外燈이라고 했는데, 이는 이후 오랫동안 방범등의 별칭으로 사용되었다. 1910년대 중반부터는 경찰도 방범등을 설치하기 시작했다. 설치 장소는 당연히 부자가 많은 동네에 집중되었다. 본정本町이 먼저였고, 종로가 나중이었다. 비용 일부는 '수익자'에게 부담시켰다. 1934년에는 대로변에 전기 가로등이 다수 설치되었다. 이해 겨울, 종로경찰서는 경성상공협회의 협조를 얻어 종로에 가로등 64개를 설치했다. 설치 비용은 가로등 주변 상점 주인과 야시夜市 상인들에게 걷었으며, 운영비는 경성부, 경성전기회사, 야시 상인이 각각 3분의 1씩 부담했다.

전등은 사람들의 밤 생활을 근본적으로 바꿨다. 1914년 태평통에, 1916년부터는 종로에 각각 야시가 개장했다. 1916년 여름 태평통 야시의 점포 수는 90여 개, 종로 야시의 점포 수는 500개 이상이었다. 이때 『매일신보』는 종로 야시가 '촉광 전등 덕에 불야성을 현출했다'고 보도했다. 야시로 인해 밤은 휴식과 사색의 시간대에서 소비의 시간대로 바뀌었다. 야시의 노점에서 간단한 야식을 곁들여 술을 마시는 사람이 늘어났다. 야시는 도시 한복판을 말 그대로 불야성不夜城으로 만들었다. 밤의 소비는 대개 환락으로 이어졌다. 술값이 가장 비싼 곳이 전등 불빛도 가장 밝았다. 요릿집 방들의 대낮처럼 환한 전등은 고객으로 하여금 시간의 흐름을 잊게 했다.

요릿집의 환락은 때때로 고궁, 공원 등의 공공장소에서도 펼쳐졌다. 1910년 신용산선 철도 개통식에 전등 장식이 선보인 이래, 꽃전등과 색전등은 밤늦게까지 이어지는 각종 행사의 필수품이 되었다. 1915년 조선물산공진회가 제공한 볼거리 중 하나는 전등 불빛으로 휘황하게 빛나는 밤이었다. 1924년 4월 20일, 창경원 밤벚꽃놀이가 처음 시작되었다. 이날 밤 3,000여 개의 전등이 창경원 곳곳을 환하게 밝혔다. 이후 창경원 밤벚꽃놀이가 중단될 때까지 60년간 봄밤의 창경원은 전등의 창경원이었다. 전등은 해를 거듭할수록 수가 늘었고 종류도 다양해졌다. 전등이 환락의 상징이었던 것과 같은 맥락에서, 전등을 끄는 행위는 애도와 추모의 상징이 되었다. 1912년 일본 메이지 천황이 죽자, 종로 기독교청년회는 사흘간 전등을 끄는 것으로 추모의 뜻을 표했다. 1926년 봄 창경원 밤벚꽃놀이를 앞두고 순종이 위독하다는 소식이 전해지자, 주최 측은 전등 수를 줄였다.

물론 전등이 소비와 향락 시간만 늘리지는 않았다. 공장주들에게 전등은 노동자들의 신체적 한계를 시험할 수 있게 해주는 도구였다. 밤을 소비와 향락에 쓸 수 있는 사람보다 생산에 써야 하는 사람이 훨씬 많았다. 그런데도 야근이 수입의 증가나 생활 수준의 향상으로 이어지지는 않았다. 심지어 야근하는 노동자들에게 전등 요금을 징수하는 공장도 있었다. 밤늦도록 전등불 밑에서 일하다가 새벽이 가까워서야 전등 없는 집으로 돌아와 잠을 청하는 것이 식민지 노동자들의 일상이었다.

전등은 문명의 상징이자 이기利器였지만, 사람을 죽이거나 한순간에 세상을 암흑세계로 만들기도 했다. 전기의 성질에 대한 지식이 없는 상태에서 전등을 함부로 만지던 사람이 감전사하는 사고는 심심치 않게 일어났다. 또 폭우, 낙뢰 등의 기상 문제나 기술적 문제로 인해 정전이 되면, 전등은 빛을 잃었다. 사람들은 그럴 때면 다시 양초나 등잔을 켰으나, 이미 전등에 익숙해진 눈은 그리 멀지 않은 과거를 불편하게 여겼다. 그런 점에서 정전은 일종의 '과거 체험'이었고, 현대 문명의 편리함을 새삼 일깨워주는 계기였다. 1930년대부터 시작된 등화관제燈火管制 훈련은 전등을 '평화의 상징'으로도 만들었다. 전쟁에 대한 두려움은 '빛이 없는 밤'의 체험을 통해 구체화했다. 이 훈련은 이후 반세기 정도 정기적, 비정기적으로 반복되었다.

해방 이후 대일 교역이 일시 단절된 시기에도 전등은 꺼지지 않았다. 1930년대 초반부터 한반도에서 전구 생산이 시작되어 1936년에는 부산 아홉 곳, 경성 네 곳의 업체에서 매일 13만 개씩 만들어냈다. 일부는 만주로 수출하기까지 했다. 미군정은 해방 직후의 혼란한 상황에서도 전구 보급에 열의를 보였다. 그러나 분단은 해방의 이미지를 어두움과 연결했다. 미소의 분할 점령 직후 북한은 대남 송전을 중단했고, 남한 전역은 전력난에 빠져들었다. 전력 사용 제한이 불가피했다. 전쟁 중에도 임시 수도 부산에서는 전등을 휘황찬란하게 밝히고 영업하는 요릿집들이 있었으나, 1960년대까지도 대다수 서민은 '어두운 밤'을 감내해야 했다. 농촌 마을들에는 1960년대 중후반에야 전등이 들어가기 시작했고, 1970년대까지는 도시 가정들도 전등빛을 아껴 써야 했다.

전등은 인류가 밤을 완벽히 통제할 수 있게 해주었고, 전설의 '불야성'을 현실 세계에 구현했다. 인간의 생활 리듬도 계절적 속박에서 벗어났다. 전등은 각각 양陽과 음陰, 천사와 악마의 시간대였던 낮과 밤의 구분을 사실상 무의미하게 만들었다. 전등으로 말미암아 낮과 밤은 연속된 시간대로 통합되었으며, 서로 밀도가 달랐던 시간대들이 균질화했다. 인류가 '규칙적인 생활'을 모범이자 정상으로 상정할 수 있게 된 것도 전등 덕분이다. 여름이든 겨울이든 언제나 같은 시각에 일어나고 같은 시각에 잠들 수 있게 된 것도, 매일 같이 세 끼 식사를 즐길 수 있게 된 것도, 다 전등 덕분이다. 물론 밤낮 구분 없이 일하는 노동자들이 생겨난 것도 전등 '덕분'이다. 전등은 자연이 인간의 일상에 가하던 원초적 제약을 무력화함으로써 인간 내면에서 자연성을 소거하는 데 성공했다. 인간을 기계처럼 만드는 데에 가장 강력한 힘을 발휘한 것이 바로 전등이었다.

전등으로 인해 밤이 생활 시간대로 편입됨으로써 인간의 삶은 이전보다 훨씬 풍요롭고 다채로워졌다. 현대인들은 옛사람들보다 훨씬 많이 일하고 많이 놀고 많이 먹고 마신다. 귀신이 지배하는 시간, 악령을 두려워해야 하는 시간은 사라졌다. 현대인의 기대 수명이 한 세기 전 사람들보다 두 배 가까이 늘었음을 고려하면, 현대인이 실제로 소비하는 시간은 세 배 이상 늘어난 셈이다. 그런데도 현대인들은 늘상 '시간이 없다'며 불평을 늘어놓는다. 예전보다 훨씬 더 많이 소비하면서도 더 큰 부족을 느끼는 것은, 현대인이 앓는 고질병의 대표 증상이다.

91.　　파블로프의
　　　　사람

우리 상점에 전기로 치는 종이 있는데, 이 종에 딸린 기계를
구비하여 공당公堂이나 사사집이나 이 종을 놓고자 하시면
놓아 드리되, 값은 매우 싸오며 이 종을 누르면 하인 부르기
에 매우 편한 것이 그 기계 단추 같은 것만 누르면 영척英尺
(feet)으로 삼사 백 척 밖에 있는 하인이라도 편히 앉아서 부
를 터이오니 시험하여 보시오.

— 『독립신문』 1899년 7월 29일자 개리양행 광고

　신분제도가 생긴 뒤로 인간은 '부리는 자'와 '부림을 당하는 자'로
나뉘었다. 사람 사이의 관계가 신분에서 계약으로 이행한 지 오래인
현재에도 이 구분은 유효하다. '갑'은 부리는 자요, '을'은 부림을 당
하는 자다. 타인을 부리려면 먼저 불러야 했다. 주인이 "이리 오너라.
게 아무도 없느냐"라고 부르면, "예, 소인 대령했사옵니다"라고 즉시
대답하는 것이 종의 의무였다. 알다시피 대령待令이란 '명령을 기다
린다'라는 뜻이다. 즉시 대령하려면 늘 주인 가까이에 있어야 했다.
이는 종의 행동반경을 제약했고, 주인은 종의 노동력을 충분히 이용
하지 못함으로써 손해를 보았다.
　1899년 5월, 동대문 옆에 발전소가 건립되어 전기 공급을 개시했
다. 전기를 사용한 첫 번째 상업용 기계는 전차였다. 두 달 뒤, 『독립

신문』에 전기 초인종을 판매한다는 광고가 실렸다. 궁궐에 설치된 것을 제외하면, 전등보다 훨씬 먼저 '하인 부르는 전기 기계'가 도입된 셈이다. '전기로 치는 종'의 이름은 곧 '사람 부르는 종'이라는 뜻의 초인종招人鐘으로, 일제강점기에는 다시 일본어 요비링呼(び)鈴(부르는 종이라는 뜻)으로 바뀌었다. 더불어 그 용도도 주인이 종을 부르는 데서 객客이 집주인을 부르는 것으로 바뀌었다. 물론 남의 집 대문 앞에 서서 "이리 오너라"라고 소리치거나 손잡이를 잡고 대문을 두드리는 행위가 당장 사라지지는 않았다. 초인종은 전등이나 상수도와 마찬가지로 부잣집의 상징이었기 때문이다.

1920년 6월, 서울 종로구 사직동에서 초인종으로 인한 폭행 사건이 발생했다. 아침 8시, 일찍부터 나와 놀던 조선인 아이들이 경기도청 회계과장 바바 히로시馬場部의 관사 대문 옆에 달린 초인종을 눌렀다. 종소리를 듣고 잠에서 깬 바바는 서둘러 옷을 걸치고 대문을 열었다. 대문 밖에는 서너 명의 조선인 아이들이 있을 뿐이었다. 분기탱천한 바바가 욕을 하며 달려들자 놀란 아이들은 허겁지겁 달아났다. 초인종을 누르지 않은 아홉 살 아이가 잡혔고, 바바에게 머리를 심하게 맞아 기절했다. 응급수술을 담당한 의사는 뇌빈혈로 진단했다. 이런 일이 한두 건에 그치지는 않았을 것이다. 하지만 아이들이 남의 집 초인종을 누르는 일은 사라지지 않았다. 아이들은 초인종을 누른 뒤 집주인이 나오기 전에 도망쳐야 한다는 사실을 깨달았고, 이윽고 이는 놀이의 일종이 되었다.

아이들의 '초인종 누르고 도망치기' 놀이는 대략 1970년대 중반까지 계속되었다. 1982년 8월, 미국 유니스닉 프로덕트 사가 '폐쇄회로 이용 영상안전시스템'을 개발했다. 국내에서 발행된 신문은 이 기계를 이렇게 설명했다. "방문객이 대문에 붙은 버튼을 누르면 내장된 카메라가 작동하면서 밝은 불빛이 방문객을 비춰준다. 아파

오늘날의 초인종 초인종은 처음 '하인을 부르는 도구'로 우리나라에 도입되었다. 하지만 이 물건은 대개 '주인을 부르는 도구'로 사용되었다. 현대의 기계문명은 집주인조차 '종소리에 즉각 반응하는 사람'으로 만들었다. 출처: 연합뉴스

트 안 전화 모양의 영상 화면에 곧 손님의 모습이 나타나고 주인은 전자식 개폐장치를 통해 문을 열고 손님을 맞는다. 주인이 방문객을 만나고 싶지 않을 때는 문에서의 신호를 묵살할 수도 있다. 응답을 안 하면 비디오카메라는 30초 안에 꺼지게 되어 있다. 가격은 약 2,300달러." 오늘날에는 한국의 거의 모든 가정에도 이 시스템이 장치되어 있다.

현대인은 종소리에 즉각 반응하는 훈련을 거듭한 사람이다. 초인종이 울리면 즉시 달려가고, 전화벨이 울리면 즉시 집어 든다. 심하게 말하자면 '파블로프의 개'와 비슷하게 되었고, 표현을 좀 완화하면 모두가 옛날의 '하인'처럼 되었다. 물론 다 그렇지는 않다. 종소리에 반응하는 임무를 비서나 가사사용인에게 떠넘긴 사람도 적지 않다. 이들이 진정한 '갑'이다. 거의 모든 사람이 종소리로 연결된 시대지만, 부르는 자와 부림을 당하는 자 사이의 불평등 관계는 여전하다.

92.　가장의 자리를
　　　차지한
　　　물건

　　　시선이 닿지 않는 먼 곳을 볼 수 있는 눈, 즉 천리안은 신과 그 대리자에게만 허용된 눈이었다. 16~17세기 과학혁명은 신의 권능을 빼앗아 인간에게 주는 것이 신의 은총을 받는 길이라는 아이러니한 신념의 시대를 열었다. 인간에게 천리안을 선사하기만 하면 부귀영화를 누릴 수 있으리라고 확신한 과학기술자들과 기업들이 움직이는 영상을 전기신호로 바꾸어 전송하는 기술 개발에 매달렸다. TV가 발명되기 전에 근대 문물의 전파가 가장 더딘 편이었던 식민지 조선의 청년 심훈도 '안방극장 시대'를 예상했다. TV를 향한 욕망은, TV보다 앞서 존재했다.

　1897년 독일의 K. F. 브라운은 전기신호를 영상으로 변환하는 특수 진공관을 발명하고 자기 성을 따서 브라운관이라는 이름을 붙였다. 단일한 영상 신호를 동시에 여러 대의 브라운관으로 전송하는 텔레비전 방송 실험은 1931년 미국에서 성공했다. 본격적인 텔레비전 방송은 1939년 뉴욕 세계박람회 개막식장에서 처음 시작되었다.

　1956년 5월 12일, HLKZ-TV가 개국하여 우리나라 최초로 TV 방송을 개시했다. 하루 두 시간씩, 그것도 격일제로 송출하는 방송이었고, 당시 TV 수상기는 총 300대 남짓에 불과해 전국의 극장 수와 비슷한 정도였다. 그것도 대다수는 밀수품으로 시내 라디오 점포에 홍보용으로 비치되어 있었다. 이때의 TV 방송은 거리를 지나다 우연히 TV 화면을 발견한 행인들의 발길을 멈춰 세우는 역할 정도밖에는 하지 못했다. 이런 방송이 상업적으로 성공할 가능성은 거의 없었다.

이듬해인 1957년, 한국일보 사주 장기영은 적자에 허덕이던 HLKZ-TV를 인수하여 대한방송주식회사로 개편했다. 머지않아 TV 시대가 오리라는 것을 예상하고 내린 결단이었다. 그러나 그에게는 아쉽게도, 1959년 2월 방송국에 큰불이 나 장비가 모두 타버렸다. 대한방송은 한동안 AFKN(주한미군방송, 1957년 8월 TV 방송 개시) 채널을 빌려 하루 30분씩 방송을 내보냈지만, 결국 1961년 10월 15일 일체의 권리를 국립서울텔레비전방송국(현 한국방송공사)에 양도했다. 두 달 뒤 상업 TV 방송을 표방하고 문화방송MBC도 출범했다.

그로부터 다시 5년 뒤인 1966년, 라디오 생산으로 재미를 본 금성사가 처음으로 국산 TV 수상기를 제조하는 데 성공했다. 가격은 6만 8,350원으로 쌀 30가마니 값에 상당했다. 서민들에게는 말 그대로 '그림의 떡'이었으나, 고도 경제 성장이 시작되면서 먹고살 만해진 사람들이 너도나도 TV 수상기를 사들였다. 국내 생산 개시 1년 만에 보급 대수는 5만 6,000대, 시청자는 22만 명으로 늘었다.

TV 수상기는 집 안에 들어오자마자 다른 모든 가구를 제치고 가보 취급을 받았다. 안방 아랫목 자리의 임자였던 가장은 기꺼이 자기 자리를 TV 수상기에 양도했다. 자리의 양도는 권위의 양도로 이어졌다. 저녁 식사를 마친 후 온 가족이 둘러앉아 그날 하루 있었던 일을 소재로 이야기꽃을 피울 때(그런 가정이 실제로 얼마나 있었는지는 별문제로 하고), 화제를 제시하는 사람은 대개 가장이었다. 그러나 TV 수상기는 안방에 자리 잡자마자 이야기의 주도권을 장악했다. 탤런트의 외모, 가수의 가창력, 코미디언의 재주 등은 물론 뉴스 프로그램에서 본 '세상 모든 일'이 화젯거리가 됐다. 특히 국가 시책 홍보

1970년경 어느 집 안방의 TV 수상기 가족 구성원 전부와 이웃집 식구까지 TV 앞에 모여 앉아 있지만, 시선은 한 방향이다. TV 앞에서 사람들은 서로 쳐다보지 않고 대화하는 '기술'을 익혔고, 서로가 서로를 소외시켰다. 출처:『사진으로 보는 한국백년』

와 계몽이 가장의 매개 없이 곧바로 가족 구성원 개개인의 의식에 침투했다. TV 뉴스 진행자나 교양 프로그램 출연자가 하는 말은 종종 가장의 지식과 지혜를 웃음거리로 만들었다. TV는 때로 국가적 사건들을 둘러싸고 가족 구성원 사이에 분규를 유발하기도 했다.

TV 수상기는 온 가족을 일정 시간 동안 같은 '감성'으로 묶어두었지만, 이런 감성의 공유는 극장에서 같은 영화를 함께 본 관객들의 그것과 크게 다르지 않았다. 영화가 시작될 때 극장 안에 모여들었다가 영화가 끝나면 뿔뿔이 흩어지는 관객의 행동양식이, 규모가 축소된 채 가정 안에 스며들었다. TV 시청을 마치면, 가족 구성원들은 각자 제 공간으로 뿔뿔이 흩어졌다. 가족 구성원 개개인은 TV를 매개로 직접 국가권력과 연결되는 '국민'이 되었다. TV는 인간과 세계 사이의 접촉면을 넓혔고, 가족과 국가 사이에 놓였던 철통 같은 경계선을 이완시켰다.

1963년, 백남준은 독일 부퍼탈 파르나스 갤러리에서 〈음악의 전시 ― 전자 텔레비전〉이라는 전시회를 열었다. 이로써 TV 수상기를 활용한 '비디오 아트'가 시작되었다. 백남준은 1950년대 이승만의 최대 후원자이자 한국 제일의 재벌로 꼽혔던 태창직물회사 사장 백낙승의 아들이자, 육의전 상인 출신으로 일제강점기에 대창무역주식회사를 설립했던 백윤수의 손자다. 1932년 서울 창신동에서 태어났으며, 경기중학교 1학년 때 해방을 맞았다. 해방 직후 이념 대립의 광풍은 중고등학교에까지 불어닥쳤다. 사춘기 소년 백남준이 어떤 이념으로 기울었는지는 알 수 없으나, 일부 동급생으로부터 '친일파 자식'이라는 비난을 들었을 가능성이 크다. 1950년 한국전쟁 발발 직전, 백낙승은 그를 일본으로 유학 보냈다.

백남준은 10대 후반에서 20대 초반에 이르는 시기를 일본에서 보냈다. 고국에서 '친일파 자식' 소리를 들었을 그는 일본에서는 '조센징'이라서 차별받았다. 그래서인지 도쿄대학 미술사학과를 졸업하고는 다시 독일로 떠났다. 제2차 세계대전 당시 일본과 독일이 동맹 관계였기 때문에, 전후에도 두 나라 사람들 사이의 네트워크는 대체로 유지되었다. 그런데 백남준은 독일에서 또 다른 차별을 겪어야 했다. 이번에는 황인종에 대한 차별이었다. 한국에서는 친일파, 일본에서는 조센징, 독일에서는 황인종으로 취급받은 그는 자기 정체성을 '민족의 틀'에 가두지 않고 황인종이라는 더 큰 집단에 담기로 작정했다. 백인종과 황인종의 대립 구도를 설정한 그의 시야에 들어온 역사적 인물은 백인종의 땅을 정복했고 백인종을 두려움에 떨게 했던 유일한 황인종 칭기즈칸이었다. 그는 칭기즈칸과 몽골의 정신세계 연구에 착수했고, 황인종 정신의 정수는 샤머니즘이라고 결론지었다.

마침 유럽에 TV 수상기가 늘어나던 때였다. 백남준은 화면에 이 사람 저 사람이 들락날락하면서 각자의 목소리를 전달하는 이 기계가 제 몸에 이 사람 저 사람의 영혼을 받아들이고 그들의 목소리를 대신 전달하는 샤먼과 닮았다고 생각했다. 그는 TV 수상기를 사람의 형상으로 만들고 이 기계에서 여러 사람의 형상과 음향이 흘러나오게 했다. 그가 창작 활동에 사용한 TV는 일본 소니 제품이었다. 한국산 TV 수상기가 나온 뒤에도 그는 소니 제품만을 썼다. '황인종'인 그에게 한국산이냐 일본산이냐를 따지는 것은 무의미했다.

백남준은 TV를 보자마자 그 주요 속성을 통찰했다. TV는 중세 가부장의 권위를 빼앗았을 뿐 아니라, 고대 제사장의 지위도 빼앗았다. TV 화면에는 지상에 존재하지 않을 것 같은 사람들이 보였고, TV 스피커에서 흘러나오는 목소리들은 거부할 수 없는 '신의 뜻'인 것처럼 들렸다. 사물을 비판적으로 보는 사람들은 이 기계에 '바보상자'라는 별명을 붙였다. 자기 부모의 말은 안 믿으면서도 TV 방송 출연자의 말은 맹신하는 사람들이 많다 보니 이 별명은 매우 적절했다. 사실 샤먼과 바보상자는 동의어였다.

TV로 사람들의 의식을 지배할 수 있다는 사실이 확인되자, TV 방송을 장악하려는 권력의 욕망도 커졌다. 노골적으로든 은밀하게든 권력의 TV 방송 장악 시도는 계속되었고, 그러다 보니 TV 방송은 늘 공정성 시비에서 자유롭지 못했다. 그러거나 말거나, TV가 신의 형상과 신의 목소리를 전달한다는 믿음은 아직 견고하다. 프로메테우스는 신의 불을 인간에게 가져다준 탓에 바위에 묶인 채 매일 독수리에게 간을 쪼이는 형벌을 받았다. 하지만 '신의 눈'을 얻은 현대인은 매일 바보가 되면서도 자각하지 못하는 가벼운 벌만 받고 있다.

93.   턱짓에서
       손가락 짓으로

인간은 '일을 하는 개체'와 '시키는 개체'로 분리된 공동체를 이룬다는 점에서 침팬지나 고릴라보다는 개미와 비슷하다. 말 한마디 손짓 한 번으로 생활에 필요한 모든 것을 얻는 극소수의 사람이 있었던 반면, 대다수 사람은 자기에게 필요한 것 이상을 만들면서도 늘 결핍 속에서 살아야 했다. 땀 한 방울 안 흘리고도 깨끗한 집에서 좋은 옷 입고 맛난 음식 먹으며 사는 것은 모든 이의 소원이었으나, 절대다수의 사람에게는 내세에서나 기약할 수 있는 꿈이었다.

신분제 해체와 기계문명 건설이 거의 동시적으로 진행됨에 따라, 내세로 향했던 꿈이 현세로 이동했다. 인간이 하던 일을 '기계 노예'에게 떠넘기면 누구나 시키기만 하는 특권적 존재로 격상될 수 있으리라는 믿음이 확산했다. '시키는 자'의 특권을 확실히 누리기 위해서는 제자리에 앉아서 말 한마디 손짓 한 번으로 기계를 움직일 수 있어야 했다.

1893년 미국인 니콜라 테슬라Nikola Tesla는 무선 주파수 자극으로 가이슬러관에 불을 밝히는 데에 성공했다. 이것이 원격 제어remote control로 기계를 움직인 첫 사례였다. 1906년에는 스페인의 레오나르도 토레스 이 케베도Leonardo Torres y Quevedo가 국왕을 포함한 대규모 군중이 지켜보는 가운데 자기가 만든 텔레키노Telekino라는 전자기파 송신 장치로 빌바오항에 정박한 배를 움직이게 했다. 하지만

1980년 금성사에서 제조한 TV와 TG-1600 리모컨 TV 화면의 크기는 안방 또는 거실의 크기에 비례했다. 방과 TV 화면이 커지면서 TV와 사람 사이의 거리도 멀어졌고, TV를 손으로 조작하는 것도 귀찮은 일이 되었다. 리모컨은 수동 조작의 번거로움을 해소해주었다. 더불어 앉아서 버튼만 누르면 작동하는 기계에 대한 욕망도 커졌다. 이 욕망은 인간에 대해서도 작동했다. 2017년 한 장군의 부인이 공관병 손목에 전자팔찌를 채우고 리모컨으로 호출했다는 사실이 세상에 알려졌다. 그 장군 부인에게 공관병은 '사람처럼 움직이는 로봇'일 뿐이었다.

자라면 자고 깨라면 깰 줄만 아는 노예는 별 쓸모가 없었다. 1955년 미국 제니스 사의 엔지니어 유진 폴리와 로버트 애들러는 플래시매틱flash matic이라는 이름의 무선 TV 조작 장치를 공동 개발했다. 막대 모양 송신기의 버튼을 누르기만 해도 전원의 연결과 차단, 채널 변경과 음량 조절 등 TV 수상기의 기능을 조종할 수 있는 장치였다. 그전에도 유선 제어기는 있었지만, 로터리식 스위치를 손으로 돌려 채널을 바꾸고 음량을 조절하는 것보다 별로 편리하지 않았다. 플래시매틱이 발명됨으로써 비로소 인간이 직접 만지지 않고도 완벽히 통제할 수 있는 첫 번째 기계가 출현했다.

우리나라에서는 1969년에 금성사가 리모트 컨트롤러, 줄여서 리모컨으로 작동되는 선풍기를 처음 출시했고, 1971년에는 한국과학기술연구소가 TV 리모컨을 개발하여 동남전기 TV에 적용했다. 이후 오디오, 에어컨, 세탁기, 보일러 등 리모컨으로 작동되는 가전제품은 계속 늘어났다. 오늘날에는 외출 중에도 집 안의 거의 모든 전자제품을 원격 제어할 수 있는 홈 오토메이션 시스템을 갖춘 집도 많다. 옛날 귀족은 턱짓으로 '아랫것'들을 부렸으나, 현대인은 리모컨 버튼을 누름으로써 기계들을 부린다. 그런데 이 물건이 과연 모든 인간을 '시키는 자'의 지위로 올려놓을 수 있을까?

자동화와 원격조종은 현대 사회의 핵심 키워드다. 원격조종되는 자동기계들이 인간을 '편하게' 해주리라는 건 분명해 보이지만, '행복'하게 해줄지는 알 수 없다. 오늘날 TV 리모컨은 가정 내 권력관계를 드러내는 대표적 물건이다. TV 리모컨을 손에 쥐는 것은 TV 채널 결정권을 장악한다는 의미다. 리모컨 때문에 부부 싸움이나 부모 자식 간 갈등이 잦아진 지 이미 오래다. 게다가 손가락 사이에 좁쌀만 한 칩을 심고 회사로부터 원격 통제를 받는 '기계+인간'은 이미 출현했다. 손목에 전자팔찌를 차고 주인이 리모컨으로 호출하면 즉시 달려가는 '기계+인간 노예'도 이미 출현했다. 리모컨으로 작동하는 기계가 인간을 '귀족'의 지위로 올려놓을 가능성보다는, 다수 인간이 리모컨으로 움직이는 기계처럼 취급받을 가능성이 더 클 듯하다.

선풍기

94.   자동
　　　부채

　　순찰을 돌던 순사가 길에 누워 자는 사람을 발로 차 깨우며 집에 들어가라고 호통을 친다. 잠결에 걷어차인 사람은 졸린 눈을 비비며 일어나 목덜미에 흥건히 흐른 땀을 닦고선 집 안으로 들어갔다가 잠시 후 밖으로 다시 나와 흙바닥에 몸을 누인다. 1920~1930년대 한여름 밤이면 서울 주택가 골목길에서 흔히 볼 수 있었던 장면이다. 좁은 공간에 집들이 빽빽하게 들어차 있었으니 바람이 통할 리 없었다. 게다가 서울에서는 서너 식구 또는 그 이상이 한 방을 쓰는 게 일반적이어서, 섭씨 36.5도의 '인체 난로'를 옆에 두어야 했다. 이런 조건에 무더위까지 겹치면, 숨이 턱턱 막힐 정도로 괴로울 수밖에 없었다. 한여름 밤에 방 안에서 잠을 청하는 것 자체가 고역이었다. 널찍한 마당이 있는 집이면 평상이나 돗자리를 깔고 그 위에 온 가족이 누워 이야기를 나누다가 잠들 수 있었으나, 이런 특권은 집주인이나 누릴 수 있었다. 행랑채 식구나 셋방 식구들은 대문 밖의 흙바닥에서 약간의 냉기를 느끼는 것으로 만족해야 했다.

　　나는 어릴 적 한강변에 가까운 산동네에서 살았는데, 여름철이면 가끔 끔찍한 소문을 들었다. 어느 집 누구 또는 누구 아버지가 강변에 놓인 철로를 베고 자다가 죽었다는 이야기였다. 1970년대 초까지도 눈꺼풀이 무거워질 때까지 집 밖에서 더위를 피하는 사람이 아주 많았다. 바람 부는 강변은 도시에서도 피서의 적지였다. 그런데 그

455

강변 제방에는 철로가 놓여 있었다. 금속은 흙보다 온도에 대한 반응이 빨라, 철로를 베고 눕는 것이 맨땅에 눕는 것보다 훨씬 시원했다. 기차가 다가오는지 여부는 철로의 진동으로 알 수 있기 때문에 철로를 베고 눕는 데에는 특별한 용기가 필요 없었다. 그러나 그건 자기 생각일 뿐이었다. 더위에 지친 몸에 냉기가 스며들면 사람들은 금세 잠들었다. 철로에서 진동을 느낀 사람은 바로 일어나 옆사람을 깨웠지만, 외진 곳에 혼자 누웠다가 잠든 사람은 참변을 피할 수 없었다. 추위를 못 견뎌 죽는 것을 '얼어 죽는다'고 하고 더위에 지쳐 죽는 것을 '쪄 죽는다'고 하는데, 근대 이후의 더위는 '치어 죽는' 일까지 만들었다.

한자 입문서인 천자문은 인간사에 중요한 것을 네 글자 단위로 정리한 일종의 시집이다. 천지현황天地玄黃, 우주홍황宇宙洪荒, 일월영측日月盈昃, 진숙열장辰宿列張 다음에 다섯 번째로 나오는 문구가 한래서왕寒來暑往이다. 하늘과 땅, 우주, 해와 달, 별에 관한 내용 다음이 추위와 더위에 관한 것이다. 옛날부터 추위와 더위는 인간의 삶을 고달프게 만드는 대표적인 요소였다. 추위는 난방과 따뜻한 옷으로 어느 정도 막을 수 있었으나, 더위는 피해 도망가는 수밖에 없었다. 그래서 방한防寒이고 피서避暑다. 한여름 무더위를 삼복더위라고 하는데, 초복·중복·말복의 '복'伏은 사람 옆에 개가 엎드려 있는 모습을 형상화한 글자다. 여기에서 사람이 개고기 먹는 모습을 연상하기도 하나, 실은 더위에는 굴복하는 것밖에 다른 방도가 없다는 뜻이다. 피할 수 없으면 굴복해야 한다.

인간은 옷을 벗는 것으로 더위에 대한 굴복 의사를 표시했다. 20세기 초까지도 가난한 남자들의 여름철 실내복은 베잠방이와 홑저고리 또는 베잠방이 하나뿐이었다. 여름철 의복과 관련해 보자면, 중세에는 귀족과 부자가 가난한 사람보다 오히려 더 더위에 시달리는 게 일반적이었다. 귀족과 부자에게는 옷이 신분의 표지였기 때문이다. 하지만 굴복에도 한도가 있었다. 아무리 더워도 옷을 다 벗을 수는 없었다. 최후의 자존심을 지키기 위한 저항이 필요했다. 그 저항이 부채질이었다. 부잣집에서든 가난한 집에서든, 부채는 여름을 나기 위한 필수품이었다. 그 부채를 직접 흔드느냐 아니냐의 차이가 있었을 뿐.

사람의 일을 기계에 떠맡기려는 욕망은 인류 역사에서 보편적이었다. 부채 흔들기와 같은 단순 작업을 담당하는 기계가 언제 처음 만들어졌는지는 확실치 않다. 시계추의 원리에 따라 천장에 매달린 커다란 부채를 좌우로 흔드는 기계는 17세기 초에 처음 만들어졌다. 1850년에는 태엽을 감아 돌리는 선풍기가 개발되었고, 1882년에는 미국의 스카일러 휠러Schuyler Wheeler가 태엽 동력을 전기 동력으로 바꾸어 양날 선풍기를 만드는 데에 성공했다. 에디슨이 전기 선풍기를 발명했다는 설이 있으나, 상품으로 팔린 선풍기는 휠러의 것이 최초였다. 휠러가 에디슨의 연구를 활용했기에 에디슨 발명설이 생겼을 가능성도 있다. 1887년에는 싱거미싱회사 직원 디얼H. Diehl이 재봉틀 모터에 팬을 연결한 천장 부착형 선풍기를 개발하여 특허를 받았다. 상하 좌우로 풍향을 조절할 수 있는 선풍기는 1907년에 개발되었고, 팬 앞에 보호망을 씌운 선풍기는 제2차 세계대전 중에 나왔다.

우리나라에 전기 선풍기가 처음 소개된 것은 1905년 관부연락선에 이 기계가 설치되었을 때의 일로 추정된다. 일본에도 이 무렵에 도입되었는데, 당시 이름은 '전기선'電氣扇, 즉 '전기부채'였다. 이후 이 기계는 병원 특실과 특급 호텔, 고관의 사무실, 부호들의 안방, 극장 등으로 퍼져나갔고, 1910년대 말에는 요릿집과 이발소 등에도 비치되었다. 하지만 돈이 아까워 전등조차 켜지 못하는 사람들에게 선

1960년 금성사(LG전자의 전신)가 출시한 최초의 국산 전기 선풍기 D-301 요즘 기준에
서는 탁상용 정도의 크기였기 때문에, 선풍기 앞자리를 차지하려고 가족들끼리 다투는
일이 흔했다. 1960년대의 선풍기는 도둑들이 눈독 들이는 품목이기도 했다. 한여름을
견디는 데에는 '실내'보다 '실외'가 나았으나, 선풍기는 양자의 관계를 역전시켰다. 출
처: 금호라디오박물관

풍기는 그림의 떡이었다. 1910년대 초 선풍기를 조선에 수입한 일본
인 업자들은 물건이 팔리지 않아 낭패를 당할 정도였다. 이런 사정
은 1960년대 초까지도 크게 달라지지 않았다. 큰맘 먹고 미제 선풍
기를 들여놓은 집에서는 이 기계 정면 자리를 차지하려고 형제자매
들끼리 다투는 일이 아주 흔했다. 최초의 국산 선풍기는 1960년 3월
금성사가 출시한 D-301이었다. 하지만 5·16 이후 군사정권은 전력
낭비를 부추긴다는 이유로 선풍기 생산을 금지했다. 국산 선풍기 생
산은 1964년에야 재개되었다.
　선풍기가 돌아가는 시끄러운 소리가 수면을 방해하고 선풍기로
인한 먼지와 냉기가 감기를 유발한다는 이야기는 1910년대 중반에

도 있었다. 선풍기를 틀어놓고 자면 질식사할 수 있다는 이야기는 최근까지도 사실인 것처럼 유포되었다. 에어컨이 흔해진 오늘날에도 선풍기는 가정과 사무실의 여름철 필수품이다. 현대인은 선풍기 없는 여름을 상상하기 어려운 사람이다. 최근에는 휴대용 선풍기를 들고 다니는 사람도 많다. 전기 선풍기는 무더위에 대한 인간의 저항력을 높여준 물건이다.

에어컨

95.   피하는 더위에서
        몰아내는 더위로

정월 대보름 세시풍속으로 더위팔기라는 게 있었다. 날이 밝기 전에 집을 나서서 아는 사람을 만나면, 그의 이름이나 호칭을 부른다. 그가 대답하면 바로 "내 더위" 하고 소리친다. 그렇게 함으로써 그해 여름에 겪을 더위를 대답한 사람에게 팔아넘길 수 있다고 생각했다. 물론 그 더위를 사지 않을 방도도 있었다. 자기를 부른 사람에게 대답하는 대신 "내 더위 맞더위"라고 응대하면 된다.

더위는 겨울이 끝나기 전부터 걱정해야 하는 고통이었다. 여름에 더위를 먹으면 한 해 농사를 망치기 십상이었다. 그러니 아는 사람에게 더위를 팔아넘기려는 고약한 심보를 그대로 드러내는 게 세시풍속이 된 것도 이해할 만하다. 정작 기온은 사람을 차별하지 않았으나, 예부터 신분 고하와 빈부에 따라 기온에 대응하는 능력에는 차이가 있었다. 따뜻한 옷과 이불, 연료를 확보한 부자들은 상대적으로 추위에 강했다. 사람들이 '등 따습고 배부른 삶'을 선망한 것도 이 때문이다. 반면 부자든 가난한 사람이든 더위는 막아낼 수 없었다.

개인 단위 또는 가족 단위로 더위를 막을 수 있게 된 것은 에어컨 덕이다. 최초의 에어컨은 1902년 미국의 윌리스 캐리어Willis Carrier 가 발명한 습기 제거기였다. 캐리어는 1906년에 이를 발전시켜 냉방기를 만들었다. 온도와 습도에 민감한 식품공장 등에만 설치되었던 에어컨은 1930년대 중반부터 극장, 호텔 등에도 놓이기 시작했다.

한국인 일부가 에어컨을 처음 경험한 것도 이 무렵의 일이다.

1935년 7월 조선총독부 철도국은 경성에서 부산까지 여섯 시간 만에 주파하는 '쾌속열차' 운행을 개시했다. 시험 운행 결과 중대한 결함이 발견됐다. 여름이라 차창을 열어놓았더니 고속에 창문이 심하게 흔들리고 먼지 섞인 바람이 밀려 들어왔던 것이다. 그렇다고 고급 열차를 타는 승객들에게 창문을 닫은 채 한여름 찜통더위를 견디라고 요구할 수도 없었다. 철도국은 소음과 진동 문제를 해결하기 위해 차내 냉방 연구에 착수했다. 하지만 성과가 없었는지, 쾌속열차는 얼마 후 운행을 중단했다.

그로부터 2년 뒤인 1937년, 일본 시모노세키와 부산항을 왕래하는 대형 호화 연락선에 냉방기가 설치되었다. 『매일신보』는 이 사실을 다음과 같이 보도했다.

> 기술의 우수를 자랑하는 일본에 자랑거리가 또 하나 생겼다. 현해탄의 여왕 금강金剛 흥안興安의 두 배에 30만 원의 막대한 금액을 들여 설비한 일본상선 최초의 호화 냉방장치의 획기적 성능 시험은 지난 5일 밤 시모노세키발 금강환에 관계자 일동 50여 명과 천 명에 가까운 승객을 태우고서 무더위의 현해탄 항행 중 거행되었는데 배 밑에 설비한 순純 국산 터보 냉동기의 버튼을 한 번 누르면 1, 2, 3등 객실 침대석 홀은 물론 세면소 변소 등 선내의 구석구석까지 시원한 냉기가 돌아 창窓 한 겹을 격한 해상海上은 섭씨 30도에 가까운 열풍이 부는데도 불구하고 선내는 초가을의 기후를 이루어 실로 성하盛夏의 여객에게 만점의 써비스를 하게 되어 대성공을 이루었다.
>
> ―『매일신보』 1937년 7월 10일자

1968년에 생산된 최초의 국산 에어컨인 금성사의 GA-111 이후 30년 가까이 에어컨은 기온이 빈부를 차별하는 상황을 연출했다. 근래 몇몇 지자체는 가난한 노인들의 여름나기를 위해 에어컨이 설치된 복지관, 노인정 등을 한여름 야간에 개방하고 있으나, 에어컨 없는 집에 사는 것은 여전히 '설움'이다.

에어컨은 이윽고 일부 관청과 기업의 건물 안에도 놓였다. 그러나 태평양전쟁 발발 직전 일제는 에어컨이 전력을 과다 소비한다는 이유로 그 사용을 일절 금지했다. 에어컨은 1950년대 중반에 이르러서야 일부 호텔 등에 재등장했고, 1960년부터는 화신산업이 미국 웨스팅하우스 사의 총대리점이 되어 에어컨을 직수입 판매했다. 1968년 금성사는 미국의 GE와 기술 제휴를 맺어 에어컨 국내 생산을 개시했다. '국산' 에어컨은 날개 돋친 듯 팔려 구매자들은 계약 보증금을 선납하고 차례를 기다려야 했다.

에어컨 덕에 사람들은 더위를 피하는 대신 쫓아낼 수 있게 됐다. 하지만 물질세계에 이동이나 변환은 있어도 소멸은 없다. 에어컨의 냉매로 사용되는 프레온 가스는 지구 오존층을 파괴하는 주범이다. 프레온 가스는 온실효과를 일으키는 정도가 이산화탄소의 1만 배나

되며, 1킬로그램만으로 대기 중의 오존 3만 킬로그램을 파괴한다. 사실 에어컨은 실내에 있던 더위를 실외로 이동시킬 뿐이다. 에어컨은 기후 변화를 촉진하는 요인 중 하나이자, 돈 내고 더위 파는 사람과 돈 안 내고 더위 사는 사람을 실존하게 만든 물건이다.

96.   가난했던
       시절의
       필수품

　　최근 중국 국적의 동포들이 모여 사는 서울 어느 동네를 범
죄의 소굴로 묘사한 영화 한두 편이 논란거리가 된 바 있다. 통속영
화가 대중의 통념에 영합하는 건 어쩔 수 없는 일이다. 그리고 대중
의 통념은 사실들과 무관하게 형성되지 않는다. 배후에서 사실들을
만들어내는 근본 요인들을 못 보는 경우가 많을 뿐. 사람들은 특정
한 범죄를 특정한 인종, 민족, 계층, 젠더, 지역성 등에 고유한 기질
탓으로 생각하는 경향이 있다.

　　오늘날의 한국은 절도범죄나 소매치기가 세계에서 가장 적은 나
라로 인식되고 있으며, 한국인들도 그 사실을 자랑스럽게 여긴다.
카페에서 테이블 위에 휴대전화나 태블릿 PC를 놓아두고 자리를 비
워도 괜찮은 나라, 팬데믹으로 화장지 사재기 열풍이 불 때조차 상
점 앞에 쌓아둔 화장지를 훔쳐가는 사람이 없는 나라, 관광지 번화
가에서도 가방을 끌어안고 다닐 필요가 없는 나라, 지하철에 가방
을 놓고 내려도 잃어버린 물건 하나 없이 고스란히 되찾을 수 있는
나라. 한국인들은 어느새 남의 물건을 탐내지 않기로는 세계 제일이
되었다.

　　하지만 우리나라가 세계와 접촉하기 시작한 이래, 외국인들은 아
주 오랫동안 한국인을 '절도범죄에 특화한 민족'으로 묘사하곤 했
다. 개항기 서울에 온 구미인들은 한국 정부에서 보내준 '집사'를 쓰

다가 곧 독신의 중국인 집사로 바꾸곤 했다. 한국인 집사를 둔 집에서는 고기, 달걀 등의 식재료가 항상 '반'으로 줄어들곤 했기 때문이다. 구미인 선교사나 교사 등은 자기 가족을 먹이기 위해 주인집에서 식재료를 빼돌리는 한국인 집사들의 행동을 '한국의 문화이자 관행'이라고 생각했다. 일제강점기 내내 일본인들은 신의가 없고 겉과 속이 다르며, 도둑질과 구걸을 부끄럽게 여기지 않는 것이 '조선인의 민족성'이라고 주장했다. 한국전쟁 중 미군의 생각도 다르지 않았다. "한국인 경비병이 지키는 군수창고에서 군수물자가 없어지는 건 너무나 당연한 일이다", "한국인은 남보다 더 많이 훔쳐내는 것을 자랑스럽게 여기며, 그의 친지들도 그를 추켜세운다", "한국인은 절도를 하다가 발각되어도 부끄러워하지 않는다" 등등. 군수창고에서는 온갖 물건이 사라졌다. 이 때문에 실제 소요량보다 특히 많이 쌓아두어야 했던 물자들이 있었는데, 페니실린 등의 의약품, C-레이션 등의 식품, 그리고 군용담요였다.

우리나라에서는 바닥에 까는 침구를 요, 덮는 침구를 이불이라고 했으며 털실로 짠 깔개는 계담罽毯 또는 세전細氈이라고 했다. 담毯과 전氈은 동물의 털로 만들었기에 값이 매우 비쌌으며, 조선시대에는 왕이 '사치 금지령'을 내릴 때면 으레 거명되던 물건이었다. 수입산 털실 깔개인 카펫은 20세기 벽두에 담요라는 이름을 얻었다. 1901년 일본인이 경영한 진고개(이현泥峴)의 서양 잡화상점은 『황성신문』에 서양 담요를 판다고 광고했다. 일제강점기에도 담요는 절도범들이 노리는 귀중품이었다.

한국전쟁 중에는 합성섬유로 만든 군용 모포에 담요라는 이름이 붙었다. 세상이 뒤집히는 것이 전쟁이니, 요라고 부르면서 이불로 쓴 것이야말로 시대정신에 부합하는 일이었다고 할 수 있을 터이다. 한국전쟁에 참전했던 한 영국군 장교는 한국에서는 적군과 싸우는

군용담요로 만든 옷을 입고 노는 아이들 1950년대 중반. 전쟁 이후 극도로 빈곤한 상황에 놓였던 한국인들은 군용담요 덕에 겨울을 견딜 수 있었다. 대부분 비정상적 유통 경로로 각 가정에 흘러들어간 이 물건은 절도범죄를 막는 최선의 방법이 빈곤 극복이라는 사실도 알려주었다. 출처: 『시련과 영광의 민족사』

것보다 날씨에 대처하는 것이 더 어렵다고 기록했다. 한여름에는 영상 30도를 웃돌다가 한겨울에는 영하 30도까지 내려가는 기온을 한국전쟁 전에 겪어본 유엔군은 거의 없었다. 특히 참호 안에서 불도 피우지 못한 채 보내는 겨울밤의 추위는 살인적이었다. 1950년 겨울 평안북도와 함경북도 일대에서 전투가 벌어졌을 때, 수통이 얼어 물을 마시지 못하는 것은 문제도 아니었다. 위생병은 페니실린 앰플이 얼지 않도록 입에 물고 있어야 할 정도였다. 그런 밤을 견딜 수 있게 해준 물건이 군용담요였는데, 주인을 잃고 버려지는 것도 많았다. 그 때문에 전투가 끝난 전장에서 군속 등의 손을 거쳐 민간에 흘러들어가기도 했다.

휴전 이후 20여 년간 군용 점퍼와 군용담요는 각 가정의 필수품이라 해도 무방할 정도였다. 1970년대에는 '카시미롱 담요'니 '밍크 담요'니 하는 '사제' 담요들이 나왔지만 군용담요의 내구력을 따라

가지 못했다. 많은 가정에서 군용담요를 이불로 썼고, 낡으면 아이들 겨울 옷감으로 활용했다. 이 물건은 적녹 보색 대비로 인해 화투판으로도 적격이었다. 한국전쟁 이후 수십 년간 군용담요는 어느 집에나 있었다. 그러나 이제 이불장 안에 군용담요를 넣어둔 집은 거의 없다. 군용담요로 만든 겨울 코트는 얼마 전 등록문화재로 지정되기까지 했다. 군용담요는 가난했던 시절의 한국을 표상하는 물건이자, 그 시절과 함께 역사 속에 묻힌 물건이다.

다다미

97. 식민지의
　　유산

　　　　1876년 조일수호조규에 따라 일본인들은 조선의 개항장 안에 집을 짓고 상시 거주할 권리를 얻었다. 1877년 부산을 시작으로 개항장은 계속 늘었고, 1885년에는 서울도 개시장開市場이 되었다. 을사늑약 이후에는 한반도 전역이 일본인에게 제한 없이 개방되었다. 한국에 들어온 일본인들은 일단 한국인 집을 빌리거나 매입해서 거주했으나, 한국에 영구 정착하기로 마음먹은 뒤에는 자기들 방식으로 새 집을 지었다. 처음엔 순 일본식으로 지었으나 한반도에서 판유리가 생산된 뒤에는 일부 공간을 유럽식으로 꾸몄다. 일본인들은 이런 집을 '화양和洋 절충형 가옥'이라고 불렀는데, 여기에서 '화'의 핵심은 다다미방이었다.

　　한국과 일본이 모두 목조건축 문화권에 속했기 때문에, 목제 마루, 기와지붕, 종이 창호 등에는 큰 차이가 없었다. 일본 전통가옥과 한옥의 가장 큰 차이는 난방 방식, 즉 온돌이냐 다다미냐였다. 여름과 겨울의 온습도 차이가 매우 큰 한국에서는 여름용 주거공간과 겨울용 주거공간을 나눔으로써 이 문제에 대처했다. 바로 대청마루와 온돌방이었다. 반면 한반도보다 고온다습한 일본 열도에서는 바닥 난방 시설을 만들지 않았다. 대신 습도 조절에 유리하도록 방바닥에 다다미를 깔았다. 다다미疊란, 짚으로 만든 판에 왕골이나 부들로 만든 돗자리를 붙인 깔개를 말한다.

한국 거주 일본인들이 자기 집에 유럽식 요소를 끌어들일 무렵, 한국인의 도시 가옥도 변하기 시작했다. 한국인들 역시 한옥의 구들 구조에 유럽식 요소를 일부 끌어들였다. 그러나 일본식은 끌어들이지 않았다. 구들을 없애고 벽난로를 설치할지언정, 다다미방을 만든 한국인은 거의 없었다. '조선 민족이 살길은, 조선인이라는 자의식을 버리고 뼛속까지 일본인이 되는 것뿐'이라고 주장했던 이광수 류의 친일파만이 일본식 가옥에 거주하는 것을 자랑으로 여겼다. 유럽의 식민지였던 다른 아시아 지역 사람들이 식민 모국의 건축양식을 모방했던 것과 달리, 한국인들은 식민 권력에 잘 보이려는 정치적 의도가 없는 한 일본식을 모방하지 않았다. 한국인 절대다수에게 일본식은 본받을 가치가 없었다. 하지만 이런 상황에서도 일본식 가옥 또는 화양 절충형 가옥은 계속 늘어났다.

일제강점기에 서울을 비롯한 도시 지역의 일본인 인구는 대략 20~36퍼센트 정도였다. 이들은 대개 '신시가지'에 모여 살았는데, 서울의 경우 오늘날의 중구가 일본인 집거지였다. 당장 '중구'라는 이름 자체가 '일본인 거류지'를 의미했다. 서울에 중구가 생긴 해는 1943년, 구제區制가 실시된 때였다. 일제가 경성부에 구제를 실시한 것은 1936년 부역 확장으로 경성부 면적이 넓어지고 인구가 늘어난 데다가 각 분야에 걸친 전시 통제의 강화로 행정 수요가 폭증했기 때문이다. 이때 중구, 종로구, 동대문구, 서대문구, 성동구, 용산구, 영등포구의 7개 구가 생겼는데, 다른 구의 명칭은 전부 오래된 지명이나 도성 문 이름을 따서 붙였으면서도 중구에만 '경성부의 중심'이라는 의미를 담았다.

중구에 있는 충무로의 당시 이름은 본정本町으로서, '경성의 긴자'라는 별명으로도 불린 경성 소매상업의 중심지였다. 현재의 명동인 명치정明治町은 금융 중심지이자 유흥업소 밀집 지대였다. 당시 경성

등록문화재 제183호 군산 히로쓰 가옥의 실내 일본 막부시대 사무라이의 주택 양식을 모방한 고급 주택. 일제강점기 이런 집은 일본인들에게 동경의 대상이었으나, 조선인들은 다다미방을 좋아하지 않았다. 식민 모국인들의 주택 양식이 원주민 상류층의 주생활을 장악하지 못했다는 점도 한국이 겪은 식민지 시기의 특징 중 하나이다. 한국인 상당수가 다다미방에 익숙해진 것은 오히려 해방 이후의 일이었다. 출처: 문화재청

의 5대 백화점 중 화신을 제외한 미쓰코시(현 신세계), 조지야(구 미도파, 현 롯데백화점 영플라자), 미나카이, 히로다가 모두 중구에 있었다. 당시 일본인들은 자기들이 모여 사는 곳이 경성, 나아가 조선의 근본이자 중심이어야 한다고 생각해 '중구'라는 이름을 붙였다. 당연히 다다미방이 있는 일본식 가옥도 중구에 밀집했다.

다다미방에 거주하는 한국인은 오히려 해방 이후에 급증했다. 일본인이 살았던 적산가옥은 서울에만 4만 채에 달했다. 일본인들이 퇴거한 후 그 집들은 한국인 차지가 되었으니, 한 집에 다섯 명씩 살았다고 쳐도 해방 직후에는 20만 명 이상의 서울 시민이 다다미방에 거주했던 셈이다. 그런데 1970년대까지도 서울 가옥들에는 주인집 식구와 셋방살이 식구를 합쳐 열 명 내외가 사는 것이 보통이었다. 게다가 일본식 또는 화양 절충형 가옥은 중류층 이상에 속하는 사람들이나 차지할 수 있었다. 일제강점기에 부자들이 살던 집은 해

방 뒤에도 부자들의 집이었다. 1950~1960년대 서울에서 중산층 소리를 들었던 사람들 상당수는 스스로 원하지 않았더라도 '다다미방의 추억'을 쌓을 수밖에 없었다. 또 오래된 집은 헐기 전에 몇 차례 수리를 거치기 마련이다. 일본식 적산가옥이 많았던 서울 중구에는 2000년대 초반까지도 다다미 제조 수선업체들이 영업 중이었다.

다다미를 마냥 '남의 것'이라고만은 할 수 없는 처지였으나, 한국인들은 전통 양식의 가옥을 한옥, 유럽식 가옥을 양옥이라 부르면서도 다다미방이 있는 집은 '일옥'이라고 부르지 않았다. 왜식 가옥 또는 적산가옥이라는 이름으로 그에 대한 차별의식을 표현했다. 분명히 '있었던 것'이지만, 오늘날에는 '없었던 것'처럼 취급된다. 오래전 학술회의 석상에서 어느 건축사학자에게 물었다. "1880년대에 지어진 양옥은 근대건축이라 하고 1930년대에 지어진 한옥은 전통건축이라 하셨는데, 근대는 시대입니까, 양식樣式입니까?" 그는 구조와 형태를 중시할 수밖에 없는 건축사학의 특성상 근대는 양식으로 본다고 답했다. 다시 물었다. "그렇다면 1930년대에 지어진 일본식 가옥은 전통건축입니까, 근대건축입니까?" 그는 향후 논의가 필요한 문제라고 답했다. 현대 한국인에게 '전통과 근대'를 나누는 문제는, 미국인이나 영국인들이 'tradition'과 'modern'을 나누는 것과 같을 수 없다. 다다미는 한국이 겪은 근대가 다른 식민지들이 겪은 근대와 달랐음을 알려주는 대표적인 물건이다.

98. 현대인의 몸에
가장 오래
붙어 있는 물건

"빙글빙글 도는 의자 회전의자에 임자가 따로 있나 앉으면 주인인데…." 1965년에 발표된 대중가요 〈회전의자〉의 첫 소절이다. 지금도 그런 면이 있지만, 그 시절에는 특히 회전의자가 출세와 성공의 상징이었다.

서는 자세는 하나뿐이지만 앉는 자세는 여럿이다. 책상다리로 앉기, 쭈그려 앉기, 다리 펴고 앉기, 한 무릎 세우고 앉기, 꿇어앉기 등등. 한국인은 아주 오랜 세월 동안 앉을 장소, 자기 몸 상태, 함께 있는 사람의 지위 등을 고려하여 앉는 자세를 선택했는데, 그중 의자에 앉는 자세를 택하는 경우는 거의 없었다. 한국에서 의자는 아주 드문 물건이었다. 궁궐의 정전과 편전에는 옥좌玉座가 있었으나, 왕도 늘 의자에 앉지는 않았다. 조선 경종이 즉위할 때는 교의交椅(의자)를 없애고 신하들과 함께 평좌平坐하는 문제가 논의되기도 했다. 당연히 궁궐 안에 신하들의 의자는 없었다. 중국에서 칙사가 오면 급히 의자를 마련해 상대해야 할 정도였다. 다산 정약용은 우리나라 사람들이 탁자와 의자를 사용하는 방식이 예법에 어긋난다며 다음과 같이 썼다.

중국 사람들은 죽은 이를 산 사람과 동등하게 대했다. 은주殷周 시대에는 산 사람이 바닥에 앉았으니 제수祭需도 바닥에 진열했고, 당송唐宋 시대에는 산 사람이 의자에 앉았으니 제수도 탁상 위에 진열했다. 그 의의義가 균일함이 이러했다. 우리나라 사람들은 살아서 바닥에 앉으니 은주의 풍속을 따르는 셈이요, 죽어서 의자에 앉으니 당송의 예를 따르는 셈이다. 이 때문에 유식한 자의 웃음거리가 된 지 오래다.

— 『여유당전서』, 「예의문답」禮疑問答

사당에는 높은 탁자를 비치하면서 의자는 사용하지 않는 조선 풍속을 문제 삼은 것이다. 한국인은 일상생활에서 의자를 거의 또는 전혀 사용하지 않았다. 조선시대에는 앉고 서는 자세 자체가 지위 고하를 직관적으로 표현했기 때문에, 관청 건물에서도 대청에 의자를 두고 앉을 수 있는 사람은 관장官長뿐이었다. 밥상이든 책상이든 전통 가구 중에 의자와 짝이 될 만한 것은 거의 없다. 개항 이후 한국에 들어온 서양인들이 가장 괴로워했던 것도 의자 없는 실내 생활이었다. 그들은 잠시만 앉아 있어도 다리에 쥐가 날 지경이라고 불평을 늘어놓았다.

서양식 안락의자는 개항 직후에 도입된 것으로 추정된다. 1880년대 중반에 서양인들은 몇몇 한국 고관의 집에서 고급 서양 가구를 보았다고 기록했다. 물론 서양인의 집에는 의자가 있었다. 1880년대 중반 서울 정동이 서양인 거류지가 되자, 일본인·중국인·독일인 등이 의자를 포함한 서양식 가구를 수입해 팔았다. 최초의 의자 판매 광고는 1899년 9월 22일자 『독립신문』에 실렸다. 이후 의자는 서양인이 지은 교회와 학교에 빠짐없이 놓였고, 궁궐과 일부 관청에도 자리 잡았다. 1902년 황제 어극 40년 망육순 칭경예식을 앞둔 시점에는 황실이 식탁과 의자, 서양 식기와 스푼·포크 세트, 와인 글라스 등을 프랑스에서 수입하기도 했다. 의자가 신문물 또는 서양 문물의

대한제국 외부대신이 각국 공사들을 초청하여 베푼 만찬 1902년 황제 어극 40년 망육순 칭경예식을 앞두고 대한제국 황실은 프랑스에서 식탁과 의자, 식기 등을 수입했다. 본 행사가 열리기 전, 대한제국 외부대신은 리허설을 겸해 각국 공사들을 초청하여 만찬을 베풀었다. 의자에 앉은 사람들은 '중세인'이나 그들이 앉은 자세와 그 앞에 놓인 식기들은 '현대적'이다. 출처: 『서양인이 본 꼬레아: 한영 만남 200주년 기념』

표상 중 하나가 되자, 접대와 과시를 위해 의자를 들여놓는 부잣집들도 생겨났다.

　한국인을 반강제로 의자에 익숙해지게 만든 곳은 신식 학교였다. 신식 학교 교실에는 책걸상 세트가 놓였고, 학생들은 수업 시간 내내 엉덩이만 걸친 채 걸상에 앉아 있는 훈련을 반복했다. 1898년 5월 관립 외국어학교 연합운동회가 열린 훈련원 광장에는 "사방에 교의(의자)를 가지런히 벌여" 놓았으며, 내외국 대소大小 관인과 외국 부인들이 의자에 앉아서 경기를 관람했다. 뒤이어 전차, 기차, 교회, 극장 등 의자를 갖춘 탈것이나 시설들이 속출했다. 공장과 사무실에도 의자 높이에 맞는 작업대와 책상이 놓였다.

　1912년 인천부청에서 열린 면장 협의회의 첫 번째 협의 사항은 '면사무소에 책상과 의자를 비치해줄 것'이었다. 의자의 '권위'는 면서기 정도 직급의 사람이라도 탐낼 수 있는 것이 되었고, 1920년대부터는 정신노동과 육체노동이 의자에 앉아서 하는 일과 그렇지 않은 일로 구분되었다. 물론 재봉틀이나 전화교환기 앞에 하루 종일 앉아 있어야 하는 육체노동자도 많았다. 1915년 공업전습소 목공과에서 학생들에게 서양식 의자 제작법을 가르친 이래, 의자 제작업체도 계속 늘어났다. 1915년 조선물산공진회가 열린 경복궁 안에는 관람객을 위한 의자 수천 개가 놓였고, 1924년에는 일본인이 주로 이용하는 남산공원에 '임자가 정해지지 않은 의자'인 벤치가 놓였다.

지위가 높은 사람이나 낮은 사람이나 모두 '앉아서 일하는' 시대가 되자, 높은 사람들은 특별한 의자에 앉는 것으로 자기 신분과 지위를 표시하려 들었다. 안락의자라는 말은 1917년에 처음 사용되었고, 1921년에는 회전의자와 소파가 출현했다. 회전의자는 총독부 고관, 중추원 참의, 각 회사 두취頭取 정도나 앉을 수 있는 특별한 의자였다. 〈회전의자〉라는 대중가요가 발표된 1965년까지도 이런 사정은 바뀌지 않았다. 학교와 직장에서 하루 종일 의자에 앉아 있는 일이 일반화함에 따라 의자는 '자격' 또는 '직위'를 표상하는 물건이 되었다. 1920년대부터 '의자를 잃다'는 학교에서 퇴학당하거나 직장에서 해고당하는 것을, '의자를 얻다'는 진학 시험에 합격하거나 취직 또는 승진하는 것을 의미하게 되었다.

하지만 학교와 직장에서 의자가 일반화한 뒤로도 아주 오랫동안 의자는 일반 가정집의 필수품이 아니었다. 1919년에 이미 고종은 의자에 앉아 있다가 의식을 잃었으나, 1960~1970년대까지도 어지간히 넓은 집에 사는 사람이 아니고서는 실내에서 의자에 앉을 수 없었다. 학교에서건 집에서건 책상 앞에 앉아 있어야 하는 학생들조차 집 안에선 대개 앉은뱅이 책상을 사용했다. 의자는 아파트 시대가 열린 뒤에야 서민 가정에까지 침투했다.

오늘날의 한국인은 아침에 일어나자마자 변기에 앉았다가 식탁

의자에 앉았다가 자동차 운전석이나 대중교통 좌석에 앉았다가 교실이나 사무실 의자에 앉아 하루를 보낸 후 귀가해서는 다시 식탁에 앉았다가 소파에 앉았다가 잠자리에 든다. 의자는 현대인이 깨어 있는 동안 가장 오랜 시간 몸에 대고 있는 물건이다. 현대인의 키가 커진 데에는 의자의 기여분이 적지 않을 것이다. 게다가 사람들은 버스나 지하철 의자를 두고도, 직장 내 더 좋은 의자를 두고도 늘 경쟁한다. 현대인의 일생은 인원수보다 적은 수의 의자를 두고 '의자 뺏기 놀이'를 하는 것과 흡사하다.

침대

99

현대
사생활의
표상

현대 한국어에서 '방에 들어가'라는 말 다음에는 대개 '자라'가 붙는다. '공부해라'도 자주 붙지만, 이는 상대가 학생일 경우에 국한된다. 아파트 평면도에서 방은 침실 1, 2, 3으로 표기된다. 대도시 교외의 주택단지들은 베드타운, 즉 '침대도시'로 불린다. 현대 한국의 표준적 주택에서 '방'은 '잠자는 곳'과 대략 같은 의미다.

본래 옛날의 한국 주택에서 방은 생산·소비·교류 활동이 이루어지는 복합공간이었다. 각 방에는 사랑방, 안방, 건넌방, 뒷방 등의 이름이 붙었는데, 이는 방의 주택 내 위치와 주된 사용자의 가족 내 지위를 표시했다. 사랑방은 남편의 방, 안방은 부인의 방이었고, 안방 건너편에 있는 건넌방은 아이들의 방이었다. '뒷방 늙은이'라는 말에서 알 수 있듯 뒷방은 가사 감독권을 며느리에게 넘긴 노부부나 홀로 된 노인의 공간이었다. 대가大家에서는 각 방이 사랑채, 안채, 별채 등 독립된 건물로 바뀌었지만, 대다수 서민들은 방 서너 개짜리 초가삼간에 살았다.

방의 용도는 주된 사용자의 생활양식에 규정되었으니, 사랑방은 서재 겸 응접실로 이용되었으며, 안방에서는 종종 동네 여자들이 모여 앉아 함께 일했다. 크지 않은 방을 여러 용도로 쓸 수 있게 해준 것은 접었다 폈다 할 수 있는 침구였다. 사람이 자기 전에 마지막으로 하는 일이 요 깔기였고, 일어나자마자 하는 일은 이불 개기였다.

물론 언제나 예외는 있는 법이어서 지금도 이렇게 하루를 시작하고 마감하는 사람이 적지 않다.

물론 옛날에도 침상으로 불린 물건은 있었지만, 평상平床과 마찬가지로 여름용 계절용품이었다. 구들장을 직접 덥히는 난방 시스템을 채택한 한옥에서는 겨울에 바닥 온기와 차단된 잠자리를 만들 이유가 없었다. 방이 남아돌 정도로 큰 집에서 사는 왕공 귀족이 아니고서는 침상을 방에 들여놓을 엄두조차 낼 수 없었다. 표준적인 방 면적의 절반 이상을 차지하는 서양식 침대는 개항 이후에 들어왔는데, 침대寢臺라는 말은 1900년 이후에야 사용되기 시작했다. 본래 '대'臺는 높고 평평한 인공 구조물 또는 그런 모양의 자연 지형을 의미하는 글자다. 축대築臺, 무대舞臺, 장대將臺 등이 전자에, 필운대·파총대·침류대·경무대 등이 후자에 해당한다. 침상이라는 말이 있었음에도 침대라는 말을 새로 만든 것은 이것이 침상보다 높았기 때문일 것이다.

그런데 한국인들은 침대를 그리 좋아하지 않았다. 온돌 난방과 어울리지 않고 가뜩이나 좁은 방의 용도를 제한한 데다가 이 물건이 처음 들어간 곳이 주로 병원이었기 때문이다. 근대적 병원에서는 침대가 필수 장비였는데, 이는 환자가 아니라 의료진의 편의를 위해서였다. 의사가 기운 없이 맨바닥에 누워 있는 환자를 치료하거나 그와 대화하려면 무릎을 꿇어야 했다. 의사에게는 누워 있는 환자의 높이를 자기 허리춤 정도에 맞추는 것이 편했다. 병원의 규모를 병상 수로 표시하는 것도 이 때문이다. 한국인들은 병실이 아니면 열차나 기선의 침대칸에서나 침대에 누웠다. 일제강점기에 '침대에 눕다'라는 말은 '입원하다'와 대략 같은 뜻이었다.

다만 난방비에 신경 쓸 필요가 없는 사람들이나 미국식 생활양식을 동경하는 사람들은 침대를 사용했다. 순종과 영친왕도 침대에서

순종비 순정효황후의 침대 용 문양이 양각된 목제 침대는 중국에서 수입된 것으로 추정된다. 자기 손으로 요를 깔거나 갤 필요가 없었던 순종비에게 침대가 편리한 물건이었는지는 의문이다. 1970년대까지도 한국인 대다수는 침대를 바닥 온기를 차단하면서 자리만 차지하는 물건으로 여겼다. 출처: 문화재청

잤고, 기독교 조선 감리교회 초대 총교사 양주삼도 온돌방에 침대를 놓았다. 하지만 그들이라고 침대 잠을 편하게 여기지는 않았다. 1918년 1월, 잠시 귀국한 영친왕을 맞은 고종(이태왕)은 석조전에서 기거하는 그에게 "서양식 건축이 되어서 매우 춥겠지. 침상에서 자면 도무지 편치 않고 밤 깊어서는 춥지 않느냐?"고 물었다.『매일신보』는 당시 상황을 이렇게 전했다. "태왕 전하께서는 친히 서양식 침상 위에 오르시와 침구에 옥체를 실으시고 출렁거리는 모양이며 살에 닿는 모양이 어떠한가를 검사하시면서 몇 번이나 춥지 않느냐, 잠이 잘 오느냐고 물으시와 자애하신 빛이 봉안에 넘치셨다."

침대 생활에 익숙하지 않은 것은 일본인들도 마찬가지였다. 그들의 다다미방에도 침대는 어울리지 않았다. 게다가 침대가 요보다 편하지도 않았다. 10여 년 전 나는 순종비 순정효황후가 임종 때까지 사용한 침대의 복원 작업에 관여한 적이 있다. 용무늬가 정교하게 조각된 목제 침대의 상태는 나쁘지 않았지만, 부식된 매트리스가 문

제였다. 국내 굴지의 침대 회사가 무료로 복원해주기로 해서, 그 회사 공장으로 침대를 실어갔다. 매트리스를 뜯어본 기술자는 아연실색했다. 그 안에는 낡은 헝겊과 볏짚이 가득 들어 있었다. 그는 그것들이 본래 매트리스 충전재였는지, 아니면 나중에 수선하면서 함부로 넣은 것인지 알 수 없다고 말했다. 하지만 현대인에게 익숙한 스프링 침대나 라텍스 침대가 아닌 것만은 분명했다. 침대는 안락한 수면을 위해 선택하는 물건이라기보다는 스스로 '특별함'을 느끼기 위해 선택하는 물건이었다. 이래저래 일제강점기에는 침대 시장이 좁을 수밖에 없었다.

해방 이후 미국식 생활양식이 새로운 모범으로 자리 잡으면서, 집에 침대를 들여놓는 사람도 늘어났다. 그러나 국산 침대가 백화점이나 가구점에 본격 전시되기 시작한 1960년대 중반에도 침대는 큰 부자가 아니면 외국 바람을 좀 마시고 온 사람들이나 외국 기관에 종사하는 사람들 정도가 사용하는 물건이었다. 이 무렵 스프링 매트리스 2인용 침대는 1만 3,000원, 스펀지 매트리스 2인용 침대는 1만 5,000원 정도였고, 한국전쟁 중 영국인이 가지고 왔다는 시몬스 침대는 백화점에서 20만 원대에 팔렸다. 근로자 가구 월평균 소득이 9,520원이던 때였다.

그러나 한국형 보일러가 개발되고 아파트가 표준 주거 유형으로 자리 잡은 뒤 침대는 거의 모든 방에 침투했다. 현대 한국인 대다수는 침대에서 자고 침대에서 일어난다. 게다가 침대는 가정생활이던 사생활의 영역을 '개인생활'로 바꾸어놓았다. 안방이나 사랑방은 손님을 맞아들일 수 있는 공간이었으나, 침실은 남에게 쉽게 보여주지 않는 공간이다. 침대가 있는 방은 원칙상 외부와 차단된 고립된 공간이다. 자기만의 공간에 갇힌 채 교류와 공감 능력이 줄어든 인간이 늘어난 데에는 침대가 책임질 몫도 있을 것이다.

복덕방

100

복福과
덕德을
중개하던 곳

영어는 'home'과 'house'를 구분하지만, 우리말로는 모두 집이다. 한국인은 집을 물리적 실체와 정서적 실체가 통합된 개념으로 인식한다. 한국인에게 집은 방, 마루, 부엌, 광, 마당, 담장 등으로 구성된 건축물인 동시에 조부모, 부모, 자식, 손자녀, 삼촌 등을 포함하는 가족이기도 하다. 한국의 직장인이 "집에 일이 생겨 조퇴하겠다"고 말할 때의 '일'은 건물에 생긴 이상이 아니라 가족 구성원에게 발생한 사고를 의미한다.

정착 농경사회에서 이사는 아주 드문 일이었다. 사람도 식물처럼 태어난 곳에서 평생을 사는 게 오히려 표준이었다. 재주 있는 사람을 인재人材라 하고, 정착하는 것을 '뿌리내린다'고 하며, 근성根性(뿌리 같은 성질)을 높이 평가한다. 분가할 경우에도 가급적 본가와 가까운 곳에 새 집을 지었으니, 상품으로 거래되는 집은 드물었다.

1394년, 한성을 새 도읍으로 정한 조선 왕조는 타지에 살던 관료와 상인들을 이주시키고 집 지을 땅을 차등 있게 나눠주었다. 땅은 국유였고 집만 사유였다. 조선시대 서울은 새로 벼슬자리를 얻어 상경한 사람들과 관직을 잃고 낙향하는 사람들이 늘 오가는 이사의 도시였다. 상경한 사람들에게 살 집을 찾아주는 사람을 우리말로 집주름, 한자어로 가쾌家儈라 했으며, 보통 통수統首(현재의 통장에 해당)가 겸했다. 얼마 전까지만 해도 다른 동네로 이사하여 전입신고를 하려면 통장의 날인이 필수였다. 일차적으로는 일제의 통반제가 남긴 유제이지만, 더 거슬러 올라가면 여기에서도 맥을 이을 수 있다. 집주릅은 집주름으로 잘못 발음되는 경우가 많았는데, '주름잡다'는 말은 여기에서 유래했다. 동네 사정을 세세한 것까지 훤히 안다는 뜻이다.

조선 후기에 서울 인구가 증가함에 따라 집을 사고파는 일도 늘어났다. 가옥 매매를 알선하고 약간의 수수료를 받던 통수의 일도 영업화했다. 개항 이후인 19세기 말부터 직업적 가쾌가 운영하는 곳이 복덕방福德房으로 불리기 시작한 것으로 추정된다. 복덕방이라는 말의 유래는 확실히 알 수 없다. 당제나 동제를 지낸 뒤 마을 사람들이 모여 앉아 음식을 나누어 먹던 방을 복덕방이라 했고, '복덕'은 '생기복덕'生起福德에서 나왔다는 이야기가 있으나, 이 복덕방이 집의 매매와 임대를 중개하는 복덕방과 같을 수는 없다. 일단 가옥 매매를 중개하는 복덕방의 '방'은 여러 사람이 모여 앉는 방이 아니라 상업시설의 하나다. 조선시대에는 물건을 쌓아놓고 파는 곳을 전廛, 생산과 판매를 겸하는 곳을 점店이라고 했다. 책사와 포사처럼 물건을 늘어놓고 파는 곳은 사肆라고 했고, 전당포·지물포·도장포처럼 상품과 기술을 함께 파는 곳을 포鋪라고 했다. 방房은 매우 적어서 복덕방과 금은방 정도가 있었을 뿐이다. 노래방, 소주방, PC방 등 '방' 자를 쓰는 상업시설은 근래에 급증했다. 방은 남의 물건을 대신 사고파는 곳을 의미했다. 복덕방은 업소 주인이 손님들끼리 집을 사고팔 수 있도록 알선해주는 곳이다.

복덕방의 복덕福德은 다름 아닌 '집'이다. 복은 본디 하늘과 땅의 신이 사람에게 주는 것이며, 덕은 이웃이 베푸는 것이다. 공자가 "덕은 외롭지 않으니 반드시 이웃이 있다"德不孤必有隣라고 한 것도 이 때문이다. 집을 '복덕'이라고 한 것은 이것이 지복地福과 인덕人德을 매개한다고 보았기 때문이다. 집터가 좋아야 일가가 번성하고 이웃이 좋아야 살기가 편하다는 것이 오래된 믿음이었다. 집은 단순한 건축물이 아니라 한 가족의 과거 기억과 현재의 삶과 미래 희망을 모두 품은 결집체였다. 복덕방은 바로 지복과 인덕을 알선해주는 업소였다. 그래서 복덕방 주인은 풍수쟁이를 겸해야 했고, 동네 사정도 꿰뚫어야 했다. 어느 집에 살던 누가 언제 입신양명해서 떠났는지, 혹은 어느 집에서 멀쩡히 잘 살다 급살 맞은 사람이 나왔는지, 어느 집 주인의 성질이 고약해서 이웃에게 폐를 끼치는지, 어느 집 천장에서 물이 새고 어느 집에서 도난 사고가 자주 일어나는지 등등을 훤히 알아야만 비로소 온전한 복덕방 주인의 자격을 갖출 수 있었다. 복덕방 주인이 갖추어야 하는 자질과 능력은 현대의 공인중개사에게 요구되는 것과는 비교할 수도 없을 정도로 섬세하고도 총체적이었다. 한 동네에서 오래 산 사람, 경륜과 식견을 인정받을 만한 사람이라야 복덕방 주인이 될 수 있었다. 이런 일에는 '영감님'이라는 호칭이 어색하지 않은 노인이 어울렸다. 연암 박지원은 평생을 파락호로 살던 광문이 늘그막에 집주릅 노릇하며 사는 이야기를 「광문자전」廣文者傳에 실었다.

개항 이후 서울에서 집을 구하는 외국인이 늘면서 집주릅도 늘었다. 그런데 외국인이 집을 보는 태도는 한국 사람들과는 사뭇 달랐다. 그들은 땅에서 복을 구하지도 않았고, 이웃에게 덕을 보려는 생각도 없었다. 그들은 넓은 마당, 지은 지 얼마 되지 않은 깨끗한 기와 건물, 통풍이 잘되는 언덕배기의 집을 원했고, 집 자체의 역사는 고려하지 않았다. 집의 역사를 아는 집주릅보다는 경제적 가치에 민감한 집주릅이 필요했다. 집주릅이 익숙해 있던 집의 가치와 외국인들이 원하는 집의 가치가 충돌했지만, 집주릅은 어쨌든 알선 중개인일 뿐이었다. 점차 집을 구성하는 여러 가치 중 계량할 수 있는 가

1923년경의 복덕방 주점 옆에 방 한 칸을 빌려 복덕방이라 쓰인 천을 걸어놓고 있다. 그 옆에는 토지가옥 중개라고 쓰인 글귀도 보인다. 복덕방은 지복과 인덕의 거래를 알선하는 곳이었다. 사람들이 집을 사고팔면서 지복과 인덕을 따지지 않게 되자, 복덕방이라는 이름도 사라졌다. 출처:『사진으로 보는 서울 백년』

치, 즉 재산가치가 가장 중요해졌다. 1926년 초 한 복덕방 영감은 이 변화의 과정을 다음과 같이 요약했다.

지금은 세상 인심이 모질어져서 그런 것을 꺼리지 않을 뿐만 아니라 도리어 그런 집은 싸다고 골라 다니는 사람도 있습니다마는, 내가 처음 복덕방에 나와 놀기 시작할 임시까지도 흉가 복가까지 골랐답니다. (…) 지금까지도 오히려 터전만 남아 있는 안국동 근화여학교 앞 나무장 된 터전에 있던 집도 흉가로 유명했었습니다. 그래서 마침내 헐어버리고 말았던 것이지요. 당시 우국지사로 일본서 자객에게 돌아가신 김옥균 선생이라든지 미국에 망명하여 있는 서재필 박사가 모두 그 터에 있던 집에서 났다고 하여 큰 흉가로 불리었으며 그 곁에 있는 지금 민정식 씨 소유로 오히려 아직도 팔지 않고 있는 감고당 같은 집은 복가福家로 유명한 집이올시다.
— 『동아일보』 1926년 1월 2일자

흉가는 사는 사람이 없어 결국 헐어야 했고, 복가는 사려는 사람이 많아 값이 올라가는 것이 '세상 인심이 모질어지기 전'의 관행이었다는 것이다.

러일전쟁 이후 일본인들이 한국에 대거 들어오면서 복덕방은 유례없는 호황을 맞았다. 특히 관리들의 이주가 집중된 서울에서는 고급 주택을 찾는 수요가 많았다. 그 집들은 나라가 망한 마당에 서울에 살 이유가 없어진 관리들이 내놓은 것이었다. 조금 뒤에는 예전 같으면 서울살이를 꿈도 꿀 수 없었던 지방 졸부들이 살 집을 찾았고, 공부하러 상경한 유학생들도 하숙집을 찾아 다녔다. 일본이 한국을 강점할 무렵, 서울의 복덕방 주인은 2,000명 정도였다. 당시 서울 가구가 5만 호쯤이었으니, 스물다섯 집당 하나꼴로 복덕방이 있었던 셈이다. 자본주의화가 빠르게 진전되면서 집의 상품화 속도도 빨라졌다. 복덕방 일은 계속 늘어났고, 복덕방 없이는 도시가 유지될 수 없는 상황이 도래했다. 그래도 복덕방 일은 오랫동안 노인들의 소일거리였다.

대규모 도시 개발과 공동주택(아파트) 건설이 활발해진 1960년대 후반 이후에는 가옥의 매매와 임대를 알선하는 '사업'의 시장이 커지고 수익성도 높아졌다. 이 무렵부터 복덕방에 책상과 의자를 두는 중장년층이 흔해졌다. 특히 1970년대 서울 강남을 필두로 한 아파트 개발, 분양 붐은 복덕방 주인들을 정신없이 뛰어다니게 만들었다. 지복과 인덕이 집값에 미치는 영향도 계속 줄어들었다. 더불어 가족의 정체성과 결합해 있던 집이 재산으로만 취급되는 추세도 가속화했다. 현대의 가족은 '한 집에 모여 사는 사람들'이라는 전통적 정의에서 벗어났다.

1985년 9월 22일, 제1회 부동산 공인중개사 시험이 국가고시로 실시되었다. 이때를 기점으로 복덕방은 사라지고 대신 부동산 공인중개사 사무소들이 생겨났다. 이름만 바뀐 것이 아니라 그 안에 있던 사람도, 그곳에서 거래되던 가치도 바뀌었다. 오늘날의 노인들은 아파트 경비실이나 주차 관리실에서 소일거리를 찾는다. 집을 사고 팔면서 복과 덕을 따지는 사람도 거의 없다. 2021년 현재 서울시에만 2만 7,000여 곳의 부동산 중개업소가 있다. 370명당 하나꼴이다. 현대의 한국인, 특히 도시인은 몇 년에 한 번씩 집을 사고판다. 물론 사고파는 것은 '부동산'이다. 우리말 '집'에는 건물이라는 뜻과 가족이라는 뜻이 다 담겨 있었다. 집에서 부동산 가치만 보는 사람이 늘어나는 만큼 가족의 가치가 떨어지는 것도 당연한 일이다.

아파트

101. 현대적 생활양식과 가치관을 만든 집

1970년대까지 객지에서 고생하던 자식이 마침내 집을 장만했다는 기쁜 소식을 듣고 급거 상경했다가 성냥갑을 쌓아올린 모양의 건물 한구석을 겨우 차지하고 사는 꼴을 보곤 답답한 마음으로 귀향하는 노인이 적지 않았다. "사내자식은 제 머리 위에 다른 사람 두는 게 아니다"라는 신념을 갖고 살아온 이들에게 아파트는 사람 살 집이 아니었다.

처음 이 아파트촌을 먼발치에서 보고는 무슨 공장들이 저렇게 빽빽이 몰려 있을까 싶었다. 그런데 사람들이 그 속에서 살림을 하고 산다는 것이다. 머리 위에서 불을 때고, 그 머리 위에서 또 오줌똥을 싸고, 그 아래에서 밥을 먹고, 사람이 사람 위에 포개지고 또 얹혀서 살림을 하고 살아간다는 것이다.

― 조정래, 「비탈진 음지」, 1973

도시 공동주택인 아파트는 고대 로마에도 있었지만, 가난한 사람들만 이런 집에서 살았다. 한반도에 아직 이런 건물이 없던 1920년대에 한글 신문들은 아파트를 '줄행랑'으로 번역했다. 생긴 모습이 대가大家의 솟을대문 양옆에 늘어선 행랑채와 비슷했기 때문이다.

487

그 무렵에는 외국 아파트 거주자의 사회적·경제적 지위도 조선의 행랑아범과 별로 다르지 않았다. 산업혁명은 도시혁명이기도 했다. 도시에 공장과 노동자가 급증하여 환경이 나빠지고 주택난이 심해졌다. 도시에 살던 부르주아지들은 도시 밖 전원으로 피신했고, 그들이 살던 큰 집 터에는 노동자용 아파트가 들어섰다.

1930년 서울 남산 기슭(현재 남산동1가 16-2번지)에 미쿠니상회三國商會 아파트가 건립되었다. 이것이 아파트라는 이름으로 한반도에 들어선 최초의 건물로서 지상 3층짜리였다. 1931년 만주사변을 도발한 일제는 영등포와 부천, 인천 등지에 대륙 침략을 위한 산업시설을 건설할 계획을 세웠다. 조선총독부의 산업 정책도 농업 중심에서 공업 중심으로 이행했다. 이에 따라 경성 인구는 급증했고, 1936년 조선총독부는 경성부의 권역을 대폭 확장했다. 인구 증가는 당연히 주택난을 초래했으며, 같은 면적의 대지垈地에 더 많은 인구를 수용할 수 있는 고층 주택 건립을 촉진했다.

미쿠니아파트 이후 1930년대 중반까지 일출아파트, 황금아파트, 국수아파트, 녹천장아파트, 취산아파트, 채운장아파트, 히카리아파트, 도요타아파트 등 아파트라는 이름을 가진 주거용 건물들이 경성 시내에 속속 건립되었다. 이들 중 욕실과 부엌이 딸린 객실 82개를 갖춘 4층짜리 채운장아파트는 1934년 건립과 동시에 일약 경성 동부의 랜드마크가 되었다. 일제강점기의 아파트 대부분은 독신자용 임대주택이었지만, 가난한 노동자들이 입주할 수 있는 곳은 아니었다. 방은 하나뿐이었으나 부엌과 화장실, 냉난방 시설을 갖추었고, 1층은 공동 식당과 사교장, 공동 목욕탕 등으로 사용되었다. 요즘의 오피스텔과 비슷했던 셈이다. 일제강점기에 건립된 아파트 중 미쿠니, 히노데, 도요타(현재의 충정아파트), 황금, 국수, 취산, 청운장, 적선하우스는 지금도 남아 있다.

아파트 거주자들은 대개 관공리, 은행원, 회사원, 유학생 등 풍족한 '독신생활'을 누릴 수 있는 사람이었으며, 카페 여급, 여사무원 등 독신 여성도 많았다. 당대 사람들은 아파트에 사는 여성을 아파트걸이라고 불렀다. 아파트걸이라는 말 자체가 '혼자 사는 여성'이라는 뜻인 데다가 같은 건물, 같은 층에 남성의 집과 여성의 집이 혼재했기 때문에, 아파트 거주자들은 '탕남음녀'蕩男淫女라는 의심을 받기도 했다.

일본 군국주의가 1937년 중일전쟁을 도발한 뒤, 경성의 주택난은 더 심해졌다. 1936년에 72만여 명이던 경성 인구는 1942년 110만명 이상으로 늘었다. 경성 근교에 공장이 늘어났기 때문이다. 1939년 6월 조선총독부 정무총감은 경성을 비롯한 조선의 대도시에 아파트를 많이 지으라고 지시했다. 이에 따라 조선총독부와 경성부는 부영府營 아파트, 총독부 지원 아파트, 학생 아파트 등 여러 종류의 아파트를 짓겠다고 발표했으나, 시멘트 한 포대, 쇠못 하나가 아쉬운 전시 상황에서는 실현 불가능한 계획이었다.

해방 이후의 정치적·사회적 혼란과 경제적 곤궁 속에서, 1930년대 초중반에 잠시 일었던 아파트 붐을 되살릴 수는 없었다. 오히려 아파트가 있었다는 사실 자체를 몰랐거나 잊어버린·사람이 훨씬 많았다. 서울에서 전후 복구사업이 한창이던 1956년, 주교동에 3층짜리 중앙아파트가 신축되었다. 중앙산업주식회사의 사원 기숙사였는데, 방 하나에 부엌, 화장실, 마루로 구성된 내부 구조는 1930년대의 아파트와 다를 바 없었다. 이것이 해방 후 건축된 최초의 아파트다. 같은 해 종로구 행촌동에도 한미재단주택이 건립되었는데, 여기에 3층짜리 건물 3개 동 48가구가 포함되었다. 1958년에는 역시 중앙산업주식회사가 종암동에 152가구 규모의 아파트를 지었다. 가구당 대략 17평, 방 2개에 화장실 1개였으며, 준공 직후 대한주택영단(일

三國商會アパート

(觀 外)

『조선과 건축』 1930년 12월호에 실린 미쿠니상회아파트의 모습 아파트라는 이름으로 한반도에 건립된 최초의 건물이다. 요즘 기준으로는 다가구 주택이라고 해야 마땅한 이런 양식의 건물은 1930년대 새로운 생활양식을 선도했다. 오늘날 한국인의 반 이상이 아파트라는 이름의 공동주택에 거주한다. 그러나 이 공동주택에는 공동체 의식은 물론 가족 단위의 지속성과 안정감도 담기지 않는다. 출처: 『조선과 건축』 영인본

제강점기 주택영단의 후신이자 LH의 전신)이 인수해 일반에 분양했다. 이 것이 일반 분양한 최초의 아파트, 연탄보일러를 시공한 최초의 아파트, 수세식 화장실을 갖춘 최초의 아파트였다. 공사 중 대통령 이승만이 방문하여 화제가 되기도 했다.

1962년에는 대한주택공사가 설립 기념 프로젝트로 마포구 도화동의 예전 마포형무소 자리에 아파트를 짓기 시작했다. 단지 내에 공원과 운동장 등을 만든 국내 최초의 단지형 아파트였다. 처음에는 석유보일러를 사용한 중앙난방과 엘리베이터 등을 갖춘 10층짜리로 지을 계획이었으나, 미국 기술고문단의 반대와 기술 부족으로 엘리베이터 없는 6층짜리로 건립되었다. 1962년 12월 1일 1차 준공 이래 1964년까지 3차에 걸쳐 10개 동이 완공되었다. 건립 초기에는 입

주 실적이 저조했으나, 1968년에 미국인 100여 가구가 입주하면서 부자들의 아파트로 명성을 얻었다.

1967년 제3공화국 정부는 제2차 경제개발 5개년 계획을 수립하면서 주택난 해결책으로 '아파트 건설 촉진'을 제시했다. 이에 앞서 1966년 4월에 부임한 서울시장 김현옥은 강변 제방 도로 건설, 여의도 개발, 영동지구 개발 사업 등을 숨가쁘게 진행하면서, 새로 확보된 땅을 아파트 부지로 팔아 사업비에 충당했다. 1967년 4월 한강변에 공무원아파트 8개 동이 준공되었고, 1969년에는 서울 열여섯 곳에서 시민아파트 100개 동을 짓는 공사가 시작되었다. 당시 시민아파트 건립은 도심부 판자촌 철거 대책의 일환이었는데, 건립 부지는 회현동, 인왕산, 낙산, 안산, 와우산 등 대개 서울 도심을 둘러싼 산기슭이었다. 당시 서울시 건축과장이었던 손정목은 서대문구 안산 자락에 시민아파트를 지을 때의 일을 이렇게 회고했다. 내가 직접 들은 이야기다.

> 공무원 한 사람이 시장에게 물었다. "우리가 아파트 지은 경험도 별로 없는데, 이런 산비탈에 지었다가 무너지기라도 하면 어떡합니까?" 시장은 그의 조인트를 까며 말했다. "이 등신아. 높은 데다 지어야 각하께서 보실 거 아냐?"

고지대 시민아파트 건설은 판자촌 철거 대책일 뿐 아니라, 김현옥 시장의 전시행정이기도 했다는 것이 그의 판단이었다. 아니나 다를까, 1970년 4월 8일 새벽, 완공된 지 1년도 되지 않은 와우아파트가 갑자기 무너졌다. 이 사고로 아파트 주민 33명이 사망하고 38명이 다쳤다. 김현옥 시장은 사임할 수밖에 없었다.

하지만 와우아파트 붕괴 사고가 '아파트 시대'의 개막을 늦추지는 못했다. 1960년대 말 서울 도심부에서는 상가아파트 건설이 활기를 띠었다. 서울시는 지하층과 저층에 상가를 둔 고층 아파트를 지으면 주민의 생활 편의를 극대화하고 시내 교통량을 줄일 수 있다고 판단했다. 이 구상의 첫 대상지는 식민지 말기, 미군의 공습에 대비하여 소개공지대로 조성했던 종묘 앞에서 남산에 이르는 구간이었다. 사실상 광폭의 도로였던 이 '소개공지대'에는 해방 직후부터 무허가 판잣집이 빼곡하게 들어찼다. 서울시는 이 일대의 무허가 주택들을 철거하고 여러 동의 상가아파트를 짓기 시작했다. 설계는 당대 최고의 건축가로 꼽히던 김수근이 맡았는데, 지상 1층은 자동차 전용 공간으로 삼고, 2층과 3층에는 공중 보행 데크를 설치하며 5층에 공중정원을 만든다는 야심찬 구상을 담았다. 하지만 이런 구상은 분양과 임대 수익만을 따지는 민간 업체들이 사업을 전담함에 따라 대부분 실현되지 못한 채 특징 없는 건물군의 나열로 귀결되었다. 1967년 7월 종로에서 청계천에 이르는 구간의 건물이 먼저 준공되었고, 김현옥 시장은 이 건물에 '세상의 기운이 다 모인다'는 뜻의 세운世運이라는 이름을 붙였다. 8층 건물 중 1~4층은 상가였고 5층 이상이 주거용이었다. 이어 1968년까지 현대상가(13층), 청계상가(8층), 대림상가(12층), 삼풍상가(14층), 풍전호텔(10층), 신성상가(10층), 진양상가(17층) 등이 속속 완공되었다. 사업자 측은 이 상가아파트군을 '한국사상 최초의 명소, 동양 최대의 웅장한 규모'라고 홍보했고, 개관하자마자 서울의 새로운 명소가 되었다.

세운상가에 뒤이어 1967년 청량리 대왕상가아파트와 마포상가아파트, 1968년 성북천상가아파트, 낙원상가아파트, 동대문상가아파트, 1969년 삼일상가아파트 등 서울 곳곳에 상가아파트가 건립되었다. 도심부 상가아파트에 입주한 상점들은 비싼 임대료 때문에 고가의 사치품이나 공산품을 취급하는 것이 일반적이었다. 상가아파트 건립은 1970년대 후반 이후 단지형 아파트가 일반화함으로써 퇴조했고, 주거공간과 구매공간의 통합이라는 애초의 목표는 아파트 단지 내에 독립 건물로 들어선 상가들이 실현했다.

도심에 상가아파트가 속속 들어서는 동안 한강변과 여의도에는 맨션아파트 붐이 일었다. 1970년 9월에 준공된 한강맨션아파트가 그 효시였다. 이듬해 준공된 12~13층짜리 여의도 시범아파트는 '고층 호화 아파트' 시대를 열었다. 준공식에 대통령이 참석할 정도로 세간의 관심을 끈 이 아파트 단지 지하에는 전기, 전화선, 난방 등의 기반시설이 매설되었으며, 엘리베이터에는 '엘리베이터걸'이 배치되었다. 1,584가구가 사는 이 아파트 단지에서 근무하는 엘리베이터걸은 98명에 달했다. 이제 아파트는 독신자나 노동자, 서민을 위한 공동주택이 아니라 '꿈의 주택'이 되었다. 더불어 '복부인의 시대'도 함께 열렸다.

1970년 이후 택지 개발과 재개발은 '아파트 단지 조성'과 사실상 동의어가 되었다. 1970년 몇만 명에 불과했던 아파트 거주 인구는 1985년 500만 명을 돌파했고, 오늘날에는 한국인의 반 이상이 아파트에 거주한다. 단지형 아파트는 여러 면에서 거주자의 생활방식을 획기적으로 바꾸어놓았다. 사람들은 아파트 평형에 따라 재산 규모를 즉각적으로 확인함으로써 '같이 어울려도 좋을 이웃'과 그렇지 않은 이웃을 쉽게 구분할 수 있었다. 고층 아파트는 골목 좌우에 옹기종기 늘어서 있던 평면적 주택들을 수직화한 것으로서, 골목길과 엘리베이터는 사실상 같은 기능을 담당했다. 하지만 골목 하나를 같이 쓰면서 이웃과 인정을 나누던 삶은 같은 엘리베이터 안에서조차 서로 인사하지 않을 정도로 철저하게 고립된 '가족 중심의 삶'으로 바뀌었다. 아파트 거주자들은 오히려 바로 위층 또는 아래층 사람들과 가장 사이가 나쁘다. 층간 소음 때문이다.

아파트는 또 마당 없는 생활을 강요했다. 아파트에서는 거실이 마당과 같은 구실을 했지만, 이 마당은 일하거나 뛰어놀 수 없는 공간이었다. 단층 주택에서 대개 마당 쪽 벽에 걸려 있던 키나 체, 광주리 같은 생활용품은 아파트에 어울리지 않았다. 아파트 거주자들은 거실과 벽을 장식하는 데 많은 돈을 들여야 했고, 이 때문에 소파니 식탁이니 하는 서양식 가구와 그림, 도자기 등의 골동품이나 미술품, 장식품, 수족관 수요가 크게 늘었다. 아파트 거주자들은 이웃집 인테리어를 보고 그 안주인의 안목이나 교양 수준을 평가했다. 백화점에서 운영하는 미술강좌나 문화강좌에 아파트에 거주하는 '주부'들이 줄을 잇기 시작한 것도 이 무렵부터였다.

"저기 저기 저 달 속에 계수나무 박혔으니 옥도끼로 찍어내어 금도끼로 다듬어서 초가삼간 집을 짓고 양친 부모 모셔다가 천년만년 살고지고." 우리 조상들이 수백 년간 불러온 민요 〈달타령〉의 일부다. 이 노래에서 집이 들어설 장소와 건축 도구는 비현실적이지만, 집은 가난한 사람도 어렵지 않게 지을 수 있는 초가삼간이요, 같이 살 사람은 부모이며, 집의 내구 연한은 천년만년이다. 우리 선조들은 집 자체가 아니라 집을 둘러싼 '공간'에서 이상적인 삶을 찾고자 했다. 이 노래에는 무릉도원이나 달나라처럼 신분과 계급의 속박이 없는 곳이라면, 그리고 부모를 모시고 효를 다할 수 있는 곳이라면, 아무리 누추한 집이라도 좋다는 생각이 담겨 있다. 부모와 함께 산다는 것은 대를 이어 사는 것이다. 그래서 집의 수명은 사람의 수명보다 훨씬 긴 '천년만년'이었다.

아파트 붐이 막 시작되던 무렵인 1972년에 발표되어 공전의 히트를 친 남진의 〈임과 함께〉는 노래 가사의 구성이 달타령과 거의 같다. "저 푸른 초원 위에 그림 같은 집을 짓고 사랑하는 우리 님과 한백년 살고 싶어." 작사가가 집이 들어설 장소로 지목한 '푸른 초원

위'는 달보다는 훨씬 현실적이지만, 영화에나 나올 만한 곳이며, '그림 같은 집'은 상당한 재력이 있어야만 지을 수 있는 집이다. 장소뿐 아니라 집 자체의 디자인과 구조도 행복의 중요한 요소로 표현되었으니, 이 대목에는 집과 돈이 불가분의 관계인 세태가 반영되어 있다. 이 노래에서 집은 또 부모가 아니라 '사랑하는 우리 님'과 사는 집이다. '임과 함께'만 사는 집은 대물림이 필요 없다. 100년도 못 사는 인생이니, 집의 내구 연한도 '한 백년'이면 충분하다.

그로부터 12년 뒤인 1984년에 윤수일이 부른 대중가요 〈아파트〉도 당대 최고의 히트곡이었다. "별빛이 흐르는 다리를 건너 바람 부는 갈대숲을 지나 언제나 나를 언제나 나를 기다리던 너의 아파트 (…) 흘러가는 강물처럼 흘러가는 구름처럼 머물지 못해 떠나가버린 너를 못 잊어 (…) 아무도 없는 아무도 없는 쓸쓸한 너의 아파트." 이 노래에서 집이 들어선 장소에 대한 묘사는 아주 구체적이다. 다리를 건너, 갈대숲을 지나 도착하는 곳은 서울 강남이나 강동이다. 그러나 그곳에 있는 아파트는 내가 지은 집이 아니라 이미 다 지어져서 나를 기다리는 집이다. 좀 더 직설적으로 표현하자면 내 '돈'을 기다리는 집이다. 집의 구조나 디자인에 대한 묘사는 당연히 필요 없다. 그냥 건설회사가 만든 대로, 자금 사정에 따라 '평형'만 정하면 그뿐이다. 또 이 아파트는 누구와 함께 사는 집도, 오래 머물러 사는 집도 아니다. 그저 '값이 오를 때'를 기다렸다가 바로 떠나야 하는 '아무도 없는' 쓸쓸한 집이다. 기다림의 의미도 이중적이다. 3년만 기다리면 양도세가 면제되고, 30년만 버티면 재건축을 할 수 있다. 집의 사용가치는 어디론가 사라지고 교환가치만 전면에 떠오른 새 시대를 이보다 함축적으로 묘사하기도 어려울 듯하다.

옛날의 집은 아름다운 경관, 좋은 이웃, 사랑하는 가족과 굳게 결합해 있었다. 그러나 오늘날의 아파트에는 그런 요소가 부차적이거나 무의미하다. 가격 상승 전망, 또는 재개발이나 재건축 가능성이 가장 중요하다. 요즘 사람들은 자기네 아파트가 더 이상 살기 어려울 만큼 위험하다는 판정을 받으면, "경축! 안전진단 통과"라는 현수막을 내건다. 자기 집이 위험하다는데 기뻐 어쩔 줄 모르는 이 황당한 현실에서 집은 더 이상 가족의 삶을 담은 공간도, 안정감과 지속성의 원천도 아니다. 아파트는 대다수 한국인의 욕망을 빨아들이는 거대한 블랙홀에 가깝다. 현대 한국인의 표준적 생활양식과 표준적 가치관은 아파트가 만들었다고 해도 지나치지 않을 것이다.

참고문헌

1. 문서, 일기, 관보, 신문, 잡지류

『各司謄錄』, 『開闢』, 『舊韓國官報』, 『舊韓國外交文書』, 『宮內府案』, 『圭齋遺藁』, 『대조선독립협회회보』, 『大韓每日申報』, 『뎨국신문』, 『독립신문』, 『獨立新聞』,, 『東光』, 『東亞日報』, 『萬機要覽』, 『萬歲報』, 『每日申報』, 『梅泉野錄』, 『別乾坤』, 『備邊司謄錄』, 『三千里』, 『續陰晴史』, 「承政院日記」, 『時代日報』, 『新東亞』, 『新民報』, 『新韓民報』, 『新天地』, 『育英公院謄錄』, 『尹致昊日記』, 「外部來文」, 『議定存案』, 『日槎集略』, 「日省錄」, 『朝鮮公論』, 『朝鮮王朝實錄』 『朝鮮日報』, 『朝鮮中央日報』, 『朝鮮之光』, 『朝鮮總督府官報』, 『周禮』, 『駐韓日本公使館記錄』, 『中央日報』, 『中外日報』, 『統監府文書』, 『統理交涉通商事務衙門日記』, 『通商彙纂』, 『八道四都三港口日記』, 『漢京識略』, 『한국민족문화대백과사전』, 『漢城』, 「漢城府來去案」, 『漢城旬報』, 『漢城周報』, 『海潮新聞』, 『皇城新聞』, 『訓令照會存案』

2. 단행본, 사진집

Albert E. Cowdrey, 2005, *The Medic's War*, University Press of the Pacific Honolulu, Hawaii.

John T. Greenwood, 2005, *Medics at War: Military Medicine from Colonial Times to the 21st Century*, US Naval Institute Press.

가현문화재단 한미사진미술관 편, 2012, 『대한제국 황실의 초상 1880~1989』.

강만길, 1995, 『일제시대 빈민생활사 연구』, 창작과비평사.

강명관, 1999, 『조선시대 문화예술의 생성공간』, 소명출판.

_____, 2003,『조선의 뒷골목 풍경』, 푸른역사.

강영희, 2008,『생명과학대사전』, 아카데미서적.

見市雅俊 외 편, 2001,『疾病, 開發, 帝國醫療 – 아시아에서 病氣와 醫療의 歷史學』, 東京大學出版會.

京城居留民團役所, 1912,『京城發達史』.

京城府, 1934-1341,『京城府史』(1-3), 京城府.

京城電氣株式會社, 1929,『京城電氣株式會社二十年沿革史』.

경향신문사 편집부, 1995,『격동 한반도 새 지평』, 경향신문사.

고동환, 1998,『조선후기 서울상업발달사연구』, 지식산업사.

_____, 2007,『조선시대 서울도시사』, 태학사.

_____, 2013,『조선시대 시전상업 연구』, 지식산업사.

고려서림 편집부, 1989,『한국경찰사』(1~5), 고려서림.

高山峰三郎, 1940,『支那國民性と其の由來』, 古今書院.

국가보훈처, 2005,『6·25전쟁 미군 참전사』, 국가보훈처.

국립민속박물관 편, 1994,『한국의 상거래』, 국립민속박물관.

국립민속박물관, 1999,『추억의 세기에서 꿈의 세기로: 20세기 문명의 회고와 전망』, 국립민속박물관.

국립중앙박물관, 2002,『조선시대 풍속화』, 국립중앙박물관.

국방군사연구소, 1997,『한국전쟁』(상·하), 국방군사연구소.

국사편찬위원회, 2004,『한국독립운동사』, 국사편찬위원회.

_____, 2008,『여행과 관광으로 본 근대』, 두산동아.

기창덕, 1995,『한국근대의학교육사』, 아카데미아.

김경일, 2004,『여성의 근대, 근대의 여성: 20세기 전반기 신여성과 근대성』, 푸른역사.

김동춘, 2006,『전쟁과 사회 – 우리에게 한국전쟁은 무엇이었나』, 돌베개.

金斗鐘, 1966,『韓國醫學史』, 탐구당.

김메리, 1996,『학교종이 땡땡땡』, 현대미학사.

金富子·金榮, 2018,『植民地遊廓: 日本の軍隊と朝鮮半島』, 吉川弘文館.

김영상, 1996,『서울 육백년』(1~5), 대학당.

김원모·정성길 편, 1986, 『사진으로 본 백년 전의 한국(1871~1910)』, 가톨릭출판사.

김윤환·김낙중, 1990, 『한국 노동운동사』, 일조각.

김은신, 2008, 『여러분이시여 기쁜 소식이 왔습니다: 쇼가 있는 경성 연예가 풍경』, 김영사.

김인수, 2002, 『언더우드 목사의 선교편지』, 장로회신학대학교 출판부.

김진균 외, 2003, 『근대 주체와 식민지 규율권력』, 문화과학사.

김진송, 1999, 『서울에 딴스홀을 허하라』, 현실문화연구.

김형민, 1987, 『김형민 회고록』, 범우사.

까를로 로제티, 1996, 『꼬레아 꼬레아니』, 서울학연구소 옮김, 숲과나무.

니토베 이나조, 2005, 『일본의 무사도』, 양경미·권만규 옮김, 생각의나무.

다니엘 푸러, 2005, 『화장실의 작은 역사 – 요강과 뒷간』, 선우미정 옮김, 들녘.

대한상공회의소, 1984, 『상공회의소 백년사』, 대한상공회의소.

도미타 쇼지, 2008, 『호텔-근대문명의 상징』, 유재연 옮김, 논형.

루스 베네딕트, 2008, 『국화와 칼』, 김윤식 외 옮김, 을유문화사.

루이스 멈포드, 2001, 『역사 속의 도시』, 김영기 옮김, 명보문화사.

마귈론 투생-사마, 2002, 『먹거리의 역사』(상, 하), 이덕환 옮김, 까치.

마이크 새비지, 1996, 『자본주의 도시와 근대성』, 김왕배 옮김, 한울.

마크 기로워드, 2009, 『도시와 인간』, 민유기 옮김, 책과함께.

문화재청, 2007, 『근대 문화유산 교통(자동차) 분야 목록화 조사보고서』, 문화재청.

_____, 2007, 『근대 문화유산 전기통신(우정포함) 분야 목록화 조사보고서』, 문화재청.

미셀 푸코, 2000, 『지식의 고고학』, 이정우 옮김, 민음사.

_____, 2003, 『광기의 역사』, 이규현 옮김, 다락원.

_____, 2004, 『성의 역사 1 – 앎의 의지』, 이규현 옮김, 나남출판.

_____, 2004, 『성의 역사 2 – 쾌락의 활용』, 문경자 옮김, 나남출판.

_____, 2004, 『성의 역사 3 – 자기에의 배려』, 이혜숙 옮김, 나남출판.

_____, 2006, 『임상의학의 탄생』, 홍성민 옮김, 이매진.

_____, 2009, 『감시와 처벌』, 고광식 옮김, 다락원.

_____, 2012, 『담론의 질서』, 이정우 옮김, 중원문화.

박남식, 2004, 『실락원의 비극』, 문음사.

박대헌, 1997, 『서양인이 본 조선』, 호산방.

박도 편저, 2010, 『한국전쟁 2: NARA에서 찾은 6.25전쟁의 기억(1950-1953)』, 눈빛.

박윤재, 2005, 『한국 근대의학의 기원』, 혜안.

박은경, 1999, 『일제하 조선인관료 연구』, 학민사.

박은숙, 2008, 『시장의 역사』, 역사비평사.

박은식, 2008, 『韓國獨立運動之血史』, 소명출판.

발레리 줄레조·티에리 상쥐앙 외, 2007, 『도시의 창, 고급호텔』, 양지윤 옮김, 후마니타스.

白寬洙, 1929, 『京城便覽』, 弘文社.

버나드 로 몽고메리, 2004, 『전쟁의 역사』, 송영조 옮김, 책세상.

빌 브라이슨, 2003, 『거의 모든 것의 역사』, 이덕환 옮김, 까치.

杉山平助, 1938, 『支那と支那人と日本』, 改造社.

서울대학교 한국의학인물사 편찬위원회, 2008, 『한국의학인물사』, 태학사.

서울대학교60년사 편찬위원회, 2006, 『서울大學校 60年史』, 서울대학교 출판부.

서울대학교병원 병원역사문화센터, 2007, 『동아시아 서양 의학을 만나다』, 태학사.

_____, 2009, 『사진과 함께 보는 한국 근현대 의료문화사 1876-1960』, 웅진지식하우스.

서울사회과학연구소, 2012, 『근대성의 경계를 찾아서』, 중원문화.

서울시정개발연구원 서울학연구소, 2001, 『서울 20세기 공간 변천사』, 서울시정개발연구원.

_____, 2001, 『서울 20세기 생활문화 변천사』, 서울시정개발연구원.

_____, 2002, 『서울 20세기: 100년의 사진 기록』, 서울시정개발연구원.

서울역사박물관, 2009, 『세 이방인의 서울 회상: 딜쿠샤에서 청계천까지』, 서울역사박물관.

_____, 2010, 『1950, 서울 폐허에서 일어서다』, 서울역사박물관.

_____, 2011, 『1901년 체코인 브라즈의 서울 방문』, 서울역사박물관.

_____, 2011~2013,『서울시정사진기록총서』, 서울역사박물관.

_____, 2012,『격동의 시대 서울: 8.15 해방에서 4.19 혁명까지』, 서울역사박물관.

_____, 2014,『잘 가, 동대문운동장』, 서울역사박물관.

서울특별시 문화재위원회, 1993,『서울민속대관』, 서울특별시.

서울특별시, 1948,『서울특별시 시세일람』.

_____,『서울특별시통계연보』.

_____, 2013,『하늘에서 본 서울의 변천사: 40년간의 항공사진 기록』, 서울특별시.

서울특별시사편찬위원회, 1977~1996,『서울 육백년사』(1~9), 서울특별시.

_____, 2002~2008,『사진으로 보는 서울』(1~5), 서울특별시사편찬위원회.

_____, 2007,『서울의 시장』, 서울특별시사편찬위원회.

_____, 2009,『서울 抗日獨立運動史』, 서울특별시사편찬위원회.

_____, 2011, 2011,『서울 사람이 겪은 해방과 전쟁』, 서울특별시사편찬위원회.

_____, 2012,『서울 사람들의 죽음 그리고 삶』, 서울특별시사편찬위원회.

서울학연구소 편, 1998,『조선후기 서울의 사회와 생활』, 서울학연구소.

_____, 2001,『청계천: 시간, 장소, 사람』, 서울학연구소.

_____, 2002,『종로: 시간, 장소, 사람』, 서울학연구소.

_____, 2003,『서울 남촌: 시간, 장소, 사람』, 서울학연구소.

소래섭, 2011,『불온한 경성은 명랑하라』, 웅진지식하우스.

손경석, 1986,『사진으로 보는 근대한국』(상·하), 서문당.

孫仁銖, 1971,『韓國近代敎育史』, 延世大學校 出版部.

손정목, 1986,『한국 개항기 도시 변화 과정 연구』, 일지사.

_____, 1986,『한국 개항기 도시 사회 경제사 연구』, 일지사.

_____, 1988,『조선시대 도시사회 연구』, 일지사.

_____, 1990,『일제강점기 도시계획 연구』, 일지사.

_____, 1996,『일제강점기 도시 사회상 연구』, 일지사.

501

_____, 1996,『일제강점기 도시화 과정 연구』, 일지사.

_____, 2009,『서울 도시계획 이야기』(1~5), 한울.

松岡壽八, 1940,『支那民族性の硏究』日本評論社.

스티븐 컨, 2006,『시간과 공간의 문화사』, 박성관 옮김, 휴머니스트.

신동원, 1997,『한국근대보건의료사』, 한울.

_____, 2004,『호열자 조선을 습격하다』, 역사비평사.

신명직, 2003,『모던뽀이, 경성을 거닐다』, 현실문화연구.

신용하, 2006,『獨立協會硏究: 독립신문·독립협회·만민공동회의 사상과 운동』 (상·하), 일조각.

신현규, 2010,『기생, 조선을 사로잡다: 일제 강점기 연예인이 된 기생 이야기』, 어문학사.

安津素彦, 1972,『國旗の歷史』, 櫻楓社.

알프 뤼드케, 2002,『일상사란 무엇인가』, 나종석 옮김, 청년사.

앤서니 애브니, 2007,『시간의 문화사』, 최광열 옮김, 북로드.

앨버트 S. 라이언즈, R. 조지프 페트루첼리, 1994,『세계의학의 역사』, 황상익·권복 규 옮김, 한울.

에두아르트 폭스, 2001,『풍속의 역사』(1~4), 이기웅 옮김, 까치.

에드워드 사이덴스티커, 1997,『도쿄이야기』, 허호 옮김, 이산.

에드워드 사이드, 2000,『오리엔탈리즘』, 박홍규 옮김, 교보문고.

에릭 홉스봄, 1998『자본의 시대』, 정도영 옮김, 한길사.

_____, 1998『혁명의 시대』, 정도영 옮김, 한길사.

_____, 1998『제국의 시대』, 정도영 옮김, 한길사.

_____, 2008『폭력의 시대』, 정도영 옮김, 민음사.

_____, 2009『극단의 시대』(상·하), 이용우 옮김, 까치.

에릭 홉스봄 외, 2004,『만들어진 전통』, 박지향·장문석 옮김, 휴머니스트.

역사학회, 1986,『露日戰爭 前後 日本의 韓國侵掠』, 일조각.

연세대학교 국학연구원, 1999,『한국 근대이행기 중인 연구』, 신서원.

_____, 2004,『일제의 식민지배와 일상생활』, 혜안.

鈴木敬夫, 1990,『法을 통한 朝鮮植民地 支配에 관한 硏究』, 高麗大學校民族文化 硏究所出版部.

올리버 에비슨, 1984,『舊韓末秘錄』, 에비슨 기념사업회 옮김, 대구대학교 출판부.

위르겐 하버마스, 2001,『공론장의 구조변동: 부르주아 사회의 한 범주에 관한 연구』, 한승완 옮김, 나남출판사.

윤경로, 1995,『새문안교회 100년사』, 새문안교회.

이 푸 투안, 1999,『공간과 장소』, 구동회 외 옮김, 대윤.

이경재, 1993,『서울 정도 600년』(1-4), 서울신문사.

李光麟, 1969,『韓國開化史研究』, 일조각.

_____, 1986,『韓國開化史의 諸問題』, 일조각.

이규헌 외, 1986,『사진으로 보는 근대한국』, 서문당.

_____, 1987,『사진으로 보는 독립운동』, 서문당.

이만열 편, 1985,『아펜젤러 - 한국에 온 첫 선교사』, 연세대학교 출판부.

이문웅 외, 2008,『서울대학교박물관 소장 식민지 시기 유리 건판』, 서울대학교출판부.

이사벨라 버드 비숍, 1994,『한국과 그 이웃나라들』, 이인화 옮김, 살림.

이순우, 2012,『손탁호텔』, 하늘재.

이우성, 1990,『이조한문단편집』(상·중·하), 일조각.

이재영, 1993,『사진으로 본 서울의 어제와 오늘』, 서지원.

이종석, 2014,『북한 중국 국경 획정에 관한 연구』, 세종연구소.

이종찬, 2004,『동아시아 의학의 전통과 근대』, 문학과지성사.

이중연, 2007,『고서점의 문화사』, 혜안.

이철, 2011,『경성을 뒤흔든 11가지 연애사건』, 다산초당.

이태진 외, 2000,『서울상업사』, 태학사.

이학래, 2003,『한국체육백년사』, 한국학술정보.

이해준 외, 2011,『전통사회와 생활문화』, 한국방송통신대학교 출판부.

李憲昶, 1999,『韓國經濟通史』, 법문사.

장 앙텔므 브리야 사바랭, 2004,『미식예찬』, 홍서연 옮김, 르네상스.

장세윤, 2007,『봉오동 청산리 전투의 영웅』, 역사공간.

長野末喜, 1932,『京城의 面影』, 內外事情社.

재컬린 더핀, 2006,『의학의 역사』, 신좌섭 옮김, 사이언스북스.

전우용, 2008, 『서울은 깊다』, 돌베개.

_____, 2011, 『현대인의 탄생』, 이순.

_____, 2012, 『한국 회사의 탄생』, 서울대 출판문화원.

_____, 2015, 『우리 역사는 깊다』(1~2), 푸른역사.

_____, 2017, 『한양도성』, 서울연구원.

_____, 2019, 『내 안의 역사』, 푸른역사.

_____, 2022, 『민족의 영웅 안중근』, 한길사.

전택부, 2005, 『양화진 선교사 열전』, 홍성사.

정승모, 2005, 『한국의 가정신앙』, 국립문화재연구소.

정연식, 2001, 『일상으로 본 조선시대 이야기』(1~2), 청년사.

정옥자, 1998, 『조선후기 조선중화사상연구』, 일지사.

정재정, 1999, 『일제침략과 한국철도』, 서울대학교 출판부.

제레드 다이아몬드, 2013, 『총균쇠』, 김진준 옮김, 문학사상사.

조귀례, 2008, 『전장의 하얀 천사들』, 한국문화사.

조기준, 1985, 『한국 자본주의 성립사론』, 대왕사.

朝鮮地方行政學會, 1937, 『京畿地方의 名勝史蹟』.

朝鮮總督府, 1937, 『朝鮮社會敎化要覽』.

조성훈, 2010, 『한국전쟁과 포로』, 선인.

조지 윌리엄 길모어, 1999, 『서울풍물지』, 신복룡 옮김, 집문당.

_____, 2009, 『서양인 교사 윌리엄 길모어 서울을 걷다: 14개의 주제로 보는 1894의 조선』, 이복기 옮김, 살림.

조풍연, 1986, 『사진으로 보는 조선시대』, 서문당.

조현일·구재진 외, 2007, 『'조선적인 것'의 형성과 근대 문화 담론』, 소명출판.

주식회사신세계백화점, 1987, 『新世界25年의 발자취』.

_____, 1992, 『韓國의 市場商業史 – 小賣商業 發達의 歷史的 研究』.

중앙일보·동양방송, 1979, 『남기고 싶은 이야기들』, 중앙일보·동양방송.

崔南善, 1947, 『朝鮮常識問答續編』, 삼성문화재단(1972 복간).

최병두·한지연 편역, 1989, 『자본주의 도시화와 도시계획』, 한울.

최석로 해설, 1994~2007, 『민족의 사진첩』(1~4), 서문당.

최인진, 1999, 『한국사진사(1631-1945)』, 눈빛.

파냐 이사악꼬브나, 1996, 『1945년 남한에서』, 김명호 옮김, 한울.

페르낭 브로델, 1995~1997, 『물질문명과 자본주의』(1~3), 주경철 옮김, 까치글방.

필립 아리에스, 2004, 『죽음 앞의 인간』, 고선일 옮김, 새물결.

_____, 2003, 『아동의 탄생』, 문지영 옮김, 새물결.

필립 아리에스·조르주 뒤비 외 엮음, 2002~2006, 『사생활의 역사』(1~5). 새물결.

하시야 히로시, 2005, 『일본제국주의, 식민지 도시를 건설하다』, 김제정 옮김, 모티브.

한국고문서학회, 1996~2006, 『조선시대생활사』(1~33), 역사비평사.

한국사회사연구회, 1990, 『한국사회의 신분계급과 사회변동』, 문학과지성사.

한국생활사편찬위원회, 2004, 『한국생활사박물관』(10~12), 사계절.

한국역사연구회, 1996, 『조선시대 사람들은 어떻게 살았을까』(1~2), 청년사.

_____, 1998, 『우리는 지난 100년 동안 어떻게 살았을까』(1~3), 역사비평사.

한국일보사, 1975, 『사진으로 본 해방 30년』 한국일보사.

한국전력공사, 1989, 『한국 전기 백년사』(상·하), 한국전력공사.

한국정신대문제대책협의회, 1997, 『일본군 위안부 문제의 진상』, 역사비평사.

한국학중앙연구원, 2020, 『한국학 학술용어』, 한국학중앙연구원.

한상일·한정선, 2006, 『일본 만화로 제국을 그리다』, 일조각.

한영우 외, 2006, 『대한제국은 근대국가인가』, 푸른역사.

한홍구, 2006, 『대한민국사』(1~4), 한겨레출판사.

홍성철, 2007, 『유곽의 역사』, 페이퍼로드.

홍순민, 1999, 『우리 궁궐 이야기』, 청년사.

和田重義, 1937, 『大京城都市大觀』, 朝鮮新聞社.

3. 논문

高岡裕之, 2004, 「전쟁과 건강 – 근대 '건강 담론'의 확립과 일본 총력전 체제」, 『당대비평』 27.

고길섶, 1995, 「문화와 질병」, 『문화과학』 8.

고석규, 1999, 「18·19세기 서울의 왈짜와 상업 문화」, 『서울학연구』 13, 서울학연구소.

권도희, 2009, 「20세기 기생의 가무와 조직 - 근대기생의 형성과정을 중심으로 - 」, 『韓國音樂研究』 45.

권보드래, 2002, 「1910년대 '신문(新文)'의 구상과 『경성 유람기』」, 『서울학 연구』 18.

권태억, 1980, 「한말·일제 초기 서울 지방의 직물업」, 『한국문화』 1, 한국문화연구소.

김경일, 1995, 「중세의 정신, 근대의 '문명'」, 『역사비평』 29, 역사문제연구소.

_____, 2002, 「일제하 여성의 일과 직업」, 『사회와 역사』 61, 한국사회사학회.

金光宇, 1990, 「大韓帝國時代의 都市計劃 - 漢城府 都市改造事業」, 『鄕土서울』 50, 서울시사편찬위원회.

김기란, 2004, 「근대 계몽기 연행의 매체적 기능과 대중문화의 형성」, 『대중서사연구』 12.

김동우, 2010, 「개항기 및 식민지 초기 도시 경험의 내면화 과정」, 『서울학연구』 40, 서울학연구소.

김미영, 2006, 「일제하 한국 근대소설 속의 질병과 병원」, 『우리말글』 37.

김소현, 2002, 「서울의 의생활 연구: 20세기 전반기를 중심으로」, 『배화논총』 21.

김승태, 1987, 「일본 神道의 침투와 1910·1920년대의 神社問題」, 『韓國史論』 16, 서울대학교 국사학과.

_____, 2012, 「일본 천황제와 일본 기독교」, 『인문과학논집』 23.

김연옥, 1987, 「조선시대의 기후환경」, 『지리학논총』 14.

김영희, 2007, 「일제강점 초기 기생제도에 관한 연구 - 일제의 왜곡과정을 중심으로」, 『韓國舞踊史學』 7.

김용범·박용환, 2006, 「개항기 학회지를 통해 본 생활개선의 근대적 인식에 관한 연구」, 『대한건축학회논문집 계획계』 22-11.

김용직, 1994, 「한국 민족주의의 기원 - 정치운동과 공공영역 - 」, 『사회비평』 11, 나남출판사.

김정기, 1993, 「淸의 조선정책(1876-1894)」, 『1894년 농민전쟁연구』 3, 역사비평사.

김정화·이경원, 2006, 「일제 식민지 지배와 조선 洋醫의 사회적 성격」, 『사회와 역사』 70.

김태우, 2009, 「한국전쟁기 미 공군에 의한 서울 폭격의 목적과 양상」, 『서울학연구』35, 서울학연구소.

나까무라 리헤이(中村理平), 1997, 「한국의 이왕조 궁정음악교사 에케르트(Frana Eckert)」, 민경찬 옮김, 『계간 낭만음악』 10-1.

노명구, 2008, 「조선후기 군사 깃발」, 『육군사관학교 학예지』 15.

노재명, 1992, 「한국 음반사」, 『월간핫뮤직』 11월호.

마정미, 2006, 「근대의 상품광고와 소비 그리고 일상성」, 『문화과학』 45.

목수현, 2011, 「대한제국기의 국가상징 제정과 경운궁」, 『서울학연구』 40.

문태준, 2000, 「한국전쟁이 한국 의료에 미친 영향」, 『의사학』 9-2.

박명규·김백영, 2009, 「식민지배와 헤게모니 경쟁: 조선총독부와 미국 개신교 선교세력 간의 관계를 중심으로」, 『사회와 역사』 82.

박애경, 2010, 「기생을 바라보는 근대의 시선 - 근대 초기 신문 매체에 나타난 기생 관련 기사를 중심으로 - 」, 『한국고전여성문학연구』 24.

박윤재, 2001, 「1876-1904년 일본 관립병원의 설립과 활동에 관한 연구」, 『역사와 현실』 42.

박찬승, 2018, 「일제하 공립보통학교의 일본인 교원 임용을 둘러싼 논란」, 『동아시아문화연구』 75.

박현, 2015, 「일제시기 경성의 창기업(娼妓業) 번성과 조선인 유곽 건설」, 『도시연구: 역사, 사회 문화』 14.

서지영, 2005, 「식민지 시대 기생 연구(1) - 기생집단의 근대적 재편 양상을 중심으로 - 」, 『정신문화연구』 28-2.

소현숙, 2000, 「일제시기 출산통제담론 연구」, 『역사와현실』 38.

송인호·김제정·최아신, 2014, 「일제강점기 박람회의 개최와 경복궁의 위상변동 - 1915년 조선물산공진회와 1929년 조선박람회를 중심으로」, 『서울학연구』 55, 서울학연구소.

신동원, 2001, 「한국의료사에서 본 민중의료」, 『사회비평』 29.

신현균, 1998, 「신체화의 문화 간 차이」, 『심리과학』 7-1.

염복규, 2004, 「1910년대 일제의 태형제도 시행과 운용」, 『역사와 현실』 53, 한국역사연구회.

왕현종, 1998, 「대한제국기 한성부의 토지·가옥 조사와 외국인 토지침탈 대책」,

『서울학연구』 10.

원제무, 1994, 「서울시 교통체계 형성에 관한 연구: 1876년부터 1944년까지의 기
간을 중심으로」, 『서울학연구』 2, 서울학연구소.

柳芳蘭, 1991, 「小學校의 設立과 運營 : 1894-1905」, 『教育理論』 6-1.

유선영, 2003, 「극장구경과 활동사진 보기: 충격의 근대 그리고 즐거움의 훈육」,
『역사비평』 가을호.

_____, 2009, 「일제 식민 지배와 헤게모니 탈구: '부재하는 미국'의 헤게모니」, 『사
회와 역사』 82.

윤상인, 2012, 「호텔과 제국주의 – 우리 안의 '반도호텔'들에 대해」, 『일본비평』 6.

윤택림, 2011, 「서울 사람들의 한국전쟁」, 『구술사연구』 2-1.

윤해동, 2000, 「식민지 인식의 '회색 지대' – 일제하 '공공성'과 규율권력」, 『당대비
평』 13, 삼인.

이규철, 2009, 「대한제국기 한성부 군사관련 시설의 입지와 그 변화」, 『서울학연
구』 35, 서울학연구소.

이봉범, 2009, 「해방공간의 문화사 – 일상문화의 實演과 그 의미」, 『상허학보』 26.

이영아, 2011, 「선교의사 알렌(Horace N. Allen)의 의료 활동과 조선인의 몸에 대
한 인식 고찰」, 『의사학』 20-2.

이종대, 2006, 「근대의 헤테로토피아, 극장」, 『상허학보』 6.

李憲昶, 1996, 「民籍統計表의 檢討」, 『古文書』 9·10, 韓國古文書學會.

李惠恩, 1988, 「大衆交通手段이 서울시 發達에 미친 影響 : 1899~1968」, 『地理
學』 37.

전우용, 1999, 「대한제국기 – 일제 초기 서울 공간의 변화와 권력의 지향」, 『典農史
論』 5.

_____, 1999, 「대한제국기 – 일제 초기 선혜청 창내장의 형성과 전개」, 『서울학연
구』 12, 서울학연구소.

_____, 2001, 「종로와 본정 – 식민도시 경성의 두 얼굴」, 『역사와 현실』 40, 한국역
사연구회.

_____, 2001, 「한말 – 일제 초의 광장주식회사와 광장시장」, 『典農史論』 7.

_____, 2003, 「일제하 서울 남촌 상가의 형성과 변천」, 『사을 남촌; 시간, 장소, 사

람』, 서울학연구소.

_____, 2003, 「한국 근대의 화교 문제」, 『한국사학보』 15.

_____, 2004, 「근대 이행기(1894~1919) 서울 시전 상업의 변화」, 『서울학연구』 22, 서울학연구소.

_____, 2004, 「역사인식과 과거사 문제」, 『역사비평』 69.

_____, 2005, 「근대 이행기 서울의 객주와 객주업」, 『서울학연구』 24, 서울학연구소.

_____, 2005, 「서울의 기념인물과 장소의 역사성 – 가로명 및 공공부지 조형물을 중심으로」, 『서울학연구』 25.

_____, 2005, 「식민지 도시 이미지와 문화현상 – 1920년대의 경성」, 『한일역사공동연구보고서』 5.

_____, 2007, 「일제하 경성 주민의 직업세계(1910~1930)」, 『한국 근대사회와 문화 3』, 서울대학교 출판부.

_____, 2007, 「한국에서 근대 서양의학의 수용과 국가: 1876-1910년」, 『동아시아 서양의학을 만나다』, 태학사.

_____, 2007, 「한말·일제 초 서울의 도시행상(1897~1919)」, 『서울학연구』 29, 서울학연구소.

_____, 2008, 「대한제국기 서울의 공공시설과 公衆 – 공원, 시장, 극장을 중심으로」, 『사회적 네트워크와 공간』, 태학사.

_____, 2009, 「서울 양화진이 간직한 근대의 기억」, 『서울학연구』 36.

_____, 2011, 「1902년 皇帝御極 40년 望六旬 稱慶禮式과 皇都 정비 – 대한제국의 '皇都' 구상에 담긴 만국공법적 제국과 동양적 제국의 이중 表象」, 『鄕土서울』 81, 서울시사편찬위원회.

_____, 2014, 「한국인의 국기관과 "국기에 대한 경례" – 국가 표상으로서의 국기를 대하는 태도와 자세의 변화 과정 – 」, 『동아시아문화연구』 56, 한양대학교 동아시아문화연구소.

_____, 2015, 「한국 전통의 표상공간, 인사동의 형성」, 『동아시아문화연구』 60, 한양대학교 동아시아문화연구소.

_____, 2017, 「저자로 나온 궁중 – 한국 요정의 표상 명월관」, 『동아시아문화연구』 71, 한양대학교 동아시아문화연구소.

전정해, 1999, 「광무년간의 산업화정책과 프랑스 자본·인력의 활용」, 『국사관논 총』 84.

정근식, 1996, 「일제하 서양의료체계의 헤게모니 형성과 동서 의학 논쟁」, 『사회와 역사』 50.

정승모, 1979, 「의례를 통한 의미의 구상화 과정」, 『한국문화인류학』 11-1, 한국문화인류학회.

정영효, 2010, 「'조선호텔' – 제국의 이상과 식민지 조선의 표상」, 『동양어문학』 55.

조규태, 2021, 「일제강점기 돈암리 이주민 히라야마 마사쥬와 평산목장」, 『숭실사학』 46.

조한상, 2006, 「헌법에 있어서 공공성의 의미」, 『公法學研究』 7-3, 한국비교공법학회.

주영하, 2011, 「조선요리옥의 탄생 : 안순환과 명월관」, 『東洋學』 50, 단국대학교 동양학연구소.

주윤정, 2003, 「조선물산공진회와 식민주의 시선」, 『문화과학』 33.

주진오, 1993, 「1898년 독립협회 운동의 주도세력과 지지기반」, 『역사와현실』 15.

천정환, 2009, 「해방기 거리의 정치와 표상의 생산」, 『상허학보』 26.

최석만, 2002, 「公과 私 – 유교와 서구 근대사상의 생활영역 비교」, 『동양사회사상』 5, 동양사회사상학회.

테어도어 준 유, 2008, 「식민화된 신체: 조선인 여성의 性과 건강」, 『아세아연구』 51-3.

편나영·박윤미, 2018 「우리나라 근대 직기에 관한 연구」, 『복식』 68-8.

홍순민, 2004, 「일제의 식민 침탈과 경복궁 훼손 – 통치권력의 상징성 탈취 –」, 『문명연지』 5-1, 한국문명학회.

황병주, 2007 「식민지 시기 '공' 개념의 확산과 재구성」, 『사회와역사』 73, 한국사회사학회.

황상익, 2003, 「현대문명과 전염병」, 『문화과학』 35.

댐	2	만년필	1	백두산	3	산소호흡기	3
도량형 원기	3	만화책	2	백신	3	상표	3
도로표지판	2	맥주	1	백화점	3	생수	1
돈	3	메리야스	1	벚나무	3	생활계획표	2
동상	2	면허증	3	병원	3	샴푸	1
동화책	2	명품	1	보신탕	1	서점	2
드론	2	명함	1	보험증권	3	석유	3
등기권리증	3	모발염색제	1	복권	3	선거벽보	3
등산화	1	몸뻬	1	복덕방	1	선풍기	1
ㄹ		문화재	2	부대찌개	1	설탕	1
라디오	2	미니스커트	1	분유	1	성냥	1
라면	1	미사일	3	불도저	2	성조기	3
레이더	2	밀가루	1	불온서적	3	세면대	1
로봇	2	ㅂ		비누	1	소독저	1
리모컨	1	바나나	1	비행기	2	소방차	2
ㅁ		바코드	3	빵	1	손목시계	1
마약	3	박물관	2	삐라	3	손수레	2
마천루	2	발전기	3	ㅅ		손톱깎이	1
마취제	3	배지	3	사전	2	수갑	3
만국기	3	배터리	3	사진엽서	3	수능시험지	2

수도꼭지	1	아파트 분양권	3	우표	3	ㅈ
수영복	1	안경	1	욱일기	3	자격증	3
수제비	1	양변기	1	운동기구	1	자동차	2
스마트폰	3	양초	3	원자폭탄	3	자동판매기	2
스케이트	1	양파	1	위문편지	3	자율주행자동차	3
슬리퍼	1	에어컨	1	위인전	2	자전거	2
승강기	2	엑스선 촬영기	3	유곽	2	장바구니	1
시내버스	2	여권	3	유리거울	1	재래시장	3
시멘트	2	역직기	3	유리창	1	재봉틀	3
신문	2	연애편지	1	유치원	2	전기 세탁기	1
신용카드	3	연탄	1	의자	1	전기밥솥	1
신장계	3	연필	2	의치	3	전등	1
신호등	2	영사기	2	이발기계	1	전봇대	2
십자가	2	예식장	1	이태리타올	1	전자오락기	2
싱크대	1	온도계	2	인감도장	1	전화기	2
쓰레기	2	온수보일러	1	인공기	3	전화번호부	2
◎		올림픽 금메달	3	인공위성	3	족보	1
아스팔트	2	요리책	1	인조 수세미	1	졸업장	2
아이스케이크	1	요정	2	일장기	3	주민등록증	1
아파트	1	우유	1			주사기	3

주식	3	축음기	2	투서	3	호루라기	2
주차장	2	침대	1	트랜지스터	3	호텔	3
지갑	1	칫솔·치약	1	티켓	2	혼인신고서	1
지구본	3	ㅋ		ㅍ		홍삼	1
지문인식기	3	카메라	2	페인트	2	화장장	2
지적도	2	커피	1	평양냉면	1	화장지	
지퍼	1	컨베이어벨트	3	표준혈청	3	화장품	1
지폐	2	컨테이너	3	표창장	3	화재경보기	1
지하철	2	컵	1	풍금	2	화투	2
짜장면	3	케이블카	2	프라이팬	1	화학비료	1
짝퉁	1	크레파스	2	플라스틱	2	확성기	2
ㅊ		크리스마스실	3	피임약	3	활명수	3
철가방	1	ㅌ		ㅎ		훈장	3
청량음료	1	타자기	2	한글	2	휠체어	3
청바지	1	태극기	3	한반도기	3	휴대전화기	2
청사진	2	태아	3	항생제	3	휴전선 철책	3
체온계	3	터널	2	향수	1	희석식 소주	1
초인종	1	테트라포드	2	헬리콥터	2		
최루탄	3	통닭	1	현미경	3		
축구공	2	통장	3	형광등	1